W I Z A R D

黒の株券

ペテン師に占領されるウォール街

FOOLING SOME OF THE PEOPLE ALL OF THE TIME

A Long Short Story by David Einhorn
Foreword by Joel Greenblatt

[著]デビッド・アインホーン
ジョエル・グリーンブラット（まえがき）
[訳]塩野未佳

Pan Rolling

FOOLING SOME OF THE PEOPLE ALL OF THE TIME : A Long Short Story
by David Einhorn and Joel Greenblatt

Japanese traslation published by arrangement with John Wiley & Sons International
Rights, Inc. through The English Agency(Japan)Ltd.

事業の成功を行動で示してくれた一方、究極の誠実さとユーモアを持ち続けたわが父スティーブ・アインホーンと母ナンシー・アインホーンに敬意を表して

◇目次◇

第2部　めまいがするほどの急展開

第3部　だれか、だれでもいいから目を覚ましてくれないか？

第4部　社会はどう機能しているのか（いないのか）

まえがき

金融の専門家でなくても推理小説を読むことはできる。しかし、この物語には数十億ドルという大金と巧妙な計画とが絡んでくるため、事の推移転変をすべて理解するには、世界でも有数の投資家のひとりに手伝ってもらう必要がある。とはいえ、話は単純だ。スリルがあって、おっかない話でもある――残念ながら小説ではないのでなおさらだ。これは実話であり、しかも、わたしが記すとおり、まだ完結していないのである。

二回に分けて本書を読み終えた。もし食事と睡眠に中断されなければ、一気に読めていたはずだ。わたしは映画でしか味わったことのないような世界に引き込まれていった。本当に信じられないことだが、司法や規制当局、そして金融メディアが一斉に動き出したものの惨敗しているのはなぜなのだろう。優れた物語にはたいてい善玉と悪玉が登場する。簡単に言えば、悪党と正義の味方が登場し、登場人物がどちらを演じているのかが分かるようになっている。ところが、本書の場合にはそうはいかない。われらがヒーローも、いったいだれを信用していいものか、途方に暮れているありさまだ。

でも、それもいいだろう。皆さんがベッドかソファでくつろぎながら興奮や陰謀を疑似体験できるなら、それも悪くない。また、世の中の仕組みについて少々勉強してみるのも悪くない。

いつの世も、善人は世間に恥をさらし、悪人は大金を抱えてドロン、ということなのか。とりあえず、本書を映画化するならR指定（**訳注**　アメリカで一七歳未満が保護者同伴で見なければならない映画作品）にしておこう。わが子はまだ世の中のことなど知らなくてもいいからね。

ジョエル・グリーンブラット

謝辞

多くの著書は著者自身の能力以上のものに助けられている。本書はその究極の例である。わたしも本当に多くの人の助けを借りたため、だれが何をしてくれたのかを思い出すことすらできない。本書はまさにチームワークのたまものだと言える。

まずは、わが家族に感謝の意を表したい。妻のシェリルは、内容だけでなく精神面でも、とてつもなく大きな支えになってくれた。両親のナンシーとスティーブ、兄弟のダニー、おじのロビー、義理の母のジュディー、そして義理の姉妹のマーシー。みんな何度もわたしを助けてくれた。素晴らしい提案もしてくれた。最後にわが子のラシェル、ナオミ、ミッチェルにも感謝したい。貴重な家族の時間を本書の執筆に費やすことを許してくれた。彼らが大人になれば、なぜわたしが本書の執筆をそれほど重視していたか、きっと理解してくれるだろう。

次に、グリーンライト・キャピタルのチーム全体にお礼を言いたい。わがパートナーのジェームズ・リンは、わたしのリサーチをサポートするという、とてつもない仕事をやってのけ、筋書きを理解し、目録を作ってくれた。ほかにもパートナーのビニット・セチ、ダニエル・ロイトマン、ブルース・ガトキン、そしてハリー・ブランドラーは、言葉使いを正したり記憶を補ったり、口調を統一したりタイプミスを探したりと、各々が多大な貢献をしてくれた。ジャスティン・リポンは数々の提案をしてくれただけでなく、当社の投資家たちにこのプロジェクトに関する情報を与え、協力してもらうのを助けてくれた。アンディ・ワインフェルドは法律や事実関係のチェッカーをコーディネートしてくれた。ヘレン・ゴルゴーニは数多くの草稿をすべて把握しており、多くの読者からコメントをもらってくれた。本当にありがとう。

ジェームズ・シェンバリの大変な作業と執筆にも感謝する。あなたの鋭い観察眼は本当に素晴らしい。デビッド・ブレスキンの原稿をブラッシュアップしようという努力も実に頼もしかった。大変な思いをしながら、自分の執筆そっちのけでわたしの作業を手伝ってくれたことに感謝したい。リッチ・ザベル、ヒョンスン・キム、マイク・ケニー、そしてレックス・ハインクの素晴らしいアドバイスにも感謝の意を表したい。ジョン・ワイリー・アンド・サンズのケリー・オコナーとデビッド・プー、そして著作権代理人のサンディ・ディークストラにも感謝する。そしてジョエル・グリーンブラットにも大いに感謝する――まずはジョン・ワイリー・アンド・サンズにわたしを紹介してくれたことに、そして膨大なページ数に上る本書の要点を完璧に押さえた短いまえがきを執筆してくれたことに。

今回、最も素晴らしい経験だと思ったのは、ジム・ブリックマンに出会えたことである。わたしはブリックマンの驚くべき献身ぶり、忍耐強さ、リサーチ能力、そして調査結果に大変触発されている。また、わが友人のカーティス・シェンカーにもお礼を述べたい。本書とは何の関係もなかったが、キャサリン・バートン著『ヘッジ・ハンターズ（Hedge Hunters）』でスコギン・キャピタル・マネジメントを立ち上げた功績が認められず、きっと叫び声を上げているることだろう。

最後に、公私ともに仲良くしている友人たち、ビル・アックマン、スティーブ・ブルース、ジム・カルザーズ、クレア・デイビス、レニー・ゴールドバーグ、ブライアン・ゴールドマン、アダム・ゴールドスミス、メアリー・ベス・グローバー、イアン＆ニール・イサーク、ダニエル・ロエブ、ロバート・メドウエー、マーク・ロバーツ、ジェローム・サイモン、レナード・タンネンバウム、ホイットニー・ティルソン、グレン・トング、そしてロブ・ウスダンに感謝の意を表したい。時間をかけて何度も草稿を読んではフィードバックをくださった。皆さんからいただいた提案をずいぶん反映させていただいた。皆さんが最終版でそれを発見して喜んでいる顔が見られるといいのだが。

SEC弁護士　あなたが講演をしたときには、アライド株のポジションのことがこれほど有名になると思っていましたか？　また、その講演をするときにはこの会社のことをどう思っていましたか？　こんなふうになると思っていましたか？　株価はどうなると思いましたか？

デビッド・アインホーン　反響がかなり大きかった、つまり、予想をはるかに超える反響があったと感じているか、というご質問ですよね？　でしたら、答えはイエスです。

アライド・キャピタルの株価（2002 ～ 2004 年）

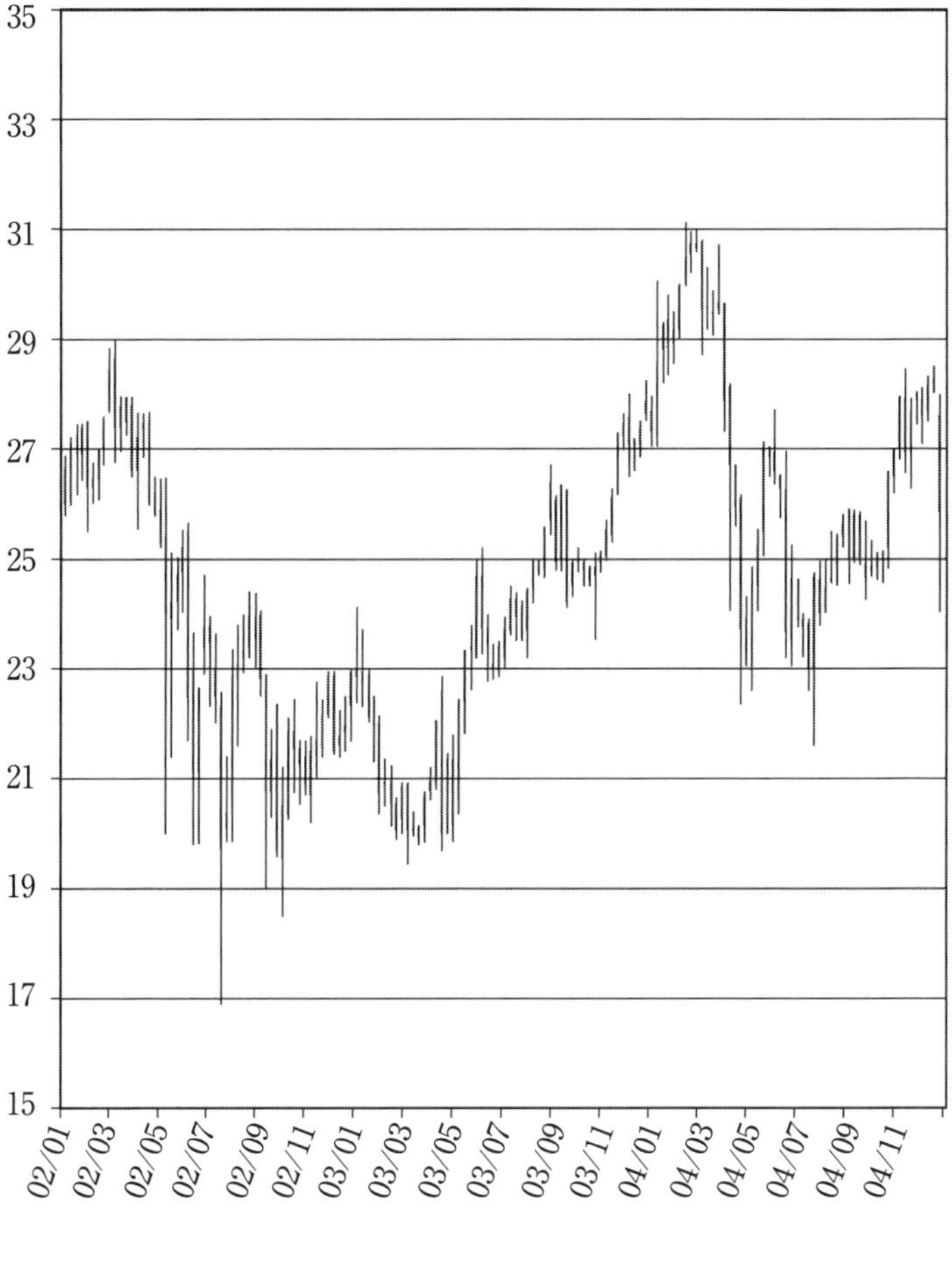

アライド・キャピタルの株価（2005 ～ 2007 年）

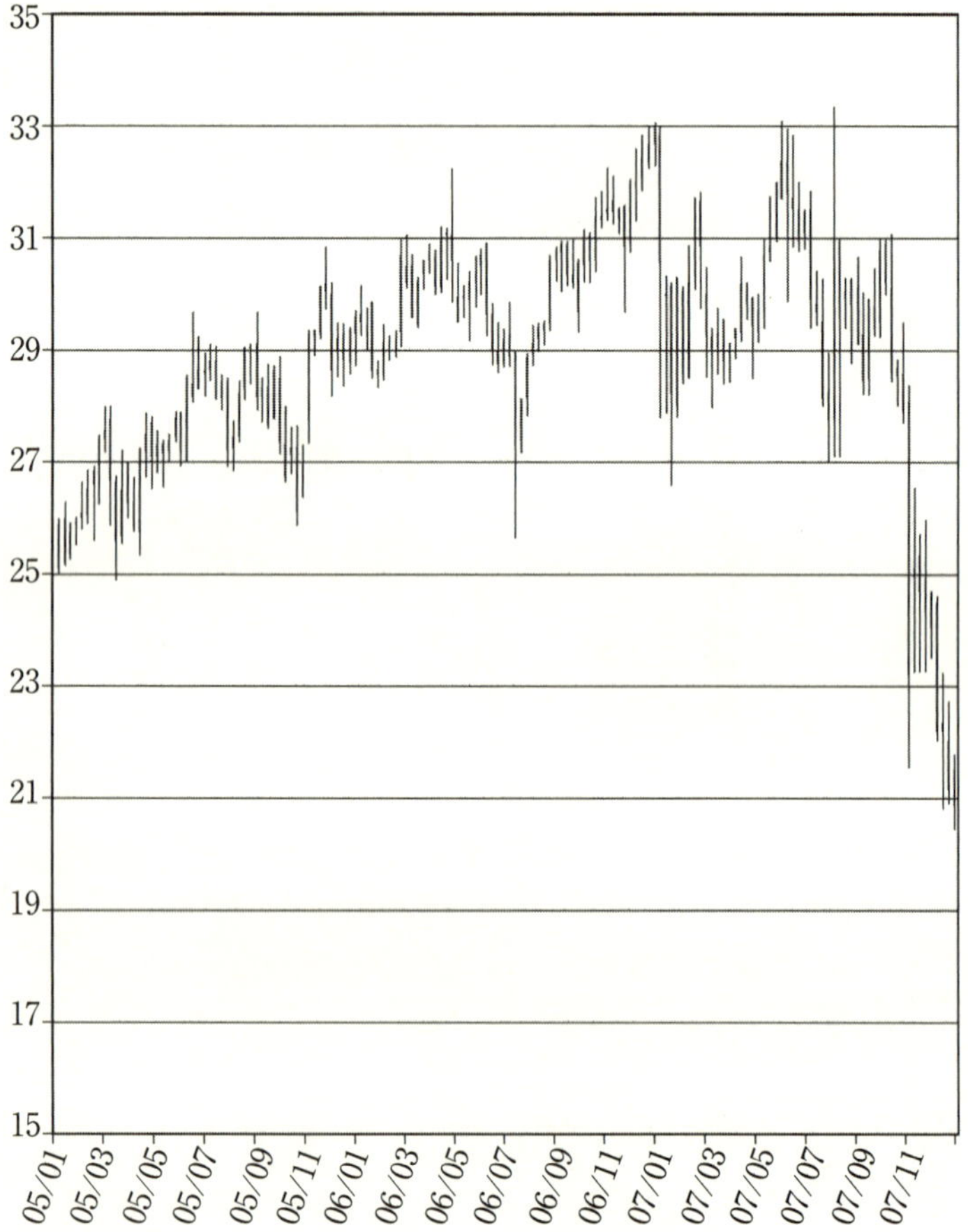

登場人物

グリーンライトおよび関係者

スティーブ・ブルース　グリーンライトの社外ＰＲ会社アドバイザー
ジョック・ファーガソン　クロールの調査員
ブルース・ガトキン　グリーンライトのヘッドトレーダー
アレクサンドラ・ジェニングス　グリーンライトのアナリスト
ジェフ・ケズウィン　グリーンライトの共同創業者
ジェームズ・リン　グリーンライトのアナリスト
ダニエル・ロイトマン　グリーンライトのＣＯＯ（最高執行責任者）
エド・ロウリー　グリーンライトの社外ＰＲ会社アドバイザー
リチャード・ザベル　グリーンライトの社外弁護士

アライドおよび関係者

スティーブ・アワーバック　ＢＬＸの元社員で、ワークアウトのスペシャリスト
アリソン・ビーン　アライドのＩＲ（インベスターリレーションズ）部メンバー

ラニー・デイビス　アライドの社外PR会社アドバイザー
セト・フェゾン　サイトリック・アンド・カンパニーのアライド担当社外PR会社アドバイザー
デビッド・グラッドストーン　グラッドストーン・キャピタルのCEO（最高経営責任者）で、
　以前はアライドのCEOを務めていた
パトリック・ハリントン　アライドとBLXの元上級副社長
ロバート・D・ロング　アライドのマネジングディレクター
デール・リンチ　アライドのIR部長
マシュー・マギー　BLXのバージニア州リッチモンド営業所所長
ペニ・ロール　アライドのCFO（最高財務責任者）
マーク・ラシコット　アライドの取締役、元モンタナ州知事で共和党全国委員会委員長
デリル・シュスター　BLXの幹部
スザンヌ・スパロウ　アライドの元IR部長
ジョアン・スウィニー　アライドのCOO（最高執行責任者）
ロバート・タンネンホイザー　BLXのCEO
ウィリアム・ウォルトン　アライドのCEO
ジョージ・C・ウィリアムズ　アライドの創業者兼名誉会長
ティム・ウィリアムズ　BLXの元社員で、ワークアウトのスペシャリスト

政府高官および規制当局

ジョナサン・バール　米連邦検察官
マーク・ブラズウエル　SEC（米証券取引委員会）弁護士、アライドのロビイスト
クリストファー・コックス　SEC委員長
ウィリアム・ドナルドソン　SEC元委員長
デビッド・R・グレイ　SBA（米中小企業局）・OIG（監察局）の法務顧問、その後は農務省OIGの法務顧問を務める
キース・ホイマー　SBA・OIG監察官
ジョン・ケリー上院議員　上院中小企業委員会委員長
ケリー・キルロイ　SEC弁護士
ケビン・クッパーブッシュ　SBA・OIG監察官
デッド・リンゼイ　FBI（米連邦捜査局）捜査官
スティーブ・プレストン　SBA長官
ダグ・シャイト　SEC投資運用局副局長
ジャネット・タスカー　SBA貸付業者監督部副部長
エリック・ソーソン　SBA・OIG監察官
ニディア・ベラスケス下院議員　下院中小企業委員会委員長

オリンピア・スノウ上院議員　上院中小企業・起業家委員会ランキングメンバー
エリオット・スピッツァー　ニューヨーク州司法長官

ウォール街のアナリスト

マーク・アルパート　ドイツ銀行のアナリスト
ケン・ブルース　メリルリンチのアナリスト
ヘンリー・コフィー　フェリス・ベーカー・アンド・ワッツのアナリスト
メガン・クロウ　フィッチのアナリスト
ドン・デスティノ　バンク・オブ・アメリカおよび後のJMP証券のアナリスト
チャールズ・ギュンター　ファームハウス証券のアナリスト、BLXを担当
ジョエル・フック　ワコビア証券のアナリスト
マイケル・ヒューズ　メリルリンチのアナリスト
ロバート・ラクルジエール　バンク・オブ・アメリカのアナリスト

ジャーナリスト

ジェニー・アンダーソン　ニューヨーク・タイムズ紙の記者
デビッド・アームストロング　ウォール・ストリート・ジャーナル紙の記者

ジュリー・クレズウエル　ニューヨーク・タイムズ紙の記者
カート・アイヘンワルド　ニューヨーク・タイムズ紙の記者で、『コンスピラシー・オブ・フール（Conspiracy of Fools）』の著者
ジェシー・アイジンガー　ウォール・ストリート・ジャーナル紙の記者
ハーブ・グリーンバーグ　ザ・ストリート・ドット・コムおよびCBSマーケット・ウォッチ・ドット・コムのコラムニスト
ホルマン・W・ジェンキンス・ジュニア　ウォール・ストリート・ジャーナル紙のコラムニスト
フロイド・ノリス　ニューヨーク・タイムズ紙のコラムニスト
テレンス・オハラ　ワシントン・ポスト紙の記者
スティーブ・パールスタイン　ワシントン・ポスト紙のコラムニスト
キャロル・レモンド　ダウ・ジョーンズ・ニューズワイヤー紙の記者
トール・バルドマニス　USAトゥデー紙の記者

プロの投資家

ビル・アックマン　ゴサム・パートナーズのマネーマネジャー
デビッド・バーコビッツ　ゴサム・パートナーズのマネーマネジャー
ウォーレン・バフェット　バークシャー・ハサウェイのCEO

ジム・カルザーズ　イーストボーン・キャピタル・マネジメントのパートナー
ピーター・コレリー　ジーグラー・コレリーのマネーマネジャー
ビル・ミラー　レッグ・メイソン・ファンズのCIO（最高投資責任者）
マーク・ロバーツ　オフ・ウォール・ストリートの創業者
ラリー・ロビンズ　グレンビュー・キャピタル・マネジメントのマネーマネジャー
ゲイリー・ジーグラー　ジーグラー・コレリーのマネージャー
サム・スチュワート博士　ワサッチ・アドバイザーズの創業者
ホイットニー・ティルソン　ティルソン・キャピタル・パートナーズのマネーマネジャー

アライドおよびBLXの顧客

アブドラ・アルジュファイリ　BLXのSBA融資で債務不履行に陥った貸付ブローカー
フセイン・シャルール　BLXによるSBA融資で債務不履行に陥る
アメル・ファラン　BLXによるSBA融資で債務不履行に陥る
マング・パテル　BLXによるSBA融資で債務不履行に陥る
ホリー・ホーレー　BLXによるSBA融資で債務不履行に陥る
トッド・ウィヒマン　レドックス・ブランズの元CEO

その他

ジム・ブリックマン　退職した不動産ディベロッパー
パトリック・バーン　オーバーストック・ドット・コムのＣＥＯ
アンドレ・ペロー　ハーバード・ビジネススクールの教授

はじめに――講演の反響

わが父スティーブは四〇歳までに本を出版したいと考えていた。三八歳のときにはそろそろ書き始めたほうがいいと実感していたが、深刻な問題を深く掘り下げる準備ができているわけでもなく、将来のビジョンを持ち合わせているわけでもなかった。そこで執筆したのはジョーク集だった。

そして父の四〇回目の誕生日。親戚一同がアメリカ全土からミルウォーキーに集結して誕生日を祝った。パーティー会場は中華料理のレストラン。全員がそのジョーク集を「チェック」する羽目に。ただ、問題は、その本が配られたのが明け方になってからだったこと。

ベン爺ちゃんはメモを取りながら起きていたっけ。立ちっ放しだったが、トイレットペーパーのロールが床に転がるように紙をまき散らしていた。そして本のチェックを進めながら、「一一ページに書いてあるのはだな……」と言っては面白い話をしてくれ、「四九ページのジョークは……」と言っては、また面白い話をしてくれた。

「三六一ページ、スティーブはこんなことを書いておる……」

わたしたちはソファから転げ落ちた。

「一二三九ページのジョークの書き出しは……」

わたしの子供時代の最高の思い出のひとつがこの夜のことだった。

わたしはパーティーが終わったあとで、父から『皆を楽しませようとすると、○×だけでなく八九の哲学的思考をなくす』を一部もらった。両親は一〇〇〇部程度を売り上げたが、地下室にはまだ数百部ほど眠っているようだ。二〇〇八年六月の六五歳の誕生日を前に、父は改訂版を書き上げた。

わたしは四〇歳までに本を出版しようなどと思ったことはないが、異常事態の発生で、その前に出版することになった。ジョーク集ならばよかったのだが、まったく別物だ。

それはアライド・キャピタルという悪徳企業の物語である。濡れ場もカーチェイスの場面も出てこない、ジョン・グリシャムの『法律事務所』（新潮文庫）のような作品を思い浮かべてほしい。この会社、新規資本を昔ながらのねずみ講のスキームに拠出することでかなりの高額「配当」を出して株主をだましているのだが、それだけでなく、納税者からも金を巻き上げているのである。

わたしは「内部告発者」かもしれないが、映画に出てくるエリン・ブロコビッチとは違う。ただ、世界一ラッキーな人間のひとりではある。しっかり育ててくれた素晴らしい両親がいるし、賢くてステキな妻と元気いっぱいの三人の子供もいる。夢にも思っていなかったが、事業でも成功した。今では聡明な同僚たちと一緒に仕事をしている。だが、告発することがわたしの本業ではない。肉体労働や気難しい上司と付き合っていかなければならない重労働に比べたら、自分の仕事なんて気楽なものである。

アライド・キャピタルという会社を知る人は少ない。わたしもよくこう言われる。

「アライドなんてどうでもいいじゃないか。いったい何をどうしたいんだ？　だれが読むんだ？」

本書にはターゲットになり得る読者が少しいる。まずはグリーンライト・キャピタル「ファミリー」のメンバー。グリーンライトというのは、わたしが経営している投資会社である。主な商品は、一般にヘッジファンドとして知られているもの。評判は上々だと思っている。それは優れた業績を上げているから、というだけでなく、徹底的に分析を行い、誠実さも持ち合わせているからだ。ミスを犯せば自己批判も恐れない。ずいぶんとミスを犯しているが。

グリーンライトファミリーのメンバーについて言えば、本書を読んでくれるのはうれしいが、実は、本書のターゲット読者は彼らではない。すでにご存じのとおり、グリーンライトでは六年も前からアライドの「ショート」ポジションを保有している。つまり、アライド株が下落すれば利益が出るように資金の一部を配分しているのである。わたしが何年も前からアライドの違法行為について話しているのを耳にしている方も多いだろう。だから、わたしの考えに同調してくれ、わたしの意気消沈ぶりも分かってくれていると思う。

次に読者として考えられるのは、数万人に上るアライドの株主だ。このＢＤＣ（事業開発会社）に投資をしていれば、四五年間は一貫してハイリターンを得られているはずだ。大半が個人投資家だが、わたしの警告などほとんど意に介していないようだ。わたしあてに届いた不愉快なメールから判断すると、グリーンライトの奮闘に激怒している人もいる。彼らが心配しているのは、アライドの四半期配当だ。同社が配当を払い続けているかぎり、大半の人が担がれているることになる。アライド株が下落すればグリーンライトが儲かるわけだから、本書はアライド株をさっさと売るよう説得する必死の試みに違いない。きっとそう思っているのだろう。アライドの経営陣も、わたしが私利私欲のために虚偽の事実を吹聴している、と繰り返し言っている。皆さんもそれを信じているに違いない。もしそうなら、本書でその考え方を変えるのは無理というものである。

ご存じないかもしれないが、事の性質上、グリーンライトがアライドの負けに賭けているといっても、それほどの大金ではない。確かに多額だが、アライドは当社最大の投資先でも最重要な投資先でもない。過去六年の間、当社がアライドの空売りに費やしているのは資金の三～八％にすぎないのである。

また二〇〇二年には、グリーンライトのプリンシパルらがアライドで個人的に得た利益の半分を小児がん病院に寄付することを誓った。投資成果が出るまでには思いのほか時間がかかったが、二〇〇五年には病院に一〇〇万ドルを寄付することができた。当時わたしが言っていたとおり、「わたしは待てるが、子供たちは待てない」のである。さらに本書の出版に伴い、潜在的収益（本書の印税も含めて）のさらに半分を二つの立派な組織、ＣＰＩ（公共性保全センター。調査報道を行う非営利組織）とＰＯＧＯ（政府監視プロジェクト。政府の支出を監視している非営利組織）に寄付することも誓った。共にワシントンＤＣに拠点を置く組織である。少なくとも本書で言いたいのは、もっとしっかりした調査報道や政府の監視が必要だということだ。今や投資の枠から大きく飛び出たこの話になぜわたしが関心を抱いたのかがこれではっきりするだろう。いくらアライド株が下落しようと、わたし個人としては一銭の得にもならないのだ。とはいえ、やはりアライドの株主たちが本書のターゲット読者ではない。率直に言って、大勢の方々が読んでくれているとしたら驚きだ。

当然、アライドの経営陣も皆さんに本書を読んでほしくはないだろう。実際、だれにも読んでほしくはないはずだ。弁護士を使って少なくとも五通の書簡を出版社に送りつけ、本書の刊行を阻止しようとしたぐらいだ。本書が「正確で責任能力があり、公明正大である」かどうかを確認するため、アライドの上級幹部を出版社に行かせようじゃないか、とも言い出す始末。出版社はこうアドバイスした。経営陣が著者に直接懸念をぶつけるのが筋ではないかと。わたしも出版社の人間と会い、経営陣にその機会を提供しようと申し出た。わたしからも質問したいことがあった。だが、何年もの間わたしたちとの面会を拒み続けている経営陣、当然のことながら、今回も断ってきた。実は、後に説明するが、アライドの経営陣にはヘッジファンドとは一切接触しないという決まった方針があるようだ。アライドの弁護士はこう話している。

「アインホーン氏のようなロング・ショート戦略を用いるヘッジファンドマネジャーは、『慈善活動』で『うまく空売りをする』方法、つまりSEC（証券取引委員会）やほかの規制当局の手助けをしながら金儲けをする方法についての本でも書いたらどうだね」

アライドがまさにその好例だとは思っていないようだ。まあ、判断は読者の皆さんにお任せするが。

わたしが望んでいる読者層はもっと幅広い人々だ。投資の知識があり、株式市場や企業、倫理、そして政治にも関心を抱いている人々。それでフェアなゲームができるわけだが、そういう人々にとって、本書が理想にかなうとよいと思っている。本書を読んでいくと、いつかこうつぶやくときが来るだろう。

「もういい！　分かったよ！　確かに悪徳企業だ。もう言いたいことは言っただろう」

わたしがもう言いたいことを言ったって？　本書を執筆したのは、「ケーススタディー」を通してアライドの悪行をドキュメントとしてまとめるため。そしてさらに重要なのは、そうした悪行に対する規制当局――われらが政府の代表――の無関心な態度を白日の下にさらすためである。

読み進めていくうちに、皆さんはわたしと同じ疑問を抱くかもしれない。規制当局はどこだ？　SECはどこにいるんだ？　市民の税金の悪用にこれほど無頓着な政府機関で働いているのはどんなやつなんだ？　議会は何をしている？　検察官は何をしている？　監査役や取締役会は何をしている？　そして信じ難い話を深く掘り下げ、告発できる立場にいる事件記者や編集者はどこにいるんだ？

エンロンやワールドコムは企業不正を暴かれたじゃないか。多くの人はそう考えている。犯罪者は起訴され、議会が出てきて厳格な不正防止法を可決、成立させ、多くの公開企業が今ではより慎重になり、しっかりと財務管理を行うようになった。だが、問題は、悪人がすべて起訴されているわけではないこと、当局も本腰を入れているようには見えないこと、そして投資家が繰り返し痛い目に遭っているということである。

変に思われるかもしれないが、振り返ってみると、すべてが「明日の子供たちの財団」に寄付をするという慈善活動から始まった。この財団はニュージャージー州ハッケンサックにある小児がん病院を支援しており、資金は年に一度開かれる投資コンファレンスを主催して調達している。この会議は、著名な投資家が参加費を払って来てくれる一般投資家と一緒になって、いくつかの銘柄を選び出して議論するという趣旨で、収益金はすべて病院に手渡されることになっている。わたしは自分が著名人だとは思っていなかったが、光栄なことに、二〇〇二年のコンファレンスで講演を依頼された。そこでがんセンターのこと、そしてセンターががんの子供たちとその家族に提供しているサービスについて聞かされ、瞬時にこれは支援する価値があると判断したのである。特別な会社にいるのなら、世間の役に立つような仕事がしたい。そう思ったのだ。

大勢の見ず知らずの人を前に講演などした経験はなかったが、参加者の注意を引くようなアイデアを出して、ぜひとも議論してみたかった。当社のポートフォリオでそのとき最も切実だったのがアライド株のショート（空売り）というアイデアだった。ショートというのは、株式を保有する、つまりロング（買い持ち）とは逆の手法である。ロングは株式を安値で買って高値で売るというアイデアだ。ショートの場合にも、やはり株式を安値で仕込んで高値で売り抜けたいと思うかもしれないが、この場合には売りが買いに先行する。つまり、こういうことだ。証券会社が株主から株を借り受け、それを投資家に貸し付ける。投資家は借りた株を市場で別の買い手に売却して売りポジションを建てる。後日、市場でその株を買い戻してそのポジションを手仕舞い、買い戻した株を証券会社に返却して「ショートカバー（決済）」する。そして証券会社がその株を元の株主に返却する。損益は、ショートしたときに受け取った価格とその株を買い戻したときに支払った価格との差になる。株価が下落すればそれだけ利益は増えるが、株価が上昇すれば、逆に損失が膨らむことになる。

コンファレンスでは一一人が講演を行ったが、わたしの順番は最後から三番目だった。前の人たちは皆、素晴らしいアイデアを披露してくれた。ゼネラルモーターズでは年金と健康保険の長期債務が大問題になっているが、グレンビュー・キャピタルのラリー・ロビンズがその経緯について説明した――この講演から二年もたって、ようやくこの長期債務のニュースが新聞の一面を飾る。レッグ・メイソンのビル・ミラーはネクステルを推奨。一方、フィデリティ・マゼランファンドの元ファンドマネジャーであるモリス・スミスは、靴ブランドのキャンディーズについて話をした。

わたしが講演を行ったのはもう日も暮れるころ。市場はすでに取引を終えていた。ところが、アライドの問題について詳しく語ったところ、そのうわさが広まり、翌朝は市場が開いても同社株がまったく寄り付かない状態になった。売り物が殺到し、ニューヨーク証券取引所も時間どおりに約定させることができなかったのだ。結局、寄り付いたときには二〇％も値を下げていた。しかし、その日の急落も、計り知れない不正を暴こうと何年も前から策を練っていた大ばくちと比べたら大したことはなかった。

本書はそのアライドの不正について詳述したものだが、規制当局は本分を怠り、不正を野放しにしている。株式アナリストや記者たちも、ほとんどが先入観を抱いているのか、尻込みしているのか、怠慢なのか、それともただ無関心なだけなのか、いまだに真実を記事にしてくれていない。わたしが二〇〇三年一〇月にアライドの件で書簡を書いてＳＥＣに送ったときも、ＳＥＣは見て見ぬふりをし、規則に従って行動している投資家やほかの正直な企業に悪影響を及ぼす行為を放置した。

アライドの経営陣はいつでもわたしの申し立てに応戦できるというのに、その根拠となっているる事実に本気で向き合おうとしているのを見たことがない。できないのだ。それどころか、逆にわたしが市場操作をしていると触れ回っている。わたしの講演については、ここでお話しするよりも、http://www.foolingsomepeople.com/ を見てほしい。

第1部

慈善活動とグリーンライト・キャピタル

第1章 グリーンライト創業以前

父も祖父も事業家だった。家業はニュージャージー州のアデルフィ・ペインツ社。一九七〇年代に初めてエネルギー危機に見舞われたとき、会社も不振に陥った。祖父は会社の売却を決めた。父は化学者だったが会社の売却に取り組み、売却が完了しても仕事を楽しんだ。そのうちにM&A（企業の合併・買収）の仕事に従事することに決め、職を求めてウォール街に乗り込んでいった。ただ、それに見合った経歴を持っていなかった。

父はニュージャージー州デマレストにあるわが家の地階で自らM&A会社を立ち上げることにした。しかし、ほとんど日の目を見ることなく一年が過ぎた。すると母がミルウォーキーに引っ越そうと父を説得。ミルウォーキーは母の故郷で、母の家族もまだ住んでいた。一九七六年、一家はミルウォーキーに引っ越した。わたしが七歳のときだった。父はフォックスポイントに近いわが家の寝室を改造し、そこで事業を再開した。

ミルウォーキー郊外は子供時代を過ごすには素晴らしいところだった。わたしはミルウォーキー・ブルワーズとそのスター選手であるロビン・ヨーントとポール・モリターを応援していた。一九八二年のワールドシリーズを含め、何度もスタジアムに足を運んだ。ブルワーズは長い間優勝できなかったが、すべてのファンには一三歳のときに絶好調のチームを応援することをお勧めする。

わたしはとても優秀な生徒だった。とくに数学の成績が良かった。高校時代はディベートクラブで大半の時間を過ごしたが、それが多少成績にプラスに働いたのかもしれない。重要な分析や総括、理詰めでは、ディベートクラブに所属していた経験を十分に生かすことができたからだ。グリーンライト・キャピタルの創立一〇周年を記念してミルウォーキーにアーバン・ディベートリーグを設立したときには、妻のシェリルが資金援助をしたという話を聞いてとても興奮したものだ。数百人の高校生がディベートのトレーニングを受け、経験を積める場所がこのリーグである。テストの点や読み書きの能力、卒業時に成績が上がるのは、どうやらこのディベートのおかげのようだ。当然だろう――わたしもその経験のおかげでずいぶん得をしている。

両親は夕食のときによく仕事の話をしていた。祖父と同じように、父もかなりの忍耐と粘り強さを蓄えている。母はかなり口うるさい女性である。M&Aは大変な仕事で、父が報酬を得るのもほとんどが偶然のたまものだった。つまり、いくら懸命に働いてもディールはまとまらず、したがって報酬も、仮にあったとしても、その努力に見合った額ではないということである。また、ディールがいとも簡単にまとまってしまい、クライアントが父の仕事を見て、楽そうな割には料金が高すぎる、と言ってきたこともある。ディールがまとまるまで料金を支払う必要がないことから、クライアントがあらためて交渉に臨んできたこともある。父はこういう交渉に弱い。母はいつもそう考えていた。物事を長い目で見る傾向があった父は、やがて会社を自宅から別の場所に移した。会社が大きくなると事業も順調に運ぶようになり、十分家族を養えるようになった。現在働き盛りのわたしは、父の忍耐と粘り強さ、そして母の強情さと疑り深さを受け継いでいるものと自負している。

わたしはコーネル大学時代に政治学を専攻したが、ワシントンDCにあるSEC（証券取引委員会）の経済分析局で実習生として三年間を過ごしてからは、経済に関心を抱くようになった。学位論文のテーマはアメリカの航空業界の循環型規制について。政策立案者は競合する二つの陣営の利害のバランスを取る。つまり、こういうことだ。航空会社のほうは儲けたくても、消費者は廉価でユビキタスな航空輸送を望んでいる。競争抑止的な局面では、航空会社が航空路を独占し、ハブとしてさまざまな都市を牛耳り、合併で競争をなくすことで大儲けするのを規制当局も認めてくれる。一方、消費者や政治家にとってはいい迷惑だ。そこで政治家は、今度はもっと廉価なサービスを提供できるような競争促進策を求めてくる。そうなると業界の収益は大打撃を被る。そうして航空会社が損失や破綻でさんざん苦しんでから、政策立案者はようやく、航空路線を増やすのもいいものだと気づくのだ。航空会社に飛行機を購入させ、サービスを提供するよう仕向けるには、儲ける機会を与えなければならない。そこで競争抑止的な局面に戻すのである。「投資家はキティホークの上空からライト兄弟の飛行機を撃ち落とさなくちゃいけないな」というウォーレン・バフェットの皮肉は、この悪循環で説明できるかもしれない（**訳注**　キティホークとは、ライト兄弟が一九〇三年に動力飛行機で初飛行に成功したノースカロライナ州北東部の村）。この学位論文は政府部門で最高の栄誉を授かったが、グリーンライトでは驚くほどのことではないが、アメリカの航空会社の株式は一度も保有したことがない。

わたしは大学の求人コーナーで職探しを始めた。「ザ・カンパニー」ことＣＩＡ（中央情報局）も含め、多くの企業の面接を受けた。そのうち数社から内定をもらったわたしは、ドナルドソン・ラフキン・アンド・ジェンレット（ＤＬＪ）に投資銀行アナリストとして就職することにした。ただ、給与は一番低かった。じゃあ、なぜそこを選んだのかというと、就職活動中に出会った人が気に入ったからだ。あとで気づいたのは、自分の判断力をもっと磨いておくべきだったということだ。

ＤＬＪでの二年間は悲惨だった。まったく異なる訓練を受けたからだ。ＤＬＪで働くということは同胞愛を誓うようなもの。残酷シーンを詳細に描くつもりはないが、数年前にジョン・ロルフとピーター・トゥルーブがＤＬＪのジュニアインベストメントバンカーとしての生活を生き生きと描いた『ウォールストリート投資銀行残酷日記――サルになれなかった僕たち』（主婦の友社）は、コピーセンターのスタッフの管理に関する抱腹絶倒の実録に近い描写など、内容的にもわたしの記憶と一致する。ただ、大きく違うのは、わたしのほうが彼らよりもワンランク下だったということだ。これがさらに事態を悪化させる結果になったのだ。

わたしの問題は、そこに勤務したらどんな仕事をするのかをまったく知らなかったということだ。ＤＬＪがアナリストを募集していたときには、金融・経済系と文系の両方に融通が利く人間を探していた。政治学専攻だったわたしは後者のほうだ。ジュニアインベストメントバンカーになった友人などいなかったので、企業の代理人という言葉の意味さえ理解していなかったし、就職活動中に「必死で働きたいか」と尋ねられたときも、自分では適切に答えたつもりだったが、週に一〇〇時間以上も労働にささげなければならないとは思ってもみなかった。子供のころには、父に毎晩夕食までに帰宅するようにと言われていたのに。友人の父親たちも皆そう言っていたと思う。一日中オフィスに座って、夕食の時間になるとぼちぼち入ってくる仕事を待っている……、なんていう話は初耳だった。仕事は真夜中まで続いた。徹夜になることも多かった。先輩たちが皆帰宅してしまい、オフィスにひとり残されたわたしが仕事を待っている、というシナリオなど理解できなかった――何もすることがないのに。さらに、アナリストになるということは、目先のプロジェクトには何のメリットもないのに、自己「犠牲」を必要とする通過儀礼なのだということも理解できなかった。だが、とにかく、わたしはそうしていた。そういう文化だったからだ。

ワープロ部で書類を作成し、コピーセンターでそれをプレゼンテーション用のブックにしてくれている最中、わたしはよくデスクの下に枕を置いて眠っていた。妻のシェリルが、朝の通勤途中に着替えのシャツを持ってきてくれた。入社したのは一九九一年八月だが、その年の一一月の感謝祭のころには七キロほど体重が減っていた。

二年後、アナリストたちは小休止してビジネススクールにでも通おうかと考えていたようだ。わたしはインベストメントバンカーを続けるつもりはなかったので、学校には行かないことにしたのだが、ちょうどそのときヘッドハンターから電話があり、ヘッジファンドの面接を受けてみないかと誘われた。開口一番、わたしは「受けてみます」と答えた。しかし、そのあとで「ヘッジファンドって？」と尋ねた。それがジーグラー・コレリー・アンド・カンパニー（SC）との出合いだったのである。

一億五〇〇〇万ドルを運用する中堅ヘッジファンド、SCファンダメンタル・バリュー・ファンドを率いていたのがゲイリー・ジーグラーとピーター・コレリーだ。今日、同様のファンドなら二〇億ドルは運用しているだろう。やがてSCも成長し、わたしが退社するときには運用資産が五億ドル程度になっていた。仕事を覚えるには絶好の場所だった。

SCではピーターから投資や投資リサーチの手法を教わった。ピーターは我慢強くて熱心な指導者だ。わたしはまず、ある企業についてリサーチをし、SECへの提出書類を読み、スプレッドシートを作成し、経営陣やアナリストと話をして数週間を過ごした。その後はピーターのオフィスに出向き、投資機会について議論した。ピーターは話を最後まで聞いてくれ、わたしが見せたファイルを持って帰宅した。そして翌朝、すべてを読み終えて出社してくると、わたしが考えていた質問の詳細なリストを作ってくれた。ＳＣに入社したてのころにはどの質問にも答えられなかったが、二年もたつと、普通は半分ぐらい答えられるようになっているものだ。

ピーターはＳＥＣへの提出書類を精査し、事業内容や業績に関する議論にあいまいな点がないかどうかを確認した。優れた企業行動やお粗末な企業行動の兆候を見逃すことはなかった。積極型の会計手法か消極型の会計手法かについては言うまでもない。解決すべき基本的な問題は三つあった。事業の本当の経済的意味合いは何なのか、その経済的意味合いを報告利益とどう比較するのか、そして意思決定者の利害と投資家の利害とをどう調整するのかである。

一九九六年の初め、わたしはＳＣで同僚だったジェフ・ケズウィンと一緒に退社し、グリーンライト・キャピタルを立ち上げた。わたしにグリーンの光（公認）を与えるという意味の社名は、妻のシェリルがつけてくれたもの。好条件の仕事を捨てて自分で起業するからには、当面は金儲けなど考えないこと、そして、妻に何と言われようと、社名は自分で決めるものである。

第2章
「公認」を得て

ジーグラー・コレリー・アンド・カンパニー（SC）のオフィスのすぐそばのレストラン。ジェフ・ケズウィンと二人で、ナプキンに初の事業計画をしたためた。ジェフがマーケティング担当のビジネスパートナー、わたしがポートフォリオマネジャーだ。当初資本金はどこから調達すればいいのか。正確には分からなかったが、知り合いに頼れば一〇〇〇万ドルで何とか起業できるだろうと考えた。わたしが両親にその話をしてみると、驚いたことに、二人は支持票だと言って、進んで五〇万ドルを出資してくれた。

グリーンライトの創業に当たり、ジェフとわたしはそれぞれ一万ドルの小切手を切った。仕事で小切手を切ったのは、あとにも先にもこのときだけ。そしてレターヘッドを印刷し、コンピューターやテレビ、ファクス機器を購入した。オフィスは当社のプライムブローカーのスペア・リーズ・アンド・ケロッグから一三平方メートルのスペースを賃借りしたのだが、デスクの奥に整理棚を入れるとかなり窮屈。コピー機は同じ「スイートルーム」を間借りしているほかのＳＯＨＯと共用だった。

一九九六年二月、わたしはグリーンライトの投資計画の概略を記し、投資例を図解した小冊子を作成した。ヘッジファンド業界は一般に秘匿性で知られているが、わたしには秘密にしておく理由がひとつも見当たらなかった。自分たちの投資計画について、個々の投資がいかに計画にマッチしているか、現状はどうなっているのか、またその理由について説明すれば、投資家は絶大なる信頼を置いてくれるはずだ。失敗さえ理路整然とした規律ある決定から来ていることも分かってくれるはずだ。

いずれにしても、情報を開示すれば、もっと情報に通じ、自信に満ちた安定したパートナー層ができる。わたしはそう信じていた。当社では投資家のことを「パートナー」と呼んでいる。投資家をそのようなものだと考えているからだ。

ヘッジファンドの秘匿性は、一部はＳＥＣ（証券取引委員会）が広告や宣伝を禁止していることにある。したがって、多くのヘッジファンドがそれほど情報を開示していない。ＳＥＣ委員のポール・アトキンスは、二〇〇七年一月の講演で次のように問題点を指摘している。

「ヘッジファンドについて修辞句を並べて自他共に傷つけるのはやめるべきです。ヘッジファンドが『陰で』どんな営業をしているのかを議論するのではなく、ヘッジファンドアドバイザーがファンドのことを公言するのを阻む規制上の制約について、もっと調べてみようじゃありませんか。SECはヘッジファンド業界の秘匿性に不満を抱いていますが、アドバイザーが図々しく人前でベラベラしゃべらないようにと、SECが自らその広告や宣伝を制限しているんですから、皮肉なものですよ」

はたから見れば、最新情報を公開しないヘッジファンドは秘密めいて見えるのだろうが、グリーンライトでは、将来の売りや買い以外は、何ひとつ隠し立てすることなくパートナーに報告している。

当社の投資計画では、わたしがSCで学んだスキルを用い、それで企業の経済的価値や意思決定者と投資家との利害の調整を分析することになった。リサーチプロセスでは、一般のバリュー投資家たちが用いる分析の枠組みは使わない。多くのバリュー投資家は、証券が割安かどうかを判断し、もし割安なら、今度はそれ相応の理由で割安になっているのかどうかを判断する。投資機会を見極めるには、コンピューター画面で低PER（株価収益率）、低PSR（株価売上高倍率）、低PBR（株価純資産倍率）など統計学的に低い値の企業を特定し、それに一株当たり利益の増大見通しを組み合わせ、そうして特定した企業を今後の投資先として評価する。それが典型的なプロセスだ。

だが、グリーンライトでは逆のアプローチを採用している。証券が市場で過大評価されたり過小評価されたりするのはなぜなのか、と問うことから始めるのである。いったん予想がついたら、その証券を分析して実際に割安なのか割高なのかを判断する。投資をするには、なぜ投資機会が存在するのかを理解し、自分たちには分析では取引相手に負けない強みがあるのだ、と信じることが肝心だ。市場には人格など存在しない。買い付けるときも、普通はだれが売り注文を出しているのかは分からない。相手が十分な知識を持っていない、事情に疎いなどと決め込むのは愚かしい。ほとんどの場合、売り手はわたしたちよりも以前からじっくりと推移を見守っており、以前は買い手だったのだが、今はたまたま心変わりして売り手になっているだけなのだ。もっと悪いことに、相手が企業のインサイダーだったり、サプライヤー、顧客、または競合他社に在籍する業界通のプレーヤーだったりすることもある。また、自分たちはウォール街のアナリストがめったに取り上げない株を有利に取引できるのだ、と信じている投資家もいる。株を買うときには、相手はその株を「理解している」はずなので、その相手よりも事態を十分に把握している必要がある。だから、銘柄に対する「理解が足りない」かどうかは関係ないのである。自分たちの負担が重くなるかどうかは相手次第なのだ。

一般のロングオンリーのヘッジファンドは、多くが向こう六～一二カ月のスパンで結果を出せるようにポートフォリオを組んでいる。ヘッジファンドは結果の非効率をバイサイド、セルサイドの両方から攻めていく。投資ホライゾンが長すぎると感じるマネーマネジャーもいる。一年で高い運用成績を上げられるかではなく、一日か一週間以内、最悪でも一カ月以内には結果を出したいと考えている。普通、こうしたファンドがポジションを保有するのは短期間である。多くのファンドはその手法を「ブラックボックス」化しており、コンピュータープログラムに何を買い付ければいいかを教えてもらう。それ以外は完全に材料で動き、次の材料の価値、つまり「データポイント」がプラスに動くのかマイナスに動くのかを知りたがる。このような短期志向のファンドのなかには、テクニカル分析、つまり証券のトレーディングパターンを頼りに近い将来の方向性を読み解こうとするファンドもあれば、マネーマネジャーの直感、感触、経験に頼るところもある。さまざまな識見を組み合わせ、それで大成功を収めるファンドもある。ただ、こうしたタイプのファンドと透明性のなさとは関係ない。外部の人間はそのポートフォリオについてはほとんど知らない。十分に開示したくても、頻繁に売買するため、開示したところであまり参考にならないのである。投資がコンピューター主導の場合には、コンピュータープログラムそのものがビジネスになるため、マネーマネジャーはそのプログラムを公開しようとは思わない。

グリーンライトでは、無期限とは言わないまでも、株式はロングの資産なので従来のような投資ホライゾンでは短すぎると思っている。投資をするときには、通常どのぐらい長期で保有するかは考えない。もし短期リターンが出せないなら、つまり「死に金」なら、それでやっていくこともできる。一年以上保有して成功しても、それはそれで善しとする。実は、「死に金」が予想以上に早く結果を出してくれることもある。ポートフォリオでは早く結果が出る投資もあれば、遅々として結果が出ない投資もある。しばらくその価値を温存し、目覚ましい結果を出してくれるものもある。とにかく、極力負けないことである。負けは恐ろしい。せっかくの勝ちを相殺して差し引きゼロにしてしまうからだ。わたしたちは投資のたびに資金を失わないよう心掛けている。常にうまくいくとは限らないが、それを目標にしている。

通常は保有期間が長期にわたるため、主なポジションを開示しない理由はないのだが、必然的なミスについて騒ぎ立てられるのが心配で開示しないというファンドもある。ヘッジファンドがミスをすると、ジャーナリストは意気揚々と記事を書く。グリーンライトにもミスの経験がある。当社はサブプライムローンのオリジネーター（原債権者）のニュー・センチュリー・ファイナンシャルの大株主だった（わたしもその取締役だった）のだが、二〇〇七年初頭にそのニュー・センチュリー・ファイナンシャルが破綻した。実際に損失を出すのは、他人の失敗を見て困惑するどころの話ではない。

当社のリサーチプロセスはSCでの教育にかなり依存しているが、ポートフォリオの組み方はSCとは違う。SC最大の投資は「ペアトレード（裁定取引）」。価格差が大きい同一業界の二社をショート（売り）とロング（買い）で組み合わせる手法である。SCではペアのうち割安株をロングし、割高なほうをショートしている。ロングのほうがショートよりも儲かる公算が高く、会計も保守主義だからだ。市場のリスクと業界のリスクの両方を低減しつつ、やがて価格差が縮小したところで利益を確定するのである。

ペアトレードでの前半戦は、良いアイデアと価格差のある同一業界の二社を見つけて組み合わせればよい。後半戦は、業界や市場全体のリスクをヘッジする投資でなければ価値のある投資とは言えない。一から一〇までの数字で投資をランク付けし、一をロングに最適な銘柄、一〇をショートに最適な銘柄とした場合、ポートフォリオには同じ業界の三と四、六と七のペアが多くなる。通常、グリーンライトではペアトレードはしない。業界のリスクは比較的取るが、ポートフォリオに組み入れるのは、ロングの場合には一と二、ショートの場合には九と一〇に該当するという確信が持てる銘柄だけである。ヘッジのためにショートポジションを建てることもない。もしあるポジションでリスクに対して不安があれば、単にそれを取り除く、つまりリスクを低減するだけである。マイナスの期待リターンのアイデアに資金を投じたりはせず、ロングする価値のあるポートフォリオとショートする価値のあるポートフォリオだけを保有して、部分的に市場リスクをヘッジするのである。

ロングやショートにはそれぞれメリットがある。当社の目標は、どの投資でも利益を出すこと、少なくとも資金を維持することである。つまり、株価が十分に割高または割安になっている必要があるということだ。それで、もしわたしたちの考えが正しければ高い運用成績を上げられるし、間違っていればほぼ損得なしに終わり、どう見ても大間違いをしていれば損をする。当社ではヘッジするのにインデックスは使わない。リスク・リターン特性が弱い個別銘柄を選別してショートすればもっと価値を高めることができるからだ。インデックスヘッジでは期待利得がマイナスになってしまう。市場は長期的には上昇するわけだし、ショートで儲かるのは下落相場のときだけだからである。個別銘柄の空売りには二通りの勝ちがある——相場が下落しているときか、あるいは企業固有の分析が正確なとき。実際にはショートのほうがロングよりも市場感応度やボラティリティが高くなるため、ショートよりもロングの持ち高を増やしている。それに、市場は長期的には上昇する傾向にあるため、それに乗じたいとも思っている。下落相場でしかアウトパフォームしないようなポートフォリオを運用するのは心理的にも苦しい。相場の下落を願いながら人生を過ごしたいとは思わないからだ。

もうひとつSCと違うのは、「ころころと変わる前提」を避けていることである。投資の根拠が間違いだと分かれば、ポジションを保有する大義名分を掲げるのではなく、ポジションを手仕舞う。手仕舞いをするのは、予想以上にさや寄せに時間がかかっているときではなく、自分たちの分析が間違っている、あるいはもう痛みには耐えられないというときである。だれにでもミスは付き物だ。SCのプリンシパルは頭が切れるし、会社そのものも賢明だ。頭が切れる人間にとってミスを認めるのはつらいものである。SCのリサーチアナリストだったころのことだが、一〇ドルでロングすることを推奨していた銘柄が七ドルまで下落した。そのとき、わたしは買い増しを推奨したが、それには大きな制度的バイアスが掛かっていたのである。そのポジションを建てるために新たな根拠をこじつける必要があったとすればなおさらだ。株価は五ドルまで落ち込み、ファンド最大級のポジションになる可能性が出てきた。これでSCが最も間違っている投資アイデアに大半の資金を投じるというリスクが生じてしまったのである。

わたしたちは「絶対リターン」を目指す投資家だと思っているため、結果をロングオンリーのインデックスと比較したりはしない。つまり、当社の目標は、市場環境とは関係なくポジティブな結果の達成に努めるということだ。ヘッジファンドの大きな魅力はその絶対リターン志向にある。投資信託を含め、ロングオンリーの投資家の大半は相対リターンを目指す投資家だ――一般にはS&P五〇〇などのベンチマークをアウトパフォームするのが目標だ。投資機会を評価するときにも、相対リターンを目指す投資家は「これはベンチマークを上回るのか」と考えるが、絶対リターンを目指す投資家は「この投資リターンはリスクを上回るのか」と考える。これで分析の枠組みががらりと変わってくるのである。その結果、どちらの投資家も同じ市況をにらんでいるのだろうが、正反対の結果に終わることになるわけだ。

ステータス、秘匿性、レバレッジの高さ、そしてあるとんでもない雑誌の記事によると、手数料の高さから、投資家はヘッジファンドにあこがれを抱いているという誤解が広がっている。実際にはもっと単純だ。要するに、ヘッジファンドは、リスクとリターンに対してしっかりした問題意識を抱くことで、相対リターン戦略と比べるとより優れたリスク調整済みリターンを生み出す大きなチャンスが得られているということだ。メディアは理解していないようだが、ヘッジファンドではそういう投資をしているのである。

ヘッジファンドの運用成績については、ほかにも誤認されていることがある。運用成績を測定するのは簡単だが、潜在的なリスクを評価するのは難しい。その結果、ヘッジファンドとS&P五〇〇の運用成績の比較が際立ってくるのである。仮にS&P五〇〇が二〇%上昇し、ヘッジファンドが一五％上昇したという場合、ヘッジファンドは管理費を稼いでいないことになり、投資家も多額の資金を高い手数料に浪費していることになる。違う枠組みを考えてみよう。例えば、絶対リターン戦略の結果をロングオンリーのベンチマークと比較しても意味がない。ダラス・カウボーイズ（アメリカンフットボール）のほうがニューヨーク・ヤンキーズ（ベースボール）よりも勝率が高いと言っているのと同じである。要するに、その目標と状況とを比較して戦略を判断することが大切なのである。ワールドシリーズ優勝がヤンキーズの目標であるなら、実際に優勝した場合、その記録をカウボーイズの記録と比較する意味は何なのか？ また、魅力的でリスク調整済みのプラスのリターンを追求するのがヘッジファンドの目標であるなら、実際にその目標を達成すれば、自ら定めた目標を達成したことになる。

同様に、メディアもヘッジファンドのリスクを誤認している。学術研究からも、ヘッジファンドのほうがロングオンリーのインデックスよりもはるかにボラティリティ、つまりリスクが低いことが判明している。ただ、ヘッジファンドも派手な失敗を犯すことがある。それはマネーマネジャーがお粗末な決定を下したり不運な決定を下したりするか、あるいはもっと悪いことに、金を盗むかである。もちろん、不正は積極的に起訴に持ち込む必要がある。

総じて、こうした人目を引く破綻が何度も新聞の見出しを飾ったことから、一般大衆のヘッジファンドに対する認識がおかしくなっているのである。戦略のまずさ、悪運、あるいは不正で個別の企業も経営破綻することがあるが、ヘッジファンドもそれと同じなのである。しかし、高い手数料や時折発生する市場の暴落を差し引いてみても、ヘッジファンドはおしなべて魅力的なリスク調整済みリターンを上げているではないか。

わたしは集中ポートフォリオを運用することに決めている。ジョエル・グリーンブラットが『グリーンブラット投資法――M&A、企業分割、倒産、リストラは宝の山』（パンローリング）で述べているとおり、「八銘柄を保有すると一銘柄だけを保有するリスクの八一％を低減でき、三二銘柄を保有すると九六％のリスクを低減できる」からだ。グリーンブラットの結論はこうだ。「異なった業種の株式を六～八銘柄を買ってしまえば、リスクを減らす目的でさらに銘柄を増やすメリットはわずかだ」

わたしにとって、この識見は途方もなく重要なものとなった。一か二に評価されているロング銘柄、または九か一〇に評価されているショート銘柄を探し出すのは難しいので、もし見つけたら、十分なリターンが出るように投資をすることが大切なのだ。こうした考え方を踏まえ、グリーンライトでは単一銘柄のロングに資金の最大二〇％を（そう、単一銘柄に絞ったほうがいい！）、そして当社の五大銘柄のロングに資金の三〇～六〇％程度を配分した集中ポートフォリオを組むことにしたのである。割合としては、ショート銘柄を同じタイプのロング銘柄の半分にする。ショートした銘柄が予想に反して動いた場合にはポートフォリオのなかで大きな割合を占めるようになり、当初の損失に耐える力や投資を維持する力、場合によっては投資資金を増やす力が養われるだけだからだ。成功する空売りというのは、一時期は損失が徐々に膨らんでいくが、ある日突然大きな利益が出るというケースがほとんどである――たった一日で利益が出ることも多い。

グリーンライトの立ち上げ資金として一〇〇〇万ドルを調達するというのは、かなり大胆な考えだったことが分かった。関係者のリストを綿密に検討し、セッティングできる会議はすべてセッティングしたのだが、何の実績もない二七歳の二人の若造に投資をしてくれる人などほぼ皆無であることに気づいたのだ。そこで、実績を作るには今すぐスタートするしかないと決心した。一年たてば一年の実績ができるし、三年たてば三年の実績ができるではないかと。それ以上急ぐのはさすがに無理だった。

一九九六年五月、わたしたちは九〇万ドルで起業した――半分以上はわが両親が出資してくれた。最初の投資先は、今でも保有しているが、住宅建設業者のMDCホールディングスとEMCOR。EMCORは経営破綻から立ち直ったばかりの電気機械システム請負業者である。わたしたちはEMCORで大きな利益を出したが、それが本当に奏功したのは二〇〇一年になってからである。

一九九六年五月のリターンは三・一％であった（グリーンライトのファンドのリターンを引例するときには、「総額」と明記しないかぎり、すべて手数料と経費を差し引いたあとの額、つまりパートナーが受け取る「手取り」額である。わたしは常に個々の投資が総リターンに及ぶ影響について議論している）。月末にはファンドの一五％を経営破綻から立ち直って黒字転換後間もない小規模小売店のC・R・アンソニーに投資した。市場では正味運転資本（流動資産からすべての負債を差し引いた額）を一八〇〇万ドルと評価していたが、実際にはその倍はあった。翌六月、グリーンライトは六・九％のリターンを出した。

七月には市場が調整局面に入り、S&P五〇〇は四・五％下落した。しかし、当社のポートフォリオは度重なる好材料のおかげで四・八％の利益を出した。六月にはキャンプ地を運営するUSトレイルズ債を額面の七七％で購入したが、早くも七月に一〇〇％で償還された。半導体資本設備製造業者のタイラン・ジェネラルが市場価格を大きく上回る価格で身売りすることを発表したときも、当社は大きな利益を上げた。そして当社最大のショートポジションだったマイクロウエアハウスも（一度に二銘柄しか保有しないのだが）、システムトラブルを起こして惨たんたる業績を発表し、株価を下げた。

月末の取引が終了するたびに、わたしはファクスの前に立って明細書を一件ずつパートナーに送信した。起業前に出会ったパートナーの大半が、意味があろうとなかろうと情報を提供してほしいと言っていたが、今では数人が出資してくれるようになった。この年の八月には初めて一〇〇万ドルを投資してくれるパートナーも獲得した。

何度かチャンスを見逃していなければ、この年度の運用成績はもっと良かったはずだ。夏場のあるとき、わたしは破産した小売業者ベスト・プロダクツへの投資を考えていた。債権者が申し立てを行っている最中だった。その日の仕事は終わったが、わたしはロングポジションを建てるのをやめ、「一晩寝て考える」ことにした。そして翌朝出勤し、ポジションを一二％にしたいとケズウィンに告げ、その債券を扱っている証券会社でアイデアについて議論した営業マンに電話をかけ、注文を出した。すると、ニュースを見ていないのかと聞かれた。見ていなかった。サービス・マーチャンダイズが買収に同意したのだという。債券価格は一晩で倍になっていた。もちろん、実際に投資をしてミスを犯すのは、絶好のチャンスを逃すことよりもはるかに恐ろしい。

当初からのもうひとりのパートナーは、好成績を上げてくれたお礼にと言って、一〇人ほどの「裕福な」友人のリストをくれた。ほとんどがパートナーになってくれたが、ひとりだけは投資をしてくれなかった。彼に出題された頭を使うカードパズルをわたしが解けなかったからだ。

グリーンライトは一九九六年の後半三分の二で三七・一％のリターンを上げた。マイナスの月はなかった。運用資産は一三〇〇万ドルの大台に乗った。そこで「パートナーとの夕食会」を開いて当社の運用成績を説明することにし、マンハッタンのアッパーイーストサイドにあるイタリア料理店の小さな個室を借り切った。一月の雪深い夜、パートナーたちがやって来た。家族連れではなかったが、二五人ぐらいは集まった――ほとんど全員を招待したが、なかにはニューヨークの外から駆けつけてくれた人もいた。わたしたちは事業と運用成績についてプレゼンテーションをした。ロング・ショート戦略が功を奏しているかぎり、事業は厳しくはなかったし、巨額の赤字を出して議論が必要な投資もなかった。運用成績のけん引役はC・R・アンソニー。五〇〇％の上昇を記録し、リターンの三分の一ほどを生み出してくれた。

翌日、当社の「初日」以来付き合いのある四人の投資家のひとりで、後の二〇〇四年に当社のヘッドトレーダー――元々は当社の単なるトレーダーだったが、今や肩書インフレの時代(**訳注** 仕事の満足度を高めるため、現職名を聞こえの良い肩書きに変更すること)――になるブルース・ガトキンが電話をくれた。昨夜のディナーは本当に楽しかったよ、と言うだけかと思いきや、帰り道、ブルースの妻が「何だかすごいことが起きそうね」と話していたそうだ。

第3章
グリーンライトの初期の成功

一九九七年度第1四半期。出だしは好調で、リターンも一三・一%に上った。わたしが初めて痛いミスを犯してしまったのはそのあとだった。悪い結果には二通りある。リスクとリターンを分析してみると魅力的な投資だが、不運に見舞われたり、思いも寄らない出来事が起きたり、という場合がひとつ。人生にも似ている。もうひとつは、分析そのものに不備がある、つまり好ましくない投資で、最終的に損失を出すのは自業自得という場合である。今回のミスは後者のほうだった。わたしたちは資金の六%をリライアンス・アクセプタンスに投資していた。同社では信用力が低い層向けの自動車ローンに一八%の金利を設定していた。重要なのは、債務不履行による損失を補てんするには一八%で十分だったのか、それを見積もるのは難しかったのか、という点だ。わたしは車の引き取り回収データを分析して数字を出してみた。リライアンスは毎回、車の二〇%を回収しているが、ローンの四〇%が貸し倒れになっている。ローン期間は二年だから、年間の損失は、二〇％に四〇％を掛け、それを二で割ると四、つまり四％になると計算した。損失を補てんするには十分に高い金利だし、株価も簿価を割り込んでいたので割安に思えたのだ。

ところが、わたしのミスは、損失分析の枠組みをきちんと作らなかったことにある。引き取り回収の統計値には、回収業者が車を探し出せないケース（ローンの約一〇％）が含まれていなかったのだ。当然、このようなローンは一〇〇％貸し倒れである。つまり、実際の貸し倒れはわたしの計算の倍以上あったのだ。一八％の金利ではファンドの費用、実際の損失、そして営業経費を補てんすることはできなかった。わたしは投資資金が半分に目減りしてから初めてミスに気がついた。これでリターンが四月に初のマイナスを喫し、〇・三％の損失になったというわけだ。

その後は楽勝だった。最大の勝ち組は、保険会社の株式会社化、スピンオフ（分離独立）、ピナクル・システムズ、そしていくつかのショート銘柄だ。株式会社化というのは、わたしたちのような投資家にとっては素晴らしい狩り場である。保険会社の多くが取引先企業の保険組合か、「相互会社」という形態で設立されている。相互会社には株式の所有権はないが、「所有者」と考えられる保険契約者が取締役を選出する権利など、何らかの権利を所有している。経営陣が望むのは、単に支払い能力を維持すること。株価や組織的な株主らの心配をしなくても済むことから、その会計方針は保守主義になりがちである。利ざやの面では、多額の報告利益によって税金が発生し、保険契約者からは掛け金の減額か剰余金の支払いかによる一部払い戻しを要求される可能性はある。実際、報告利益によって財務上の問題が発生する可能性もある――経営陣が回避しなければならない問題のひとつである。

時折、相互会社は株式会社化によって株式会社に転換することもある。一番魅力的なのは、IPO（新規株式公開）で株式を一〇〇％売り出して収益が会社に入るというディールである。IPO後に株式を購入すれば、その企業が所有するIPO収益だけでなく、その企業そのものも所有することができる。新規の投資家は事実上無償で企業を手に入れられるというわけだ。IPO価格に経営陣の多数のストックオプションを加えると、インセンティブやその仕組みによって、新規株主と経営陣はリスクを取らずにボロ儲けすることができるのだ。業績がパッとしない企業でも、IPO後は収益が劇的に改善することが多い。

スピンオフにも同じような効果があるが、これはケースバイケースで評価する必要がある。スピンオフとは、大企業が子会社の株式を親会社の株主に分配して子会社を売却することである。わたしたちが何年にもわたって入念に選別してきたスピンオフは素晴らしい投資機会であることが分かった。

ピナクル・システムズは、四半期決算が二度にわたって期待外れに終わったハイテク企業である。株価は簿価まで下落し、ほとんど現金しかないという状態だった。多くのバリュー投資家は、製品は複雑だしボラティリティも大きいとしてハイテク企業への投資を控えるが、当社では、損失を出していないハイテク企業は簿価で取引されていても成長可能な製品を持っているため、優良な投資だと考えている。ピナクルが好業績を発表したときには株価が三倍にも跳ね上がっていたことから、この場合にもそれに該当することが分かった。

最後になるが、一九九七年度には当社の空売り銘柄のいくつか、つまりボストン・チキンやサムソナイトなどが素晴らしい貢献をしてくれた。ボストン・チキンの会計には、フランチャイズ加盟店がレストランをオープンすると重要な売上高や収益を認識できるようになっており、開店資金と手付金を加盟店に貸し付け、その利息を受け取っていた。基本となるレストランは親会社への支払いを続けていけるほど儲かってはいなかったが、ボストン・チキンの株主はノー天気。つまり、フランチャイズ事業の決算を連結していなかったため、おそらく加盟店が赤字だということにも気づいていなかったのだ。仮にレストランの財務状態が悪く、加盟店がボストン・チキンに対する債務を履行できない、また妥当な収益が得られないとなれば、出店計画を縮小することになるため、ボストン・チキンのＰＥＲ（株価収益率）も低くなり、成長にも歯止めが掛かるはずだ。わたしたちはそう信じていた。さらに悪いことに、加盟店がローンを焦げ付かせたことが分かったのだ。結局、ボストン・チキンは倒産した。

サムソナイト株も暴落した。わたしたちは同社の株を二八ドルで空売りしたのだが、四五ドルまで急騰するのをただ眺めていた。そこで、テーマを何度も何度もチェックして、気合いを入れて掛かることにした。するとサムソナイト、商品を値上げしたのと同時に販路も拡大した。

直営店も続々オープンし、自社の卸売客、つまり小売店と激しく競うようになった。マンハッタンの店舗を見たが、「サムソナイト　四〇％オフ」と書かれた安売りのチラシが貼ってあった。わたしはその貼り紙をもらって帰り、オフィスに貼りつけたところ、事務のスタッフに冷めた目で見られてしまった。過剰在庫を処分していたのはその店舗だけではなかった。消費者は値上げを受け入れず、小売店が過剰在庫を抱えていることを会社側が認めた途端、株価は六ドルまで急落した。

夏には当社も初めて社員を雇い、グランドセントラル駅に隣接するグレイバービルの自社オフィスに引っ越した。一二〇平方メートルもあるオフィスはまるで御殿。ようやくわたしも自分のオフィスを持てるようになったのだ。今晩何を食べようか、と妻と電話で話していてもだれにも聞かれなくて済むんだ。

一九九七年度は運用資産が七五〇〇万ドル、五七・九％の上昇率だった。新たな投資の準備ができるまでは追加募集をしないことにした。どうしてかって？　あまり急激に大金をポートフォリオに加えるのは面倒だったからだ。新たな投資先を探したり、既存のポジションに追加したりと、過度なプレッシャーが生じる。わたしたちが本当に追加したい新しいアイデアかポジションでないかぎり、既存のポジションに新たな資金は追加しない。ただ、プロのマネージャーはいつも既存のアイデアに新たな資金を投入するが、その投資がすでに中盤に差し掛かっているときにそうするのはあまり気分の良いものではない。もし二〇ドルの価値があると考えて一〇ドルで買い付けた銘柄があるとしよう。価値は変わっていないと思い、一六ドルになったら買い増しをしようとするだろうか？　新たな機会が訪れるのを待つか、新規募集を打ち切ったほうがいい。一方で、十分なポートフォリオを構築できている場合には、新たな資産を加えれば運用成績の向上につながる。既存のポジションを予定より早く解消しなくても新たな機会が生まれる余地ができるわけだ。このような場合には、わたしたちも新規で募集することがある。

一九九七年にペンクラブで開いたパートナーとの夕食会には五〇人が参加した。今回は祝賀会になるだろうと思っていたのだが、予想は外れた。プレゼンテーションを終えたわたしたちは、いくつか質問を受けた。運用資産の成長スピードに不満を抱いているパートナーが数人いた。リターンを維持できなくなるのではないかと心配していたのである。そこでわたしは、ファンドは募集を打ち切っており、運用限度額いっぱいになるまで追加募集をしないことを説明し、どんな状況であれ、二度と五七％のリターンなど上げられるとは思っていないと強調した。これほどの好成績など予想したこともなかったため、資産規模によっては持ちこたえられなくなるだろうと思ったのだ。目標リターンは年二〇％である。毎年二〇％というのは無理だから、明らかに市場平均よりもリスクを抑え、平均二〇％を達成できればいいと思っていた。これでもやり甲斐がある目標だ。達成するのは難しい。目標はあっさりとクリアできるよう低く設定するのではなく、高くしたほうがいい。いや、いきなり好成績を上げたからバーを高くしたというわけではないのだが。まあ、そんなことはどうでもいい。夕食会は良い経験になった。質疑応答の時間を設けるなら、どんな質問にも答えられるよう備えておくことが必要だということを学んだ。

一九九八年度も滑り出しは好調で、ファンドは四月までに九・九％のリターンを出していた。しかしその後、当社最大のショートポジションであるコンピューター・ラーニング・センターズ（ＣＬＣＸ）に問題が生じてきた。教育事業を手掛ける利益追求型のＣＬＣＸは、潤沢な政府の学資ローンを巧みに利用し、学生だけでなく政府も食い物にしていたのである。同社では時代遅れのコンピュータースキルを無学の人間に教え、年間二万ドルの受講料を取っていた。だれでも入学することができた。もうひとり空売りを仕掛けた人物がいるが、彼は部下にスクールの入学試験を受けさせて、わざと不合格になるようにと指示。部下は試験官から答えのヒントをもらい、追試を受けるよう勧められた。わたしたちが大きなショートポジションを建てたのは、同社がお粗末な製品を提供し、違法行為を働いているからだった。ワシントンＤＣのローカルテレビ局も、不十分な設備に対して不満をあらわにしては憤慨している学生たちのインタビュー映像や将来有望な学生に卒業後に途方もない高給を約束している試験官の隠しカメラの映像を流した。株式市場は大きなあくびをして反応した。

ＣＬＣＸは第１四半期の業績が好調に推移したと発表。ＣＥＯ（最高経営責任者）のリード・ベクトルは、空売りを仕掛けた投資家を敵視し、ワシントン・ポスト紙にこう語った。

「株価が一ドル上がるごとに、空売りした四〇〇万ドルが彼らの銀行口座から出ていくでしょうよ」

ワシントン・ポスト紙によれば、同氏は投資家にこう語ったという。

「ヒロシマは終わった。今度はナガサキだ」

その後間もなく、教育省がプログラムを検査してコンプライアンス（法令順守）に関する調査を行うことを発表。すると株価は下落を始め、イリノイ州司法長官も不正のかどで民事訴訟を提起した。株価は暴落。終焉が近づいているのを感じたわたしたちは、ショートポジションを増やした。

二カ月後のこと、ＣＬＣＸは五〇万ドルの罰金を支払い、商慣行を改めることでイリノイ州司法長官と和解。痛い罰金だが、同社が問題と決別するための費用としては微々たる金額だ。株式市場はそう判断するだろう、と司法長官は考えた。強気筋も、教育省はプログラムを検査したが、強硬策は取らないだろうといううわさを広めた。ボストンを拠点とする三大投資信託もそれぞれ、既存の大きなポジションにＣＬＣＸを追加。すると株価はあっという間に倍になった。ＣＬＣＸが処罰を免れて逃げ切ったかのようだ。わたしは苦い薬を飲むことにし、七月にはショートポジションを決済した。これで当社は二・五％の損失を計上することになった。

会社に対する判断は正しかったのだから、買い戻しというのは情けない決断だった。だが、規制措置や同社がより保守的になったという報道で、入学者数や収益は期待外れに終わり、株価も大きく下げてきた。議論を呼ぶ空売りでは、実際にこういうことがよく起きる。多くの場合、支配的な論評に対する闘いに勝つのは強気筋だが（今回は規制当局も即座に同社の息の根を止めようとはしなかったが）、企業や会計の改革で期待外れの成績に終わった場合には、弱気筋が勝つ。教育省はさらに二年を費やしてこの仕事をやり遂げた。そして融通していた学資ローンを全額政府に返還するよう、ＣＬＣＸに要求し、同社を経営破綻に追い込んだのだった（詳細は http://chronicle.com/free/v47/i23/23a03501.htm を参照）。

政府の監視対象である企業に空売りを仕掛けている投資家にとっては、仮に政府が行動していても、株式市場と同じスピードで動いてくれないことが大きな問題である。二年あれば政府も調査を進められるのだろうが、毎月業績を報告するグリーンライトのような投資家にとっては、二年というのは永遠に等しい。ＣＬＣＸを買い戻すという決断から、わたしは強い意思を持つこと、そしてもっと辛抱強くならなければならないことを学んだ。わたしにこのような教訓を与えてくれた多くの企業のなかでも、比較的高くついたのがＣＬＣＸだった。

残念ながら、わたしがＣＬＣＸ株を手仕舞ったときには株式市場が目先天井を付けていた。そのころ、空売りしていたほかの二銘柄も手仕舞いした。ひとつはシロム・キャピタル。創業者の名にちなんだ社名だが、姓のつづりを逆にしたものである。同社は、当時はまだわたしたちも馴染みがなかったアライド・キャピタルと同じ事業に手を染めていた。非公開企業にメザニン融資（普通株式には優先するが、シニア債務には劣後する）を供与するＢＤＣ（事業開発会社）であった。

ＢＤＣとは、中小企業の資金調達を容易にし、プロの経営者の専門知識を得やすくする手段として、連邦議会が特別に定めた会社をいう。一九四〇年投資会社法成立以後、さまざまな形態のＢＤＣが誕生するが、現在の構造が生まれたのは議会が一九八〇年小規模事業投資奨励法を可決、成立させてからである。ＢＤＣは中小企業に資金を貸し付け、助言を行う見返りとして、利息と手数料を受け取っている。基本的には一般顧客に新興企業の成長に乗じる機会を提供する上場プライベートエクイティ・ファームであり、株式の公募やクローズドエンド型投資信託などで資金を調達する。また、二〇〇二年サーベンス・オクスレー法と一九三四年証券取引法に準拠し、発行した債券に対しては二〇〇％の資本カバレッジを維持することになっている。換言すると、ＢＤＣの投資先の資産価値はその企業の借入額の倍でなければならないということだ。それがＢＤＣのレバレッジ能力の上限になるのである。また、課税所得が直接株主の手に渡ることを条件に、法人所得税も免除されている。

シロムは好循環による急成長に投資していった。つまり、純資産価値（簿価）に対してかなり割高な価格で資金を調達し、それによって自社の純資産価値を高め、廉価な新規資金を供給することでそのポートフォリオを増大していったのだ。この循環が利益と配当を増やし、それが株価をさらに押し上げ、それでまた株式を売り出して新たな循環に入ることができたというわけだ。

投資会社（BDCは規制投資会社）ではあるが、シロムは基礎となる投資成果を報告もしなければ連結もしていなかった。それどころか、ポートフォリオを「公正価値」で評価していた。わたしたちはシロムのSECへの提出書類を取り寄せ、各期間のあらゆる投資費用と公正価値を追跡したデータベースを構築した。そして融資組成年までの実績を追跡し、全体的なポートフォリオの統計値は魅力的だが、資産の急成長がお粗末な成果を覆い隠していると判断。そして融資開始から満了までの間に約四〇％の融資が不良債権化していると見積もった。データからも、経営陣は問題を事前に十分警戒する余裕があったのに、ポートフォリオを評価する際に問題認識を遅らせていることが分かった。

メザニンレンダーの多くは、リターンを蹴り上げることからエクイティ「キッカー」の呼び名で知られる新株予約権を無償で受け取ることができる。シロムでは投資評価の目的で融資とエクイティキッカーを別々に評価しており、データベースからは、トラブルが発生すると経営陣はエクイティキッカーの評価を切り下げるが、融資は時価のままになっていることが分かった。当然のことながら、自己資本の価値が目減りすれば融資のリスクは増大し、融資そのものの価値も下がってくる。経営陣はそれを考慮せず、融資による損失が不可避であると判断するまで融資の価値を最大限に評価し続けていたのである。驚くようなことではないが、融資の履歴を見てみると、エクイティキッカーの目減りは、将来の融資も目減りすることを予知する信頼できる指標になっていた。さらに、最初の評価減がその後の評価減の呼び水になり、最終損失を出す、つまり最終的に債権が償却されるというケースも多かった。

こんなことがあってはならない。シロムの経営陣がポートフォリオを公正に評価していれば、将来の調整値はこれまでの調整値とは関係ないはずではないか。繰り返されることなどあり得ない。流通市場では、悪材料が出ると市場は証券の価値を一度リセットし、証券が将来的にプラスのリターンを出すような新たな価格に調整してくる。もしシロムがそうしていれば、一度の評価減がその後の評価減を呼ぶはずはない。つまり、経営陣が悪材料を認識するのを全面的に遅らせているということである。また、ほかにも危険信号がともっていた。例えば、シロムの監査人だったアーサー・アンダーセンは、一九九六年度の監査意見書にこう記している。

「われわれは取締役会が採用している手続きを審査し、その投資の価値を見積もり、その根拠となる文書を点検したが、手続きは妥当であり、文書も適切であると考える」

ところが、監査人だったアーサー・アンダーセンは、一九九七年の監査実施報告書からこの一文を削除したのである。

疑問や疑念を訴える投資家が出始めた。一九九八年三月、シロムはモルガン・スタンレー主導で最後の資金調達を行った。七月には四半期決算を発表したが、やや失望するような内容だった。二件の融資で約一〇〇〇万ドル、すなわち一株当たり約二五セントの損失を出していたからだ。株価は五月には三二ドルの高値を付けていたが、七月には一五ドル前後まで落ち込んだ。わたしたちは一株一〇ドルで買い戻した。ところが、その直後の一〇月には三ドルまで暴落した。

幸い、当社では株式会社化したサミット・ホールディングス・サウスイースト（ＳＨＳＥ）株に投資することができた。フロリダ州の労災補償専門会社である。相互会社としての保守主義会計と会社に渡るＩＰＯ（新規株式公開）の全収益、そして期首の棚卸資産とストックオプションを抱えた経営チームとを合わせると、甘い球に見えた。一九九七年五月、当社はファンドの資金の一五％程度を費やして、ＳＨＳＥ株を一株一四ドルで買い付けた。

さらに良いことに、ＳＨＳＥは極めて好条件で再保険を購入してリスクを低減したばかりだった。基本的に、再保険会社はリスクをできるだけ進んで取り、ＳＨＳＥに高額な手数料を支払っていた。ＳＨＳＥがリスクビジネスから質が高く予測可能な手数料ビジネスに転向したことに気づけば、一株当たり利益も投資倍率も拡大する。わたしたちはそう信じていた。だから、ＳＨＳＥが一九九八年六月に一株三三ドルでリバティ・ミューチュアルに現金で身売りすることを発表したときにはがっかりしたものだ。

結局のところ、ＳＨＳＥの経営陣は一枚上手で、わたしたちもラッキーだというのが分かった。ＩＰＯに先立つロードショーでは、ＣＥＯ（最高経営責任者）が「保証が切れないうちに売りたかったんだ」とぶしつけに言っていた。これは聞いて知っていたが、その年の後半にユニカバーの名が知られるようになるまではすっかり忘れていた。ユニカバーという会社、実は再保険会社を勧誘しては不利な条件で労災補償を再保証させていた再保険のブローカーだ。同じリスクがぐるぐる回っていることもあった。同社はリスクを移転するたびに手数料を請求した。何が起きているのかが分かるや、再保険会社のなかには支払いを拒むところも出てきた。仕組みが公になると、ほぼすべての労災補償株が暴落。ＳＨＳＥがビジネスモデルを転換できたのはユニカバーが提供した有利な再保険のおかげではないか。わたしはそう思った。ＳＨＳＥがほかの労災補償会社と共倒れしたのは、おそらくユニカバーの再保険の残高のせいだろう。しかし、問題があるとしたら、当社ではなくリバティ・ミューチュアルのほうだ。賢明であるよりも強運であるほうが良い場合もあるようだ。

もうひとつ空売りが成功したのは、その企業の会計そのものは最低だったが、会計事務所の「積み上げ」計算を代行するセンチュリー・ビジネス・サービシズ（ＣＢＩＺ）である。積み上げの場合には、統合整理業者が小規模の非公開企業を市場で買い付けるよりも低い投資倍率で買い付ける。買収するたびに利益は拡大し、それが株価を押し上げ、統合整理業者は終わりなき好循環のなかでその資金を使ってまた非公開企業を買収できるという仕組みになっている。ＣＢＩＺを率いていたのは、ブロックバスター・エンターテインメントのオーナーのＨ・ウエイン・ハイゼンガの有名な元パートナー、マイケル・デグルートである。ほとんどの積み上げ代行会社と同様、ＣＢＩＺも被買収企業の事業を好転させ、年間の内部留保を一五％増やすと主張していた。実は、売り手は退職年齢に近い起業家であることが多い。会社をＣＢＩＺに売り払ってゴルフざんまいというわけだ。

CBIZの会計はいくつかの点でGAAP（一般に公正妥当と認められた会計原則）に準拠していなかった。ひとつ目は、買収直後の企業の収益を買収の「発効」日に認識していたこと。発効日は、実際にディールを決済する前である。二つ目は、自社で発行した株式を公正価値から四〇％割り引いた価格で評価していたこと。こうしたトリックによって、同社は早めに収益を認識し、のれんを過小評価し、同社が被買収企業に支払った投資倍率について投資家を欺いていたわけだ。

グリーンライト創業以来、わたしは初めてSEC（証券取引委員会）あてに書簡を書いた。CBIZの会計を批判し、今後の提出書類でさらに明確に開示させるよう要求するためだった。SECからはなしのつぶて。だがその一年後、CBIZは買収の会計を修正し、収益認識に「発効」日ではなく「決済」日を用い、のれんの価値も切り上げていた。また、「内部」留保の増大率を下げ、十二分に予算を削り、経営チームも交代させていた。株価も一九九八年八月の二五ドルから急落し、二〇〇〇年一〇月には一ドルを割り込んでいた。

だが、CLCXとシロムを買い戻したタイミングが悪かった。市場が急落してロシアの債務不履行やロング・ターム・キャピタル・マネジメント（LTCM）の破綻、そしてアジアの通貨危機の直前だったのだ。わたしたちはロングの正味エクスポージャーを普段よりも高くしたが、その結果、一九九八年五月から九月にかけて、五カ月連続で損失を出す羽目になってしまった。

わたしたちにとって、八月は過去最悪の月だった。月末の市場は売り一色。その週、わたしは休暇でニューヨーク北部にいた。株価はとんでもない値を付け、なすすべもなかった。画面を見ることすらできなかった。言ってみれば「強制決済」を余儀なくされたほかの投資家による「投げ売り」の様相を呈していた。後に詳述するが、これらはアライドが不良投資を高値で維持するための一種の口実でもあった。だが、価格は価格である。わたしたちもポートフォリオがそれを反映することに着目した。この月は八％以上の損失を記録した。ああ、痛い。

当社最大のパートナーに、半ば退職した有名なヘッジファンドマネジャーがひとりいるが、彼は素晴らしい長期的実績を持っている。そんな彼がパートナーになってくれ、わたしたちも誇りに思っているのだが、彼の話によると、その八月の末日に当社のオフィスに電話をしたが、だれも出なかったそうだ。ケズウィンも休暇中ではなかったが、彼からの電話を無視するわけがない。このパートナー、すぐにわたしたちを自分のオフィスに呼びつけると、きみたちは何と無責任なんだ、もう信じられないと言い出したのだ。そして当社のポートフォリオについて質問してきたので、ペットフード大手のラルストン・ピュリナからスピンオフした家畜用飼料の製造業者で、当社最大の投資先であるアグリブランズについて説明した。アジア市場では狂牛病騒動などで夏には株価が急落していたので、ここにもビッグチャンスがあり、一九九九年度には大きく勝てるはずだと。結局はその二年後、同社は一九九八年度後半当時の株価の倍の価格でカーギルに買収された。すると、わたしたちの話を聞いていたその有名なパートナー、嘲笑しながらこう言った。

「きみたちは金儲けがうまいと思っていたんだけどなあ」

そのあと、彼はグリーンライトに投資した金額を全額換金した。その後五年にわたり、彼と会った人はわたしたちがいかにいい加減かを聞かされていたようだ。

このパートナーだけではなかった。ほかにも多くのパートナーが、運用成績の悪かった五カ月間が過ぎたところで投資を見直していた。わたしたちは当社の計画と関連するリスクの説明に追われたが、どちらかと言うと短期の実績を重視するパートナーは、八月から翌年の一月までに投資金の半分ほどを換金した。落ち込んでいた株価は第４四半期には市場平均まで回復したが、それを除けばもっとひどいことになっていた。一方で、わたしたちを信頼して投資額を増やしてくれるパートナーもいたし、新しいパートナーを見つけることもできた。全体としては新規の投資額と換金額が同等になり、一〇％の上昇、運用資産一億六五〇〇万ドルでこの年度を締めくくることになった。

一九九八年度は魅力的なリスク調整済みリターンを出していたものの、目標を達成するには至らなかった。当時のトレンドは成長株と大型株。こうした市場の上昇をリードしている大型株は数年かけて鼻血が出そうな投資倍率を達成するが、その多くがこの年に達成していた。S&P五〇〇はアジア危機など何のその、二八・三％という目が飛び出るほどのリターンを出した。市場のけん引役はコカ・コーラで、一株当たり利益の五〇倍程度まで買われていた。一株当たり利益が低かったのは、同社がボトリング事業を次々と売却することでキャピタルゲインが生まれ、一株当たり利益の計算に入れられていたからである。わたしにはコカ・コーラを空売りする元気はなかったが、やるべきだった。自分で独自の識見を持てないほど巨大な企業だったのだ。その代わり、投資家との会議でコカ・コーラの問題点を説明しては、採用予定者にこの問題についてどう思うか、などと質問攻めにして納得していた。

第4章 インターネットバブル期のバリュー投資

一九九八年の安値から高値を目指して上り詰めていったのが、いわゆるインターネットバブルである。わたしはアメリカ・オンライン（ＡＯＬ）と空売り筋との闘いがバブルの触媒の役割を果たしたのだと思っている。

ＡＯＬは多くの空売り筋が利益の質が悪いと考えるほど高い倍率まで買われていた。同社はマーケティング費、すなわち「顧客獲得費」に多額を費やして月々の契約料を支払ってくれる加入者を増やしていたが、空売り筋は、同社がこうした費用を資本に組み入れ、予想される顧客の契約年数でそれを減価償却して損益計算書を水増ししているものと信じていた。ＡＯＬの会計は、発生した時点で費用を認識するＧＡＡＰ（一般に公正妥当と認められた会計原則）には準拠していなかった。

そこでＡＯＬ株を空売りした場合の見積もりを出してみた。すると、仮に会計処理が間違っていても事業の採算性には説得力があったため、空売りはうまくいかないと判断した。同社の収益を考えたら、株価は割安だった。わたしは前払い金である顧客獲得費と加入者が予想契約年数にわたって支払う契約料とを比較して、加入者の正味現在価値を計算してみた。ＡＯＬは多くの新規顧客を獲得しているため、一見かなり高い株価を当然だと納得させるにはそう時間はかからない。また、宣伝や広告など、新たな収入源の可能性も加わっており、ショートポジションを建てるには最悪だと分かった。「バリュー投資家」のビル・ミラーもおそらくそう思って、打席を外して大きなロングポジションを建てに行ったのだろう。わたしにはＡＯＬ株を買い付ける元気はなかったが、空売りもせず、空売りした投資家と議論することで納得していた。

ＡＯＬは、資本に組み入れた顧客獲得費を大量に減価償却し、それを将来発生したときに費用として計上することにしていたのだが、空売り筋は何ひとつ批判できなかった。保守主義会計だと一株当たり利益は低かったが、市場は顧客獲得費への投資で高収益を上げるものと理解し、低い報告利益を調べたうえでそのパワフルなモデルを高く評価すると、株価は当初のちょっとした下げを経たあとで急騰した。ＡＯＬ株はコカ・コーラ株よりも割高だったが、それでも買いだったのだ！　コークは市場の主導権を失った。今や投資倍率が何倍だろうと、主力の「ニューエコノミー」株の価格としてはけっして高すぎることはなかった。しかし、多くの投資家は一連の現象を見誤り、ＡＯＬ株が急騰するのを眺めては、従来の株価評価の基準なども う通用しないのだ、という怪しげな理論を裏づけるものだと解釈した。

一九九九年の初め、市場はエリートの空売り筋がＡＯＬ株で過ちを犯したことを証明した。だが、もし彼らがＡＯＬ株で過ちを犯したとなれば、ほかのどのインターネット関連株でも同じことになる。頑強どころか成長の可能性があるビジネスモデルを持っている企業はほんの一握りしかなかっただって？　そんなことはどうでもいい。もはや弱気筋の言うことも無視されるようになっていた。おそらくＡＯＬ株の空売りに勝利したのだという思い上がりが、インターネットバブルの一番の原因だったのではないだろうか。

わたしたちは空売りするのを拒んでショートのポートフォリオの損失を回避することが多かったが、それはただ株価評価がバカげていたからだ。バカげた株価評価を倍にしてもバカが倍になることはない。今でもバカげていると思っている。無限大の倍はやはり無限大だというのと同じである。その代わり、わたしたちは見通しが悪化し、ファンダメンタルズが正しく理解されておらず、なおかつ株価評価が高い企業の空売りに集中した。例によって、不正に手を染めている企業がターゲットとなった。

一九九九年、わたしたちは絶好の悪徳企業をいくつか発見した。そのひとつであるサイテルは、炭化水素の検出に使用する地震データのマルチクライアント型ライブラリーを所有していた。エネルギー関連企業は、サイテルと提携してデータを「送信」した（地面を揺らして反応を測定した）――何とも金の掛かる投資である。提携したエネルギー企業はそのデータを使用する独占権を取得した。その後、サイテルはその権利をほかのエネルギー企業に再ライセンス。

そしてデータ送信への投資分を資本に組み入れ、ライセンスと再ライセンスの「期待」収益に応じてそれを支出。データに一ドルを投資すれば二・五〇ドルの収益になり、その結果、ライセンスまたは再ライセンスの収入の六〇％の利幅が保証される。サイテルではそう踏んでいた。

ところが、一ドル当たり二・五〇ドルの利益など生み出してはいなかった。地震データの寿命には限度があった。もしデータが炭化水素の高い確率を示せば、発見に向けてドリルで穴を掘る。結局のところ、だれがそのデータを必要としているのかである。ライセンス収入の大半は、再ライセンスではなくライセンスによるものだった。結局は六〇％の利幅という前提がサイテルの利益を膨らませていたわけだ。

さらに悪いことに、当初のライセンスでカバーできたのはデータ送信費のごく一部だけだった。サイテルの勘定では、データ送信と関連する当初ライセンス料は利益を生み出していたが、現金は焦げ付いていた。再ライセンスも現金を生み出していたが、それを販売するのは難しかった。要するに、会計上の利益を維持するために、新たなデータ送信に不経済で利益も出ない投資をしていたということである。

この分析を踏まえ、当社ではエネルギーサービス事業の関連銘柄が堅調な時期にサイテル株を空売りした。そのサイクルが一巡するとサイテルの株価は暴落し、空売りが当社の一九九九年のリターンに寄与してくれることになったが、会計の話にはまだ続きがあったので、買い戻しはしなかった。サイテルの借入金は相当な額に上っていたため、わたしたちはきっと倒産するだろうと考えていた。二〇〇〇年には株価はしっかりと戻したが、二〇〇二年春、次の下落相場のときについに倒産。わたしたちは三年にわたって空売りで闘い続けてきたわけだが、ついにCEO（最高経営責任者）も懲役五年を言い渡された。

その年には素晴らしいロングのアイデアも浮かんできた。レクソン・サービシズというパッとしない会社をスピンオフした大手不動産会社のレクソン・アソシエーツである。わたしは一九九九年の初め、若くてアグレッシブで、しかも頭が切れるCEOのスコット・レクラーと面会した。二時間に及ぶ会議を終えて帰るときには漠然とした戦略しかつかめなかったが、レクラーは面白いことをやろうとしているな、という強い感触はあった。レクソン・アソシエーツは、学生向けの住宅やゲームを扱う投機的な不動産ベンチャー、レンタルオフィス事業、コンシェルジュサービスプロバイダーを傘下に収めていた。その一社であるオンサイトは、金が掛かる創業間もない会社で、インターネット接続に必要なオフィスビルの配線業務に従事していた。オンサイトの価値を一切評価しなくても、わたしは従来型の事業には十分に本質的価値があり、約五ドルという現在の株価が妥当だと評価できると考えた。オンサイトの無料オプションは欲しかったが、レクラーは何かすごいことをやってくれるのではないかと感じ、ファンドの資金の三％をレクソン・サービシズに投資した。

レクラーとそのチームは数カ月にわたって何度も議論を重ねていた。すると、新たなインターネット銘柄を物色していた投資家がそんなオンサイトに気づき、株価が上昇を始めた。しかもインターネットが「トウキョー・ジョー」という名の下にレクソン・サービシズを強調表示すると、その人気に火がついた。レクソン・サービシズではゼネラル・エレクトリック（GE）出身の特別研究員《フェロー》を採用。GEの経営は優れていると考えられていたため、GE出身者を採用すればたちまち信任を得られたのである。そしてオンサイトとレンタルオフィス事業を展開する会社をテコに、同社をインターネット企業のインキュベーターに転向させ、中小企業の要望に応えると発表。インキュベーターとは、基本的に上場しているベンチャーキャピタルのことである（インターネット企業のインキュベーター大手GMGIの当時の時価総額は一〇〇億ドル）。レクソンはフロントライン・キャピタル・グループに社名を変更。市場はGE出身者の雇用、新たな戦略、そして新たな社名を好感した。年末には株価も急騰して一株六〇ドルの大台に乗せ、時価総額も二〇億ドルに達した。わたしたちはほぼ高値と思われる値段でフロントライン・キャピタル・グループのポジションの三分の一を売却した。だが、この判断が間違っていた。同社の株価評価を考えると、フロントラインが当社のファンドに占める割合が大きくなりすぎていたからだ。市場もわたしたちが無償で手に入れたオプションの価値を相応に判断し始めた（あとで分かったことだが、過大評価していた）。

フロントライン・キャピタルの急反発、アグリブランズ株の回復、サイテル株の最初の暴落、そしてスピンオフ（分離独立）への投資だったトライアド・ホスピタルズの初期の成功。これらが一九九九年度のリターンを三九・七％に押し上げてくれた。この時点で、グリーンライトは「臨界点」に達した。当社の運用成績は、一九九八年の市場の暴落を生き延びて一九九九年の急騰にうまく乗り、大半のバリュー志向のファンドをはるかにしのいでいた。多くのファンドは一九九九年を「トレンドに逆らって」過ごしていた。だれもが夜を徹して投資をしたがっていた。わたしたちの運用資産は二億五〇〇〇万ドルに達した。

しかし二〇〇〇年の初め、事態は当社にとって不利な方向に動いた。まずはフロントライン株が下落し始めたこと。オンサイトでもＣＥＯと元雇用主との契約上のトラブルで、予定していたＩＰＯ（新規株式公開）が遅れた。インターネットバブルが最終的に頂点を極めるのはまだ数週間先だったが、フロントラインが一九九九年後半に付けた高値を上回ることはなかった。

ケムデックスという上場直後の企業の空売りでも損失を出してしまった。薬品を相互に売買する企業向けにＢ２Ｂ（企業間）ネットワークを構築した会社である。コンピューターとソフトウエアの代金を自ら負担して、顧客に自社のネットワークを利用させていたほか、大手製薬会社二社をそそのかし、株式を交付することでサービスの試験を割引料金で依頼していた。また、取引ごとに少額の手数料収入を期待しており、販売した商品の価値全体を売り上げとして計上していた。しかし、まったく統制が取れていない莫大な先行投資や営業経費をカバーできるだけの手数料を生み出す余地はほとんどなかった。一九九九年九月、わたしたちは資金の〇・五％を投資してケムデックスを二六ドルで空売りした。七月のＩＰＯ当時の一五ドルからは大幅に上昇していた。

そして一一月、ケムデックスはIBMグローバル・サービシズとの戦略的提携を発表。これによってIBMはケムデックスの顧客に技術を提供することに。わたしはなぜこれが興味深いのか理解できなかったが、株価は一週間で倍に跳ね上がった。冗談だろう。わたしはそう思い、一株七一ドルでポジションを倍に増やした。一二月の半ばには、モルガン・スタンレーの花形インターネットアナリストのメアリー・ミーカーが、「アウトパフォーム」という投資判断を繰り返し、「ケムデックスとしては当然のこと」とコメントした。それ以上の内容はなかったが、結果的に株価はまたその週に五〇％も上昇し、二月下旬には社名をベントロに変更した。社名変更は、ケムデックスが「垂直的に」他業種にネットワークを拡大することを意味していた。大きな野心を表現するには新しい社名が必要だったのだ。

わたしはピンときて、ギブアップした。そして二月二二日に一株一六四ドルで買い戻した。これでケムデックス・ベントロは当社の空売り銘柄では過去最大の負け組となり、資金の四％程度を失ってしまった。もし二月二五日に株価が二四三ドルに跳ね上がっていたら、肩身の狭い思いをしていただろうか？　いや、空売りした二六ドルというバカな値段の一〇倍にもなっていない。両方ともバカげた値段だった。もちろん、バブルが崩壊したその年の後半、株価は底値に向かって突き進む途中で二ドルを付けたのだが……。

■
■
■
■
■
■
■

バブルの絶頂期には、ハイテク株が世界中の資本という資本を食い尽くすかに見えた。このセクターには新たな資金をいくら注ぎ込んでも足りなかった。このモンスターを養うため、投資家はオールドエコノミー株から米長期国債まで、ありとあらゆるものを売ってバブルにたっぷりと栄養を補給した。バリュー投資はすっかり悪評を買っていた。ジュリアン・ロバートソン率いるタイガー・ファンドは、数十年にもわたって驚異の実績を誇る世界最大のヘッジファンドだったが、オールドエコノミー株ばかりを保有しており、運用成績も芳しくなかった。結局、ロバートソンは破産した。

二〇〇〇年二月。当社にとって二番目に悪い月だった。損失は六％、資金を従来型の産業に逃避させていたため、ほとんどがロングでの損失だった。三月初旬からナスダックがピークを付ける三月一〇日までの間にさらに数パーセントの損失を出してしまった。五週間にわたり、連日のように少しずつ資金を失っていき、もうケムデックス株を損切りする以外に身動きが取れなくなっていた。

だが、やがて……、市場は反転。まあ、そんなものだろう。ケムデックス・ベントロに教えられたこともあるが、インターネットバブルが最大に膨らんだのは、最後の空売り筋がもうポジションを保持する余裕がなくなり、買い戻しを余儀なくされた日だと思っている。市場の行きすぎが起きるのは、短期では高すぎて長期でしか保有できなくなったときである。ジョン・

メイナード・ケインズもかつてこう言った。市場が不合理でいられるのは、人々が支払い能力を維持できる期間よりも長いのだと。市場はピークから再び合理的市場へと戻っていった。主力株は破滅的な弱気相場に苦しみ、バリュー投資が「底」を形成した。こうしたとてつもない行きすぎが完全に元に戻ったのは、その後数年たってからである。

当社の戦略にとってはまたとない環境だった。わたしたちは幸先の悪いスタートから立ち直った。しかし、保有していたフロントライン・キャピタル株が急落。コンタクトレンズ通販最大手の1－800コンタクト株の空売りでも損失を出してしまった。求められている処方せんをきちんと確認せずにレンズを販売していると思っていたのだ。ＦＤＡ（食品医薬品局）が調査に入ったが、特別な措置を講じないことを決めた。またも痛みに耐えかねて、買い戻しで巨額の損失を出してしまったというわけだ。その後、消費者の不適切な使用に対する法的処置を恐れてか、仕入れ先のジョンソン・エンド・ジョンソンが1－800コンタクツへのレンズの供給を打ち切ると、株価は急落した。

一方で、コンピュクレジットの空売りは成功した。同社は信用力の低い顧客にクレジットカードを発行する会社だが、その急速な資産の増加の裏に損失が隠れていたのである。わたしたちは「延滞」ベースで損失を調べてみた。こうすれば、間もなく焦げ付くという新規の融資の影響を受けることなく、信用力を分析することができたからだ。すると、成長率を差し引いて調整したコンピュクレジットの損失が、経営陣が吹聴する年一〇％ではなく年一八％だということが分かった。同社はアトランタでアナリストデーを開催したが、わたしたちのような弱気筋が参加していることにも気づき、電話で話を聞けば十分だろう、と当てつけがましく言った。すると、ある証券会社のアナリストが助け舟を出すようにこう言った。

「株を買いましょうよ。彼らにとっては初めてのアナリストデーなんです。悪材料ばかりなら、こんな会議は招集していないでしょう」

株価は思い掛けなく倍になった。今回はわたしたちも我慢したが、数週間後には同社も失望するような業績を発表し、当社の損失がリターンに転じた。同社では融資の貸し倒れが膨らみ、翌四半期の業績はさらに悪化した。

トライアド・ホスピタルズ（コロンビアＨＣＡからスピンオフ）とＭＤＣの二社は大きなロング銘柄だったが、二社とも年内に倍になった。空売り銘柄の残りはほとんどがリターンに貢献してくれ、当社は厳しい二月から脱出して一三・六％の上昇、運用資産も四億四〇〇〇万ドルで二〇〇〇年度を終えた。やはり年間目標を達成することはできなかったが、Ｓ＆Ｐ五〇〇は九％下落し、ナスダックに至っては三九％という破滅的な下げを記録していたことから、市場よりもリスクプロファイルが低いことを示すことはできた。不満を漏らす人はいなかった。

わたしたちは再びファンドの募集を打ち切った。十分なポートフォリオが構築できており、新たな機会を求めて何度か資金調達をしたとき以外、そのまま募集を中止している。二〇〇一年には市場も合理性を取り戻した。一九九七年と同様、わたしたちはひどい失敗もなく一年を乗り切ることができた。大きなロングポジションはすべて貢献してくれたが、当社最大のショートポジションである保険・年金大手のコンセコも健闘した。

コンセコは「資本構成裁定」としてのスタートだった。つまり、同社の資本構成の一部がほかの部分と比べると割高である、または割安であるという評価を踏まえた投資だったわけだ。裁定取引はそう何度もやっていないが、今回は極端な機会に乗じることができた。コンセコはとんでもない材料を抱えていた――A・Mベストという格付け機関から「A」の格付けを引き下げられたのだ。これで同社は収益機会を奪う大幅な値引きでもしないかぎり、顧客を獲得したり維持したりするのが難しくなってきた。コンセコ債は六五セントで売られていたが、株式市場ではやや事情が異なり、同社の時価総額が一〇〇億ドルという評価を受けていた。債券利回りは二〇％を上回っていたのに、株式のほうはまるで倒産などあり得ないかのような値が付いていたのである。わたしたちはコンセコ債を購入し、普通株を空売りした。

最初は債券を購入したことによる損失よりも株式の空売りによる損失のほうが大きかった。コンセコは新ＣＥＯにギャリー・ウエントを迎え入れた。ＧＥキャピタルの前会長で、同社で素晴らしい実績を残した人物だ。ウエントは現金で四五〇〇万ドル、株式で三二〇〇万株の前払い給与という契約に同意。直ちにアナリストデーを開催し、迅速な黒字転換を約束した。シックスシグマといった趣向を凝らしたＧＥの経営手法を採り入れ、部下を教育してシックスシグマのブラックベルト（**訳注**　シックスシグマを導入するに当たり、核となって活動する人物に与えられる資格）を取得させ、コンセコを現在の脆弱な企業から頑強な企業に変身させるという。ウエントはこれを強そうな重量挙げの選手の漫画で描いて見せた。ウエントは、問題をすぐに解決すると言って市場を納得させ、コンセコも債務の一部を利率一一％で借り換えた。

わたしはウエントがGMビルにあるコンセコのオフィスで開いた会議に参加した。全員がそろうまで、三〇人ほどの投資家とアナリストが心地よい会議室でぼうっと立っていた。やがてウエントがやって来て、大きな会議室のテーブルに着席するよう促した。全員が着席すると、アシスタントがやけに目立つ椅子を引きずりながら入ってきて、テーブルとテーブルの間にスペースを開けて玉座を置いた。そしてウエントが会議に加わった。長たらしい売り口上が終わってから質問に応じたが、数字にかかわる質問には一切答えなかった。何度質問しても、ウエントの答えは決まって「折り返し連絡する」であった。わたしにはそれで十分だった。わたしは債券を売ってショートポジションを追加した。

コンセコは一連の「経営立て直し覚書」を発行した。この自己満足的な冊子はときどき株式に活を入れる好材料を提供していたようだ。これは機能しているようにも見え、株価も倍になった。ただ、コンセコが四半期の利益を報告するたびにわたしは疑問を抱くようになった。答えはなかったが。例えば、ある四半期のことだが、間接費が魔法に掛かったように収益に変わっていた。いったいどうやって間接費を収益にするのだろう？　答えはなかった。翌四半期には、保険料やフロート（**訳注**　保険事業のなかで一時的に保有する資金）は保険事業に入れられたが、資本化された顧客買収の費用と収益は増加していた。どういうことなのだろう？　やはり答えはなかった。単純なことだが、同社は数字など計上しておらず、チーム・ウエントもそれを明確にすることに関心がなかったのだ。株価は上げ止まるまで上昇を続けた。

翌四半期、コンセコは予想を上回る業績を発表した。その業績はまたもや質が悪く、多くの疑問を生じさせた。前四半期と同じだった。にもかかわらず、今回は市場も株を買うことはなかった。株価は暴落。結局、ウエントは辞任し、会社も倒産した。その後、組織は再編されたが、今度は規模もかなり縮小されていた。社名もインディアナ・ペイサーズのホームコートであるコンセコフィールドハウスという、最も目立つ名前に頼っており、それで延命しているのである。競技場の名前というのは空売り候補を見極める良い方法だという声もある。

もう一社、妙な会計処理の問題を抱えていたのが、歯科矯正医の会計の積み上げ計算を代行するオーソドンティック・センターズ・オブ・アメリカ（ＯＣＡ）である。同社では収益認識を早め、何年にもわたる治療期間の最初の数カ月間で、患者からの全収入を上回る収益を計上していた。その結果、治療期間が終了するころには、平均的な患者からの収入が報告されなくなってきた。ＯＣＡとしては、新規の患者数を急いで増やして従来からの患者数を超える必要があった。さらに、四〇～六〇人の歯科矯正医と提携していたのに、歯科矯正医の報酬費を発生主義ではなく「現金」主義に基づいて認識することで、費用を戻し入れていたのである。当社のリサーチから、ＯＣＡが収益認識を前倒しし、費用を未処理のままにすることで二つの積極型会計が報告利益に及ぼす影響を軽減していることが分かった。

再度、わたしたちはＳＥＣに懸念を伝えた。二〇〇一年三月、ＯＣＡは収益認識方法を変更し、患者からの収入を定額法で計上するようＳＥＣから求められたことを発表。そして年次報告書の提出を遅らせて決算を修正したところ、事前予想よりも一〇％の減収、二五％の減益となった。株価も初めのうちは下落した。ところが、強気筋はＯＣＡが会計問題とは決別したものと考えた。ＯＣＡは不適切に収益認識を前倒しし、修正版で無効にした収益をそのまま再度認識していたため、修正した決算と将来の決算とを簡単に比較することができた。五月には株価もほぼ直近の高値まで戻した。しかし、会計を一部変更しても悪い業績全体を改善することはできなかった。翌年にはキャッシュフローの悪化が利益の足を引っ張り、株価も暴落した。ＯＣＡ株に自分たちの事業を託していた矯正歯科医の間にも不満が広がった。結局のところ、ＯＣＡは再び決算の大幅修正を迫られた揚げ句、経営破綻した。

二〇〇一年度の会計を締めたとき、当社ではすべてが順調だった。ファンドは三一・六％のリターンを上げ、運用資産も八億二五〇〇万ドルに達していた。市場は下げ止まらず、Ｓ＆Ｐ五〇〇はさらに一一％、ナスダックも二〇％下落していた。

そして二〇〇二年の初め、当社で最も長きにわたって悪戦苦闘を続けていた二つの空売り銘柄がとうとう成果を上げてくれた。先述のとおり、お粗末なビジネスモデルと積極型会計の重圧に耐えかねて、サイテルが三年たってようやく崩壊した。

エランの話はまたちょっと違う。アイルランドの専門医薬品製造会社のエランは、先発医薬品のほか、幅広い医薬品候補に利用できる薬物送達技術をいくつか所有していた。当社では一九九九年にエランを空売りした。ねつ造とみられる一連のライセンス取引を締結していたからだ。まずエランがバイオテック企業XYZに一〇〇〇万ドルを投資する。するとXYZが――中小企業の場合が多かったが――、エランの投資で自分たちの技術は「バリデート」されたと吹聴するプレスリリースを発行。そして市販後何年もたっているXYZ製の医薬品に利用できるよう、エランの投資資金の大半を使ってエランの薬物送達技術にライセンスを付与し、そのライセンス料を一〇〇%収益として認識。要するに、資金はまずエランからXYZに投資資金として流れ、その後ライセンス料としてまたエランに戻ってきていたわけだ。市場はこれに高値を付けていたのである。

また、当社ではエランの収益と費用の詳細な報告が、総じてアナリストのモデルとかけ離れていることにも気がついた。しかも、純利益は常に見積もりよりも一～二ペニーしか上回っていなかった。また、ある項目で報告されている不足額が別の項目では不思議なほどきちんと相殺されていた。さらに、エランには貸借対照表に記載できない数々の特別目的会社があり、そこで各種資産を保有していた。こうした特別目的会社が説明不能な利益をどんどんエランにもたらしていたわけだ。ほかにも財務諸表のアノマリーがほぼすべての四半期でたくさんあった。コンセコと同様、エランも問題を明確にすることに関心はなく、強気筋も長い間そんなことはどうでもいいと思っていた。SECが検査を終えると、エランは利益を修正せざるを得なかった――一ペニーずつ！　ところが、検査を終えたエランは「楽勝」だった。株価は新高値を目指していった。

エランについては、わたしも何年にもわたって証券会社のアナリストたちと議論してきたが、数字や利益に関するさまざまな問題について話し合ってから、彼らはこう言った。

「それで？　なぜエランを空売りするんです？　彼らが利益を見逃すはずはないでしょう。あり得ないですよ。見逃していなければ、あなたに勝ち目はありません。どうやって空売りで儲けようというんです？」

エランは不正を働いていたが、アナリストが気づくには至っていなかったのだ。いや、おそらく気づいていたのかもしれないが、うまく切り抜けたとして表彰されるとでも思っていたのだろう。

二〇〇二年一月、ウォール・ストリート・ジャーナル紙がエランの会計に対して数々の疑問を呈する長い記事を一面に掲載した。わたしたちが何年もの間追いかけていた問題だ。エンロン事件のあとだけに、予想外の反応だった。株価はボロボロになった。エランの上級管理職のほとんどが会計士だったのだが、ようやく真剣に会計検査を開始した。それが終わると、会計の不正はわたしたちが予想していた以上にひどいことが分かった。何と、ほかの製薬会社に医薬品のポートフォリオを安く売り払い、売り上げを「製品収入」として計上していたのである。

これでわたしたちがどうしても理解できなかった財務報告書の数字の食い違いをいくつか解明することができた。二〇〇一年六月にSECの「検査」が終わった時点で六五ドルの高値を付けていた株価も、二〇〇二年の春には一〇ドル前半になり、その年の一〇月にはとうとう一ドルを付けた。

長期にわたって不正行為が行われているのに、投資家もアナリストもSECも見逃してしまうことがある。しかし、遅かれ早かれ、真実が勝つのである。自分が正しいと分かっているなら、あとは最後まで頑張り通す根気、粘り強さ、規律があれば十分だ。

二〇〇二年度は好調な滑り出しで、四月末には二二・九%上昇した。わたしたちがアライド・キャピタルのリサーチを終えたのはちょうどそのころ。これこそ根気、粘り強さ、規律、そしてさらなる根気を総動員しなければならない投資となった。

第5章
アライド・キャピタルを解剖する

二〇〇二年の初め、金融機関に特化した小規模ヘッジファンドのマネーマネジャーの会合があり、そこでアライド・キャピタルについての議論が交わされた。マネーマネジャーらは批判的な調査報告書にざっと目を通すと、アライドのポートフォリオの評価にアノマリーがあることを指摘し、わたしたちに意見を求めてきた。当社が一九九八年にシロムの空売りで成功したことを知っていたからだ。シロムはアライドと同じBDC（事業開発会社）の組織構造を持ち、同じような戦略を採用していた。興味をそそられる話だった。

アライド・キャピタルは、上場しているBDCではアメリカ第二位の企業である（第一位はアメリカン・キャピタル・ストラテジーズ）。設立は一九五八年で、一九五八年中小企業投資法の利点を生かすべく、ジョージ・C・ウィリアムズがSBIC（小企業投資会社）として創業した会社である。一九五〇年代はほとんどFBI（連邦捜査局）で仕事をしていたウィリアムズだが、ＳＢＡ（中小企業局）が設立され、そのＳＢＡの新規融資もちょうどワシントンで利用できるようになったことから、アライドの本社をワシントンに置くという名案を思いついた。また一九六〇年には上場を果たし、一株一一ドルで一〇万株を売り出した。さらに一九六三年には四半期ごとの株主配当も開始し、数年の間に同様の権限を持つ複数の関連会社のスピンオフ（分離独立）を実施した。新設された会社もある。目的は、キャッシュフローを循環させる中小企業（ほとんどが非公開企業）の債券や株式に投資すること。なかには株式を公開する会社もあったが、ほとんどが非公開であった。ウィリアムズは一九六四年からアライドおよびその関連会社の社長、会長兼ＣＥＯ（最高経営責任者）を務め、一九九二年には名誉会長に任命された。

アライド・キャピタル・コーポレーションⅠ、アライド・キャピタル・コーポレーションⅡ、ならびにアライド・キャピタル・レンディングは、一九四〇年投資会社法に基づいてＢＤＣとして規制の対象となるクローズドエンド型投資信託会社であった。アライド・キャピタル・レンディングはＳＢＡの７（ａ）融資プログラム（**訳注**　中小企業法第七条（ａ）項に基づく融資プログラム）で融資を組成。アライド・キャピタル・コマーシャル・コーポレーションは、レゾリューション・トラスト・コーポレーションとＦＤＩＣ（連邦預金保険公社）が販売する住宅ローンへの投資に特化したＲＥＩＴ（不動産投資信託）を、そしてアライド・キャピタル・アドバイザーズはほかのアライド・キャピタル関連会社四社の資産を運用していた。この上場する関連企業五社が一九九七年一二月三一日付で非課税の株式交換によって統合し、アライド・キャピタル・コーポレーションになったのである。

一九九七年末の統合時には、一九九七年二月にアライド・キャピタルの会長兼CEOを辞任したデビッド・グラッドストーンの後任のビル・ウォルトン（バスケットボールの元スター選手とは無関係）が統合企業全社の会長兼CEOであった。長年にわたってアライド・キャピタルの幹部を務めていたグラッドストーンは、一九七四年以来アライド・キャピタルの関連会社の役員を務めていた（上場した自分のBDC、グラッドストーン・キャピタルを創業していなければ、アメリカン・キャピタル・ストラテジーズの共同創業者になっていたはずだ）。ウォルトンのほうは、アライド・キャピタルでこの地位に就く前は、アライド・キャピタル・アドバイザーズの部長、アライド・キャピタル・コーポレーションⅡの社長の座にあった。

別々だったアライド各社を統合したのは、社内業務を簡略化して限界質量を作り出し、会社をウォール街で目立たせて機関投資家を引きつけるためだった。そして一九九七年一二月三一日には、八九社に投資しているプライベートファイナンスのポートフォリオ二億ドルを含め、資産総額を八億ドルと発表した。

わたしはアナリストのジェームズ・リンに、先のシロムのときと同じ作業を再度やってくれるよう依頼した。リンはアライドの融資を網羅した膨大なデータベースを構築した。これには数年間のあらゆる投資の費用や価値が四半期ごとに示してある。データベースを見たところ、アライドの投資評価の傾向がシロムと同じであることが分かった。問題ある投資先のエクイティキッカー（新株予約権）の評価を切り下げる一方、関連する融資を取得原価で計上していたのである。これは将来の融資の評価減を示す優れた先行指標だった。小さな評価減のあとには、不釣り合いにも大きな評価減が実施されていた。シロムの分析のときと同様、これはアライドが不良資産の評価減を漸次的に実施していることを示していた。

融資とエクイティキッカーの傾向を表した指標から、問題ある融資が判明した。アライドでは少数の上場企業に投資していたので、わたしたちはその企業のSECへの提出書類を分析し、取引価格をチェックして積極型会計による簿価の証拠があるかどうかを調べてみた。すると、認識日を遅らせるために既存の投資を保護し、相応の評価減も実施せずに、どう見ても問題がある企業や再建中の企業にさらに多額の資金を投じていることが多いのが分かった。

アライドでは独自の体系に基づき、自社の投資を次のような五段階で評価し、ポートフォリオの推移を追跡している。

●グレード1　キャピタルゲインが期待できる投資
●グレード2　計画どおりの運用成績を上げている投資
●グレード3　綿密なモニタリングが必要だが、投資のマイナスリターンや元本の損失は一切ないと思われる投資

●グレード4　テスト中の投資や当期の投資リターンではややマイナスが予想されるが、元本の損失は一切ないと思われる投資
●グレード5　テスト中の投資や元本の損失が少し予想される投資

ジェームズのデータベースとアライドのSECへの提出書類から、わたしたちは同社に対する疑問点をまとめてみた。そして二〇〇二年四月二五日、アライドのIR（インベスターリレーションズ）部のスザンヌ・スパロウとアリソン・ビーンに電話をしてみた。アライドと接触するのは今回が初めてだったが、これはいろいろな意味でアライドのIRの典型的なやり方をよく反映していた――役員は簡単な質問には答えるが、ややこしい質問は避ける。電話中、また翌週アライドのCFO（最高財務責任者）のペニ・ロールに確認の電話をしたときも、わたしたちは疑問点と懸念をすべてぶつけ、会社側の回答に耳を傾けた。最初の電話は二時間に及んだが、これは当社の基準に従って録音しておいた。

会話を始めて間もなく、わたしはアライドがどのように投資価値を判断しているのかという、核心に迫る質問をぶつけてみた。

「株式の価値がどのぐらいかは……、どのように判断なさっているんですか？　ほかの融資もそうですが、株式の価値を正当だと認めてもらうには何が必要なんですか、それとも御社で自ら査定をされているのでしょうか？　もしそうなら、その方法は？」

スパロウはアライド式の投資評価のモザイク理論なるものについて説明してくれた。

「最終的には定量的とは言えません。確かに量的要素はありますが、質的要素もあるんです。それがＢＤＣのなかでも投資評価に関する方法論が異なる理由だと思いますね。本気で量的要素として論じている会社があるのをご存じでしょう。手段としては、ＢＤＣは素晴らしいですよ。この資産の債権を償却します、と言うのを待っている銀行の監督官庁なんてありませんからね」

リスクが増大して利回りを高くする必要が出てきた場合には、融資の評価減を開始するのか、または投資で確かな損失が実現するまで待っているのか。わたしはそう聞いてみた。するとスパロウは、評価減を開始するのは、「資産の永久的減損を確信したとき」だと答えた。

これは間違いだった。ＢＤＣであるアライドは、現在価値に基づいて証券を評価する「公正価値」会計を使用しなければならない。対等取引の買い手であればハイリスクを想定し、劣化した融資に対してハイリターンを要求する。ハイリターンということは、評価が低いということである。これは積極型会計だが、わたしの考えでは、投資の永久的減損を計上したあとでその価値を切り下げるまで待っているというのは適当ではない。とりあえず、電話中はつべこべ言わずに黙って相手の話を聞くこと。それがわたしの仕事だったので、ただ「そうですか」とだけ答えておいた。

スパロウは取得原価よりも価値が下がった融資の保有を擁護し続けた。

「グレード3の場合には取得原価で計上することになります。まだ損失は出ていませんからね。永久的減損もないと思います。ですから、本当にそうなったと確信したときだけなんです。いったん評価減を計上したら、それは永久的だという考え方です。わたしどもが評価減を実施しないのは、一度駄目になってもまた再起すると思っているからです。つまり、その企業は再起するように懸命に努力しているということなんです。『今日は駄目ですが、明日になれば良くなりますよ』なんて、株主の皆様にはお話ししたくありませんよね。そうでしょう。もし評価減を実施したら、ああ、もう駄目だ、もう永久的だって思いますからね」

不適正な会計については、スパロウも素直に認めていた。

「ええ、承知しています」とスパロウ。いったいアライドは自分たちの行為が間違いであることに気づいているのか、それとも単なるずぶの素人なのか、わたしには分からなかった。

続いて、エクイティキッカーの評価減を実施したときに融資の評価減も実施することについてはどうなのか、と聞いてみた。スパロウが言うには、その時点ではまだ融資の元本も利息も失っていないわけだから、その必要がないのだそうだ。

市場ではリスクがないとされる米長期国債をベースに債務価値を評価してから、特定の債務証券の信用リスクを表すスプレッドを加える。そこで、アライドは米長期国債のスプレッドをベースにして融資を評価しているのかと聞いてみた。

「いいえ。自発的な買い手と売り手が適当な期間に売買したいと思う資産については、長期的に公正価値になる傾向があるんです。ですから、投げ売りとか清算価格のような投資評価にはならないと思いますけどね」

これが結論ではないだろう。わたしは投げ売りとか清算価値などとは言っていないが、スパロウの答えが間違っているのは分かっていた。単にわたしの質問を避けていたのだろう。

「なるほど。分かりました」とわたしは返事をした。

そのあと、スパロウとはポートフォリオの勝ち組の投資先について議論した。スパロウからは、ビジネス・ローン・エクスプレス（BLX）、ヒルマン、そしてカラー・ファクトリーという社名が挙がった。アライドの手数料収入の急激な伸びについても話し合った。これは「被支配」企業を多く所有する、つまり株式資本の過半数を保有するというアライドの戦略によるものだった。企業を支配することで、サービス料としてさまざまな手数料を徴収することができるからだ。アライドは大方メザニンレンダーだったが、二〇〇〇年ごろに戦略を変え、被支配企業をポートフォリオに加えるようになっていた。わたしたちは不動産ポートフォリオを見直した。そして特定のプライベートファイナンス融資について話をしたいと申し出たところ、スパロウが、その件についてはアライドのCFO（最高財務責任者）のペニ・ロールから折り返し電話をさせると言い出した。

そこで五月一日、わたしたちはロールとの長電話のために再度集まった。シロムのときと同様、わたしは組成時期をベースにして融資をグループごとに調べるスタティックプール（貸し付け実行時ごとに債権を固定した）データを構築したいと考えた。ところが、大きく伸びているポートフォリオの分析にはこれがとくに役立つが、新規融資が増えると、それ以前の融資の損失の拡大が見えなくなることもある。ＳＥＣの規則Ｓ－Ｘに定められているにもかかわらず、アライドは融資の返済期日を開示していなかったため（二〇〇四年度年次報告書から個々の融資の返済期日の開示を開始）、同社にこの分析を用いることはできなかった。したがって、一九九七年の統合でデータが古くなってしまったため、組成年ごとに融資を追跡するのが難しくなってきた。編集が難しいどころの話ではなかった。

結局はデータがなかったので、わたしはロールに過去の融資の貸し倒れ率について聞いてみた。すると、年間で元本の一％未満だという（後にアライドはＳＥＣへの提出書類にこの数字を記載したが、わたしたちがその精度に疑問を提起したせいか、記載するのをやめてしまった）。数字はお笑いだった。低金利の時代だというのに、中小企業へのメザニン融資には一〇％台の利息を設定していた。こんなにリスクの高い融資で貸し倒れ率を年間一％未満に抑えられる会社などあるわけがない。年間の貸し倒れ率は優に三～四％にはなるだろう。アライドの融資は一般の高利回り融資よりもリスクが高いはずだ。銀行のローンと比べるともっと高いに違いない。最近では、その銀行のローンの貸し倒れ率でさえ、アライドが言うメザニン融資の貸し倒れ率を大幅に上回っているのだ。下げ相場ではリスクの高い社債の貸し倒れ率が跳ね上がっていた。にもかかわらず、アライドの帳簿は明らかにこのいずれの影響も受けていないのだ。果たして本当に優良な投資なのか、それとも単に彼らが「永久的」だと考えるまで損失の発生を先送りする会計制度の問題なのか？

アライドの融資は市場で売買されているる高利回り債のインデックスよりは多少リスクが高いのか、とロールに聞いてみた。

「商品そのものの構造からしますと、わたしどもの融資はそれほどハイリスクだとは思いません。高利回り債のポートフォリオをご覧いただければお分かりだと思いますが、高利回り債の発行に際しましても、その金融商品そのものを厳しくすることはありません。大した約款もありませんから、返済不能ともなると一大事です。必ず債務不履行になります」

「ですから、ビル・ウォルトン、わたしどもの会長と同じ名前ですが、ビル・ウォルトンのバスケットボールの試合に行くなら、つまり高利回り債の保有者なら、試合を観戦しに行けますし、もしわたしどものように劣後債をお持ちなら、コートに立って試合に参加することもできるというわけです。高利回り債の保有者ほどたくさんの権利はありませんが、わたしどものように高度に仕組んだ私募の劣後債を保有している場合には、約款にも厳しいことがたくさん書いてあります。財務制限条項が厳しいんです。会社についてできることとできないこと、売却できる資産とできない資産がありますし、成功するために会社に残っている社員に関する約款もあります。買収についてはすべて審査する権利があります。会社組織を調べる権利、その会社組織を変更する権利、厳しい約款もありますね」

それは間違っていた。投資適格債の約款は大したことはないが、高利回り債にはまさにこの種の、つまり厳しい約款や制限条項があるのが普通である。破産や財務再建を実際に体験している人なら、ウォルトンのプレーヤーと観客の例え話がバカげていることや、ロールが訳も分からずに受け売りしていることも分かるはずだ。

だが、わたしはここで言い争いはせず、もっと劇的な例に話を移した。アライドのポートフォリオのリスクを商業銀行の非適格ローンと比べてみてほしい、とロールに言ってみた。商業銀行のローンなら、アライドの融資よりも資産はしっかりと保全されるし、返済の優先度も高く、約款だってもっと厳しいはずだ。これらのローンはアライドの劣後融資よりも明らかに安全だが、業界のデータによると、最近は年間一％を優に上回る貸し倒れ率に見舞われていると。

すると、銀行は問題のある融資をするような構造になっていないのだ、とロール。規制当局は不良資産を処分するよう圧力を掛けてくるため、銀行もそんなに寛容でいられるわけがないのだという。「その結果、銀行はヘアカット（担保の掛け目の引き下げ）をして投資から手を引かざるを得なくなるわけです。わたしどもにはスタミナがありますから、そんなことはしませんけどね」とロールは締めくくった。

何が起きているのか、ここではっきりと分かってきた。アライドには投資評価の質的手法があり、資金が永久的に損失になると判断したときにかぎり、評価減を実施していたのである。資金はいずれ戻ってくる、損失は避けたい。そう思いつつ、保有したいだけ何年でも長期で投資を保有しているのである。その結果、高利回り債よりも低く、しかも高利回り債よりもはるかに安全な優先ローンよりもさらに低い貸し倒れ率を報告していたのである。まったく訳が分からなかった。

アライドの経営陣がデスクに座って、こんな会話をしているのを想像してみた。

「この金はいずれ戻ってくるんだろう?」

「戻ってきます。景気は上向くでしょうからね」

「そうか。じゃあ評価減の必要はないな」

これは公正価値会計とは何の関係もなかった。

わたしたちは会話を続け、具体的な問題のある投資先に話題を移した。そのひとつ、クーパー・ナチュラル・リソーシズは「横ばい」で推移していた。横ばいというのは、まだ倒産には至っていないが、業績が芳しくないことを遠回しに言い表しているだけだった。優先ローンの貸し手は、アライドに社債を株式に転換するよう求めた。アライドはそうしたが、評価減を実施することはなかった。クーパーは予想を下回る業績しか上げていなかったので、貸借対照表も再構築してその貸し手をなだめる必要があったのだ、とロールも認めている。

「それが多少の、ほんの小幅な評価減にもならないのはなぜですか?」

「こういうケースでは、貸借対照表の数字をそれ以上切り下げる必要がないからです。別の証券でも、これもそうじゃないかとおっしゃりたいでしょうけど、会社の長期計画をご覧になればお分かりだと思いますが、当時はまだ資金がありましたからね……、企業価値をお調べになるときには、現状を見る必要がありますね。もちろん、将来どうなるかも見ておく必要がありますけどね。でも、この取引では永久的減損が出ていたのかどうかは分かりませんでした」

この処理がいかにうさんくさいかは時間がたてばはっきりするだろう。二〇〇三年九月、アライドは最終的にクーパー・ナチュラル・リソーシズ株の評価減を「開始」した。そして二〇〇四年三月には評価をゼロとし、二〇〇六年度には実現損失を認識した（**表5・1**を参照）。

さらに、地方のケーブルテレビ局ギャラクシー・アメリカン・コミュニケーションズや倒産した上場企業三社（スターテック・グローバル・コミュニケーションズ・コーポレーション、NETテル・コミュニケーションズ、ラーベン・グループ）など、わたしたちが疑念を抱いている投資先も問題を抱えていることについて聞いてみた。株を空売りしたことがあるため、当社ではラーベン・グループの倒産を追跡していた。どうやらアライドは市場価格を上回る価格で社債を購入していたようだ。さらに、社債の価格をどのように決めているのかとも聞いてみた。

「この社債ですが、倒産後はまったく取引されていませんでしたので、直接交渉して購入したんです。会社の状況を考えて、倒産した状態で粘っているよりは売却してしまおうと思えば、さらにヘアカットをしていたはずです。ですから、わたしどもは取引をひとつのデータポイントとしてじっくりと調べていたんです。そんなのは市場取引じゃないとおっしゃるかもしれませんけどね。でも、わたしどもは長い間担保付きの（原文のまま）債権者委員会と接触してい

表 5.1　アライドのクーパー・ナチュラル・リソーシズへの投資

日付	債券投資 取得原価	債券投資 評価額	株式投資 取得原価	株式投資 評価額	備考
2001/06/30	3,724	3,724			
2001/09/30	1,686	1,686	2,259	2,259	資本増強、評価減せず
2001/12/31	1,750	1,750	2,259	2,259	投資の増加は現物の可能性
2002/03/31	1,782	1,782	2,259	2,259	投資の増加は現物の可能性
2002/06/30	2,114	2,114	2,259	2,259	追加投資
2002/09/30	2,148	2,148	2,259	2,259	投資の増加は現物の可能性
2002/12/31	2,183	2,183	2,259	2,259	投資の増加は現物の可能性
2003/03/31	2,218	2,218	2,259	2,259	投資の増加は現物の可能性
2003/06/30	2,254	2,254	2,259	2,259	投資の増加は現物の可能性
2003/09/30	2,292	2,292	2,259	1,822	最初の評価減
2003/12/30	2,300	2,300	2,259	984	漸次的評価減
2004/03/31	2,120	2,120	2,259	–	漸次的評価減
2006/09/30	–	–	–	–	実現損失 220 万ドル

注＝単位は 1000 ドル

ましたから、実際にその債権者委員会から入手したデータを使ってその会社を評価していたんです。その会社の原資産と彼らがいつ倒産から立ち直れると考えているのかをベースにして」

社債が取引されていなかったというロールの話は——ここを強調するのはあまり良くないが——うそだった。上場債券としてきちんと登録されていた。わたしたちはディーラーから毎日価格表をもらっていたが、ラーベン債の買い気配値と売り気配値のスプレッドは比較的狭かった。ラーベン債は活発に取引されており、提示価格も信頼できるものだった。グリーンライトでも破産手続き中のラーベン債を購入すべきかどうかを何度か検討したことがあるぐらいだ。売却するときにはさらにヘアカットをすることになるというロールの言葉は、単にアライドが市場価格以上の値で取引していたことを認めたにすぎない。アライドでは、価値を測定する客観的な市場などないという考え方に基づいて価値を判断していたのである。実際には、市場はあった。アライドはただ価格が気に入らなかっただけなのだ。

続いて、アライドの被支配企業であるＢＬＸとヒルマンについて開示されている数少ない事実に話を移した。すると、アライドの監査人だったアーサー・アンダーセンがアライドの監査意見書からそれ以前の年度には挿入されていた一文を二〇〇一年度末に削除していることに気がついた。監査人は「かかる投資の見積もり価値を算出する際に取締役会が用いた手続きを見直し、その根拠となる文書を検査したが、現状においては、手続きは妥当であり、文書も適切であると考える」という意見を表明していなかったのだ。シロムのときにも、アンダーセンは数年前に同じ証言を削除している。

　わたしは疑問に思った。こうした削除は、監査人が低レベルの見直しや検査を実施したということなのか、それとも価値や手続きに同意しなかったということなのか。ロールによると、二〇〇一年に監査指針が変更になったため、アンダーセンは監査意見書の標準的な文言を変えざるを得なくなったということらしい。わたしはグリーンライトの監査人に電話をかけ、真偽のほどを確認した。すると監査パートナーがこの件について調べてくれ、当該セクションは二〇〇〇年版も二〇〇一年版も同じだと断言した。またわたしたちがベロシタやスターテックなど、ほかに問題を抱えているアライドの投資先の債券価格もチェックしたところ、アライドは保有している債券の価格を市場価格よりもはるかに高く評価していることも分かった。

　当社独自のリサーチと経営陣との長電話で分かったことを踏まえ、わたしたちは資金の七・五％を投入し、一株平均二六・二五ドルでアライド株を空売りした。

　二〇〇二年五月一五日の「明日の子供たちの財団」のチャリティ投資コンファレンスでの講演に招かれ、人をあっと言わせるような投資アイデアを披露してほしいと頼まれたわたしだが、ひとつアイデアがあったのを思い出す。わたしは緊張しながら演壇に立ち、講演を行った（講演の模様は、http://www.foolingsomepeople.com で閲覧できる。話はかなり分かりやすくしてある）。ところが、その時点ではまだ物語が始まったばかりだとは夢にも思っていなかった。

第2部

めまいがするほどの急展開

第6章 アライドが反論する

講演後の反応は早かった。翌朝出勤すると、アライド株のロングポジションを大量に保有している投資信託会社のジュニアアナリストが、鍵の掛かったオフィスのドアの前で待っていた。わたしがアライドに関する重要な話をしたことを耳にし、直接取材をしにやって来たのだ。わたしは彼を会議室に招き入れ、講演の内容をかいつまんで語った。ビジネス・ローン・エクスプレス（ＢＬＸ）の話は初耳だったようだ。

その後ようやくデスクに落ち着くと、メールボックスには前日の投資コンファレンスに出席した人からのあいさつのメールがあふれていた。親切な電話も数本かかってきた。間もなく株式市場が開いたが、アライド株の売り注文が殺到し、スペシャリストが均衡価格を見いだして取引を開始するまでに三〇分ほどかかっていた。二〇〇二年五月一六日の始値は二一ドル、約二〇％の下落。これほど早く、しかもここまで下落するとは驚きだった。しばらく考えてみたが、やはりショートポジションを決済するのはやめにした。

講演者はアライド・キャピタルを第二のエンロンだと言っている、とメリルリンチがコメントしているのを耳にした。メリルは講演の内容を正確には知らないのに、どんな内容であれ間違っているという確信を抱いていたようだ。講演の内容を知るには、当社に連絡を入れるか、講演原稿のコピーを請求すればいい。アライドを担当している証券会社のアナリストは十数人いたが、当日わたしたちに直接連絡して調べようとしたアナリストはひとりもいなかった。実際、本書が出版されるまで、証券会社のアナリストからはいまだにだれからも連絡がない。どんな形であれ、わたしと連絡を取っていれば、いろいろと情報を提供してあげられるのだが。

アライドは、その日の正午には決算コンファレンスコール（電話会見）を開いて対応すると発表。わたしたちはその電話番号に電話をしてみたが、参加者が多すぎてアライド側が用意した回線がパンクしているらしく、まったくつながらなかった。そこでコンファレンスコールに参加していた別の投資信託会社の知り合いに電話をしてみた。アライドからは当社に連絡して講演内容を確認する者はひとりもいなかったが、それでも会長兼ＣＥＯ（最高経営責任者）のビル・ウォルトンはコンファレンスコールの冒頭でこう言った。

「午前中ずっとこの講演に関する情報を収集しているのですが、講演者と実際にコンタクトを取っている方もいらっしゃるかと存じます。また、ここには議論すべき項目もいくつかございますが、当社では『昨日の講演内容につきましてはまだ十分な評価をしておりません。しかし、何もかも誤解されているものと考えております』。そういう事柄も含め、すべて質疑応答でお答えしようと思います」

ウォルトンは模範的な一般論を述べ、写真撮影から始めたが、COO（最高執行責任者）のジョアン・スウィニーが重要な問題について延々と話した。アライドでは、BLXとヒルマンにはメザニン融資の利率と同じ利率を設定しているらしく、経営陣も、この二社の株式への投資からは当期リターンを得ていないので、利率はそれほど高くないと主張。アライドでは、行きすぎない程度の債券投資と株式投資とを組み合わせた「混合」リターンを上げることに全力投球するよう投資家をあおっていた。さらにアライドによると、被支配企業にはその利息を支払う余裕があるという。

経営陣はそう主張しているが、被支配企業に課している利率は尋常ではなかった。アライドに二五％もの利息を支払っている企業などほかにはない。当時、アライドが大半の企業に課していた利率は約一五％。関連する株式投資のリターンを含め、混合リターンを得ることに全力を注ぐよう投資家をあおるのは一種の煙幕だった。なぜなら、法律や会計の観点から、アライドは債務証券を株式投資とは別個のものとして扱っていたからだ。しかし実際には、公正価値での投資の実現増や未実現増、配当を通して、株式投資からしっかりとリターンを得ていたのである。

ＢＬＸとヒルマンには高い利息を支払う余裕があるということだが、その高金利のおかげでアライドは利益を水増ししていた。その後の開示によって、ＢＬＸには当時も今も現金を生み出す余裕はなく、したがって利息を支払う能力もまったくなかったことが分かった。それどころか、ＢＬＸが二五％の利息とそれ以外の料金をアライドに返済できるよう、アライドは定期的にＢＬＸに資本を注入していたのである。ＢＬＸが自ら銀行から借り入れることもあった。しかし、その借り入れによる損失のうち当初の五〇％についてはアライドが銀行を保証していたため（ＢＬＸにはその保証金として多額を課していたため）、銀行からの借り入れは事実上、単にアライドがＢＬＸに投資した額を直接増額しているのと同じだったのである。

アーサー・アンダーセンが監査意見書から承認の文言を削除した問題についてだが、スウィニーはこの件について発言したロールの言葉を繰り返した。

「監査指針が変更になっただけです」

次に、報告利益による資金不足の問題についてだが、これには非現金収入と株主への必要な分配が含まれるが、スウィニーはこう回答した。

「メザニン融資の場合、その分析で見落とされているのは、とても高い利回りで現金利息を受け取れるということでしょう。非現金利息も多少はもらえますので、言ってみれば、現金利息が資本コストを上回っているかぎり、一四％の現金利息と二％の非現金を受け取れるわけです。非現金はとても優れた手段ですよね。債券に上積みされますし、複利で増えていきますし、債券には現金利息だけでなく非現金利息も付くんですよ。ある意味で非現金は蓄積していき、希釈することはないのです。現金流出もありません」

何をもらったかな？　わたしはもらっていないぞ。非現金利息とは、つまり貸し手が追加担保を受け入れ、利息として（現金としてではなく）融資残高を増やすということである。それが優れた手段かどうかは知らないが、分配するための現金を原資産への投資から受け取っていなくても、アライドは非現金収入を株主に分配しなければならない、という重要なポイントに対する回答はなかった。

キャッシュフロー（新規投資控除分以外の元本の返済を含む）は、分配で簡単にカバーすることができる。ウォルトンはそう説明した。しかし、アライドには分配の要件を満たせるだけの現金収入はなかった。元本の返済を利用して分配資金を手当てしたうえで新規の投資でもしなければ、ポートフォリオは縮小するし、将来の利益も減少する。基本的には家具を燃やして家の中を暖房するのと同じである。

ウォルトンはさらにこう説明した。アライドが既存の劣後債投資の評価減も実施せずに割引で優先債務を購入するのは、購入する信用の質を反映していない資産の投げ売りをしていることなのだと。そしてこう付け加えた。

「実は、これはわたしどもにとってはビッグチャンスでして、株主の皆様にとっても歓迎すべきことでございます。今回は、わたしどもが劣後債務を保有している会社の優先債務をバイダウン（**訳注**　売り手側による金利ディスカウント）で購入しているというケースになりますが、わたしどもはその企業の資本構成を改めて、その企業の全体的価値を適切に反映するように劣後債務の評価減を実施いたします。ですから、問題は、わたしどもが優先債務をバイダウンで購入し、劣後債務を以前の構造や価値のままにしておく、ということではないのです。単純に考えて、そんなことはあり得ません」

そんなことは許されない、というのがウォルトンの認識だったが、当社のリサーチ結果を見ると、ウォルトンが認める前にアライドのポートフォリオ企業の三社、すなわちＡＣＭＥページング、アメリカン・フィジシャンズ・サービシズ、そしてコスメティック・マニュファクチャリング・リソーシズで何が起きていたかがはっきりと分かる。最終的に、アライドはこの三社すべての評価を大幅に切り下げた。資本を再構成することで評価減を遅らせ、それで繰り返し新株を発行して問題の苦しみから逃れる時間を稼いでいたわけである。

公正価値会計については、スウィニーがこう説明した。

「公正価値会計を理解しようとするときにどういうミスを犯すかと申しますと、公正価値会計では、ＢＤＣ（事業開発会社）が長期保有される非流動的な私募証券であるという事実を考慮してしまうことでしょう。清算とか投げ売り会計を実施するという意味ではありませんけどね」

「投げ売り会計」なるものは存在しない。投げ売りとは、現金を手っ取り早く調達するために、値を下げて資産を売却することである。スウィニーが「投げ売り」という口語的表現を使ったのは、SEC（証券取引委員会）の行政法判事が意見書でその用語を使い、投資会社は投資を「投げ売り」価格で評価してはならないと述べていたからである。わたしは投げ売り会計のことになど一言も触れていない。

BDCについては、SECでも公正価値会計、つまり情報に通じた対等の買い手と売り手が取引する価格を定めている。その後しばらく、アライドでは当社が「投げ売り」会計にこだわっている、と繰り返し主張していた。当社の調査報告書の信用を失墜させるため、スウィニーは必死で論破しようとしてわたしを問い正したが、ほとんどの人がわたしの講演を聞いていないのを知り、違いなど分からないだろうと高をくくっていたに違いない。

また、スウィニーの回答は要領を得ていなかった。予想される保有期間は公正価値会計とは関係ない。長期の保有期間と言えば、「満期保有」評価法のことだと思っているのだろう。「満期保有」評価法とは、満期時に返済されることを全保有者が期待しているかぎり、融資を償却費で保有してもよいというものである。公正価値会計ではこの評価法を認めていない。さらに、非流動的な要素も価値を割り引く理由になる。

続いてウォルトンが、公正価値まで評価を切り下げていない問題の投資について論じた。まずは破産した通信企業のNETテルの話。「基本的には切迫していた資産売却の実現価値まで評価を切り下げた企業」である。実はNETテル、この時点で一年前から連邦破産法第七章の「清算」手続きに入っており、資産はすでに売却されていたのだが、アライドはその半年後に、NETテルを貸借対照表の「投資」から「その他の資産」にこっそりと移動し、その後の開示でしっかりと隠ぺいしていたのである。二〇〇二年九月三〇日付の四半期報告書（フォーム10－Q）を見ると、清算中のポートフォリオ企業絡みの売掛金八九〇万ドルが「その他の資産」に含まれていることが分かる。その資産がどの投資分かは開示されていなかったが、わたしたちはその開示を照合し、NETテルとほかの二件の投資が含まれていることを指摘することはできた。しかし、それから五年がたっても、アライドはNETテルの実現損失をまだ認識していなかった。

ウォルトンはベロシタをAT&Tとシスコシステムズのパートナーシップだと説明していた。「わたしどもには優先債務がございまして、今年度の第1四半期には価値を積極的に切り下げて約四〇〇〇万ドルにしております。おおよその数字ですが、この会社は公正に評価されていると考えております。シスコが投資の評価減を実施していることは承知しております。しかし、シスコには株主資本がございますから、当然、真っ先に通信業界のゴタゴタに巻き込まれてしまいます。しかし、当社にはしっかりした債券保有者のグループがおりますし、実に興味深い回復の可能性もあると考えております」

アライドが保有していたのは優先債務ではなく劣後債務である。シスコは株式のほかに優先債務も保有していたが、そのシスコは半年前に共に評価をゼロに書き換えていた。興味深い回復の可能性についてだが、数週間後の六月三〇日付のアライドの貸借対照表では、ベロシタ債が不良債権として認識されていた。

ウォルトンは続けた。

「スターテックの場合ですが、融資と投資の明細書をご覧いただけますでしょうか。わたしどもには二四〇〇万ドルの占有継続債務者（ＤＩＰ）ファシリティーがございますが、それが最初の債務でして、これがだいたい一億三〇〇〇万～一億四〇〇〇万ドルの収益がある会社で、営業は採算が取れておりますので……、ですから、これが価値になりますね。間違いなく、わたしどものＤＩＰファシリティーには価値がございます。一〇〇〇万ドルの担保付き債券もございますが、企業がいかにして倒産から脱出するかについてのわたしどもの見解から申しますと、これも問題ない資金だと思っておりますが」

スターテックの倒産記録は、月々の収益が五〇〇万ドルに落ち込んでいることを示していた。結局は、ウォルトンが言及していた収益には非継続事業の収益も含まれていることが分かった。通信企業のスターテックは損失を出し、現金を焦げ付かせていた。数週間後の六月三〇日付のアライドの貸借対照表では、またも「優良資金」の部分がゼロに切り下げられていた。

厳しい質問も辞さないサード・ポイント・パートナーズの経営者ダン・ローブが、電話で初めて質問した。

「時価評価では、取引価格と御社の評価価格とを区別していらっしゃるように思えるのですが」

「お答えしましょう。取引はございません」とウォルトンが割り込んできて答えた。

「そうですか。では、ひとつ例を挙げましょう。ベロシタ債は取引されていますよ。二セント程度で取引されています。御社では四〇ドルでベロシタ債を保有していらっしゃると理解していますが、これは出血大セールではありませんよね、実際の市場の水準ですよね？」

スウィニーが口を開いた。

「ええ。でも、こうも言えますよね。『市場の水準ですか』と。つまり、ベロシタ債の場合、取引されているとしたら、それは予約によるものなんです」

「もちろん、わたしだってその社債を二セントで購入する予約はできます。しかし、御社は今でもそれを四〇ドルで保有していらっしゃるんですよね？」とローブ。

「ええ、でも問題は、それをだれから購入するかということです。なぜなら……」

「そんなのはどうでもいいんです。わたしが言いたいのは、相場というものがあるでしょう、ということなんです。説明していただきたいんですが、これまでのところ相場とかけ離れているんですよ。その水準でさらに社債を購入されているんですか？ 二〇、二五、三〇で購入していらっしゃるんですか？」とローブが尋ねた。

「いいえ。それはわたしどもとは関係ありません」とスウィニー。

「こんなふうに考えてみてください」とウォルトンがしばらくしてから口を開いた。

「わたしどもの投資の合計額はざっと一五〇〇万ドルでしたが、それを四〇〇万ドルまで落としたのです。思い切った評価減ですよ。わたしどもは先へ進みながら事態を見極めているわけです。経営陣とも話し合いながら、共に仕事をしているんですよ。その仕事を続行することを踏まえ、けっしてそんなことはないと思ったら、そこでもうやめておくでしょう」

「御社がいろんな銘柄を入れた大きなポートフォリオを保有されているのは承知していますが、ひとつ忘れちゃいませんかね」とロープが嫌みを口にした。

スウィニーは、アライドが投資を手放すのは最新の簿価に達したときだと言いながら、投資評価を擁護した。スウィニーによると、これで投資に誤った価格が付けられるはずがなく、「公正価値会計に関しては自分たちはきちんとやっている」ことが分かるのだそうだ。

スウィニーの論法には基本的な欠点が二つある。

●ひとつは、選択バイアスがあること。アライドは手放す投資を選択している。一〇〇〇万ドルで保有している投資が二つあるとしよう。もしそれらを売却するというときに、一方は一〇〇〇万ドルで売れるが、もう一方は五〇〇万ドルで売れるという場合、アライドは前者を売却し、後者を高値のまま保持するという決定を下す可能性がある。そして、そういう割高な投資がやがて同社の簿価になることを祈るのだ。アライドが度重なる公募で株主資本を拡大していくにつれ、その割高な資本が株主資本に占める割合は小さくなる、つまり、時間の経過と共に割高な投資の割合が小さくなるわけである。これを専門用語で言うと、ねずみ講会計だろうか。

●もうひとつは、主として登録証券に投資をしているわけではないため、普通はアライドが売却交渉をし、スケジュールを立て、決済をするのだが、それに1四半期以上もかかることである。これで投資を手放す直前の実売価格に極めて近い投資を再評価する時間を稼げるわけだ。懸案中の売却価格を反映させるため、アライドが投資を再評価する機会を得たあとで撤退価格と前四半期の簿価とを比較しても意味がない。十分な知識があれば、正確な投資評価を行うのは難しくも何ともない。そうなると当然、アライドの全体的な投資評価の慣行を妥当だと認めるわけにはいかなくなる。

ローブはさらに質問を続け、アライドのビジネスはクローズドエンド型投資信託に近いのかと尋ねた。するとウォルトンが、アライドは実際には事業会社であり、ポートフォリオ企業に多大な経営支援を提供していると答えた。取引についても内々で交渉するし、取締役会の監督権がある一方、あらゆるディールで取締役を務めている。また、ファイナンシングやM&A（企業の合併・買収）、社員手当て、マーケティング、その他あらゆる領域で多大な支援を提供し、ビジネスの成長に貢献しているのだと。

「ですから、当社の事業はパッシブなバイ・アンド・ホールドとかトレードのようなビジネスとは違うんです」とウォルトン。

「アクティブ運用のポートフォリオでして……、ビジネスの成長のために各運用チームと深くかかわっているのです。それに参加型のプロセスでございまして、一三〇社を扱う投資責任者が三五人もいるのです」

わたしの隣にいたプライベートエクイティの投資家は、自分は投資をしたばかりで何もしていないと話していたが、彼らはサービスを提供し、投資にお金以上の付加価値を加えていると言っているが、やはり運用しているファンドは投資組合であることに気づいており、「事業会社」だと思っている人はほとんどいないそうだ。もしいたとしても、ほんのわずからしい。

それぞれの投資への参入や撤退について交渉し、スケジュールを立て、新たな機会を模索するという仕事には時間がかかる。つまり、三五人の投資責任者には一三〇社のマーケティングや人事に十分に貢献する時間などあまりないということである。二〇〇一年度の総費用は四六〇〇万ドル、つまりパートタイムで支援を提供する三五人の投資責任者ひとりに付き一三〇万ドルに上った。この黙示的な金額だと、その費用の大半が、アライドに補助的サービスに従事させるかどうかを自ら決められない被支配企業から来ていても不思議ではなかった。

「わたしが本当に質問したかったのはこの件ではありません。申し上げたいのはこういうことなんです。つまり、どんな魅力的な理由があれば、御社では所有されている企業に投資する気になるのか、ということです」とローブが尋ねた。

「配当ですね」とウォルトン。

そろそろ問題の核心に近づいてきたぞ。アライドでは四〇年以上にわたって安定した配当を支払っている。増配することもあった。利益が出ていようといまいと配当は支払っている。アライドの配当は、同社と株主との間で交わす聖なる契りなのだ。株主はその配当によって万事順調であることが分かる。要するに、改めて配当のことを言う必要などないのである。

エランの買い方は、エランは利益見通しを「絶対に」間違えることがないからショート銘柄としては最低だと言っていたが、それと同じで、アライドの買い方も、減配する必要があるかどうかには関係なく、アライドが減配する可能性は低いと言う。彼らは同じ質問をしてきた。

「アライドが『絶対に』減配しないとしたら、ショートではどうやって稼ぐんですか？」

もちろん、最終的には不正行為を働いていたことが判明し、エランも利益見通しを間違えたため、ショートは大成功に終わったのだが。

妙に思われるかもしれないが、アライドの「『配当』は、実は配当ではない」。そもそも配当というのは、企業が資本として維持する必要がないという理由で株主に支払う超過利潤のことである。

アライドの約八％の「配当」はS&P五〇〇採用銘柄の平均配当利回りの約三倍だが、これまでの考え方からすると「配当」とは言えない。配当を多く支払う従来型の企業は、配当は不要な資本剰余金だとして、一般に公募したりはしないものである。ところが、アライドには資本剰余金などなく、その「配当」も、事業を維持し拡張するために会社が保持する必要のない剰余金から支払われているのではない。実は、アライドには定期的に公募増資をし、常時株主資本を増やしていく必要があるのである。

専門的なことを言うと、アライドの「配当」は税金分配である。投資会社として課税所得を株主に分配しているかぎり、アライドは法人税を納めずに済む。これは投資信託をはじめとするあらゆる投資会社が従っているのと同じ税制である。投資信託が多額の税金分配を毎年支払ったら、投資家は不満を募らせる。実は、良心的な投資信託は勝ち組銘柄をそのまま保有し、負け組銘柄を売却することで、この税金分配を最小限に抑えようと努力している。この税金分配を平坦にしたり増やしたりする投資信託はないし、税金分配の利回りをベースに投資信託を評価する人もいない。

ＩＲ（インベスターリレーションズ）部の天才的なひらめきなのか、アライドでは税金分配を四半期ごとに分け、それを「配当」と呼んでいるのである。わたしがアライドの「配当」「税金分配」、または単に「分配」と言う場合、それはアライドが「配当」と呼ぶ税金分配のことである。ほかの多くの投資会社とは異なり、アライドは主として投資の運用成績ではなく、課税所得をいかに最大化しているかで自己判断を下している。その結果、勝ち組企業を売却して負け組企業を保有しているのである（負け組企業を支援することも多い）。資産運用業界では、これは「花を摘んで種子に水をやる」といい、大失敗の処方せんなのだ。「税金最大化」戦略は、当然アンクル・サム（アメリカ政府）の懐を潤すことになる。アライドは株主に税金を納めるようにと説いているわけか！

後にウォルトンはこう述べている。

「わたしどもは配当会社でございますから、配当を年一〇％にしたいと思っております」

続いてウォルトンはわたしにこう話し掛けた。

「アインホーン氏にちょっと申し上げたいことがございます。利益の半分をあきらめるなんて、何て太っ腹なんでしょうね。わたしどもには配当に頼っている小口投資家が八万五〇〇〇人もいるのです。まさに配当のために事業を運営しているようなものなんですよ。社会的な目的としても実に素晴らしいことだと思いますがね……。一企業のことで立ち上がって講演をなさるなんて珍しいことですよね、経営陣と話もしたことのない方が。情報をお持ちの投資家の方なら、わたしどもと時間を共にすればいろんな話ができるということをいずれ評価してくださいますよ。ショート論など展開して人々を脅かし、手っ取り早く金を儲けてのし上がっていこうとなさらなければね。社会的な目的として立派だとは思いませんね。ほかの人に任せておけばよろしいんじゃないでしょうか」

ウォルトンもアライドのほかの社員も、わたしたちが経営陣と話をし、延々とこの問題についてやり合ったのを「知っていた」。コンファレンスコールでの彼らの受け答えは、スパロウやロールとまったく変わりなかった。彼らはわたしが何も誤解していないことを知っていたのに、わたしたちに電話をして問題を徹底的に解明し、その間違いを指摘することには何の関心もなかった。逆に、部下にわたしたちの動機を聞き出させては、宿題をやっていないと思わせるのに必死であった。

ウォルトンは、通常の収益でいくらぐらいの分配をカバーしているのかという質問に答えた。

「ここ四年間は、ポートフォリオ企業から入ってくる利息と手数料を積み上げて、それにさらに通常の収益を使って配当をカバーするというのがわたしどもの排他的戦略です。また、昨年度の通常の課税所得は収益の九〇％ほどでしたので、それで配当もずいぶんと安定しているのでしょう。キャピタルゲインも確かに素晴らしいですが、予測することはできません。ですから配当成長モデルにそれを組み込もうとは考えていないのです」

その四半期以降、アライドは予定していた一〇％の分配成長率を維持できず、通常の収益もけっして分配をカバーできるレベルには達していない。いや、違う。アライドはキャピタルゲイン戦略にシフトしたのである。このときにやるべきことは、株主にウォルトンの言葉を忘れさせ、実際にキャピタルゲインは予測可能なのだと悟らせること、それだけだった。

そしてウォルトンはジョージ・オーウェル風の総括で締めくくった。

「弊社のビジネスについてお話しできてうれしく思います。今後は透明性と十分な開示に努めてまいります」

総じて、アライドではある事柄については幅広く開示するが、懐疑的な投資家が本気で知りたいと思うような事柄についてはあまり開示しない、という戦略を採用している。例えば、投資を業種や地域で分散していることについては極めて詳細に開示するが、営業成績、見通し、または個々の投資評価については無言に等しい。

「小さな」うそをつく人間にとっては「大きな」うそをつくことなど何でもないのだろう。

第7章
ウォール街のアナリストたち

コンファレンスコール（電話会見）が終わると、わたしはすこぶる上機嫌になった。アライドの経営陣は、要点を指摘したりしてわたしたちの調査報告書を真剣に問題視することもなく、以前に聞かされていたことを何度も繰り返すだけだった。コメントも屈曲しており、一か八かの戦術だった。ダウ・ジョーンズ・ニューズワイヤー紙の記者が電話をくれたときも、わたしはその記者にこう言った。

「わたしが提起した問題の核心には触れていなかったでしょう。どれひとつ対応していませんでしたよね」

わたしはアライド株のショートポジションをさらに増やすことにした。

その日以来、数々の法律事務所が集団代表訴訟を起こし、講演でわたしが展開した批判を繰り返すようになってきた。アライドとその支持者は、グリーンライトが訴訟に勝つはずはないと主張していたが、当社はこうした訴訟とは何のかかわりもなかったので、これには驚いた。その日のニュースに反応した弁護士が、ただ金目当てで裁判所に飛んでいったということなのだろう。しかし、アライドは実際に架空の陰謀の犠牲者として、自分たちの胸中を察してもらいたがっていたようだ。

その日の午後、アライドの幹事会社のメリルリンチ――最近の公募増資の引き受けで数百万ドルに上る手数料を稼いでいた――が、「永遠の詩」と題する報告書を発行した。わたしたちの見解はウォール街の考え方とは違っていたが、アライドとその支持者は、グリーンライトには何も目新しいものはないのだから注意を払う必要もない、と主張していた。コンファレンスコールについて、メリルはこう意見を述べている。

「アライドはあらゆる批判を立派にかわしている」

また、メリルはこうも言明している。

「事業開発会社として、同社はその投資先を長期的価値で評価する必要があるし、しかもSEC（証券取引委員会）への提出書類でそれを四半期ごとに投資家に開示する必要がある。ただ、同社は上場企業（の株式や債券）に投資しているが、その価格がときどき市場で取引されている価格（または発表されているディール）と異なることがある。価格が市場を下回っていることもあるし（現在のワイオテックなど）、アライドの取引価格よりも安値で取引されている債券や株式もある（現在のベロシタ債など）」

続いてメリルのアナリストのマイケル・ヒューが、次の文に下線を引いて強調していた。「何が言いたいかというと、アライドは評価に公正価値ではなく長期的価値に用いる必要があるということだ」

これは少々特別な意味を持つ。明らかに間違いだからだ。わたしが講演で話したように、世界のメリルリンチなら最後まで株式を守るはずではないのか。

確か、翌朝ワコビア証券は投資判断を「強い買い」に、株価目標を二九ドルにして取材を再開していた。ワコビアのアナリスト、ジョエル・フックが発表した報告書は、アライドのビジネスモデルや長い歴史、そして株価がいかに割安かについて、またウォルトンがCEO（最高経営責任者）に就任し、アライドの前身の会社を統合した一九九七年以降、ビジネスモデルがどう進化したかを論じたものだったが、これはわたしの講演よりも前に書かれていた可能性がある。アライドは大規模な統合を完了し、資本を調達し、BLX、ヒルマン、ワイオミング・テクニカル・インスティテュート（ワイオテック）など、被支配企業を増やしていった。フックもワコビアの営業チームに自分の投資判断をプレゼンテーションしながら、「目新しい材料は何もない」と話していたではないか。

数時間後、わたしのほうからフックに電話をし、話を聞いた。フックによると、一二～一八カ月にわたってわたしたちが提起した問題を詳細に調べてみたところ、アライドの透明性は必要なレベルに達していないが、ハイテク銘柄の場合には、その株価評価の長期的アプローチがまったく持続しないのが弱点だそうだ。透明性に問題があるため、フックが判断できるのはポートフォリオ全体の結果に限られ、しかもスウィニーが話していたとおり、評価がアライドの直近の評価と一致したときには撤退することもあるため、ポートフォリオの評価全体を疑問視する理由は何もないらしい。

フックもベロシタ、ラーベン・グループ、NETテルの評価には「ほぼ弁解の余地がない」ことを認めたが、ヒルマン、ワイオテック、BLXの評価はそれらを相殺できる高さだと考え、分かりやすく説明しようとしてこう言った。

「どういうことかというと、アライドが公表していない機密情報などないわけだから、評価に弁解の余地があるわけがないんだ」

だが、わたしはこう指摘した。ベロシタはSECに決算報告を届け出ている公開企業であり、どんな機密情報があれば昨年末に取得原価で証券を計上していることを正当化できるのかと。するとフックは、アライドがポートフォリオの評価に使用している社内文書を見たことがあるかと聞いてきた。わたしは見たことがなかったが、ベロシタの年末の評価の妥当性を証明するために、もし見せてくれれば当社の調査報告書をすべて公に撤回しよう、と言ってみた。すると、フックはそれを渡すと言う。また、投資会社の評価なら、「満期保有」評価法を用いた評価が可能だとも言う。わたしはまたフックに電話をし、一九四〇年投資会社法ではそれは認められていないと指摘した。すると突如、フックは頭が混乱してきたらしく、「何て書いてあるんだ？」と聞いてきた。

投資会社法では公正価値を使用することと書いてある、とわたしは答えた。するとフックが「公正価値」と「時価」との違いについてああだこうだと難癖をつけてきたので、違いを説明してくれないかと頼んだ。

「デビッド、価値というのは難しい概念なんだよ」

わたしは、目新しいことは何ひとつ言っていないというフックの主張にこだわり、わたしの講演など聞いていないし、講演内容を聞こうと電話もしてこないじゃないかと指摘した。するとフック、監査実施通知書は新たに発行されたものだが、監査指針が変更になったため、それを「はねつけるのは簡単」だと言う。わたしがそれに異論を唱えると、フックはさらに調べてみようと言い、わたしに何が目新しいと思っているのかと聞いてきた。わたしが疑問に思ったのは、多額の貸し倒れも出さずにポートフォリオがどうやってリセッション（景気後退）を生き延びたのかということだった。わたしはアライドと高利回り債のポートフォリオとを比較し、アライドの融資は一般にハイリスクだと指摘した。なぜなら、こうした企業は高利回り債の発行企業よりも小規模だし、多額の資本調達もできないからだ。アライドによれば、シニアレンダーのフィノバよりも運用成績は良かったそうだ。

彼はこう言った。

「フィノバは不正を働いているからね」

実は、フィノバは不正を働いていたのではなく、単に信用や流動性のリスク管理が下手だっただけなのだ。

「どうすれば不正行為を働いていないというのが分かるんですか?」とわたしは尋ねた。

「デビッド……、だれにも分からない。それが不正行為か不正行為じゃないかを断定できる人なんていないよ」とフックは認めた。

「どうしてフィノバが不正行為を働いているのが分かるんですか?」とわたしは尋ねた。

「ああ、そういう事実があるから分かるんだ」とフック。

するとフック、アライドで質問をした「相手が悪かった」のだと言い出した。その後、『わたしたちが宿題を終わらせていない』という話が続いたが、わたしは、通常のIR(インベスターリレーションズ)のチャネルで問題を入念に調べたのだと主張した。すると、スウィニーではなくロールと話をする必要があるよ、とフック。

「ジョアン・スウィニーはCOO(最高執行責任者)ですよ。ポートフォリオ企業の意向は全部つかんでいるはずです」

「彼女、アライドの前にはどこにいたか知っているか?」とフックが尋ねた。

「前にどこにいたかですって? 彼女の経歴までは知りませんけど」とわたしは答えた。

「SECの法執行部出身だ。いいか、何かできることがあるだろう。SECの調査とか。きみの主張は間違っているらしいよ。だが、ジョアン・スウィニーは……、法規制を知っているわけだから、その経歴を考えたら、もうこの問題で損をしない取引をしようとしているんじゃないかな。わたしはそれに賭けるね」

　これは単にジョエル・フックの言葉でなく、アライドの話だった。何度も株主や空売り筋から聞いていたが、SEC法執行部での経験から、スウィニーが規則を破るとは考えにくいし、あるいはもっと皮肉を言えば、もし規則を破るのならSECから許可をもらっているはずだ。アライドではそうささやかれているようだ。

■　■　■　■　■　■　■

　妻がバロンズ紙に記事を書いていたことから、わたしはほかの出版社の記者とはあまり太いパイプを持っていなかった。確かに、妻のおかげで、バロンズ紙に話を持っていくことはできなかった――編集者とは、スタッフのだれとも投資について議論をしないと決めていた。最近、ウォール・ストリート・ジャーナル紙にエランの不正行為に関する優れた記事を書いたジェス・アイジンガーと会った。ウォール・ストリート・ジャーナル紙もバロンズ紙もダウ・ジョーンズが親会社だが、ダウでは出版社を別々に運営している。アイジンガーは、何か記事があるなら電話をしてほしいと言ってくれたので、わたしは電話をし、会議を開くことにした。会議にはわたしとジェームズ・リンが参加し、二時間ほどアライドについて説明した。アイジンガーは関心を示してくれ、もうすぐ休暇だから、それまでは内輪だけの話にしてほしいと言う。休暇は数週間後だった。わたしたちはそれで合意した。

■■■■■■

翌週、メリルリンチのアナリストのヒューズがさらにアライドに協力的な報告書を書いた。タイトルは「アライド・キャピタルの監査意見――空騒ぎ」。

不適切な投資評価の手続きなど、市場が一連の疑惑に揺れるなか、ここ数日、アライド・キャピタルの株価の乱高下が止まらない。この間、当法人ではこうした疑惑は根も葉もないものであり、情報価値もないものだと信じており、できるかぎり事実に基づく反証を試みていると述べてきた。以下に簡単に述べるが、監査が不十分だとの主張は、今や事実に基づき却下できると信じている。

報告書はさらに続く。

ＡＩＣＰＡ（米公認会計士協会）の監査指針は二〇〇一年五月に改訂された。主な改訂個所は、仮に許容できると考えても、企業の投資評価の手続きの妥当性に対して、監査人がもはや特別にコメントを求められることはないという点である。また、公正価値が妥当なときに使用する唯一の監査意見は、まさしくアライドの報告書に使用されていた監査意見である。

これが間違っていることは分かっていた。ジェームズ・リンはメリルの調査の裏付けとなる監査指針からページを拾った。メリルがＢＬＸから届いたファクスの表紙と一緒にそのページをジェームズに渡してくれていた。古い言い回しで書かれたページは一九九三年度の監査指針のものだった。メリルにしても、この指針からは二〇〇一年五月に変更があったかどうかを判断するすべはなかった。わたしはメリルの報告書を再びじっくりと点検した。すると、メリルが一九九三年度の監査指針に眼科医にしか見えないような小さなフォントで脚注を付けているのを発見した。脚注を見ると、メリルがＢＬＸから送られてきたものが何なのか、気づいているはずだというのが分かる――メリルが進んで情報操作に加担していたことを証明するものである。

グリーンライトの監査人は、実際に監査指針が変更されたのは一九九七年であり、二〇〇一年ではないと判断した。ヒューズの報告書には明らかにバイアスが掛かっている。わたしがメリルのヒューズの上司にそう文句を言ったところ、ヒューズは上司からわたしに電話をするようにと言われたらしい。ところがヒューズ、アライドの経営陣に担がれたのを認めたのはいいが、その信憑性を評価し直すどころか、一歩も譲らず、開き直っていた。ヒューズはこう聞いてきた。アーサー・アンダーセンが一九九七年の監査指針の変更を見落とし、二〇〇一年になってやっと新しい規定に入れたんだと主張したらどうするのかと。ヒューズのやつ、わたしたちが論破できそうもない筋書きをでっち上げようとしているな、というのがわたしの印象だった。それが真実か否かはともかく、事実を調査して判断することにも無関心だったようだ。これが間違いだということは分かっているんだ、とわたしはヒューズに言った。アーサー・アンダーセンはシロムの会計も担当していたので、一九九七年にはシロムの監査意見も同じように変更している。

続いてわたしは、アライドはポートフォリオを「長期的価値」で評価することになっているんだ、と彼が強調した最初の報告書の要点に話題を移した。

「公正価値は専門用語だというのをわたしが知っているから、この話題を持ち出したんだろう」とヒューズ。

そのあとは、ベロシタ債を上場証券の時価よりも高値で保有することなど許されるのかについて議論した。そしてわたしはこう告げた。

「年次報告書（フォーム10－K）で説明されているとおり、アライドの規定では、時価が提示されているときには割高な価格で保有することなどできませんよね」

するると彼はこう答えた。

「『K』に関してそんな解釈をしたことは一度もないが、一度弁護士に見てもらったほうがいいな」

「もしよろしければ、一字一句読み上げましょうか。何だか知りたいでしょう?」とわたしは言ってみた。

「確かに、これを何度も読んだが、解釈が違うだけだろう」

「じゃあ、読んでみましょうか。あなたの解釈がどう違うか見てみましょうよ。ここに書いてあるのは、『上場証券の投資価値は、非流動性か転売に対する制限のために割り引かれて提示されている時価で判断される』ということですけど」

「続きは?」

「ありません」

「そうか。じゃあ、少し前に戻って全部を読んでみよう」

「もしあなたが間違っていたら、公の場で訂正したほうがいいと思いますけど」

「それがいいだろうね」

わたしがヒューズの上司を追及してから一週間後のこと、メリルは「当社サイドでミスがあり、監査指針は一九九七年五月に変更されていた」ことを認める追跡記事を公表した。しかし、アライドがポートフォリオを「長期的価値」で評価することにはなっていない、またアライド

表 7.1　ベロシタ債とスターテック債

日付	ベロシタ債の価格（%）		スターテック債の価格（%）	
	時価	アライドの簿価	時価	アライドの簿価
2000/06			80	100
2000/09	77	100	80	100
2000/12	97	100	60	100
2001/03	60	100	45	100
2001/06	60	100	3	100
2001/09	60	100	4	100
2001/12	10	100	2	–
2002/03	1	37	2	–

が上場証券を時価以上の価格で保有することはできない、といったミスを認めて訂正することはなかった。

■ ■ ■ ■ ■ ■ ■

　講演後の数週間、わたしは双方の言い分を理解しようとしているロングとショートの投資家から電話やメールをもらった。多くがアライドにも問い合わせていた。いくらメールの文章がとげとげしくても、わたしは淡々と返事を書いた。わたしたちはこうした対話を通してアライドの最新の情報操作について情報を得るようになった。アライドでも同じだろう。こうした手段を利用して、アライドとは直接接触することなく議論していたのである。

グリーンライトではさらにリサーチを続けた。わたしたちはチェース証券からベロシタ債とスターテック債の過去の価格データをもらい、それをアライドの過去の簿価と比較してみた。**表7・1**が示すとおり、アライドは適時の評価減を実施していなかった。

アライドはスターテックへの融資をスターテック債とパリパス（同順位）になるよう組成していた。つまり、書類は別々でも、融資と債券のステータスは同じだったのだ。その結果、債券価格が融資の価値を表す優れた指標になっていた。どちらかと言えば、ＳＥＣの規則では、アライドは非公開企業への投資が相対的に非流動的であることを反映するために、その投資を割引価格で保有しているべきであった。

■■■■■■

あるファンドマネジャーがＢＬＸの最近の証券化の目論見書の写しを送ってくれた。それによると、二〇〇一年一二月三一日現在でＢＬＸが組成した融資の一四・五％が債務不履行になっていた。そこで信用格付け機関に電話をし、ＢＬＸの証券化についてさらに詳しく尋ねた。

格付け機関によれば、ＢＬＸはＳＢＡ（中小企業局）融資を追跡記録しているバンクラブから証券化に使用するデータを入手していたようだ。格付け機関に報告書を作成してもらうには一カ月ほどかかる。

第8章
「まさかの」会計手法

講演からちょうど二週間後の二〇〇二年五月二九日、アライド・キャピタルは二度目のコンファレンスコール（電話会見）を開催した。ウォルトンはやる気満々だった。

「自分たちのビジネスのことは外部の人間よりは分かっているつもりでおります。ですから、引き続きわたしどもの理解を皆様にお伝えしようと思いましてね。ただ、はっきりさせておきたいのは、わたしどもは学術論争、知的な討論をしているわけではないということでございます。空売りをしているのはテーマを持っている人物、大金や名声のある人物で、当社を解体しようと投資家をけしかけて、アライド・キャピタルというグラスが半ば空っぽになるのを見たがっているのです」

アライドはまず監査指針の問題に触れ、変更に関する主張は誤りだったとし、監査指針が変更されたのは一九九七年だったことを認めた。次はスウィニーが面目躍如とばかりに、アーサー・アンダーセンは監査では何の問題も確認していないと主張。アーサー・アンダーセンはエンロン事件で解散に追い込まれたため、アライドでは現在新たな監査人を使っている。なぜアンダーセンが文言を変えたのか、その真相はもはや闇のなかだが、アライドの最初の説明がうそだったことは分かっていた。いずれにしても、二〇〇一年末にベロシタ債は額面と同価値である、などという意見を表明した監査人は、監査などろくにやっていなかったことになる。

ウォルトンはコンファレンスコールを続け、投資評価の議論に入った。

「もうひとつの問題でございますが、空売り屋は、問題の兆しがちょっとでも見えたら、金銭上の損失の有無にかかわらず、融資の評価をゼロにまで切り下げるべきだとお考えのようですね」

問題の兆しがちょっとでも見えたら融資の評価をゼロにまで切り下げるべきだ、などとはわたしたちも考えていない。ウォルトンはそんなことをするほど間が抜けていないだろう。最後にウォルトンは、ロールがわたしたちに語った内容を繰り返した。

「融資の評価はわたしどもが回収しようと思っている金額まで切り下げます」

グレンビュー・キャピタルのラリー・ロビンズが、問題ある融資の簿価について問い詰めた。するとロールはこう説明した。

「確かに、グレード3の資産ですが、『監視中』の融資では、元本にも利息にも損失のリスクはございません。言い換えると、わたしどもはその会社と提携していますから、さまざまな理由でグレード3になり得るのです。シニアレンダーと何かで一緒に仕事をしていればグレード3になりますし、わたしどもがその会社と提携し、その会社を売りに出したという理由でグレード3にすれば、グレード3になります。その結果、理由は何であれ、売れるまではわたしどもには一銭も入ってきません。とにかく、さまざまな理由でグレード3になるんです」

「グレード4というのは、もう少し心配な投資です。わたしどものせいで契約上の利息で損失を出しているからです。つまり、当社との取引で、相手は利息を支払うものと思っていますが、当社はそういう利息をもらえるとは思っていないわけですから、元本が減損するとも思っていないのです。でも、その契約上の利息で損をしているわけですね。グレード5というのは、契約上の利息の損失だけでなく、実際に元本でも損失を出しているものです。これは元本ですから原価主義です。言い換えると、投資資金が回収できないということです。つまり、資産がそういう状態であれば、それはグレード5になるということです」

ロビンズはしつこく食い下がった。

「しかし、例えばグレード4の簿価ですが、予定利率で利息を受け取れる可能性などないはずですが、契約上の元本は受け取れるんですね。そういうグレード4の融資はどのあたりで計上していらっしゃるんですか?」

「資産次第ですね。でも、大半は取得原価で計上し……」とロール。

「でも、取得原価以下に切り下げるのはグレード5の融資だけなんじゃないですか?」とロビンズ。

「おっしゃるとおりです」とロール。

さて、ここで社会人一年生向けの投資の授業に戻ろう。新米の学生は、投資家が投資を繰り返しできなくなるような局面に達すると、その投資にはもはや取得原価の価値はないと教えられる。その結果、業績が予想を下回り、契約にも違反し、しかも利払いもできない会社への融資は――アライドが利息の回収など二度とできないことに気づく段階までを含め――、取得原価の価値を失うということだ。

にもかかわらず、アライドはいずれ元本を回収できるものと信じていたため（グレード4）、それを取得原価で評価していたのである。これは、言ってみれば「まさかの」会計手法である。ウォルトンは投資家にこう思わせたかったのだ。つまり、グリーンライトでは問題の兆しがちょっとでも見えたら融資の評価をゼロにまで切り下げる必要があると考えていると。だが、融資にはゼロ以上の価値はあるかもしれないが、アライドの財務諸表が示すとおり、間違いなく一〇〇セントの価値はないというのがわたしたちの考えだ。

続いてスウィニーが白書（基本的には調査報告書）を紹介した。彼女とロールがアライドの評価戦略について説明したものだ。

「わたしどもには公正価値を判断するのに使用する一貫したプロセスがありますが、そのプロセスにつきましては当社の開示文書にはっきりと概略が記してあります。それに、当社のウエブサイトをご覧になれば、わたしどもが公正価値会計で白書を作っていることや、その適用の解釈についてもお分かりいただけると思います。この白書を作ったのは、二月のＢＤＣ（事業開発会社）の会議で使うからです。この白書をお読みになれば、公正価値のことをもっと理解していただけると思いますよ」

投資家が公正価値のことを学ぶのにアライドの白書を読む必要はなかった。それはＳＥＣ（証券取引委員会）の仕事である。アライドがやる仕事ではない。一九六九年と一九七〇年、ＳＥＣでは投資会社がどのように投資を評価すべきかを示した『会計連続通牒（ＡＳＲ）』を発行。ＡＳＲ第一一八号には、「一般的に、取締役会が評価している証券発行の現在の『公正価値』は、現在価格で売却したら保有者が受け取れると考える額になる」と書かれている。流動性のある証券と流動性のない証券の評価法についても詳述されている。またＡＳＲ第一一三号には、発行企業の経営や全体的な市場の変動などの結果、取得原価がもはや公正価値ではなくなってきている場合には、その証券を取得原価で計上するのは適当ではないとも記されている。

さらに、投資会社が公正価値を判断する際には売却に対する制限事項を考慮する必要がある。

わたしはコンファレンスコールが終わるとすぐ、スウィニーが言うように、「事業開発会社が保有する非流動証券の評価」と題する白書をダウンロードした。これはＳＥＣが発行するＡＳＲを真っ向から否定するものだった。白書の主張はこうだ。「ＡＳＲ第一一八号の『現在価格での売却』という概念がＢＤＣの非流動ポートフォリオに適用されたらとくに厄介だ。仮にそのようなポートフォリオが現在価格での売却テストを実施することになれば、ポートフォリオは原証券の額面価額から大幅に割り引く必要があるからだ」

白書にはさらにこう書かれている。

「ASR第一一八号の公正価値の確定を目的とした現在価格での売却という概念をBDCのポートフォリオの事例に適用するのは、不可能ではないにせよ、難しい」

白書では堂々と、「投資会社に適用される公正価値で証券を評価する際のSECの現行規則と解釈的なアドバイスは……、とくにBDCに適用できるものではない」と主張している。さらに白書によれば、SECから命じられる規則は「BDCの独特のポートフォリオのユニークな特徴に簡単に適用できるようなものではない。それはとくに、BDCが投資する証券が評価目的で現在価格での売却テストの対象になることなどあり得ないからだ」

したがって、アライドによると、同社にはSECの規則が適用されないことになる。確かに、もしSECの規則に従わなければならないとすれば、現在価格での売却テストを実施する必要があり、同社のポートフォリオを大幅に割り引いて保有しなければならなくなる。実際にアライドは、非流動証券なので現在価格での売却テストを実施するのは極めて難しい、などと都合の良いことを言っている。

白書ではSECが認めていない会計を使用していることを誇示しているだけでなく、図々しくもSBA会計（非会計士のための小さい企業会計）をもっと緩やかにしてほしいとも要求している。ＳＢＡ（中小企業局）の規定では、永久的に減損すると考えられる場合にかぎり資産の評価減を実施することになっている。白書では、「ＢＤＣのポートフォリオには、ＳＢＡの規定のほうが、ＳＥＣがＡＳＲに明記する評価指針よりもはるかに適している」と、お役所用語をずらずらと並べて説明している。

白書では明確な結論を出せなかったのだろう。「ＳＢＡの規定は、多少の変更はあるものの、ＢＤＣのポートフォリオの公正価値の評価からすると、全体的に最良の指針を示していると思われ……、したがってＢＤＣは、非流動的な私募証券には価値を左右するユニークな特徴があることを考慮し、ＳＢＡが示した指針などの投資規定を採用すべきである」

ＳＥＣの規則を無視していることを公表する会社など、あとにも先にも聞いたことがない。どういう反響があるのかを考えもせずに無視するというのは、どういうわけだろう。

白書を作ったあとのコンファレンスコールで、スウィニーは、アライドは普通の投資会社ではないのだから投資会社の会計を適用すべきではないと述べている。市場はＢＤＣを純資産価値ではなく、どちらかと言うと配当利回りで評価しているのだそうだ。ＢＤＣは一九四〇年投資会社法に準拠するが、「内部運営方式の事業会社」であるため、投資信託とは異なり、投資信託と同様の運用成績を報告するのではなく、事業会社と同じ四半期報告書（フォーム10－Ｑ）と年次報告書（フォーム10－Ｋ）を提出することになっている。

スウィニーは、アライドを投資会社だと考えるべきではない理由をさらに説明した。

「公開企業である当社を評価するに当たって何が重要かと申しますと、それは純利益です。それが当社の収益力を株主の皆様にお伝えする手段なのです。元本の増減は単に理論上の話です。そんなことを株主の皆様にお話ししても分かりにくいでしょう。それよりもむしろ、見せ掛けの、つまり理論上存在する市場で非流動証券を長期的に評価すべきだ、と考えているのです。わたしどもは一時的な相場の下落を理由に損失を隠したりなどいたしません。当社の損益計算書や純利益をご覧いただければ現状を分かっていただけると思います。一時的かつ持続不能な値動きで業績をあいまいにしようなどとも考えておりません」

スウィニーはさらに続けた。

「純利益というのは、株主の皆様にお支払いする将来の配当を示す先行指標です。投資損失が出ると配当は減りますし、実際に投資利益が出れば配当は増えます。投資信託は純資産価値で取引されていますし、ファンドの出資者が保有する有価証券をプールしているわけですから、ポートフォリオの評価を毎日行っています。投資信託は典型的な外部運営方式ですから、流動性を高くしておく必要がありますし、純資産価値の計算も極めて正確なものでなければなりません。投資家が持分を売却して資金を引き出しますから、毎日現金化する必要があるからです。投資信託は主に純資産価値で取引されているわけですが、逆にアライドは、大半のＢＤＣと同じで、非流動証券に長期投資をしています。価値の上昇は長い時間の末に実現します。ＢＤＣは保有している証券を売買しないのが普通です――満期まで、あるいはその証券を発行している企業が最終的に売却されるまで投資をします。それに、現金化の影響を受けることもありません」

二〇〇二年の初めに発行されたアライドの二〇〇一年度年次報告書は、コンファレンスコールでのスウィニーの発言、ロールの説明、そして白書の主張を繰り返していた。例えば、アライドの公式の規定にはこう書かれている。

「当社の評価規定では、内々に交渉した証券は長期的に価値が上昇するという事実、当社には証券の取引をする意図がないという事実、いつでも売れる市場は存在しないという事実を考慮している。……当社では、資産が減損し、融資の全額回収または持分証券の現金化が怪しいと思ったときに、投資の未実現の評価減を計上する」

これこそまさにSBAの投資評価基準である。しかし、規制投資会社であるアライドは、もっと厳しいSECの基準を満たす必要がある。SECの基準では、自発的な買い手がもう費用を払えないとなったら直ちに評価減を実施することを定めている。

二〇〇一年度の年次報告書でも、またスウィニーのコンファレンスコールでの発言を繰り返していた。

「この評価規定に基づいて、当社では非公開企業への投資が減損しているかどうか、またはそのような投資価値が上がっているかどうかを見極めるために、金利の変動とか株式市場の変動など、資本市場の一時的な変動は考慮していないのです」

ただ、妙なことに、前年度の年次報告書にはこうした文言はほとんどなかった。明らかに、これはアライドの四〇年にわたる「一貫した」会計慣行とは異なっている。この新しい文言ははっきりと新しい慣行を示しており、今では新しい文言も白書で正当化されている。もしかしたら、二〇〇一～〇二年のちょっとした景気後退期に評価減を避けたかったから会計方針を変えたのだろうか？

後日、この白書がSBAの手ぬるい会計処理をBDCに認めさせようとするスウィニーの初の試みではなかったことが分かった。一九九七年、スウィニーはSECが年に一度主催する「中小企業の資本形成に関する政府・産業界フォーラム」にアライドの代表として出席した。同フォーラムでは、「投資会社の中小企業の非流動証券ポートフォリオの『時価』評価のためには、そうした投資会社の取締役に責任が及ばないよう、一九四〇年投資会社法で避難所を定める……」と提言。

フォーラムでは詳細を詰めた。

「投資会社法の要件は（原文どおり）、すぐに時価が入手できないポートフォリオ証券の『公正価値』と主に中小企業が発行する非流動証券とが区別されていることを、ファンドの幹部が判断することである。SBAが策定した指針など、すでに定められている評価指針を使用すれば、十分な情報を提供することができるし、そうすれば投資会社の幹部には連邦の証券関連法に基づく責任が及ばなくなる」

SECが避難所に関する要求を認めたことは一度もなかった。

要するに、スウィニーがSECに出向いてSBAの基準を採用する許可を求めたのだ。SECは同意しなかったが、「アライドはとりあえずそれを採用し」、そのあとでスウィニーとロールが白書を作ってそれを正当化したというわけである。二〇〇四年、わたしたちはスウィニーの一九九七年のSECへの働き掛けが失敗に終わったことを知ったが、そのとき、アライドがSBAの会計を不適切に採用していたのは偶然でも何でもないことに気がついた。単純な理解不足というよりも、これは計画的で意図的な行為――長い年月をかけて準備してきたでっち上げ――だったのだ。

■ ■ ■ ■ ■ ■ ■

SECで投資運用局長を務めるダグ・シャイトに電話をしてみた。投資会社協会あてに公開書簡を送り、公正価値会計に関するSECの見解を明確にした人物である。この見解はアライドの分析とは相いれないように思えた。そこでアライドの主張に対するSECの考えを聞いてみた。最初のうちはアライドという具体的な社名を出さず、一般論で話した。SECによる一九四〇年投資会社法の現在価格での売却テストの評価基準はBDC向けではなく、主として投資信託向けなのか。BDCは非流動証券を長年保有しているのだから、現在価格での売却テストではなく、SBAの減損テストの基準を使って評価すればいいのではないか。わたしはシャイトにそう聞いてみた。

「それは違います」とシャイト。

「SECが出した指針は全投資会社に適用されています。オープンエンド型にもクローズドエンド型にも……。ただ、クローズドエンド型投資信託やBDCは、もし上場していれば、NAV（純資産価値）を公表していますから……、そうしたNAVの計算はすべて一九四〇年投資会社法に従ってやらなければなりません。持ち株を売って換金しようが買い戻そうが、売却しようが関係なくね。ですから、例えば、そういう会社が自社のNAVを公表すると、市場価格に影響が出てくる場合があるわけです」

「クローズドエンド型投資信託は、オープンエンド型とは違うからという理由で、同じ基準に従う必要はない、と言っていたのは知っていますけど。ただ、投資会社法も法律も両者を区別していないんです。全投資会社となっています。時価を使って公正価値で評価する必要があると。クローズドエンド型投資信託は換金の必要がないわけですから、もし銀行融資に参加している投資信託に投資をしているならほぼ満期まで保有しますし、もし銀行融資の基礎になる信用とか担保が減損していなければ、満期になった時点でそれを評価するべきだと。そうでないとね。だから、SECではノーと言っているんです。だって……、適切な基準が『今日の価値はいくらか』だからと言って、将来のいずれかの時点でいくらになるかで評価するというのは、投資信託にはふさわしくないでしょう」

またも具体的な社名を出さず、今度はアライドの主張について聞いてみた。個別に非流動的な融資を組成しているので借り手のことは潜在的な買い手よりもよく知っているし、五～一〇年間融資を保有する計画があるわけだから、売却するとしたら「投げ売り」になるという主張である。

「わたしならこう言います。無理に売れとは言っていないとね。じゃあ、非流動証券はどうやって評価するんだ、どうやって基準を適用するんだ、売却するのに何週間も何カ月もかかるときには、今日自発的な買い手から買い付けるときの価値を使うようにと言っているじゃないか、と反論してきたら、わたしならこう言うということですけどね。つまり、何週間前か何カ月前から買い手を探し始めたが、結構時間がかかっており、ここへ来てようやく自発的な買い手が買いたいと言ってきている。そこで彼らがどうするか、いくらで買うかなんです。だから、けっして『ああ、しまった。こいつを厄介払いしなくちゃ。だれか持っていってくれないかな』というような『投げ売り』じゃないということですよ」とシャイト。

この種の融資はめったに売却されないし、過去に売却したのは融資が貸し倒れになったときか、融資のオーナーが行き詰まったときかのどちらかだ。そうなったら、潜在的な買い手は投げ売りだと思うだろう、と彼らは主張するかもしれない。わたしはそう指摘した。

するとシャイトが言い返してきた。

「それなりの価値があるのですから、低い価値でも保有する理由は十分にあるでしょう」

ＳＥＣとしては断固として当社の見解を支持するというのを聞き、わたしたちはとてもうれしかった。

電話で話している最中、わたしはずっと問題の社名に言及することはなかったが、最後になって、アライド・キャピタルが同様の主張をしているが、と言ってみた。そして当社の懸念をＳＥＣに伝えるのは意味のあることか、もし意味のあることなら、だれに話を持っていけばいいのかと尋ねた。するとシャイト、話は伝えるべきだし、その相手は自分でいい、と言ってくれた。それなら都合が良い。

わたしたちは当社の分析を一八ページにまとめた報告書に書簡を添えて送り、アライドがＳＥＣの評価の要件に従っておらず、被支配企業が利用できる会社間勘定を乱用しているという懸念について説明した。また、アライドの対応やここで議論したさまざまな事柄についても詳しく説明した。シャイトがアライドの説明に異議を唱えてくれたことで、投資家であるわたしは、ＳＥＣがこの問題を解決するのは単に時間の問題になった――しかもアライドの株主が望むやり方とは違う方法で――との感触を抱いた。

第9章 事実――いや、きっと違う

オフ・ウォール・ストリート。マーク・ロビンズが一九九〇年に設立した独立系リサーチ会社で、買いや空売りといった投資判断を公表している。わたしたちとも数年前から取引がある。この報告書は値段も高いが質も高く、ヘッジファンドや従来型のロングオンリーの機関投資家に販売されている。大半の同業者とは異なり、自社のアイデアを徹底的に追求し続け、投資判断を打ち切るまでに何度もアップデートを繰り返す。また、ロングであれショートであれ、その実績を気に掛け、ファンドマネジャーが自ら運用するポートフォリオを真剣に扱うのと同様に、投資判断を真剣に扱っている。

二〇〇二年六月一二日、そのオフ・ウォール・ストリートが二一ページに及ぶ報告書でアライドの「売り」推奨を公表。同社とSEC（証券取引委員会）との対談、SECが発行した『会計連続通牒（ASR）』第一一三号と一一八号の分析、そしてアライドの白書をとくに重点的に取り上げていた。また、わたしが講演で強調したアライドのポートフォリオ企業の数々を再点検し、自らの分析も加えていた。アライドの株価は一株二五ドル超まで回復していたが――つまり、わたしが講演をする前の水準まで戻していたが――、このオフ・ウォール・ストリートの投資判断が公表されるや、再び急落した。

オフ・ウォール・ストリートの分析でとくに説得力があったのは、そのアライド最大の子会社ビジネス・ローン・エクスプレス（ＢＬＸ）についてのリサーチだ。アライド・キャピタルがＢＬＸを設立したのは、アライドがＢＬＣファイナンシャル・サービシズを買収し、それを自社のＳＢＡ融資（中小企業局の保証付き融資）の貸付子会社アライド・キャピタル・エクスプレス（アライド・キャピタルＳＢＬＣとしても知られる）と統合したときである。オフ・ウォール・ストリートでは、アライドが買収する前のＢＬＣファイナンシャル・サービシズのＳＥＣへの提出書類を審査し、ＢＬＣファイナンシャルは公開企業として収益の六三％を売却益会計で生み出していると判断。売却益会計とは、発生した時点で資産価値を認識することができるが、基本的には資産の耐用年数にわたって収益認識を求められる従来型のポートフォリオ会計よりも積極型の会計である。

アライドがＢＬＸの財務情報の開示を拒んでいるのは、売却益会計を採用していることを伏せるために違いない。わたしたちはそう思っていた。前倒し収益と見せ掛けの融資実績、それにＢＬＸの高い債務不履行が加われば、致命的な会計になる可能性があった。ＢＬＸの利益は著しく質が悪く、それほど現金を生み出すとは思えなかった。これでアライドがBLXに課している二五％の利息が適切なのかどうか、いっそう疑問がわいてきた。アライドがこうした関連当事者の手数料を使って損益計算書にテコ入れしているのは明らかだった。

またオフ・ウォール・ストリートでは、アライドのギャラクシー・アメリカン・コミュニケーションズ（GAC）への融資の簿価三九〇〇万ドルにも疑問を投げ掛け、GACはすでに倒産しており、ギャラクシー・テレコムLPという同じ住所の関連会社であると指摘。GACの公の提出書類はなかったが、オフ・ウォール・ストリートがギャラクシー・テレコムのSECへの提出書類を審査したところ、GACの情報も含まれていたため、GACには最小限の収益や損失があり、資産を上回る負債があることが確認できたという。

数日後、オフ・ウォール・ストリートは次のような説明を追加してきた。

同社は、今や個人攻撃、精神錯乱、そしてまことしやかな三段論法を一緒くたにしてショート戦略を攻撃しているようだが、ほとんどが誠実な言葉遣い、あるいはその誠実さの欠如、また言葉を使ってわい曲したり混乱させたりするというアプローチである。過去にも政治の舞台でこうしたアプローチが高い効果を上げているのを見てきたが……、誠実な言葉遣いは、話し手の誠実さとも関係しているかもしれない。

オフ・ウォール・ストリートは次の質問で締めくくった。

ところで、アライドのためにこんなに面倒なものを書いているのはだれなのか？　自分たちの会計が絶対に正しいというなら、なぜ真っ先に白書を発行する必要があると考えたのか？　また、その会計方法を正当化するために新たに苦しい説明を続けるのはなぜなのか？

■■■■■■

わたしたちはオフ・ウォール・ストリートの分析をグリーンライトのウエブサイトに掲載することにした。一般の投資家にも見てもらいたかったのだ。そうすればこの件に関する理解も深まるし、アライドがそれをいかに誤認しているかをアライド自らも考えてくれるだろうと思ったからだ。わたしは疲れていた。講演は秘密主義的な「ささやき工作」であり、宿題もやっていないし、話の内容も無知を露呈しているだけだ、とアライドが勝手に決めつけているからだ。

わたしたちが調査報告書に最後の一筆を加えていると、アライドから二〇〇二年六月一七日（月）にもう一度コンファレンスコール（電話会見）を開催するという発表があった。投資家を月に三度も召集する会社など聞いたことがなかった。コンファレンスコールの前の週の金曜日、わたしは長い調査報告書のほぼ最終稿を、アライドを取材しているジャーナリストや関心を示しているジャーナリストに送った。事前に読んでくれれば情報に基づいた記事を書く時間もできる。わたしはそう思ったのだが、実際にはだれひとり、わたしたちの調査報告書に関する記事など書いてくれなかった。それどころか、調査報告書の最終稿をアライドに流してしまったジャーナリストもひとりいた。

この三度目のコンファレンスコールの日の朝、わたしたちは「アライド・キャピタルの分析――投資評価手法の問題」と題する二七ページに及ぶ報告書をウエブサイトに掲載した。また、その概要を記したプレスリリースを発行し、ウエブサイトでも一般の投資家が全文を閲覧できるようにした。調査報告書には、会計、投資評価、アライドの白書、被支配企業との取引、特定の投資評価、わたしたちとSECとの会談、非現金収入、アーサー・アンダーセンの監査実施通知書の奇妙な経緯などに対するわたしたちの懸念を記した。

午後から始まったコンファレンスコールは先の二度のコールとは打って変わって雰囲気が異なり、経営陣はほぼぶっつけ本番でしゃべっていた。今回のコンファレンスコールが十分に準備され、しっかりとリハーサルが行われていたのは明らかだ。明確なメッセージの発信や経営陣の自信に満ちた力強いプレゼンテーションが、信憑性のなさを浮き彫りにしていた。このコンファレンスコールは極めて重要なイベントとなった。アライドが、会計は適切であるというそれまでの主張を事実上すべて撤回したからだ。公正価値会計を使用すべきというSECの主張に、そしてわたしたちの主張に屈服したのである。そして、それまで大々的に吹聴していた白書も同社のウエブサイトから削除していた。

アライドは情報操作では国際的なプロであるラニー・デイビスと契約し、プレゼンテーションを指導してもらっていた。経営陣は、まったく違う話をしておきながら、「一貫している」などと大見えを切っていた。参加者も見るからにだまされており、巧みな「大うそ」の犠牲者だというアライドの主張をうのみにしていた。デイビス弁護士は、ビル・クリントン元大統領とホワイトハウスの実習生モニカ・ルインスキーとの不倫事件の事態収拾にらつ腕を振るったことで知られている。そのデイビスを起用したというのは、わたしには不正行為を自白しているとしか思えなかった。

「デイビスを連れてきたということは、深刻な問題を抱えているということですよ」

ラニー・デイビスの起用について、大手投資会社カーライル・グループのエド・マティアスも連邦議会の動向を伝えるザ・ヒル紙にこう語っている。デイビスのクライアントには、地震データ送信で不正を働いた先述のサイテル、ベルギーの音声認識大手で、数十億ドルに上る粉飾決算を続けていたレルナウト・アンド・ホスピー、重大な不正会計を働いたヘルスサウスなどがある。明らかにアライドの問題には政治的手法を用いた操作が必要であり、その点でデイビスはこれ以上ない選択肢だったのだろう。

コンファレンスコールでは、ウォルトンが四〇年に及ぶアライドの歴史を振り返り、その偉大なる会社と一部の投機筋との争点になっている問題について説明した。だが、わたしに言わせれば、ウォルトンの状況説明は露骨なうそであり、誠意のかけらもなかった。しかも、本題への導入は見事なほど事実をゆがめていた。

今日お集まりいただきましたのは、ここ数週間アライド・キャピタルに関してあだこうだと言っている、ある個人の組織的なキャンペーンにつきまして、事実関係をはっきりさせるためであります。それは人を惑わすものであり、真っ赤なうそであります。そういうやからの多くは私利で動いているのです。アライド株のショートポジションを大量に取っており、それで株価を下げて利益を得ようとしているからです。

その個人の主張は、アライド・キャピタルは自社の株価を上げるために、故意に、つまり不正に、保有する投資ポートフォリオ企業の価値を上げている、というものであります。しかし、それは違います。事実が証明してくれるでしょう。間違いなく、これは大うその典型的な例であります。何度も何度も同じことを、形を変え、大勢のいろんな顧客に吹聴するわけです。しかも、普通は密室でひそひそ話をしたりうわさを流したりするわけですから、犠牲者は真実で反論したり自己防衛したりするチャンスもないわけです。

多くの公開企業は空売り屋の組織的な攻撃に遭っています。ときにはそういう攻撃が社会奉仕になることもありますがね。例えば、数カ月前には、実際にあった粉飾決算を暴くのに一役買ったりしております。これによって、多くの投資家は、数々の公開企業の財務報告の整合性に対して懐疑的になりました。これは不幸なことではありますが、理解はできます。しかし、アライド・キャピタルに対して誤報を使ったキャンペーンを推進している人物は、皮肉にも大うそを広くまき散らし、アライドのような素晴らしく正直な会社に汚名を着せ、昨今のエンロン後の状況をうまく利用しようとしているのです。

そういう攻撃にさらされているいくつかの……企業は、そんなひねくれた空売り屋に威厳を与えたり、彼らの宣伝になったりするのはごめんですから、無視しておりますけどね。もちろん、わたしどもも基本的なことは決めております。ただでは済ませません。株主の皆様だけでなく、わたしども自身、わたしどもの家族に対しても責任がありますからね。真実が明らかになるまでは、事実と真実をもって白昼堂々と敵に立ち向かっていくつもりでおります。透明性には裏表があります。今は敵が自ら吹聴している誤報について堂々と説明するときです。そういう誤報を流して市場操作することに関してSECやニューヨーク証券取引所が調査に入るなら、わたしどもは大歓迎です。

ウォルトンは、アライドが公正価値会計を使用しており、投資企業の価値を上げたりはしていないという弁明を続け、空売り筋の動機を繰り返し批判した。ここでウォルトンの主張を紹介してみよう。空売り屋と弁護士、そしてメディアは、アライドに対して組織的で貪欲で「不法妨害」的な攻撃を仕掛けている、というものである。

思いますに……、ヘッジファンド業界全体を創出した……、それは……、株式市場が低迷している今、彼らは株価を下げる材料を物色しようとしているのです。また、その下落を裏付けるような材料を物色しようという傾向も見られます。まずはポジションを建てて、それからイベントを開く。われわれの場合には講演会でしたけどね。すぐに訴訟を起こす弁護士事務所と結託している者もおります。あの会社が訴えられたぞ、何か悪事を働いたんだろう、とみんなで騒ぎ立て……。

これから発表される記事とか、これから起きる出来事についてのうわさもずいぶんと飛び交っております。ヘッジファンドに頼んでＳＢＡ（中小企業局）に電話をしてもらい、当社が窮地に立たされていることを伝えておきました。当社のビジネスモデルの不法妨害と呼べるものもずいぶんあります。そういうものは非合法化すべきです。そのプロセスに参加できるよう、できるかぎりのことをするつもりでおります。わたしどもが声を大にしてお話ししている真実が一条の光を投じることになるでしょう。そしておそらく、わたしどもと共に闘ってくれる人も現れるでしょう。

ウォルトンはわたしたちの「動機」に着目させようとしていた。グリーンライトにとって、アライドは数々の収益源のひとつにすぎない。大きなポートフォリオの一部である。ただ、アライドの経営陣には、この苦境から脱出するためならどんな発言でもするという強い「動機」があった。確かに、ウォルトンとスウィニーの立場はほかのだれよりもはるかに危機に瀕していた。経営陣にとってはアライドがすべてなのだ。もし不正が発覚しようものなら、結果は多少の赤字を抱える程度では済まなくなる。最上層部の人間は失職するか、場合によっては刑務所行き、ということもあり得るのである。

その後アライドは白書を撤回し――結局は自分たちにもSECの会計規則が適用されることを認め――、新たな会計方法を提案した。スウィニーが投資評価の問題について話し、まるで大半の人が内容を知らないかのように白書について説明した（正確ではなかったが）。

では、わたしどもが採用している評価手法について見てみましょう。議論の余地もありませんが、適切ですし、一貫して適用しているものです。この評価手法について説明するため、アライドでは白書を作成してウエブサイトに掲載いたしました。簡単に要約するとこうなります。評価規定に従って四半期ごとにポートフォリオを適切に評価すべく、アライドの取締役は誠実に判断を下しております。そのときに用いる評価規定は、『ポートフォリオ企業は自発的買い手と売り手が対等に交渉すれば売却できるという予想価格に基づいて、一貫して適用されます』。取締役会の判断には、三〇年前に発行されました『会計連続通牒（ＡＳＲ）』でＳＥＣが勧告する要因も盛り込まれますし、会社の当期と予測の財務状態やキャッシュフロー、収益性、償却資産の正味清算価値、起債に伴う最終利回り、負債自己資本比率といった要因も盛り込まれます。

このコメントは興味深いが、正確ではない。実際、アライドの白書には「逆のこと」が書かれている。第8章で論じたとおり、白書のポイントは、ＳＥＣの『会計連続通牒』を「使用しない」と理屈をこねている点なのだ。当然、ＳＥＣの評価指針は適用されないという厚かましい見解もその白書も間違っているという助言を受けているはずだが（おそらくＳＥＣの助言だが、アライドがＳＥＣから何も聞いておらず、自分たちのミスに気がついただけ、という可能性もある）、今ではとにかく急いでその白書から目をそむけている。そしてトーンを変え、もうＳＥＣの規定は適用されないのだとか、自発的な対等の買い手と売り手との間の価値基準を自社の投資に適用するのは難しい、不可能だ、などと主張することもなくなった。

スウィニーは、「事実」、もっと良い言い方をすると「議論の余地がない事実」と自ら呼ぶ原稿で説明を続けた。この種の言葉遊びは、アライドお決まりのやり方だった。どうやらスウィニー、「事実」という言葉を大声で十分に強調して発すると、多くの人がそれを真実ととらえてくれるものと思っていたようだ。

続いてスウィニーはアライドの会計方針の擁護に入った。

「当社の会計方法の正当性の問題についてですが、ここに議論の余地がない事実がいくつかあります。『事実』はこうです。当社の白書に記した評価手法は当社の届出書のフォームや登録届出書に近いものです。これは四半期ごとにSECに提出していますが、SECは一貫して納得しています」

アライドはその年度の初めになって初めてSECへの提出書類にこの文言を挿入したため、SECが意見を述べる時間もなかったのは言うまでもない。

さらにスウィニー、アライドの会計方針に関する声明は、白書やアライドの実際のやり方とも一致していると言う。アライドの今期の年次報告書も白書の文言をそのまま繰り返しており、こう記述されている。「当社では、資産が減損している、あるいは融資の全額回収や持ち分証券の実現が怪しいと考えたときに投資の未実現減価償却を計上する」

ところが、コンファレンスコールが始まるや、アライドはその記述を減損テストから自発的な買い手と売り手との取引をベースにした現在価格での売却の評価に切り替えたのだ。信用をなくし、撤回した白書と矛盾しない用語で評価手法を説明していた目障りな文言を、SECへの次の提出書類のなかでこっそりと削除していたのである。そしてついには、白書は「業界の会議での議論のひとつ」であり、このような会計を実際に使用したことは一度もない、などと言い出す始末であった。

スウィニーは続けた。

「事実はこうです。つまり、時価評価と公正価値は別物だということです。使用する適切な評価手法は厳格な時価評価、すなわち投げ売りだと誤記されているわけです」

スウィニーは空売り屋の誤記だとでも言いたかったのだろうが、それがいったいだれのことなのか、わたしには分からない。

もちろん、こちらのほうがはるかに言葉遊びに近かったが、わたしたちは公正価値会計には時価評価を使う必要があると主張した。スウィニーは投げ売りの部分を加筆しただけだった。これは名案だ。ＳＥＣでは、公正価値会計には投げ売りの評価は不要だとしているため、わたしたちに誤って濡れ衣を着せたスウィニーとしては、わたしたちが間違っている、とわざわざ説明する必要がなかったのだ。さらにスウィニーは続けた。

「専門家は認めてくれませんけどね。それにはちゃんとした理由があるからです。公正価値というのは規制上の考え方で、そこには現在価格での売却という概念も含まれているんです。これは投げ売りとは違います。この用語は、現在価格での売却としてＡＩＣＰＡ（米公認会計士協会）の指針でも定義されているもので、『強制または清算による売却というよりも、自発的な買い手と売り手との間で妥当な時間をかけてきちんと処分すること』という意味なのです」

コンファレンスコールが始まってから数分後のこと、御社では一九四〇年投資会社法を順守しているのかという質問に対し、スウィニーが再び白書をはねつけ、現在価格での売却テストを脚色してこう回答した。

「現在価格での売却という基準を採用しておりますが、その方法については、四半期ごとに、もし今日、現時点での価格で売れるとしたら、ポートフォリオ企業の価値が実際にいくらになるかを判断しているということです。言い換えると、対等な自発的な買い手は企業にいくら払ってくれるのか……、ということですね。もしその会社の企業価値が当社資本の最後の一ドルを上回っていれば、債務証券の評価減は必要ありませんし、実際、持ち分証券の場合には上昇の兆しがあるかもしれませんしね」

これはアライドが会計を変更したあとの説明だった。「最終的には」回収できると信じている資産への投資に値段を付けている、という分析はどこへやら。現時点での売却価格をBDCに適用するのは難しいか、あるいは不可能だという分析もどこかへ行ってしまった。資産が永久的に減損すると思われるときにかぎり資産の評価を切り下げ、そういうときには価値の一時的な変動など無視してSBAの会計処理を使用すべきである、という考え方もどこかへ飛んでいってしまった。実はアライド、ここ数週間をかけて説明してきた会計の説明をほぼすべて撤回し、今になって突然、どの企業にも適用されている現時点での売却価格が常にアライドにも適用されている、などと言い出したのだ。それだけではない。経営陣によると、会計には「矛盾がない」わけだから常にそうだったと言うのである。

スウィニーは、現在価格での売却という言葉のSECの解釈をもう少しで訂正するところまで来たが、結局はうまくいかなかった。現在価格での売却の定義は、もし売却される場合には、その「企業全体」にではなく、アライドが保有する「特定証券」に対し、対等の買い手が支払う価格ということになる。これはSECのダグ・シャイトが確認している。シャイトは投資会社協会に書簡を送り、「パルナッソス投資について」という表題をつけて、SECの例を挙げている。ここでSECは、「取締役会によるポートフォリオ証券の評価は、このような売却のケースはまずないが、継続企業としての企業全体を売却するときの証券の価値を踏まえたもので、誠実に決定が下されることはない」としている。もちろん、アライドの経営陣は企業全体の価値とその企業の特定証券の価値の違いには気づいており、白書にもこの事例を引用している。投資会社は投資を「投げ売り」価格で評価すべきではないというのも同じ判断である。

企業価値総額の算定――まず企業価値を確定してから、負債総額を差し引いて株主資本価値を算出する――は、持ち分証券を評価するうえで意味があるが、債務証券の上昇には限度があるため、債務証券を評価しても意味がない。債務証券の保有者が最も期待するのは、元本と支払い利息の受け取りである。だから債務証券は債務不履行リスクをベースにして評価されるのだ。例えば、同じ利回りの債務証券が二つある場合、債務不履行リスクの低い債務証券のほうが債務不履行リスクの高い債務証券よりも価値がある。仮にある会社の企業価値が下がると債務不履行リスクは高くなり、たとえ企業価値がまだ負債残高を上回っていても、債務証券の価値は下がる。

企業価値が負債残高を上回っているとき、債務証券は常にパー（額面価額）である、というアライドの主張には基本的に弱点があるが、これは企業価値が低下したときの債務不履行リスクの増大の影響を無視しているからである。株主資本の蓄えが減少すれば債務証券の価値も下がる、というのが市場の考え方だ。だがアライドの考え方は、「少しでも」蓄えがあるかぎり、負債にも取得原価の価値はあるというものである。企業価値を負債の残りの一ドルと比較するというアライドのやり方は、現時点での売却価格ではなく、不適切な「減損」をただ別の言葉で説明しているにすぎない。

続いて、貸し倒れ融資を取得原価で評価する方法について聞かれると、ウォルトンは弱腰になり、アライドのこれまでの強気の態度を和らげながらこう言った。

「グレード4の融資はパーであると、大まかに申し上げているだけでしてね。それはバリューチェーンから得られる金額ですし、そこから額面と同額のリターンを得られると思っているからでございます。投資家の皆様も当社のポートフォリオを見てこうおっしゃいます。『へえ、グレード4だとこの金額か。利息分を稼いでいないからね。もう少し低いと思うけど』と。自由にそうおっしゃいます。それは、よく証券分析と言われている部分ですが、こうも言えますよね。『そうですか。もう少し低いはずです』とね。でも、それはわたしどもが損失を隠そうとしているからではございません。隠しているものなど何もございません。当社のやり方がそうだから、そう申し上げているだけなのです」

こうしてウォルトンは分かり切ったことをようやく認めた。つまり、最終的に元本は回収できるが利息は無理だと考えているグレード4の融資の場合、たとえアライドが帳簿では取得原価で評価していても、実際にはその価値はないということだ。だが、どの程度価値がないのかを判断し、それを財務諸表に反映させるのがアライドの仕事である。この責任を「証券分析」として投資家に委託することはできない。アライドが融資の価値をどの程度過大評価していたかを投資家に理解してもらおうと期待するのはバカげている。だから子会社（大半が非公開企業）の業績を開示していないのか。

続いてスウィニーがＢＬＸに話を移した。

「空売り屋からの批判は二点に集中しているようですね。ひとつは、アライドはＢＬＸから利息と手数料を取りすぎているというもの。もうひとつは、当社がＢＬＸの財務諸表を連結しないことに決めた点です。ＢＬＸは、貸借対照表に記載できないエンロンの特別目的会社をほうふつとさせるようなインチキ会社でしかないからね、と彼らはあてこすりを言っていますが、どれも根も葉もないものです。事実関係を見てみましょう」

スウィニーによると、ＢＬＸは事業計画の目標を達成しており、銀行からの借入残高もあり、ＳＢＡのポートフォリオには平均的な滞納があり、優先的貸付業者としてはＳＢＡでも最高の格付けを取得していた。アライドは、融資制度の統合、マーケティング、人事、ウエブサイトの構築、取締役の採用など、ＢＬＸ向けに事実上コンサルティング業務を行っていたという。

これでしっかりと管理費が正当化できる（結局、ＢＬＸの取締役会が、ウォルトンとスウィニーを含むアライドとＢＬＸのインサイダーばかりで構成されていることを後に知った。その取締役たちの保養費としていくら請求していたのか？）。ＢＬＸに課している二五％の金利もけっして高すぎない、とスウィニーは繰り返した。なぜなら、ＢＬＸへの投資からはまったく利益が上がっていないからだ。これはアライドが過去にＢＬＸについてコメントした内容と一致していた。

スウィニーは続けた。

「事実はこうです。連結の問題ははっきりしています。アライドはＢＤＣ（事業開発会社）ですから、投資会社の会計規則は明確でして、投資会社はポートフォリオ企業の決算を自社の決算と連結することはできないのです。でも、もしアライドがＢＬＸの決算を連結できるとしたら、当社の報告利益はもっと増えていたはずですよね。減少するのではなく」

実際、スウィニーはわざとうそをついていたに違いない。もし連結した場合、アライドはＢＬＸから認識した未実現の評価増、手数料、利息、配当を無視し、代わりにＢＬＸの実際の利益を使うはずだ。アライドはその経費を上回る額でＢＬＸを運営しており、その経費だけでもＢＬＸの簿価を優に上回る額だった。連結すればこのプレミアムがなくなるため、アライドの利益と簿価は減少する。

もちろん、アライドの経営陣には分かっていたことだが、ＢＬＸ連結の是非は火を見るよりも明らかだった。確か、数年前にＢＬＸの前身であるアライド・キャピタル・エクスプレスの決算とＢＬＸの決算を連結したことがある。それなのにアライド・キャピタル・エクスプレスの後継企業の決算は、なぜ同じように連結できないのだろう？　アライドのマネジングディレクターのロバート・Ｄ・ロングが二週間後に開いた「インベスターデー」の折に話してくれた内容は、スウィニーの話と矛盾していた。ロングによると、アライドはＢＬＸを連結すべきであり、アライドが連結を「望むのなら」その方法はあるという。

その後、会計の専門書を読み直してみると、投資会社は「別の投資会社以外の」事業体との統合はできないと書かれていた。ＢＬＸは貸付業者であり、投資会社として組織されている可能性があった。おそらく、アライドは苦労してＢＬＸを連結しなくても済むように同社を組織したのだろう。実際、ＢＬＣファイナンシャルを買収し、アライド・キャピタル・エクスプレスと合併させたのは、アライド・キャピタル・エクスプレスを解体するのがひとつの目的だったのかもしれない。アライドが事実上ＢＬＸを一〇〇％所有し、その融資の大半を保証し、前身の企業を連結し、ＢＬＸをその中小企業向け融資の貸付「子会社」であるとみなし、頻繁にそう言及していることを考えると、連結はだれの目にも明らかだった。さらには、投資資金がアライドとＢＬＸの間を行き来していたことから、それでもＢＬＸは別会社なのかという重大な疑念もあった。

質疑応答のとき、フリードマン・ビリングス・アンド・ラムゼーのアナリスト、トッド・ピッツィンガーが、売却益会計によるBLXの収益――投資家が軽視しがちな質の悪い収益の流れ――はいくらぐらいなのかと尋ねた。スウィニーは回答を避けると、代わりに長い相づちを打ち、SBA融資の期間は平均一一年だという間違った説明をして締めくくった。その後、質問に答えていないじゃないかという不満の声が上がり、回答を求められたが、経営陣はまたも質問をかわした。

二〇〇二年九月二二日に開かれたバンク・オブ・アメリカ主催の投資コンファレンスの席上、スウィニーはこの一一年という融資期間について繰り返し説明した。二〇〇三年には、ワコビア証券がBLXの平均融資期間は四年未満であると見積もった報告書を発表している。売却益を算出するときに主な前提になるのが融資期間の見積もりである。したがって、もしBLXが一一年という期間を想定していたのなら、収益をかなり誇張していることになる。融資期間が長くなれば、それだけ利払いが増えるからだ（もしBLXが四年程度の前提を用いていたとすれば、スウィニーは市場を誤った方向に導いていた）。この売却益の前提はこの日までトップシークレットにされていた。ついでに言えば、もしアライドがBLXを連結しているのなら、この前提を開示しなければならない。

投資コンファレンスの最中、アライドは、ヒルマンの年次報告書（フォーム10－K）にはタイプミスがあり、ヒルマンの上位債務には額面の価値があると発言した。アライドのヒルマンへの劣後債投資には額面の価値はない、というわたしたちの分析とは異なっていた。ヒルマンは年次報告書で、上位債務の公正価値は額面価額の七五％しかないことを認めている。上位債務に額面の価値がなければ、劣後債投資にも額面の価値はないはずだ。

もちろん、わたしたちもヒルマンが正確な報告書をＳＥＣに提出しているものと思っていた。確か、二度目にＳＥＣに送った書簡で、わたしはこう書いている。

「先の分析で、当社ではあの開示を信頼して、アライドのヒルマンへの投資が減損していると主張したのです。実際にそれがタイプミスだったとしますと、間違った開示に基づいて行った批判を撤回しなければなりません。ただ、アライドがヒルマンに課している一八％の利率は対等な利率ではない、つまり相場ではないので、容認はできないという主張は続けるつもりです」

ヒルマンを買収する前、アライドは無担保劣後ローンを利率一三・九％で融通していたが、ヒルマンの上場優先株の利回りは一九％であった。アライドが経営権を取得したときには、ヒルマンの信用度も高まり、優先株の利回りもわずか一二％になった。にもかかわらず、アライドは利率を見直してヒルマンに一八％を課したため、アライドの金利収入は増大した。劣後ローンの適正利率は、優先株の現行利回りを下回っていなければならない。しかし、アライドがヒルマンを傘下に収めるや、アライドは適当だと思う利率を設定したのである。結局のところ、アライドはヒルマン株を売却して巨額のキャピタルゲインを手に入れたが、ヒルマンには新たな劣後ローンを相場の一〇％の利率で融通したうえ、先の一八％の利率は対等ではないというわたしたちの見解を追認したのである。

でたらめはさらに続いた。スウィニーはギャラクシー・アメリカン・コミュニケーションズ（ＧＡＣ）に触れ、ＧＡＣはすでに倒産した関連会社のギャラクシー・テレコムとは異なる企業であり、アライドは株式を保有しているが、取得原価の四九〇〇万ドルよりも目減りして三九〇〇万ドルになっていると説明。そしてＧＡＣに対する批判についてこう述べた。

「インチキです。笑止千万なインチキです」

スウィニーはわたしたちを酷評しながらこう言った。

「当社を批判する人は、単純な計算をしていないだけでなく、宿題もきちんとやっていないようですね。そんなに急いで告発して、事実関係についてもそんなに忘れっぽいとなると、二つの会社を混同していらっしゃる可能性がありますよね？　要するに、証拠もないのに、ギャラクシー・テレコムの悪い業績がギャラクシー・コミュニケーションズの決算に影響している、そうおっしゃりたいんですよね？　それでそういう人たちの発言に信憑性があるかどうかが分かるんですよ」

わたしたちはＧＡＣのことには一言も触れていなかった。考えられるのはオフ・ウォール・ストリートのコメントだけだが、当のオフ・ウォール・ストリートではとくに困惑してはいなかった。報告書ではＧＡＣとギャラクシー・テレコムとをはっきりと区別していたが、コンファレンスコールの参加者の大半はオフ・ウォール・ストリートに確認を取っていなかったため、スウィニーがわたしたちの「計算」「宿題」「信憑性」をでっち上げては攻撃し、取りつくろっているとは思わなかっただろう。

証券会社のアナリストやアライドの支持者からいくつか質問が出されたあと、ある参加者がこう尋ねた。

「どうもよく分からないのですが、御社がやり玉に挙げている、いわゆる空売り屋からの電話を受けるつもりはおありなのかどうか、お聞きしたいのですが」

それに対し、スウィニーの答えは基本的にこうだった。

「電話はつながっていますけど」

またしても、うそだった。今回もそうだが、前回のコンファレンスコールでも、わたしは質問しようと順番を待っていたのだが、時間が押して、わたしの質問は無視された。コンファレンスコールの運営会社は、参加者をリアルタイムで把握しており、だれが質問をしたがっているかも把握しているが、どの質問を受け付けるかは会社側で決めている。これだと会社側の同意がなければ、だれひとり質問することはできない。

スウィニーはさらにもうひとつ、うそを加えた。

「当社に関する報告書を書いた二つの組織からは電話もありませんし、直接訪ねていらしたこともありません」

信じられなかった。スウィニーは依然として、わたしたちが一度もアライドに電話をしたことがないと主張しているのだ。ダウ・ジョーンズ・ニューズワイヤー紙の記事「アライド・キャピタル――空売り推奨の根拠は『でたらめ』」（二〇〇二年五月一六日付）によると、「同社では、IR（インベスターリレーションズ）部長のスパロウとCFO（最高財務責任者）のペニ・ロールが共に先月中、ヘッジファンドマネジャー（わたしのこと）と話をしていることを確認している」。にもかかわらず、スウィニーは「またも」、わたしたちからの電話はないとうそぶいているのである。わたしは長年繰り返されるこのうそをひたすら聞き続けていた。

次の質問は、わたしとSECの幹部ダグ・シャイトとの会談に関するものだったが、これについてはグリーンライトのウエブサイトの調査報告書に詳述してあるので、そちらを読んでほしい。スウィニーはこう答えた。

「ダグ・シャイト氏とわたしとの質疑応答をご覧いただければお分かりだと思いますが、アインホーン氏のことですね。質問に答えているのはシャイト氏です。適切な質問ではありませんでしたね。アインホーン氏が当社についていろいろと発言していますが、実際には事実と異なっています。ですから、もしアインホーン氏がダグ・シャイト氏の前で仮説を立て、答えが欲しいと思えば、それもひとつの手段でしょう。でも、それは明らかにアライド・キャピタルのことではありません」

異論はなかった。アライドという社名を出さずに話をしていたからだ。ただ、わたしたちはアライドの言動について議論していたし、シャイト氏もそれは「不適切だ」と答えていた。スウィニーも当然そのことを知っていたので、まるで空回りだというのがわたしの印象だった。

■　■　■　■　■　■　■

二日後の六月九日、アライドはプレスリリースを発行し、スウィニーはシャイト氏と会談し、シャイト氏がわたしとの会談が一般論だったことを確認したと発表。シャイト氏との会談内容については明かさなかった。アライドはシャイト氏に白書や会計方針についてのコメントを求めたのか？　それに対してシャイト氏はどう答えたのか？　シャイト氏との会談の結果、アライドは次のＳＥＣへの提出書類で変更したとおりに会計方針を変えたのか？　これらの答えがアライドの弁明になっているのなら、スウィニーとシャイト氏との会談内容がもっと詳細に発表されてもいいはずだが。わたしはそう考えた。

二〇〇二年六月一七日のコンファレンスコールも終わりに近づいたころ、ウォルトンがＢＬＸの売却益会計の前提を含め、被支配企業に関する情報をもっと詳細に開示すると約束し、こう述べた。

「きちんとやるべきことです」

もちろん、きちんとやるべきことだと言うウォルトンは正しかった。だが、その後のコンファレンスコールでは、またもウォルトンのやる気のなさが判明。次の年次報告書（フォーム10

－K）ではBLXの要約財務情報を開示したものの、約束した売却益に関する内容は明らかにせず、しかも、ウォルトンが約束したように、被支配企業のポートフォリオ全体に関する詳細な情報などまったく開示していなかった。

オフ・ウォール・ストリートの報告書が出てから、アライド株はまたしても下落を始め、コンファレンスコールの終了後はさらに下げ幅を広げ、一株二〇ドルに達した。その数日後、スウィニーは個人攻撃のボリュームを上げることにしたらしく、ブルームバーグの記事に、「グリーンライトの計画は『か弱い高齢者を脅す』戦略だと語っていた。

わたしはこのときワシントン・ポスト紙にこう語った。

「空売りをしているからこの会社を批判しているのではありません。この会社に批判的だから空売りをしているんです」

か弱いからなのか高齢だからなのか、はたまたその両方だからなのか、彼女たちになすすべはなかった。

第10章

ビジネス・ローン・エクスプレス

二〇〇二年六月初めのこと、カリフォルニア州サンラファエルにあるイーストボーン・キャピタル・マネジメントの当時のパートナー、ジム・カルザーズから話を聞いた。九年前、わたしが悪徳企業のホーム・ケア・マネジメントに初の空売りを仕掛けていたころ、カルザーズはジーグラー・コレリー・アンド・カンパニーにおり、彼とはそのときに会ったことがあった。カルザーズは異なる情報源を発掘したり公文書を調査したりするアナリストで、プレスリリースに記載されていない貴重な情報を収集していた。

話している最中、カルザーズはアライド最大の投資先であるビジネス・ローン・エクスプレス（ＢＬＸ）の不正を突き止めたことを明かしてくれた。二〇〇二年三月三一日付で、アライドはＢＬＸ株を二億二九七〇万ドル分、つまりアライドの純資産価値の一七％相当を保有していた。それだけではなく、ＢＬＸの銀行借り入れの保証人にもなっており、それ以外にも債権があった。やはりアライド、公開企業であるBLCファイナンシャル・サービシズを買収してBLXを設立し、それを自社のSBA（中小企業局）融資の貸付子会社アライド・キャピタル・エクスプレスと統合していた（わたしが問題ある企業、不正を働いているBLXの融資の数々について本書で説明している場合には、BLX、もしくはその前身の二社のうちどちらかについて言及している）。

カルザーズは、PACERという法律関係のデータベースを検索して訴訟手続きの対象になっているBLXのSBA融資を見つけた。そして関連する提出書類を入手しては、関係者の多くから直接話を聞いていた。ローン関連では、ミシガン州のホリー・ホーレーという女性の洗車場建設用ローンにまで手を広げている例もあり、カルザーズのインタビューによると、「ありとあらゆる慣習や融資慣行にも違反していた」。

カルザーズは、ホーレーが以前、ある横領事件で連邦住宅管理公団の不動産を不法に改造するなど、連邦犯罪のかどで刑事責任を問われ、有罪判決を受けていることを突き止めた。また、ホーレーの宣誓証書の謄本にBLXとの関係が克明に記されているのも見つけた。要約するとこうなる。アライドがローンを組成する前に、四つの銀行がホーレーのビジネス経験――SBA融資を受けるための要件――の不足を挙げ、洗車場建設用ローンの申し込みを却下していた。そこである貸付ブローカーがホーレーをアライドに紹介し（BLXの設立前）、SBA融資を供与してもらった。洗車場をさらに建設するため、ホーレーは追加の融資を希望したが、SB

Aはひとり当たり一件の融資しか認めていないため、ホーレーにはもう借り入れ資格がなかった。するとアライド、SBAの「融資限度額を超過している」として、ホーレーに新会社を設立して彼女の兄弟に融資の申込書にサインをさせればいいと提案したのである。

こうしてホーレーの不正融資が成立し、アライドの上級副社長パトリック・ハリントンと副社長ウィリアム・リーヒが直接監督に当たることになった。ミシガン州トロイにあるBLXのデトロイト営業所長はハリントン。ホーレーの二件の融資が債務不履行に陥ると、ハリントンとリーヒは損失を埋め合わせるため、ホーレーにさらに融資した。ホーレーはまた新会社を設立しては融資を受け、売上金をすでに組んでいるSBA融資の未払い利息一五万ドルの返済と差し出した抵当権の完済に充てた。

アライドは融資の名義を二〇歳になる娘の名前にするようホーレーに指示。ホーレーは契約手続きを完了すべく最後の会合に出席するため、航空券も娘の名義で購入した。ところが、アライドのワシントンDC営業所のスタッフが、二〇歳の娘は学生であり、経験不足だとして申し込みを却下。アライドはカリフォルニア州に住むホーレーのもうひとりの兄弟の名前で融資を受けてはどうかと指南。するとホーレー、レーヒの監督の下、レーヒの立ち会いの下で、アライドの営業所でその兄弟の名前でサインをした。

もう一件、カルザーズは、デトロイトのガソリンスタンド、ジェファーソン・フュエル・マートへの融資も怪しいことに気がついた。この裁判にかかわった弁護士とのインタビューによると、ＢＬＸは「資産とキャッシュフローが不動産と関連しているため完全に不適切な」融資を供与していたが、それに関するＢＬＸのデューディリジェンス（適正評価）はゼロだったようだ。評価は実際の不動産価値の三倍程度まで水増しされていた。不正のにおいがした。融資を受ける借り手にはビジネス経験がない。間違いなく、ＢＬＸは高利貸しとトラブルを起こした借り手の兄弟からガソリンスタンドを買い取っていた。借り手が一括払いで融資を返済することなどなかったが、ＢＬＸは一年半待ってからようやく債務不履行に陥った債権の回収を試みるのだった。

関連の訴訟では、「アライド・キャピタル・コープは、株主や投資家にこの不良債権の性質や融資の原資産である不適切な担保を見抜かれたくないという理由で、焦げ付き『融資』の回収や提訴を一年数カ月も遅らせているのだ」と言われていた。

ＢＬＸを設立する前、アライドはミシガン州に「娯楽場」と焼き立てパンのレストランが入ったホテルの拡張を計画していたビクター・ラッツに融資を供与していた。カルザーズがラッツにインタビューしたところによると、ラッツは契約を前に融資担当者にこう伝えた。

「実は、今は結構大変なことになっていましてね」

ホテルまでの道路が封鎖されていたのである。ラッツは、「そういう問題があるから、何度か支払いが滞るかもしれないが、融資は大丈夫なのか」と尋ねた。ラッツによれば、アライドの担当者は、心配は無用、支払いが遅れることは理解している、と答えたらしい。ラッツは債務不履行に陥った。

こうした異常事態に加え、カルザーズは、ケビン・J・フリードリッヒが経営する第三者の法人向け貸付業者クレジット・アメリカという会社がBLXと提携していることを突き止めた。また、フリードリッヒが各種証券関連法に違反したとして、ペンシルベニア州証券委員会と全米証券業協会の取り調べを受け、制裁を科されていたことも突き止めた。カルザーズ筋によると、クレジット・アメリカにはBLX向け融資で年間四〇〇〇万ドルの儲けがあった。

さらにカルザーズは、ほかにも複数の融資が深刻な問題を抱えているようだと言う。わたしはそれを聞いて、「それで？」と答えた。

BLXはアライド・キャピタルの一片にすぎず、これらの融資もBLXの小片にすぎなかった。アライド自身にとってさらに大きな問題になりそうな融資からすると、このほんの一握りの不良債権がどれほどの意味を持つのかは分からなかった。

ところが数日後、わたしたちがアライドに関する報告書を発行したのと時を同じくして、バンクラブからも報告書が届いた。それによると、BLXのポートフォリオの成績はわたしたちの想像よりもはるかに悪かった。BLXの融資の延滞率は平均的なSBA融資の約三倍に上っていた。年齢、金額、地域、産業、ほかの要因を調整しても二倍以上にはなっていた（**表10・1**を参照）。BLXの異常な延滞率はその積極的な引き受け、悪く言えば不正な引き受けを反映している、とわたしは考えた。

表 10.1　バンクラブの報告書における年平均債務不履行率

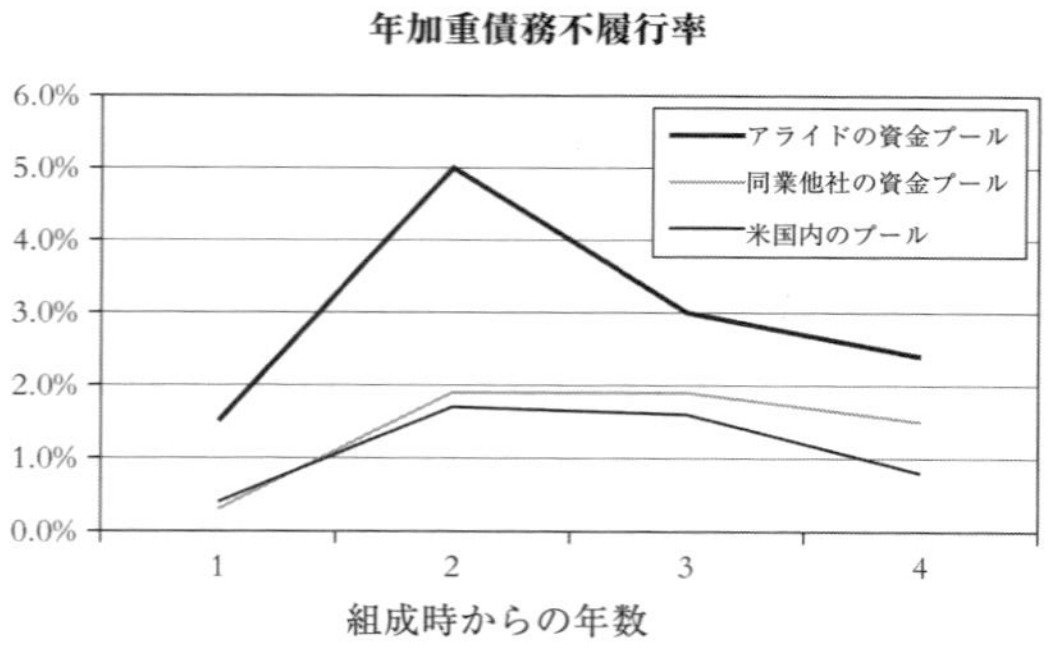

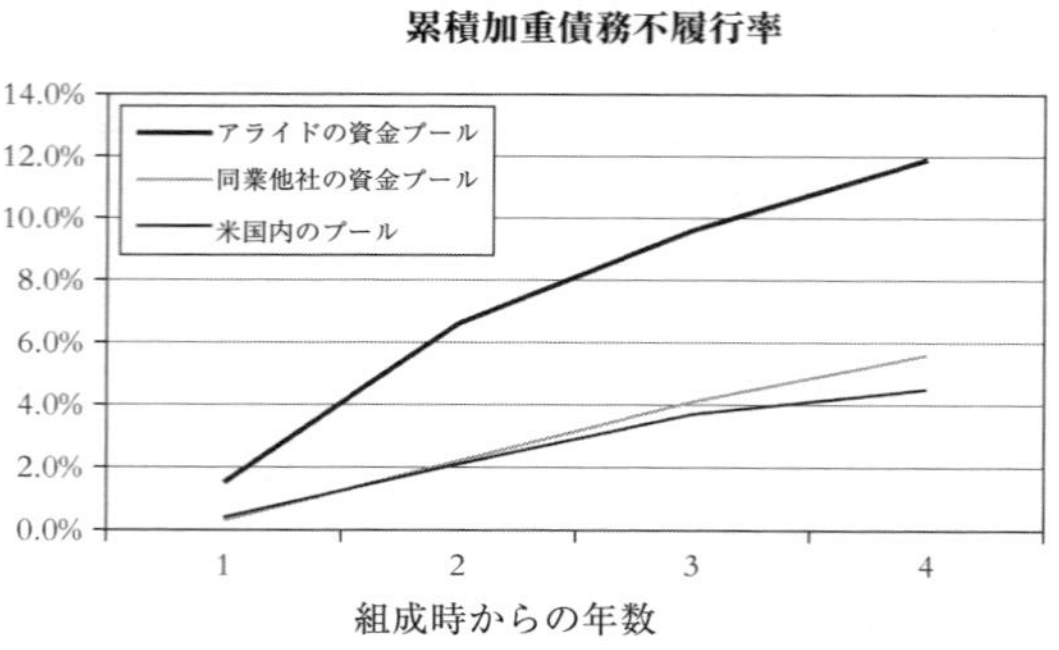

		組成時からの年数			
		1年	2年	3年	4年
アライドの資金プール	年間	1.5%	5.0%	3.0%	2.4%
	累積	1.5%	6.6%	9.6%	11.9%
同業他社の資金プール	年間	0.3%	1.9%	1.9%	1.5%
	累積	0.3%	2.2%	4.1%	5.6%
米国内の資金プール	年間	0.4%	1.7%	1.6%	0.8%
	累積	0.4%	2.1%	3.7%	4.5%

融資の債務不履行は組成時からスタティックプールで追跡。例えば、最初の返済から18カ月後に債務不履行に陥った融資は、2年目に債務不履行に陥ったものとして報告する。

カルザーズによると、自分の調査結果をSBAのOIG（監察局）にも送ったようだ。OIGとは、SBAで内部監査と調査を担当している部門である。OIGと話をしてみるかとカルザーズが言ってくれたので、わたしは同意した。数日後、SBAのOIG監察官キース・ホイマーが電話をくれた。BLXを調査しているという。カルザーズの調査結果とは何ひとつ食い違っていなかったので、わたしはホイマーの求めに応じてバンクラブの報告書を送った。

■ ■ ■ ■ ■ ■

二〇〇二年六月二六日、BLXの元社員がアライドに関する当社の分析をウエブサイトで読み、わたしにメールをくれた。BLXの元上級副社長で、以前はアライド・キャピタルに在籍していた者だ、と身分を明かしてくれた。メールには、「第二次市場での融資売上高が激減しているとして、基本的にBLXの新しい経営チームに辞任を強要されたため、二〇〇一年一〇月に会社を辞めた」と書かれていた。

> 激減の理由は、ご指摘のとおり、とくに融資ポートフォリオの成績が悪かったからです。その結果、BLXはSBAと五〇四件のピギーバックローン（**訳注**　住宅購入の際には頭金として住宅価格の二〇％程度が必要になるが、この頭金を支払えない住宅購入者に頭金

部分に対して別途設定するローン）の無担保部分を販売するために自社の証券化ファシリティーを設定せざるを得なくなりました。これでわたしは職を失ったわけです。「引き受けにかなり不備があることをアライドの経営幹部にたびたび指摘していたものですから、CEO（最高経営責任者）もクビにしたかったのでしょう」

アライドに勤務した三年の間に、わたしは毎年ジョアン・スウィニーの指示で昇格していましたし、過去二年間は社員のなかでも最高の評価を得ていました。昇給額とボーナスは二〇％を超えていました。言い換えると、わたしは突出した社員で、したがってアライドに関して話ができる、極めて信頼できる人材だったわけです。

このメールでは新しい情報を何ひとつ提供できませんが、ぜひとも貴殿とお会いして、BLXに関する貴重な情報に……、貴殿もまだ気づかれていない重要な見識をさらに提供したいと思います。もし関心をお持ちでしたら、今度ワシントンDCにいらっしゃる日時をお知らせください。

その元社員とは会わなかったが、電話で話をした。彼はさらにのっぴきならないことを話そうとしていた。彼によれば、BLXは融資をできるだけ多く、できるだけ早く組成することばかりを考えていた。融資を引き受ける手間が大幅に省けるからだ。彼が言うには、BLXの経営陣は「融資の経験のない」社員を引き受け担当に据え、引き受けを意識的に軽視しては、借り手の信用力や担保の審査もおろそかにしていた。最も顕著だったのは、借り手が事業に投資していること（「資本注入」という）を確認しなかったことである。借り手の「自社株投資」がＳＢＡ融資の基本的条件だったのだ。その結果、ＢＬＸは焦げ付き融資を大量に抱えることになったのである。

元社員は、ＢＬＸはすぐに債務不履行になる粗悪な融資を販売するという評判で、そういう融資については「クレイジーな」会計の前提を用いていたという。融資の平均年数に関しては、使い物にならないほど古い情報をベースにしていたため、安価な資本が利用できれば借り換えもできそうな現在の借り手の高い信用度を説明することもできなかった。その結果、融資の平均年数の前提がかなり長くなったのだという。アライドが売却益会計の前提を人目に触れないよう苦労していたのも不思議ではない。ＢＬＸに関する任意の補足開示を提出したときも、売却益会計の前提はけっして開示しなかった。

元社員は、バージニア州リッチモンドにある融資取扱高ナンバーワンのＢＬＸ営業所のトップ、マシュー・マギーのいかがわしい経歴を調べてみるように、と話してくれた。間もなく、わたしたちはマギーが一九九六年に重い証券詐欺で有罪判決を受け、数カ月間収監されていたことを突き止めた。どうやらシグネット銀行の行員として、機関投資家の顧客から金を巻き上げては家族の口座に振り込んでいたらしい。ＳＥＣは二度と投資会社に勤務してはならない、または投資会社と提携してはならないと命じた。

マギーの父親のロバートは、一九二二年にアライド・キャピタルの副社長の座にあり、後にBLCファイナンシャルのシニアエグゼクティブになった人物だった。BLCファイナンシャルは刑期を終えたマシュー・マギーを採用したが、マシューはまだ保護観察付で二年間の刑に服している状態であった。元社員によると、マシューはBLXの信用委員会のメンバーになった。これはマシューが釈放されたらBLCファイナンシャルに雇用を認めるというSBAの免責条項の条件に違反することになる。さらに元社員は、BLXは最近開かれた企業サミットでマシューを褒めそやし、「どうしてみんなマギーのように取扱高を上げられないんだ?」と言って、ほかの融資責任者の前で好例として彼を持ち上げていた。

ウォール・ストリート・ジャーナル紙のジェス・アイジンガーがマシュー・マギーの役割の件でアライドと対立したときには、アライドはマギーが信用委員会のメンバーであることを否定していたが、BLXのほかの元社員は、マギーが実際に信用委員会の議決権を持つメンバーだと話してくれた。

こうした不良融資を無理やり販売することで、BLXは大儲けしていたわけだ。売却益会計を用いることで、会社は融資組成時に利益を認識することができ、融資を組成すればするほど報告利益も増えていった。融資を量産するのは、会社の最終損益にとっても幹部のボーナスにとっても都合が良かった。それだけでなく、連邦政府が融資による損失に対して四分の三ずつを保証してくれるため、大半のリスクを負わされるのは納税者だった。これだとBLXのような悪徳企業の無謀な行動が助長されるだけである。

ＢＬＸはＳＢＡ融資を政府保証部分と信用リスクが残る無保証部分とに分割していた。これまでは政府保証部分に一〇％のプレミアムを付けて銀行に販売し、回収費と問題解決費として年間一％程度の手数料を徴収していた。このプレミアムは、一般にプライムレートに二・七五％を上乗せした融資の利率――このプログラムでは最高利率が認められていた――から手数料と無リスクの利率とのスプレッドを反映したもの。ＢＬＸは無保証部分をプールしてから、それらを証券化した。これで利益を前倒しすることができたわけだ。つまり、ＢＬＸは下位証券に対する債権を保有するだけで済み、ＢＬＸではこれを留保していたのである。

スウィニーは次回の四半期コンファレンスコールでそれがどう機能していたのかを説明した。

「仮に一〇〇万ドルの（原文どおり）ＳＢＡ７（ａ）プログラムの融資を組成し、すぐにその融資のうち七五万ドルを第二次市場で販売したとします。今日のプレミアムは一〇％ですから、売れれば七万五〇〇〇ドルの現金が手に入りますね。そうすると融資の残りはわずか二五万ドルですから……、今度はそれを証券化して売却するのです。……でも、その二五万ドルのうち二四万五〇〇〇ドルを証券化して売ればキャッシュバックが得られます。ですから、最終的に一〇〇万ドルの融資ですと、それを資本化する際には五〇〇〇ドルの株式資本が必要になるだけなのです。したがって、その五〇〇〇ドルに加え、初年の手取りは売却益の七万五〇〇〇ドルになるというわけです。販売した融資の手数料は七五〇〇ドルです。それに、初年に販売した二四万五〇〇〇ドルの部分の利息として九八〇〇ドルも入ってきますので……、九万二〇〇〇ドルの収入になりますね。ですから、五〇〇〇ドルの投資に対して、初年には現金で九万二〇〇〇ドルが手に入るわけです」

そうした融資の保証部分を購入した銀行は、ＢＬＸに支払う一〇％のプレミアムにだまされていた。融資が債務不履行になると、債権者は政府保証でその保証部分の額面が補償される。ただ、支払ったプレミアム分は損失になる。その結果、ＳＢＡ（債務不履行を効果的に追跡していない）は債務不履行率が上昇していることに気づかなかったが、銀行はそれに気づき、一〇％のプレミアムの支払いをためらうようになった。結果的に、ＢＬＸは低いプレミアムを受け入れて融資を販売せざるを得なくなったというわけだ。

それを受けて、ＢＬＸは販売を立て直し、プレミアムを付けずに保証部分を販売することで早期債務不履行のリスクを負い、手数料との広いスプレッドを維持するようにした。この変更でＢＬＸのキャッシュフローは減少。前倒しで現金プレミアムを受け取れなくなったからだ。その代わり、売却益会計で現物収入を多く計上し、留保している手数料の広いスプレッドの将来価値の推定額を認識するようにしたのである。

元社員は、ＢＬＸから融資を購入した銀行の担当者の名前も教えてくれた。わたしたちはそのうちの数人と連絡を取り、ＢＬＸとの取引について聞いてみた。また、債務返済比率――借り手に融資の元本と利息の返済ができるだけの収益があること、評価の妥当性、デューディリジェンス（適正評価）のレベル、資本注入源の確認、初回返済不履行の履歴、その他の関連事項を確認するための計算――の修正についても尋ねた。

その数人のうち、二人はわたしたちに情報提供することを拒み、ひとりはBLXに好意的な話をしたが、大半が悪いイメージを抱いていた。ジオン銀行の担当者は、BLXには価格にあまり敏感でない危ない顧客がいると話してくれた。GEキャピタルの役員も、BLXの取引を数々見てきたが、他行が高い値を付けている、信用リスクに納得できないなど、さまざまな理由からほとんどの取引を見送っていた。その役員が言うには、BLXには、信用上の問題からほかのSBA融資の貸付業者から融資を受けられない顧客がいるとみられているようだ。またバンク・オブ・ザ・ウエスト銀行の担当者は、最近BLXの融資を三〇件審査したが、信用の質に懸念があることから資金を提供したのは一件だけだったこと、また引き受けは「それまでのやり方とは違っており」、BLXを「製作所だよ。仕入れて、売って、資金を調達して……、そんな感じだったかな、BLXとの取引は」と語ってくれた。

カルザーズの分析に関するわたしたちの理解、バンクラブの報告書、元社員の見解、現場の担当者の話、そしてアライドの開示事項と開示拒否事項を総合してみると、アライドのBLXに対する債権は、劣後債の過剰な管理費や二五％という高すぎる利率よりもはるかに大きな問題だというのが鮮明になってきた。

アライドがBLXを設立したのは失敗から逃れるためだったが、もっと大きな失敗をやらかしていた。アライドにもそれが分かっていた。

第11章 休戦かと思いきや、再び戦闘開始

二〇〇二年六月末、バーニー・エバーズ率いる通信大手のワールドコムが虚偽の財務諸表を発行したことを認め、七月に破産。グリーンライトはワールドコムの社債に大きなポジションを建てていたが、それは一夜にして約四〇セントから一二セントに下落。一日の損失としては当社最大のものとなった。市場は不正に対して否定的な反応を示したため、ほかのポジションでもさらに損失を被った。六月から七月にかけては七％以上のマイナスを喫したが、これは当社のファンド史上二番目に悪い数字である。

同時期、わたしはアライドとの闘いに疲れていた。ただ、株式投資は好きで、ロング戦略で刺激的な機会を見つけては楽しんでいた。わたしは楽観主義者なので、長期的には上昇トレンドに乗じてみたいと思っていた。エクスポージャーも常にショートよりもロングのほうを高くしている。メディアはわたしのことを「著名な空売り屋」と言い始めたが、そんなレッテルは

気にしなかった。アライドは「空売り屋」よりももっとひどい呼び名で呼んでいたが。

当社のポートフォリオにはアライドのポジションはひとつしかなかったので、わたしはもっとほかのことに注意を向けたほうがいいと判断した。明らかにわたしが強固な意思を維持できていないのではなく、それがわたしの意図だったことを本書は証明してくれている。アライドとの議論は少しずつ進展するだろうし、SEC（証券取引委員会）もわたしが書簡にしたためた内容を調査するはずだし、ウォール・ストリート・ジャーナル紙も独自の記事を掲載してくれるだろう。もうこれ以上、一般大衆の代弁者になる必要はない。わたしはそう考えた。当初はアライドの二〇〇二年六月一九日付のプレスリリースに対するグリーンライトの回答を作成してくれるよう、ジェームズ・リンに頼んでいたが、今ではそれを中断するよう指示を出している。

二〇〇二年七月二日、わたしは通勤電車のなかでウォール・ストリート・ジャーナル紙の社説のページを広げていた。ホルマン・W・ジェンキンス・ジュニアがアライドとわたしたちとの論争を取り上げていた。タイトルは「あるCEOの『投資家の信頼』を得るための闘い」。そして「見解の相違はますます不正の告発の様相を呈してきた」という大きなサブタイトルが付いていた。紛れもなく、ジェンキンスはアライド側だった。

ジェンキンスがこの記事を書くに当たって当社に連絡を取ってきたことはない。一般に、記事で名指しされている人間にはコメントする機会を与えられるものだ。だれだって記事を発表する前には、少なくとも他方の意見も聞きたいと思うはずだ。だが、あとになって、ジェンキンスはコラムニストであり、コラムニストのルールと記者のルールとは違うのだということを知った。コラムニストは自分の考えだけを書けばよく、対立する当事者に応戦する機会を与える義務はないのである。

コラムそのものについては、わたしはアライドの「不正」を告発しないよう注意していた。実際にはジェンキンスの訴えとは反対だったが、「不適切」とか「対等ではない」といった用語を使い、ややトーンダウンした形でアライドを批判した。「不正」という言葉は意識して使わなかった――その時点では、アライドの行為が意図的なものなのか、単に事情に疎く野暮ったいだけなのか、判断がつかなかったからだ。

ジェンキンスはコラムで、監査人はアライドの会計の問題点をまったく突いていないし、メリルリンチもアライドが「批判に対して立派に弁明している」と述べている、としており、そのあとで、わたしの講演を「強盗のにおいがする」と述べ、その後展開される集団訴訟と結びつけ、最後を「われわれはあらゆるチャンスを利用して批判に対応しようとするCEO（最高経営責任者）のウォルトン氏のほうを好む」と結んでいた。

わたしはこの記事を読んで、今後も闘いを続けていく必要があると確信した。この記事を仕掛けたのはアライドに決まっている。別のヘッジファンドのマネジャーから電話があり、またラニー・デイビスが「ウォール・ストリート・ジャーナル紙の社説のページは自分のものだ」

などと大言壮語していると教えてくれた。わたしはジェンキンスにメールを送り、記事について話がしたいので電話をくれないかと依頼してみた。しばらくしてジェンキンスから電話があったので、記事の内容は間違っていると述べた。例えば、わたしは集団訴訟の弁護士らと接触したことはなかった。ジェンキンスはわたしとの電話でのやりとりをやや面白がっているようすで、空売りビジネスについてもっと教えてくれないかと言い出した。休暇が終わる八月の後半なら話ができるという。しかし、ジェンキンスの好奇心は休暇に向かったままだった。その後は一度も連絡がない。

わたしはこの問題を編集者に持っていった。メールや電話で何度かやりとりしたあと、編集者が手紙をくれないかと言うので、わたしは手紙を書いた。すると二週間後、彼らは次のような見出しを付けて手紙の一部を掲載した。

「アライド・キャピタルのショートポジション」

わたしは手紙にこう書きつづった。

これは当社のアライド・キャピタルのショートポジションに関するホルマン・ジェンキンスの……七月二日付のビジネス・ワールドのコラムを受けて書いたものです。けっしてアライドを批判しているわけではありません。なぜなら、当社は空売りをしており、計画があるからです。当社が空売りをしているのは、アライドに指摘する問題点がたくさんあるからです。

例えば、アライドは一九四〇年投資会社法のＳＥＣ（証券取引委員会）の解釈書で定められているように、資産を公正価値で計上していません。アライドのポートフォリオの約三五％が公正価値を上回る価値で計上されているようです。ＳＥＣの評価規定ではなく中小企業局（ＳＢＡ）のより緩やかな評価規定を採用しているからです。アライドはビジネス・ローン・エクスプレス（ＢＬＸ）など、非連結子会社との非対等取引によって質の悪い利益を生み出しています。ＢＬＸのポートフォリオが劣化しているにもかかわらず、です。アライドはこう答えています。ＳＥＣの規則は『適用するのは不可能ではないものの、難しい』『ＢＤＣ（事業開発会社）やその独特のポートフォリオを考慮していない』、したがって『とくにＢＤＣに適用できるわけではない』と。アライドでは、『ＳＢＡの指針のほうがＳＥＣの指針よりもＢＤＣのポートフォリオにははるかに適している』と考えているようです。当社ではＳＥＣとも話をし、ＢＤＣもＳＢＡの指針ではなくＳＥＣの指針に従うべきだという点を確認しております。

わたしたちは驚いています。ジェンキンス氏は当社に連絡を取ってコメントを求めるでもなく、少なくとも事実関係をチェックするよう依頼してきたこともなく、陰謀説を口にしていたからです。事実関係はこうです。グリーンライトはアライドを提訴しているどの法律事務所とも一切連絡を取っておりません。何の確証もなく、弁明に終始するＣＥＯのやる気満々のコメントを基に、当社をそうした法律事務所と一緒にするのは、どう考えても無責任です。

■ ■ ■ ■ ■ ■

翌日、わたしはウォルトンとスウィニーあてに書簡を送った。書簡のなかで、わたしは個人攻撃を控えているのに、二人ともプロらしい礼儀に欠けていると指摘した。

あなた方が告発者としての当社の役割を評価していらっしゃらないことは理解していますが、当社が提起した問題にプロらしいやり方で対応するのでなく、何の根拠もなく不誠実な個人攻撃を繰り返している理由は理解できません。新聞社によりますと、当社にさらに攻撃を仕掛けるために、御社の広報部門では専門家を雇っていらっしゃるそうですね。いかに泥沼にはまろうと、当社にはあなた方に賛同するつもりはありません。

書簡の最後で、わたしは次のように指摘した。

当社では調査報告書を発行しましたが、誤った情報は一切含まれていないものと信じています。わたしたちは三度のコンファレンスコール（電話会見）に参加し、御社が当社の批判を論破しようとしているプレスリリースをいくつか拝読しましたが、まだ当社の報告書に事実誤認があるという声は聞こえてきません。あなた方の回答も、おおむね回答になっていません。当社が実際に批判している事実に対する説明も、きちんとした理由付けがありませんし、論破にもなっていません。しかし、もし当社に事実誤認がありましたら、調査報告書のどこが間違いなのかを特定していただきますようお願いいたします。そのような間違いがあった場合には、公の場で訂正させていただきます。

アライドの名指しは真の問題から人々の目をそらすための戦略の一環で、アライドがそれを撤回したり謝罪したりするとは思えなかった。しかし、長い分析を当社のウエブサイトに掲載していることから、本当に何の誤認もなければいいと思っていた。すると一週間後にスウィニーが短い手紙で回答を寄せてきて、コンファレンスコールで述べたとおり、わたしたちが間違っているという。わたしの「虚偽の申し立て」について書かれていたが、いったいどの部分のことなのか、特定されてはいなかった。

「貴殿のアライド・キャピタルに対する攻撃は不正確で無責任である。貴殿は『内部告発者』でも何でもない」とスウィニー。

スウィニーが実際の誤りを特定するのを控えたことから、わたしは自分たちの分析が十分に信頼できるものだとの確信をいっそう強めた。とはいえ、わたしたちの批判に攻撃を加えてくるアライドには、しばらく辛抱しなければならないのだろうか。「金儲けを狙った誤報キャンペーン」だという彼らの言葉も、汚い議会選挙に使われる安っぽいスローガンに聞こえてきた。それから数週間の後、フォーブス誌が当社の批判をいくつか紹介する記事を発表。アライドは相変わらずわたしのことを「略奪者」呼ばわりし、「われわれは空売り屋をただではおかない」などと糾弾しては、個人攻撃を続けていた。

第12章
おれか、それともお前の偽りの瞳か？

それから数日後の二〇〇二年七月二三日、アライドは第2四半期の収益を発表した。わたしたちは空売りの事例を数々見てきたが、空売りの場合、多くの企業は空売り筋が間違っていると主張する。しかし、同時に会計慣行か商慣行のいずれかを変更せざるを得なくなる。そうしないと、業績も従来の基準に沿ったままになってしまうからだ。アライドでも、今回の四半期決算の発表時からこのプロセスが始まった。

アライドは、純投資収益（この用語は、投資の評価減と評価増を除外し、営業利益と交互に使用する）が前期は一株四三セント、前年同期は四六セントだったのに対し、今期は一株わずか四〇セントであると発表した。アナリストの予想は一株五七セントであった。数週間前、ウォルトンは、ポートフォリオの不安定な損益を除外したあとの利息、手数料、配当の流れから得られるこうした「経常利益」の重要性を強調していたが、利息収入も予想を下回っていた。

これは三月期には四〇〇〇万ドルだった延滞融資が六月期には八九〇〇万ドルと、倍以上に膨らんだからである。第1四半期には現物収入が一三〇〇万ドルあったが、第2四半期には八〇〇万ドルに、手数料収入も一六〇〇万ドルから一一〇〇万ドルに落ち込んだ。

アライドがより保守的な収益認識の規定に従っていたのは確かである。収益が四〇%ずつ減少していったのは、数多くの融資で現物収入を認識していたからにほかならない。おそらくアライドでは、突然の赤字の原因となった延滞融資、利息収入、手数料についてはもっと保守的なやり方を考えたかもしれない。また、投資の評価減や評価増の方法も変更した。これまでも投資価値の調整は少々行っていたが、今回はかなりの数の投資価値を調整した。スターテックの事業会社への「優良」投資の評価も一〇二〇万ドルからゼロに切り下げ、ベロシタへの残りの投資額四三〇〇万ドルについても同様に切り下げた。

さらにアライドでは六七〇〇万ドルの評価減を行った。スウィニーによると、製造部門の落ち込みでほかの五社の評価を一四七〇万ドル切り下げ、技術面の設備投資の減少でさらに五社の評価を一四七〇万ドル切り下げ、部門全体の価値の低下によってメディア企業二社の評価を七七〇万ドル切り下げ、さらに二社の評価を「九・一一同時多発テロ事件の結果、困難」に直面しているとして一一三〇万ドル切り下げた。九・一一の影響を認識するのになぜ九カ月以上もかかったのかについての説明はなかった。こうした悪材料がすべて同じ四半期に出そろうはずはなく、綿密な調査に対するアライドの反応を示していることはだれの目にも明らかだった。

また、アライドには相殺的な評価減も数多くあった。実際、大枠の収益は一株七一ドルと、アナリストの予想を上回っていた。ＣＭＢＳ（商業用不動産担保証券）については、従来から償却費で評価しているが、今では二〇七〇万ドル相当に上っていた。これは、スウィニーによれば、「『会計連続通牒（ＡＳＲ）』第一一八号に従ってポートフォリオの公正価値を有効な満期利回りで判断したため」である。アライドでは意味ありげに、メザニン融資のポートフォリオはＡＳＲ第一一八号に従って最終利回りで評価すべきではない、と頑固に主張していた。

収益コンファレンスコールでの質疑応答の最中、バンク・オブ・アメリカの強気のアナリスト、ドン・デスティノは、アライドがＣＭＢＳのポートフォリオの評価を変更したのは初めてだとし、今後もそれでいくつもりかと尋ねた。するとスウィニーがこう答えた。

「ええ、そうですね、ドン。実際には毎期そうしていますけど」

確かにそうだった。

もっと疑わしいのは、アライドがＢＬＸの価値を一九九〇万ドル切り下げ、かつて聞いたこともないような入り組んだ説明をしたことだ。一九世紀のイギリスの首相ベンジャミン・ディスレーリは「うそには三種類ある。ただのうそ、真っ赤なうそ、そして統計である」と発言したが、これはおそらくケーススタディーとして引用したのだろう。アライドのＣＦＯ（最高財務責任者）のペニ・ロールによると、二〇〇二年度のＢＬＸの収益は八五〇〇万ドル、ＥＢＩＴＭ（金利・税金・管理費前利益）が四三〇〇万ドル、税引き前利益が四〇〇万ドル、資産総額が二億八六〇〇万ドル、負債総額が一億八三〇〇万ドルで、金融サービス会社は純利益を使って評価するのだという。

ただ、問題は、アライドがＢＬＸに課していた手数料や利息を全部足しても、純利益が最小限しかなかったこと。

「ですから、ＢＬＸを評価するには、利益がいくらになるのか、もし今日売却したら、買い手はこの会社にどういう資本構成を要求してくるのかを判断するわけです」とロールは説明した。

アライドはすでにＢＬＸを所有しているのだから、ＢＬＸには好きな資本構成を強要できるだろうに。もしそういう機会があればの話だが、ほかの所有者ならもっと優れた資本構成にするのではないだろうか。

「ご存じのとおり、わたしどもは優先株と普通株への投資のほかに、劣後債務の八七〇〇万ドルを使ってＢＬＸを資本に組み入れました。評価目的で、劣後債務は株式として処理しますので、ＢＬＸは優先債務ファシリティーの規模を大きくできるのではないかと考えています」とロール。

どういうことだ？　ＢＬＸはアライドが所有しているのだから、優先債務ファシリティーは小さかった。そのファシリティーを獲得できるのは、貸付業者が被る損失の当初の五〇％をアライドが保証してからになるはずだ。なぜほかの所有者がそれよりも好条件で大きな優先債務ファシリティーを獲得できるのか？

分析は続いた。

「ＢＬＸは、二〇〇二年末には約一億五五〇〇万ドルの上位債務の借り入れができていると思います。それは貸借対照表上の資産で保証されています。なぜなら……、いずれその資産の約三〇～四〇％が現金になるか、政府保証の利息になるからです」

一億五五〇〇万ドルというのはどこから出てきたのだろう？　二億七七〇〇万ドルの資産の三五％は約九五〇〇万ドルである。ＢＬＸが事業から生み出したのはだいたいこの額だ。残りの担保はどのぐらいだったのか？（ついでに言うと、コンファレンスコール（電話会見）が始まる少し前、ロールはＢＬＸに二億八六〇〇万ドルの資産があったと話していたが、アライドの年次報告書（フォーム10－Ｋ）では、その時点でのＢＬＸの資産は二億七七〇〇万ドルになっていた）。

ロールが説明を続けた。

「年間の金利負担の五〇〇万ドルを計上し、それをＥＢＩＴＭの約四三〇〇万ドルから差し引いて、プロフォーマ税引き前利益の約三八〇〇万ドルを割り出したのです」

これは一億五五〇〇万ドルの負債に対する利率が三・二五％になるということだった。まさにアライドがＢＬＸの既存の銀行借り入れを「保証する」ために課していた利率とほぼ同じである。ＢＬＸはシニアレンダーに支払っていた額以外にもこの額を支払っていたのである。仮定上のもっと多額の銀行借り入れの利率がどうして低くなるのか？　アライドは、信用度はそれ以上に高かったのに、それでも自社の債務に約七％の利息を支払っていた。ＢＬＸが本当に三・二五％で一億五五〇〇万ドルを借り入れることができるのなら、もうとっくにそうしているはずだ。

「プロフォーマの計算ではアライドに支払われる管理費は除外しています。当社の統合業務の大半が完了しておりますし、ＢＬＸの新たな買い手は今後こうした支出を発生させなくても済むからです」とロール。

管理費はどのように除外したのか？　アライドは数週間前、基本的なサービスで、かつ付加価値が付き、簡単に正当化できるものをＢＬＸに提供して手数料をもらっていると説明していた。それなのに、今ではアライドが精査に付されているというのは怪しいし、ＢＬＸにしても、いきなりこれだけのサービスをアライドから購入する必要がなくなるはずがない。

続いてアライドは、プロフォーマ税引き前利益の三八〇〇万ドルに課税し、ＰＥＲ（株価収益率）を適用していると説明した。ＰＥＲについては、類似企業の投資倍率を調べるなど、いくつかの方法で計算していた。類似企業としては、ＣＩＴ、ファイナンシャル・フェデラル、ＤＶＩを挙げていた。ただ、ＣＩＴとＤＶＩは簿価に近い値で取引されていた。市場がＰＥＲではなく簿価で企業を評価するのは、ＰＥＲに妥当性がないときである。また、ＣＩＴとファイナンシャル・フェデラルでは、収益を融資年数にわたって認識するポートフォリオ貸付会

表12.1　2002年6月のアライドによるBLXの投資評価

EBITM	43	a
プロフォーマ利息	5	b = h ×3.25%
プロフォーマ税引き前利益	38	c = a − b
プロフォーマ税額	15	d = 40%× c
プロフォーマ純利益	23	e = c − d
PER	9.6	f
純資産価値	220	g = e　f
プロフォーマ負債	155	h
将来のキャッシュフロー	15	i
企業価値	390	j = g ＋ h ＋ i
BLXの負債	183	k
上位優先株式	25	l
割引前純資産価値	182	m = j − k − l
非流動性割引17%	31	n = 17%× m
BLXの純資産価値	151	o = m − n
アライドの所有権	93%	p
アライドの純資産価値	140	q = o×p

報告値	
EBITM	43.0
純利益	2.3
株主資本	59.0
上位優先株式	25.0
のれん	6.0
有形資産簿価	28.0

投資倍率		
企業価値/EBITM	9.1	x
PER	65.7	x
純資産価値/有形資産簿価	5.4	x

注＝単位は100万ドル

計を用いていた。融資組成時に収益を一括して認識する売却益会計とは異なる。市場は一般に、高PERで保守的な会計を評価する。ここでアライド、ポートフォリオレンダーの比較的高いPERをBLXの質の悪い売却益ベースの業績のせいにしたのである。

アライドは最後に、仮定上の上位債務一億五五〇〇万ドルを足し戻し、将来のキャッシュフロー一五〇〇万ドルを加えてBLXの企業価値を三億九〇〇〇万ドルにすることで、BLXの評価を完成した。これが終わると、一七％の割引を適用して現状での売却費を計上し、ＢＬＸの価値が奇跡的に二〇〇〇万ドル上昇していると判断したわけである。

この苦しい計算で重要なのは、アライドはＢＬＸにＥＢＩＴＭの九倍、「純利益の六五倍」、そして「簿価の約五倍」の価値があると判断していることである。純利益の六五倍、簿価の約五倍ではお笑いの試験には合格しない――売却益を用いる証券化業者をそんなに高く評価する者などいない。売却益を用いる証券化業者の時価は大幅に下落していたため、数カ月後にＤＶＩが倒産すると、もう売却益による証券化で大半の利益を生み出している公開企業を特定することすらできなくなった。

コンファレンスコールの後半で、エンディコット・パートナーズのダリウス・ブラウンが、ＢＬＸの八五〇〇万ドルの収益はどのように売却益から出てきたのかという疑問を再度持ち出した。スウィニーはあまり考えもせずに「知らない」と言ったが、ブラウンに強く迫られると、ＢＬＸの収益の現金部分は約五〇～七〇％だと答えた。要するに、八五〇〇万ドルの収益の三〇～五〇％が、すなわち二五〇〇万～四二〇〇万ドルが非現金だったということだ。売却益収入というのは、一般に限界支出なしで損益計算書に入ってくるため、ＥＢＩＴＭの四三〇〇万ドルの大半が非現金だったことになる。

アライドは数週間後に初めて四半期報告書（フォーム10－Q）でＢＬＸの要約財務情報を開示した。ＢＬＸに関して入手できる最新の開示は二〇〇〇年一二月の設立時のものだが、それ以降ＢＬＸの負債は六五〇〇万ドル増えて一億八三〇〇万ドルに、売却益会計によって生まれた無形資産（「残余持ち分」と呼ばれる）はほぼ倍増して一億六〇〇〇万ドルに上っている。残余持分は真水の資産の約四倍に上っていたことから、評価は気まぐれで想像力に富み、非現実的だ――裏付けがない――と言えるだろう。

すべてを考え合わせてみると、ＢＬＸは三つの点で問題だった。ひとつ目は不正に融資を組成していたこと。二つ目は積極型の会計手法を用いて業績を水増ししていたこと。そして三つ目は、事業や会計上の実績がうそ偽りのないものであっても、アライドによるＢＬＸの評価に妥当な基準がなかったことである。率直に言うと、わたしたちはＢＬＸのことを詳細に調べて知っていたので、アライドの投資は無価値であるに違いないと信じるようになっていた。

■　■　■　■　■　■

ほかの悪徳企業のような行動はしていないという証拠を示すことで、アライドは不正を働いていないと投資家に信じ込ませようとしていた――分配金を支払い、現金不足に陥っていないことを示した。インサイダーは株を買い、何も間違っていないという合図を市場に送った。また、その四〇年に及ぶ成功を実証する一貫した会計方法もあった。

これは黒人コメディアンであるリチャード・プライアーの昔のジョークにも似ていた。

「あんたはほかの女とベッドに入っていた。そうしたら、かみさんが寝室に入ってきた。さあ、あんたはどうする？　違う、違うよ！　お前はだれを信じるんだ？　おれか、それともお前の偽りの瞳か？」

同じことがアライドにも言える。

会計慣行を大幅に変更したにもかかわらず、不勉強な投資家や不慣れな投資家の信頼を維持しようと、経営陣は、アライドの会計は一貫しているという幻想を繰り返し口にしていた。二〇〇二年度第2四半期の収益コンファレンスコールの最中、ウォルトンも評価に関する議論の火ぶたを切ってこう言った。

「当社のポートフォリオの公正価値を誠実に判断する『一貫した』プロセスを実施いたしました結果……」

すると、すかさずスウィニーがオウム返しにこう言った。

「SECへの提出書類にも記しましたが、当社ではSECの指針や業界の慣行に従って、一貫した方法でポートフォリオ企業を評価しております」

質疑応答に入る前に、ウォルトンが繰り返しこう強調した。

「ここでもう一度申し上げておきますが、わたしどもはこれまで同様、今後もあらゆる規制当局の指針に従い、『一貫した』、そして慎重な評価手法を用いるつもりでおります」

アライドが会計方法を変更した証拠とやらには驚かされる。不良資産、現物収入や手数料収入、そして評価減や評価増に突如として驚くような変更を加えただけでなく、その数週間後には、新しい四半期報告書（フォーム10－Q）で会計に関する説明文を大幅に変更したのである。二〇〇一年度年次報告書に初めて登場した白書では、それまで繰り返し記されていた怪しげな文言が削除され、それを企業価値に基づいた現在価格での売却テストの実施とその解釈について説明した新たな文に差し替えていた。また、二〇〇二年六月の四半期報告書では初めてこう言明している。

「当社の投資の公正価値は、強制または清算による売却ではなく、自発的な買い手と売り手との妥当な期間にわたる取引でポートフォリオ企業が売却されるときの企業価値に基づくものである。当社がプライベートファイナンス投資から撤退する流動性イベントは、一般にはポートフォリオ企業の売却、資本増強、場合によってはＩＰＯ（新規株式公開）である」

新しい会計方法の効果はしばらく続いた。手数料、利息、現物収入は相変わらず低かったが、四半期ごとに認識される評価減や評価増の件数は増えた。これまでは堅調に、また予想どおりに増えてきた利益はボラティリティを高め、予測不能になってきた。一株当たり純投資収益も、一株五三セントに達した第１四半期から数年間は一直線に伸びてきたが、そうしたしっかりした上昇トレンドから一転、さらにボラティリティを高めて成長を止めた。すべて二〇〇二年度第１四半期のレベル近くにまで戻す必要があった（**図12・1**を参照）。

アライドは自社のポートフォリオの評価方法を変更しただけでなく、投資家による企業の評価方法にも注文をつけてきた。かつてウォルトンは、経常純投資収益（営業利益ともいう）に着目するよう投資家に指図をし、キャピタルゲインも魅力的だが、予測するのは不可能だという注意を述べていた。ところが会計方法を変更すると、純投資収益が四半期分配に追いつかなくなってきた。そこでアライド、今度は純投資収益に実現キャピタルゲインを加えた課税所得に着目させた。それでウォルトンは、同社はもう収益ガイダンスを発表せず、今後は税金分配のための「配当」ガイダンスだけを発表すると宣言したのである。

「配当は、ご存じのとおり、課税所得がベースになっております。GAAP（一般に公正妥当と認められた会計原則）を用いた場合、税金とGAAPによる収益のタイミングのずれは、株主の皆様にはあまり意味がありません。……アライド・キャピタルと株主の皆様にとりましては、課税所得が配当を支えているというのが現実であります。GAAPによる収益は将来の課税所得の先行指標としては役に立ちますが、わたしどもがまず着目いたしますのは株主の皆様への現金の分配です。それは課税所得から支払われているのです」

分配金は収益よりもはるかに予測可能であり、管理するのも楽である。分配金は取締役会の裁量で発表され、会社の資金力の制約を受けるだけである。課税所得については、アライドでは勝ち組を売って負け組を保有し続けて最大化できるように調整し、どの投資から撤退するかを厳しく管理していた。

五月にスウィニーはこう話していた。

図 12.1　四半期ごとの純投資収益

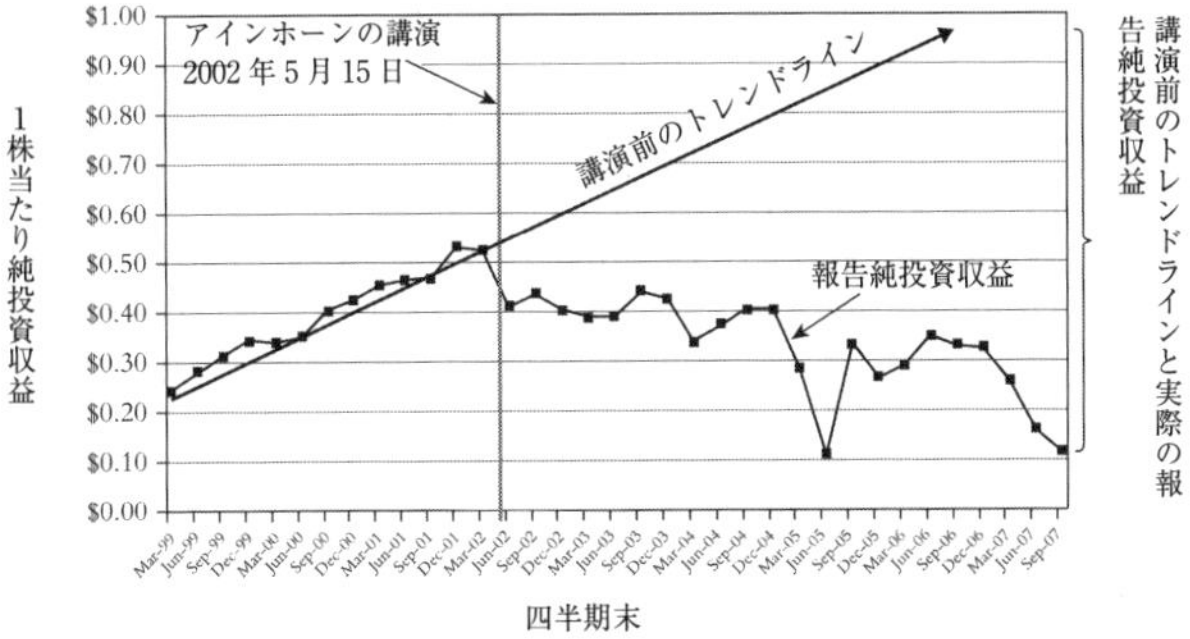

「公開企業でありますと当社の評価にとって重要なのは純利益です。それで当社の収益力が株主の皆様に伝わるからです」

ところがそのわずか二カ月後の今、アライドはその純利益のことなど忘れさせ、もっぱら簡単に操作できる「課税所得」と分配金に目を向けさせようとしていたのである。

第2四半期の収益コンファレンスコールで、わたしは質問するのが許された。きっと選別されているというクレームが届いたのだろう。わたしはアライドの新しい企業価値の評価手法について質問し、「パルナッソス投資について」に言及した。ここでSECは、入札がないときに企業全体を売却した場合の価値ではなく、投資会社は実際に保有している証券を評価すべきであるという規則を定めている。スウィニーは、企業価値はその証券の価値やアライドがほかの共同投資家とどう付き合うのかと関係してくる、などと延々と話をしたが、わたしの質問には答えてくれなかった。そこへウォルトンが割り込んできて、流動性イベントが発生するのは企業が売却されるときだが、自分たちには証券を売却する予定はないと述べた。

わたしが指摘したのは、ＳＥＣの現在価格での売却は、企業全体ではなく実際に保有している証券をベースにしているという点だ。また、もし株主資本の蓄えが崩れたら債務証券の価値がいかに低下するかについても説明した。おそらく彼らの基準では、潤沢な株主資本に支えられていようと乏しい株主資本に支えられていようと関係なく、同価値で負債を運用するのだろう。スウィニーはこう答えた。

「結局は同じ結果に終わると思いますが」

スウィニーはさらに続け、株主資本の価値がいかに企業価値と同じように上下するかという話を始めた。株主資本の話ではなく債務証券の話をしているのだ。わたしはそう言ってスウィニーを問い詰めたところ、スウィニーは、債務の下位に株主資本があるのだから、株主資本が最初に損失を被るのだ、と分かり切ったことを答えただけだった。

とうとう、ウォルトンがうまく議論を終わらせた。

「アインホーンさん、この問題については文書にもしましたし、ずいぶんと議論もしてまいりました。もし話の続きがしたいとおっしゃるのでしたら、お電話をいただければありがたいですね。ゆっくりお話ができたら楽しいでしょうね。でもその前に、一般の投資家の皆様に当社のことをもう少し知っていただければと思っている次第です」

第13章
ディベートと市場操作

第2四半期の失望するような収益を発表したあとの二〇〇二年七月二四日、アライド株は一株一六・九〇ドルに下落したが、それ以来、この水準を下回ることはなかった。二〇〇二年七月三一日、わたしは一五ページに及ぶ書簡を再びSEC（証券取引委員会）に送った。書簡ではアライドの白書の強気のコメントについて述べ、それを年次報告書と比較し、アライドがSECの会計方針ではなく、間違ってSBA（中小企業局）の規定に従っていることを指摘した。そしてアライドが企業価値の評価手法に会計を移行していることに触れ、今でもSECの規定を順守していないのはなぜなのかを説明した。さらに、アライドがビジネス・ローン・エクスプレス（BLX）の評価を理不尽に切り上げたことについて分析し、BLXとヒルマンに課している高金利についても論じた。アライドでは会計に一貫性がなくても「一貫している」とその表明をしているとも述べた。

再評価によってもっと早急にやるべきだった価値の変更が反映されるまで、アライドには損益が実際にいつ発生したのかが分かるよう業績を修正させ、なぜ会計方法を変更したのかを公の場で説明させるべきである。わたしはＳＥＣにそう訴えた。

アライドは損益を一致させて収益を安定させようとしていたのだろうか。例えば二〇〇二年度第１四半期には一五〇〇万ドルだった評価減が、第２四半期には八〇〇〇万ドルに増えている。一四〇〇万ドルだった評価増も、同時期に九九〇〇万ドルに増えている。これは偶然の一致だったのか？　それとも評価減と一致させるために評価増をねつ造したのか、あるいは評価減の額を評価増の額に制限したのか？　そして最後に、バンクラブの調査報告書のコピーを同封し、ＢＬＸの元社員が語ってくれた内容についても、その身元を伏せたまま論じた。

書簡を読んだらＳＥＣは「電話をくれ、連絡先を教えてくれ」と言ってくるだろう。わたしはそんなことを想像していたが、ひとりとして連絡してくる者はいなかった。関心を持たれていないこと、熱心さに欠けることに、わたしは失望した。

■■■■■■■

八月の初旬にインベスターデーを開催する、とアライドが発表した。数時間のイベントなので、わたしたちにとっても直接質問をするいいチャンスだった。ジェームズ・リンとわたしは、参加するためにワシントンに飛んだ。このイベントは友好的で、新たな問題はほとんど取り上げられなかった。アライドは上級役員をずらずらとステージに並べ、しっかりした経験豊富なチームであることを誇示した。実に見栄えがいいチームだという印象を受けた。

多くの人は、見た目でその人が詐欺師かどうかが分かると思っている。典型的な詐欺師というのは暴力団風で、ジャラジャラと派手な宝石を身に着けているか、一年中日焼けした肌をひけらかしている。ところが、アライドのチームはそのどれにも該当しない。きちんとした服装で評判も上々、真面目そうで、実に好感の持てる人間ばかりに見えた。実際、彼らにはカリスマ性があった。

『スティング』や『ペテン師とサギ師　だまされてリビエラ』など、わたしの好きな映画には、魅力的で洗練された男女の詐欺師が登場する。バーニー・エバーズ（ワールドコム）、ケン・レイ（エンロン）はもちろんのこと、ゲイリー・ウエント（コンセコ）、アル・ダンラップ（サンビーム）、ドナル・ギーニー（エラン）など、わたしが知っている現実のスキャンダルの背後に隠れていたＣＥＯ（最高経営責任者）にも同じことが言えるだろう。

アライドは会社に批判的な相手と議論するのではなく、コアな投資家を相手にしていた。まるでマイク・シャピロのマンガに出てくるＰ・Ｔ・バーナムのアライド版だった（図13・1を参照）。

「いつの時代にもだまされるやつはいる。そういうやつを集中的に狙うんだ」

図 13.1　マンガ

「いいか、いつの時代にもだまされるやつはいる。そういうやつを集中的に狙うんだ」

アライドは自信満々だった。友好的でさえあった。わたしたちに関係のある問題に触れることはほとんどなかった。

ただ、明らかに自由な質疑応答にはおびえていた。ほとんどのインベスターデーは質疑応答に多くの時間をかけるものだが、今回アライドは三〇分しか時間を取らず、辛辣にも質問事項を七・五×一二センチのインデックスカードに書いて提出するよう求めてきた。そしてIR（インベスターリレーションズ）部を率いるスザンヌ・スパロウが、そのカードを回収してからだらない質問ばかりを選別し、簡単に言い換えてウォルトンに伝えた。わたしは四枚のカードに質問事項を記入し、署名して提出したが、一枚も選ばれなかった。

スパロウが、最近制定されたサーベンス・オクスレー法（**訳注**　SOX法、いわゆる企業改革法）に基づいて財務諸表に署名をするのかとウォルトンに尋ねた。するとウォルトン、そうすることには何の問題もないと答えた。「毒を食らわば皿までも」ということか。

この質疑応答の形式については、アライドが心配することは何もなかった。ウォルトンは場外ホームランを打つ十分な時間を取っていたが、時間がなくなるとスパロウのほうに目をやってこう言った。

「もう少し質問を受けましょうか」

室内からはぼやきが聞こえてきた。参加者は明らかに昼食に出掛ける準備をしていた。昼食時間はもっと面白かった。休憩に入ろうとしていると、アライドのマネジングディレクターのロバート・D・ロングと講演者のひとりがわたしのところにやって来た。すると、二人にはクレイマー・ローゼンタール・マックグリンにいたクリス・フォックスという共通の友人がいるという。フォックスとは一九九四年以来の知り合いだ。ロングは椅子に座り、わたしたちと一緒に昼食を取った。

ロングのほかにも、わたしたちのテーブルにはアライド株を組み入れている投資信託会社の若き攻めのアナリストもいた。物おじすることなく、アライドに関してはわたしたちが間違っていると告げ、アライドは間もなくショートポジションなど吹っ飛ぶようなビッグニュースを発表すると言い出して、経営陣と親密に付き合っていると情報面では有利であることをにおわせた。隣に座っていたロングも一緒になって、わたしにアライドと対立するのは間違いだと説得しにかかってきたが、この件についてはあくまでも彼は紳士であり、わたしたちの調査報告書には良い点を突いている個所がたくさんあることを認めた。

わたしはポートフォリオに大量の評価減と評価増が突如として生じたことについて聞いてみ

た。するとロング、「アライドは先の尖った鉛筆を使っているんだよ」と言うと、規制当局からかなり圧力を掛けられていてね、とさらに話を続けた。アライドでは、SECがすべて承認してくれているからわたしたちの申し立ては的外れだと言っている。今、わたしが関係者から聞いて分かったのは、アライドは評価手法を一貫して使ったことがないということだった。さらに言えば、SECも多少は仕事をしてくれていたということだ！

わたしは関連当事者の手数料、BLXに課している利率について迫り、それがどのように循環しているのかを指摘した。本書の第11章でも述べたが、ロングはBLXを「連結すべき」だと話していた。アライドが望むのなら、その方法はあると。この日、最も印象深かったのがロングのこの言葉である。わたしは楽観的になって会議をあとにした。社会は機能していたのだ。アライドはちょうどデザートでも楽しんでいるころだろう。

インベスターデーの直後のこと、もうひとりのプロの投資家から電話があった。わたしたちの調査報告書を読んでくれ、何年も前からアライドに疑問を抱いていたらしい。また、アライドのACMEページングへの投資に関する情報を持っているという。

アライドのSECへの提出書類によると、ACMEページングへの最初の投資は一九九七年末までに行われていた。その時点で、アライドは「有限責任組合の所有権」と呼ぶその投資の株式部分に利益が出ていると考えた。そこで二〇〇〇年度三月期にその利益を無効にし、同年度九月期には有限責任組合の所有権をゼロに書き換えた。一方で、債券部分は取得原価で計上していた。二〇〇一年度一二月期にはさらに株式に投資をし、二〇〇二年九月までは四半期ごとに債券と株式への投資を増やしていった。

その投資家は何が起きていたのかを語ってくれた。ACMEはブラジルでのポケットベル事業で苦戦していた。また、携帯電話との競争やブラジル通貨の切り下げでも痛手を被っていた。ブラジルの経済も混乱していた。二〇〇一年にはACMEを売りに出したが、買い手もつかなかったため、資本注入されたという。

基本的に株主はアライドに鍵を渡して逃げ出してしまった。すると、先に指摘したとおり、アライドが投資を増やし始めた。SECへの提出書類によると、相変わらずACMEを取得原価で評価していた。ところが、二〇〇二年一二月からこの投資の評価を徐々に切り下げ、二〇〇五年三月までは四半期ごとにさらに切り下げていった。そして二〇〇五年三月、ACMEの評価はゼロになった。こうしてアライドはこの投資による損失の認識を遅らせていたのだ。この投資家の見方は正しかった（**表13・1**を参照）。

表 13.1　ACME ページング

	債券投資		株式投資		
日付	取得原価	評価額	取得原価	評価額	備考
1999/12/31	6,618	6,618	1,456	2,100	未実現利益
2000/03/31	6,714	6,714	1,456	1,456	利益を無効化
2000/06/30	6,811	6,811	1,456	806	
2000/09/30	6,961	6,961	1,456	–	株式評価をゼロに
2001/09/30	6,989	6,989	1,456		
2001/12/31	6,992	6,992	3,640	2,184	
2002/03/31	7,743	7,743	3,640	2,184	
2002/06/30	10,205	10,205	3,717	2,261	資本増強前の融資、評価減せず
2002/09/30	3,525	3,525	13,301	11,846	資本増強、評価減せず
2002/12/31	3,750	3,750	13,301	9,250	漸次的評価減
2003/03/31	4,042	4,042	13,301	7,750	漸次的評価減
2003/06/30	4,265	4,265	13,301	6,525	漸次的評価減
2003/09/30	4,395	4,395	13,301	6,087	漸次的評価減
2003/12/30	4,496	4,496	13,301	2,586	漸次的評価減
2004/03/31	4,578	4,578	13,301	2,427	漸次的評価減
2004/06/30	4,631	3,634	13,301	1,819	債券で最初の評価減
2004/09/30	4,631	2,398	13,301	1,742	漸次的評価減
2004/12/30	4,631	–	13,301	1,230	漸次的評価減
2005/03/31	4,631	–	13,301	–	すべての投資評価をゼロに
2005/06/30	4,631	–	13,301	–	
2005/09/30	4,631	–	13,301	–	
2005/12/31	4,631	–	27	–	実現損失 1380 万ドル
2006/12/31					実現損失 470 万ドル

注＝単位は 1000 ドル

第14章 株主に報いる

売買の相手方は血も涙もない匿名の市場で何を考えているのだろう。成功するためには、深い分析や質の高い情報によって、自分たちとは見解を異にする投資家よりも優位に立っているのだと感じていたい。アライド・キャピタルの株主の大半が個人投資家だというのは知っていた。長年株式を保有し、税金分配を受け取っている人もいた。おそらくそういう株主はわたしたちの分析にはかかわっていないだろうし、少なくとも会社が問題を認めるまでは株式を保有するのだろう。

アライドはよく、投資に精通したプロが株式を保有している証拠として機関投資家の株主を挙げていた。インベスターデーの直後のこと、スイスの金融大手UBSの出身で、当社で機関投資家の営業を担当するエド・ペインターが、取引先のワサッチ・アドバイザーズとの会議を手配してくれた。ワサッチは素晴らしい実績を誇っており、評判も良かった。アライドのポジションを担当するファンドマネジャーとわたしが互いの話に耳を傾ければ双方の利益になるという。そのファンドマネジャーとは、ワサッチの創業者サム・スチュワート博士だった。

ワサッチの事務所は通りを少し行ったところにあったので、わたしはかばんに調査報告書を詰め込んで、ジェームズ・リンと一緒に徒歩で出掛けた。ペインターとスチュワートとは会議室で会談した。スチュワートはノートとペンだけを持ってやって来ると、こう言った。

「オーケー、じゃあ始めましょう」

わたしは双方向の対話を想定していた。

「まず、わたしどもの分析ですが、いかがでしょうか。何か問題はありましたでしょうか」

とわたしは切り出した。

するとスチュワート、調査報告書を読んでいないと言うではないか。

アライドの株主は一般に多忙を極めているのでわたしたちがウエブサイトに掲載した長たらしい報告書など読んでいる時間はないのかもしれない。そう考えることもできたが、アライドの第二の大株主たるプロの投資家が、わたしたちと会議を開き、しかも準備不足を認めてしまうとは、どうしてもふに落ちなかった。

そこで、なぜアライド株を保有しているのかと聞いてみた。スチュワートによると、この厳しい市場にあって高利回りの株式を大量に保有するのはタイミング的にも良く、「バスケット方式」の一部として保有しているのだという。スチュワートは当社のようなリサーチをしていなかったが、アライドの経営陣とは話をしていた。

「彼らは正直ですよ。不正の過去でも見つけたんですか？　それともほかに犯罪行為でも？」

「いえ、いえ、アライドにはありません。ビジネス・ローン・エクスプレス（ＢＬＸ）のほうですよ」とわたしは答えた。

もしスチュワートがほとんど話す内容も準備せずに会議に臨んでいたとしたら、詳細な議論まではいかないだろうという印象を受けた。わたしは手短に自分たちの仕事について説明し、二つの問題点を提起したが、大した反応も示してくれなかった。

そこで、もし当社の報告書を読んで議論を望むなら、さらに詳細を語るのもやぶさかではない、と言って話を切り上げた。スチュワートの求めで、後日アライドの過去の投資評価を記載したエクセルのスプレッドシートを送った。そうすれば作業の手間が省けるし、アライドの評価減と評価増のパターンを自分で調べることもできるからだ。

わたしたちは会議室をあとにし、自分たちが直面している問題をあらためて理解した。それは見解を異にする投資家の問題ではなかった。個人株主以外のアライドの株主は、他人の資金を運用する巨大な投資信託だったのだ――忙しすぎて、または怠慢すぎて、税金分配以外の細かいことなど心配していなかった。スチュワートから再び話を聞くことはなかったが、数四半期の後、ワサッチのファンドがアライドのポジションをすべて手仕舞ったことが分かった。

■■■■■■■

企業は株式で貸借株式の市場を大混乱に陥れることができる、といううわさを以前からずいぶん耳にしていた。貸借可能な株式がいきなり不足すると、空売り筋は、望むと望まざるとにかかわらず買い戻し（ショートカバー）を迫られる。そのときの株価急騰を「踏み上げ（ショートスクイーズ）」という。

わたしの講演から一カ月後、ウォルトンがアライドのウエブサイトに書簡を掲載し、株主にこう語り掛けていた。

「最後になりますが、皆様のアライド・キャピタルへの投資をお守りするのに、どうか手をお貸しください。証券会社の口座で株式をお持ちの方は、担当者にアライド・キャピタル株を『証拠金』勘定から『現金』勘定に移してもらってください。そうすれば、証券会社は株式を空売り屋に貸すことができなくなります。わたしは自分の持ち株を移しました。証券会社では皆様が直接保有していらっしゃる株式を利用することができません。貸借ができなくなるのです」

これでアライド株への投資をどうやって保護するのだろう？　従来の感覚では保護することなどできない。なぜなら、アライド株への投資の価値は同社のポートフォリオの運用成績で決まり、空売り筋に株を貸そうが貸すまいがまったく関係ないからだ。ウォルトンが望んでいたのは踏み上げであり、この場合、株主は空売り筋に貸していた株を回収する。空売り筋がほかに株を貸してくれる株主を見つけられなければ、借りた株を返却するために、時価がいくらであれ、その価格で株を買い戻さなければならない。このような株主どうしのやりとりを調整するのは、公然の市場操作である。しかし、今日までSECはこうした行動を訴追していない。一般論として、この手の行動に従事している企業は大きな問題を抱えているものだ。

株式分割、株式配当、そして株主割当増資は踏み上げを促すという考え方もあるが、実際にはそううまくはいかない。清算システムで調整することができるからである。二〇〇二年八月、アライドは株主割当増資を実施するために準備段階の書類をSEC（証券取引委員会）に提出し、ここでも清算システムを操作しようとした。表向きの目的は、「長期の株主に報いる」ことだった。

こんな株主割当増資案など、あとにも先にも聞いたことがない。これはアライドが「譲渡不能な」新株引受権を割り当てることで、株主はその取り消し不能の権利を行使してから決められた価格でさらに多くの株式に申し込むことができる、というものである。新株引受権を譲渡不能にすることで、アライドは清算や決済のプロセスを複雑にしていたようだ。これで空売り筋は決済を余儀なくされると踏んでいたのだろうか。当社の清算ブローカーであるゴールドマン・サックスによると、市場参加者はアライドが踏み上げを発生させるために譲渡不能な新株引受権を作ったと思っているようだ。もし権利が譲渡できなければ、空売り筋には株式を返却する権利がなくなるはずだ、とアライドは考えていたのである。だが、それは間違いだった

――これも清算システムで調整することができた。

この株主割当増資案によれば、新株引受権の行使を望む株主は、配当基準日から権利行使日まで株式を保有し続けていることを証明しなければならない。一般にコーポレートアクションとして「配当基準日」を設けるのは、配当基準日に株式を保有している株主が配当を受け取る資格を得られるようにするためである。ところがアライド、配当基準日が過ぎてから株式を売却するとその権利を放棄することになるという、前代未聞の条件をここで出してきたのである。

行使価格が決まるのは、株主が株式を保有し続けていることを証明する期間中である。アライドとしては、売り方（株式を売却すれば権利を失う）が完全にいなくなればいいと思っていた。そうなれば、間違いなく株価は上昇する。そのあとで、人為的につり上げた株価から少々割り引いた価格で新株を発行するわけである。これには二重の効果がある。ひとつは、時価ベースで空売り筋に損失を与えられること。もうひとつは、人為的につり上げた株価から少々割り引いた価格で、既存の株主に新株引受権に応募してもらえることである。投資家は取り消し不能な権利を行使しないと購入価格が分からないため、仮に予想以上に高かったことが分かってもなすすべなし、というわけである。

このもくろみが機能しない場合に備え、アライド側は逃げ道を残しておいた。もし株価が下がったら株主割当増資を取りやめ、単に利息を付けずに投資家に払い戻せばいいと考えたのだ。もちろん、取締役会もこのような状況では株主に権利を行使すべきかどうかを提言できるわけがない。

二〇〇二年九月三〇日、わたしはまたSECに書簡を送り、この株主割当増資は操作されていると指摘した。この書簡が功を奏したのかどうかは知らないが、アライドは修正案を出してきて、株主が配当基準日から権利行使日まで株式を保有し続けるという条件を撤廃した。そして権利が失効する日付の時価から七％割り引いた価格を設定。投資家は権利を獲得するために長期間株式を保有しなくても済むようになり、価格も分からないまま権利を行使するという不安にもさらされずに済むようになった。さらに、株主には保有している二〇株につき一株を追加で購入できる権利と、「追加応募」権、すなわち株主割当増資のときにほかの新株引受権保有者が購入しなかった株式に追加で応募する機会も与えたのである。

最終目論見書からは「長期の株主に報いる」のが目的である、などという文言も消えていた。代わりに、「取締役会では、今回の株主割当増資は当社にとっても当社の株主の皆様にとっても最大の利益になるものと考えております。株主割当は、既存の株主の皆様に手数料なしで時価よりも安値で株式を追加購入する権利を付与することで、長期の株主の皆様に報いることを目指したものであります。……取締役会では、皆様が権利を行使すべきかどうかについては提言いたしません」となっていた。「買い方よ、用心するがいい」。

仮に長期の株主に報いるという目的を掲げているのなら、経営陣や取締役の大半が退陣するという決断を下すのも一考だった。代理人によると、一九人が追加応募権のほかにも一二万三〇〇〇株の購入権を付与されたという。彼らは集団で権利の約三分の一を行使したが、合計すると、一度に受け取れる四半期の税金分配額には達していなかった。

自社株買いについてだが、アライドの経営陣は、二〇〇二年五月一五日のわたしの講演からその年の年末までの間に少額の自社株買いをしていた。株主のひとりがこう言った。

「アライドのインサイダーは株を買っていますが、売ってはいないんです。実際、最後に売ったのは一年以上も前の話です。隠し事をしている経営陣の行動とは思えませんよね。あなたがおっしゃるように、もし彼らが株価にとって不利になりかねない悪い情報をひそかに持っているとしたら、なぜ自分の金をそんなリスクにさらすのか、理解に苦しみますね」

確かに率直だし、筋が通った分析だ。自社株買いをするのは「おおむね」強気だからである。ただ、今回の場合は参加者の資力や既存の投資額と比べると少額だったため、単にこのようなニュースを流して「市場に合図を送り」、この株主のような個人投資家を安心させようとしていただけなのだろう。割引価格をうまく生かして持ち株を増やそうと必死になっているとは言えなかった。

ウォルトンは二〇〇一年の経営報酬として現金で二四〇万ドル、株式で約一〇〇〇万ドルを受け取っていたほか、さらに多くの株式を購入するオプションを保有していた。ウォルトンにとっては、約四万六〇〇〇ドルを費やして二〇〇〇株を追加購入しても、債務が増えることにはならない（わたしの講演の直後に追加購入している。株主割当増資のときには権利を行使して約一万一〇〇〇株を購入し、四半期分配の一回分をうまく株式に再投資していた）。その結果における既得権利を考えると、四万六〇〇〇ドルなど、自分の「信用」の宣伝費としては破格の値段である。

　仮に自社株買いが強気の指標だとすると、絶望的な市場ではうその指標として悪用される可能性もある。二〇〇二年一月のこと、タイコのデニス・コズロフスキーとマーク・スウォルツがそれぞれ一五〇〇万ドルを使って自社株買いを行い、市場に合図を送った。二〇〇五年六月、二人は取引記録の改ざん、商法違反、重窃盗罪と共謀に対する二三件の訴因のうち二二件で有罪となり、二億ドルを上回る罰金と損害賠償金の支払いを命じられたうえ、長期の実刑判決が言い渡された。

■■■■■■

　二〇〇二年八月、ハーバード・ビジネススクールで投資クラスを担当するアンドレ・ペロー教授から電話があり、投資クラスに来てくれないかと頼まれた。グリーンライトがアライドに取り組んでいることを耳にし、その内容を授業で紹介したいのだという。ペローの評判について調べてみたところ、素晴らしい教授だと分かり、わたしは同意した。

　その年の一〇月、わたしはクラスに参加した。ペローはグリーンライトによるアライドの分析について学生たちと議論し、最後に質疑応答の時間として、わたしに一五分をくれた。ペローの講義を聞いていると、わたしたちの考え方を支持しているようだったが、学生たちの反応はまちまちだった。教材にはわたしたちがウエブサイトに掲載した調査報告書も含まれていたが、これはアライドとBLXの関係をエンロンとラプター・パートナーシップとの関係になぞらえて議論したものだった。そういう比較はずるいと考える学生もひとりいたが、ほかの学生は賛成してうなずいてくれた。

そこでわたしはこう説明した。

「両社とも被支配企業ですが、連結されていません。その企業が基礎になる業績を透明にせずに親会社の収益に貢献しているんです。その点で似ているという意味なんです。両社とも親会社が融資の保証人になっていますし、ラプターの場合にはエンロン株の担保から、BLXの場合には株式投資と債務保証からそうだと考えられるわけです」

クラスには議論しようとする者はいなかった。ペローはケーススタディーを書きたい、アライドを呼んでアライド側からも話を聞きたいと言う。

わたしがボストンに滞在している間に、ドイツ銀行がアライドの調査を開始し、投資判断を「売り」にしたことを知った。これには驚かされた。アナリストが投資家に売りを推奨することなどめったにないからだ。もしその銘柄が気に入らなければ無言を貫き、投資家には買い増しを推奨せず、せいぜい「ホールド」にしておくのが普通である。投資判断を「売り」にすると、その企業や機関投資家が怒り出し、アナリストは問題を抱えることになるからだ。

この異例の変更に、いつもは動きが鈍いNYSE（ニューヨーク証券取引所）も直ちに「売り」推奨の調査に入ることを決め、この投資判断を発表したアナリストのマーク・アルパートとグリーンライトを取り上げたドイツ銀行の営業担当者を召喚した。この営業担当者はインベスターデーのときにわたしの隣に座っていた人物だが、相変わらず面白い共謀に目を光らせていたアライドは大騒ぎだった。この営業担当者とアナリストには、NYSEからグリーンライトの影響を受けて報告書を書いたのかという問い合わせがあったという。

わたしたちがその投資判断に関与したことはない。アルパートとは数カ月前に一度だけ会ったことがあるが、二言三言、言葉を交わしただけだった。彼がわたしたちのアイデアに賛同してくれたのかどうかも知らないし、アライドの調査を開始するような兆しもなかった。NYSEの調査は何の対策も講じないまま終結した。

アルパートが言うように、「NYSEが売り推奨の調査に入るとは皮肉な話である。ことのほか今日のリサーチの調査に入るとは。独自の意見を威圧するほど見事なやり方はない。空売り筋から金をもらっているとして収賄の罪に問われているのは最初から分かっていた。裏でアライドが動いているに違いない」。

グリーンライトのドイツ銀行営業担当者によると、アライドはかなり動揺し、「売り」推奨を撤回してほしがっていたが、年末にはその望みがかなった。アルパートが退社し、銀行もアライドの取材をやめたからだ。それから数カ月後、アライドはドイツ銀行に――この時点ではアライド株を担当するアナリストはひとりもおらず、アライドの公募増資を引き受けたこともない――、少なくとも五回の公募増資のうち一回目の引受幹事を依頼した。ドイツ銀行はその引き受けで数百万ドルの手数料を荒稼ぎした。

第15章 いったいＢＬＸに何の価値があるというのか？

二〇〇二年度第３四半期。ワールドコムの不正発覚を受けて株式と高利回り債の相場が急落した。アライド・キャピタルでも四半期決算を発表したが、アナリストの予想を数セント下回っていた。現物収入の好転によって、実際に営業利益は増加した。今期中にもやはり多くの評価増と評価減があった――最終的には差し引きゼロ。最も目立っていたのは、ＢＬＸに絶えず投資をしていたこと。アライドが投資評価目的で利用していたビジネス・ローン・エクスプレス（ＢＬＸ）と類似の上場企業三社の株価が同四半期中に平均三二％も下落していたことを考えると、アライドがどのようにこの投資を正当化していたのかを想像するのは難しい。

二〇〇二年一〇月二二日の収益コンファレンスコール（電話会見）で、アライドは被支配企業で発生する収益について論じた。スウィニーはこう言った。

「日常的に資金提供を続けていますと利息収入が発生しますね。実はそれは望んでいないのです。資金提供をして利息収入をどんどん増やしているように見えますでしょう。ですから、そういうことはしたくないのです」

それなら、BLXで発生する収益はどのように認識するというのだろう？　アライドのSEC（証券取引委員会）への提出書類を見ると、BLXは現金を焦げ付かせているので、営業を続けるには継続的な資本注入が必要であることが分かる。アライドでは新規の投資で直接拠出したり、あるいは銀行融資を保証することで間接的に拠出したりと、定期的に資本を注入していた。

コンファレンスコールの最後に、ウォルトンは税金分配に関するガイダンスの話をした。アライドでは二〇〇二年度の分配金を一株当たり二・二〇ドルと見積もっていたが、二〇〇三年度は五％の成長を記録した。前期は年一〇％の成長を目標にしていたが、コンファレンスコールでは、一〇％というのはより長期的な目標だったと説明。また、純投資収益は二〇〇二年度の分配金の八〇％、二〇〇三年度の分配金の八五％に上るという。これは二〇〇三年度の純投資収益が一株当たり一・九五ドルになるということだ。だが、二〇〇三年度に騒動が決着したときの純投資収益は一・六五ドル。そこでアライドはキャピタルゲインを増やしてその差を埋めていた。それまでは、いくら資本を注入しようと、資本はあくまでも資本、分配金はあくまでも分配金だと言って株主を説得していたのに、今度は純投資収益よりも、実は正味キャピタルゲインのほうが良いと言い出したのだ。キャピタルゲインだと、投資家には低率だが税金を課せられるからだ。五月には反対の意見（ごく普通の意見）を表明していたのに——純投資収益のほうが予測可能なため、正味キャピタルゲインよりも良いと。

　アライドはさらに人を惑わすようなコメントでＢＬＸの処理を擁護した。二〇〇二年九月にバンク・オブ・アメリカで開いた投資家コンファレンスのときにも、ＢＬＸの貸借対照表に一億ドルの剰余金があることについて質問されたスウィニーはこう答えた。

「キャッシュフローは一億ドルではなく四億ドルだと思いますけど」

　この回答は、ＢＬＸの剰余金が本当の価値を覆い隠しているという誤った印象を与えた。ただ、四億ドルというのは、これまでに債務不履行も期限前償還もまったくないというあきれた前提のうえでの数字である。アライドには、投資家に実際の期限前償還や債務不履行の前提や履歴を共有させ、自分で価値を判断させることに関心はなかった。しかもスウィニーは、二〇〇二年一一月にパイパー・ジェフリー証券で開かれた会議の席上、ＢＬＸのＳＢＡ（中小企業局）融資の「実績は全国平均と肩を並べている」などと語っていた。

■■■■■■■

　わたしはニューヨーク・タイムズ紙とウォール・ストリート・ジャーナル紙の記者にバンクラブの調査報告書を提供し、当社にメールをくれたＢＬＸの元幹部の連絡先を教えた。そしてアライドがＢＬＸの評価を水増ししている件についても説明した。記者のジェス・アイジンガーがアライドを訪問したのは知っていたが、記事になることなく月日がたっていたため――スクープ記事を書く当初期間はとっくにすぎていたため――、わたしはもう記事を書いてくれる記者などいないのかもしれないと思うようになり、それなら自分で書いてやろうと決心した。数カ月前に金融関連のニュースサイトのザ・ストリート・ドット・コムから寄稿しないかと誘われたので、わたしはその申し出を受け入れ、「アライド・キャピタルという砂上の楼閣に住む詐欺師」と題する二部構成の記事を書いた。これは二〇〇二年一二月一〇日と一一日にウェブサイトで公開された。わたしはこの記事で、売却益会計に絡む問題点やＢＬＸの融資実績を強調し、ＢＬＸを連結していないことに疑問を呈し、アライドによるＢＬＸの評価の矛盾について詳述した。同時に、バンクラブの調査報告書を当社のウエブサイトにも掲載した。

記事に対するそれなりの反応はどこからもなかった。証券会社のアナリストも一切コメントを避けていた。そのとき一株二二ドルで取引されていた株価も反応なし。きっとアライドの経営陣、緊急の対応は必要ないと考えたのだろう。二カ月後に開かれたコンファレンスコールでは第４四半期の業績に関する議論があったが、ロールはこう答えていた。

「ＢＬＸと７（ａ）融資の質に関してですが、市場に出回っている報告書は不正確だと思います」

またもロールはどこが不正確なのかを特定せず、ＢＬＸのデータによると、過去五年間の無保証部分の損失は一％未満であり、成績は全国平均よりも上である、などと語っていた。

それからほぼ二年の後、わたしはバンクラブの債務不履行のデータとアライドの「損失」の説明に食い違いがあることを突き止めた。ＳＢＡでは融資が六〇日間延滞していると債務不履行とみなす。すると、ＢＬＸがＳＢＡに報告して保証を求め、ＳＢＡが保証金を支払う。ＢＬＸは引き続き、数年に及ぶこともあるが、できるかぎり焦げ付き融資の回収と決済に努める。ＢＬＸもＳＢＡも、融資の決済が済むまでは「損失」とはみなさない。要するに、焦げ付いた融資を適時に決済しないため、ＢＬＸの「損失」も「少額」になるわけだ。

しかし、公の場でアライドについて議論するメリットは、他人の話を聞けることだった。退職した不動産ディベロッパーでダラス出身のジム・ブリックマンが自己紹介を兼ねたメールを送ってくれた。かつてＳＢＡの貸付業務を担当した経験があることから、グリーンライトの調査報告書のことを知らされたそうだ。ブリックマンは、二〇〇一年に倒産したダラスの銀行アムレスコの清算とＳＢＡ融資の価値査定を担当する債権者委員会の委員を務めていた。

ブリックマンはブティック型投資銀行のフーリハン・ローキーに協力をあおぎながら買い手を探していた。簿価のほんのわずかな額でも買い手はいなかった。ようやくブリックマンも、ＳＢＡ融資の借り手には一株利益の六五倍、つまり簿価の五倍の価値がないことを十分に理解した。とくに貸借対照表に記してある剰余資産の簿価の倍率を見たときには、それを思い知らされ、ＢＬＸに関する議論に臨んだ。

剰余金とは、将来のキャッシュフローの現在価値を見積もったものである。見積もりはさまざまな前提で変わってくる。これまで多くの企業はかなり楽観的な前提を用いており、それが将来の評価減につながっていた。その結果、投資家は残余資産の価値に懐疑的になってきた。アライドはBLXがその剰余金の見積もりに用いる前提を紹介するのをかたくなに拒み、それがさらに疑惑を生んだというわけだ。

ブリックマンはメールで長い物語を始めた。わたしは計算できないぐらいの時間をアライドに費やしていたが、ブリックマンはそれを上回っていた。すでに退職しており、子供たちも成人していた。ブリックマンが考えるように、「アライドは法律には引っ掛からないと思っている」のである。

今では公文書の検索と情報分析の専門家として活動しているブリックマン、アライドとBLXの問題を確認するに当たっての重要な協力者になった。わたしが過去に出会った捜査官のなかでも指折りの逸材だ。わたしと同じように面白がり、驚きをあらわにし、意気阻喪しながら、アライドの過去――どのように発展し、存続しているのか――を探ってくれる。

ブリックマンの最初の大発見は、アライドの投資先であるGACとフェアチャイルド・インダストリーズの二社に関するものだった。二社とも二〇〇三年の初めに破産法の適用を申請している。その申請書類を見ると、フェアチャイルドは二〇〇一年にプロビデント銀行に対する六〇〇〇万ドルの上位債務で債務不履行になり、二〇〇二年には劣後債務に投資しているアライドへの利払いを停止していることが分かった。にもかかわらず、アライドはフェアチャイルド債への投資を二〇〇二年中は取得原価で評価し、しかもワラントを未実現利益として計上していた。そして二〇〇二年一二月になってからそのワラントをゼロに書き換えたのである。さらに二〇〇三年三月にフェアチャイルドが倒産したあとも、その融資を取得原価で計上していたが、ようやく二〇〇三年六月に評価を切り下げた（表15・1を参照）。最終的にはアライドが投資額を倍にしてフェアチャイルドの業績を改善させ、二〇〇五年に利益を手にして撤退した。

ブリックマンの作業から、ＧＡＣも現実を無視するアライドと同じケースだと分かった。ＧＡＣに関する基本的な宿題をやっていない、とスウィニーが空売り筋をなじっていたのを思い出してほしい。ＧＡＣは取得原価で計上する第三の投資先だったが、アライドはプレスリリースでも収益発表でも四半期報告書（フォーム10－Ｑ）でも破産を開示する必要性を感じていなかった。どうやら好材料だけを発表していたようだ。例えば、ＧＡＣが倒産したころには別のプレスリリースを発行し、サイバーレップの譲渡益が七〇〇万ドルだったこと、またモートン・グローブ・ファーマスーティカルズの売却益が八四〇万ドルだったことを発表している。

破産法適用の申請書類によると、ＧＡＣの売上高はわずか六〇〇万ドル、キャッシュフローはマイナスになっていた。オフ・ウォール・ストリートのＧＡＣに関する報告書を見ると、過去に黒字化したことがあるかどうかは疑問である。スウィニーは、批判者は自分たちが何の話をしているのか分かっていない、などと言っていたが、アライドはＧＡＣの評価を二〇〇二年

表15.1　フェアチャイルド・インダストリーズ

	債券投資		株式投資		
日付	取得原価	評価額	取得原価	評価額	備考
2001/12/31	5,872	5,872	280	2,378	未実現利益
2002/03/31	5,889	5,889	280	2,378	利払い停止、利益戻し入れせず
2002/06/30	5,906	5,906	280	1,100	
2002/09/31	5,924	5,924	280	1,100	
2002/12/31	5,942	5,942	280	–	ワラントの評価をゼロに
2003/03/31	5,954	5,954	280	–	破産法適用を申請、債務評価減せず
2003/06/30	5,954	5,426	280	–	最初の債務評価減
2003/09/30	5,954	3,534	280	–	
2003/12/31	13,120	10,700	280	–	資本増強、投資額を倍増
2004/03/31	13,120	10,108	280	–	
2004/06/30	13,099	10,089	280	–	
2004/09/30	11,347	11,347	2,841	72	黒字転換
2004/12/31	10,871	10,871	2,841	2,123	
2005/09/30					実現損失1620万ドル

注＝単位は1000ドル

六月には五〇〇万ドル、九月には九〇〇万ドル、一二月には五〇〇万ドル切り下げ、企業価値を二〇〇〇万ドルにしている。これはアライドが徐々に評価減を実施して業績を調整している好例である。第１四半期のコンファレンスコールのとき、ウォルトンはＧＡＣに関する質問を受けたが、倒産したことすら認めずに、経営陣が変わり、「面白い事業計画が進行中」だなどと説明。その事業計画がどう面白いのかは分からなかった。

破産見通しを見ると、ＧＡＣはさらなる業績の悪化を予想していることが分かる。時間がたつにつれ、業績は予想以上に悪くなってきた。二〇〇五年六月、アライドは五〇〇〇万ドルの初期投資に対する未実現の損失五〇〇〇万ドルを計上した。破産手続き中には八〇〇万ドルを追加投資し、それを八〇〇万ドルで計上していた。しかし、勝ち組を売って負け組を保持するという戦略の一環として、五〇〇〇万ドルの実現損失は計上しないことにした。これは株主にとっても良い税金対策になる――しかし同時に、分配金を支えるアライドの課税所得が減ることにもなる。その代わり、ＧＡＣの社名をトリビュー・インベストメンツに変更し、まったく関係ない分野の企業を買収するためにさらに七八〇〇万ドルを注入し、追加で一五〇〇万ドルの評価減を実施した。これは視界を広げるためのアライドの犠牲的経済学の一例である（**表15・2**を参照）。

また、アライドはレドックス・ブランズという消費者向け洗濯用製品のメーカーにも投資をしており、取締役会にも代表者を送り込んでいた。二〇〇三年の初め、レドックスの元ＣＥＯ（最

表 15.2　ギャラクシー・アメリカン・コミュニケーションズ

日付	債券投資 取得原価	債券投資 評価額	株式投資 取得原価	株式投資 評価額	備考
1998/12/31	30,703	30,703			最初の投資
2001/09/30	44,967	45,717			追加投資、長期的に少額の評価増
2001/12/31	48,869	39,217			最初の漸次的評価減
2002/03/31	48,863	39,221			
2002/06/30	48,433	34,010			スウィニーが批判者を攻撃
2002/09/30	48,989	25,000			漸次的評価減
2002/12/31	48,989	20,000			漸次的評価減
2003/03/31	49,704	20,000			破産法適用を申請
2003/06/30	49,704	12,712			漸次的評価減
2003/09/30	50,204	12,712			
2003/12/30	50,698	12,712			
2004/03/31	50,697	10,680	350	–	漸次的評価減
2004/06/30	50,697	7,789	1,350	–	漸次的評価減
2004/09/30	11,000	7,527	43,350	–	債務の大半を株式化
2004/12/30	11,000	7,517	43,350	–	
2005/03/31			57,350	7,049	残りの債務を株式化
2005/06/30			57,356	7,661	実現損失を回避
2005/09/31	50,365	50,365	86,693	22,023	社名を「トリビュー」に変更、買収資金を追加
2007/09/30	44,423	44,557	119,836	82,777	長期的に資金追加、現在も計上

注＝単位は 1000 ドル

高経営責任者）のトッド・ウィヒマンが電話をくれ、二〇〇二年度第2四半期にはレドックスが銀行との契約に違反したうえ、アライドから免責条項と追加投資を勝ち取った話をしてくれた。アライドは一〇〇〇万ドルの投資を守るために七〇〇〇万ドルを追加したものの、最初の投資の評価減は実施しなかった。レドックスが契約の改訂版に違反したのは、まさにその翌四半期だったと思われる。ウィヒマンによると、「アライドはわが社の経営陣に圧力を掛け、銀行に対する債務不履行を隠すために財務諸表を偽造するよう命じた」。経営陣はその要求を拒否したものの、アライドの不適切な要求を注意深く記録していた、とウィヒマンは言う。

ウィヒマンは電話の向こうからこう語り掛けた。

「ＣＥＯとしてのわたしに求められていたのは、激しく抵抗し、自分の身を守るためにこれを文書に記録することでした。……ＧＡＡＰ（一般に公正妥当と認められた会計原則）に違反していることをやれと言われていたんですから。具体的なことは言えませんが、議論するようなことは何ひとつありません。……当社のＣＦＯ（最高財務責任者）が厳しいことを書いたメモをアライドに送りましたけどね。これは白黒はっきりした問題だとね」

ウィヒマンによると、アライドはレドックスを売却したがっていたようだ。わたしたちがレドックスの買い手を装えば、精査している間にアライドの悪事の証拠を突き止められるかもしれない。ウィヒマンはそんな提案をしてくれたが、わたしにはその気はなかった。その代わり、ウィヒマンの話をＳＥＣに報告し、ＳＥＣのほうでアライドが何を企んでいるのかを暴いてくれればいいと考えた。ＳＥＣが追跡調査をしてくれるかどうかは不明だった。わたしは当局者と対話をしているというよりも、ひとり芝居を「演じている」という感じのほうがはるかに強かった。観客が居眠りしていたのが気掛かりだったが。

第3部

だれか、だれでもいいから目を覚ましてくれないか？

第16章

政府が調査に入る

二〇〇二年の後半、民間の調査会社クロールから売り込みの電話がかかってきた。ファンドマネジャー向けに実地調査を行うグループを立ち上げたばかりだという。優れた公文書の検索と積極的な実地調査……。もしかしたらアライド・キャピタルのリサーチで使えるかもしれない。そんなアイデアがひらめいた。そこでクロールを起用し、わたしたちを煩わせているアライドの二つの投資先、ビジネス・ローン・エクスプレス（BLX）とアメリカン・フィジシャンズ・サービシズ（APS）について調べてもらうことにした。BLXではいったい何が起きているのかを独立した第三者に調査してほしかった。

アライドの投資と投資評価の傾向からすると、APSへの投資も怪しいものだった。最初の投資は一九九九年。債務証券、優先株、ワラントへの一六〇〇万ドルの投資からスタートしていた。二〇〇二年一二月には優先株とワラントの評価をゼロにして問題があることを示した。

二〇〇一年度第2四半期には投資額を四〇〇〇万ドルに増やし、優先株、転換優先株、ワラントの第一種優先株の部分を普通株に分類し直した。これはAPSに資本注入されていることをうかがわせるものだったが、アライドでは相変わらず債券投資を取得原価で評価していた。履歴も怪しかったので、わたしは内容を調べてくれるようクロールに依頼した。

クロールが一二月に作業を開始したころ、ニューヨーク州司法長官エリオット・スピッツァーがデビッド・バーコビッツとビル・アックマン率いるヘッジファンドのゴサム・パートナーズの調査を開始する、とウォール・ストリート・ジャーナル紙が報じた。とくにスピッツァーが関心を抱いていたのは、ゴサムが投資意見について論じた調査報告書を発行し、意図的に株価を操作したのかどうかの調査だという。ゴサムでは、スピッツァーの調査が始まる前に新規の募集を中止していると発表。やや失望するような業績にあえいでいるが、ポートフォリオを非流動的なポジションに集中させているという。ゴサムの投資家層は薄く、少数の主要投資家の我慢も限界に達していた。そうした投資家の換金請求に対応するため、ゴサムでは流動証券を全部売却するか、あるいはファンドの追加募集を中止してポートフォリオ全体を段階的に縮小させるかのいずれかを余儀なくされていた。

ゴサムがファンドの募集を打ち切ったのは、ポートフォリオの流動証券を売却すると、残りの投資家が非流動証券を不釣り合いな形で保有することになり、不当な損害を被るからだった。わたしはゴサムのプリンシパルたちに敬服しており、頻繁に話をしていた。投資スタイルは違っていたが、モノローン最大手のMBIAや連邦農業抵当公社（ファーマー・マック）の空売りなど、重複しているポジションもあった。この二社については、ゴサムが説得力のある分析を発表していた。この手の調査は投資家どうしのアイデアの共有に恐ろしい影響を及ぼすことになる。わたしはそう直感した。

別のファンドマネジャーに送ったメールに、わたしはこう書いた。

「下げ相場が終わったら、みんな悲惨な結果を空売り筋のせいにするんでしょうね。当局は企業不正の責任をすでに破産した企業（タイコ、ワールドコム、アデルフィア、エンロン）に負わせようと躍起になっていますし、財務諸表は正確だと誓って有名になった悪党どもを全員、刑務所にぶち込みたいと思っているんですよ。そうすればみんな市場から撤退するだろうとね。まったく、これだけ説明しているのに、SEC（証券取引委員会）は一銭も金を出さないんですよ。ブッシュ政権はSECに悪役として行動してほしくないんですね。まだ闘いが始まっていないなら、ウォール・ストリート・ジャーナル紙にでもスキャンダル記事を書いてもらいたいものです。きっとやらないでしょうけど。スキャンダルを広めるような『街のうわさ』はどこにも流れていないじゃないかってね」

多くの投資家はロングでもショートでも分析や意見を共有する。こうした議論やディベートは市場の効率化に役に立つ。とくに当社のショートポジションははっきりと開示してあるのだから、当社のリサーチを一般の投資家が共有すれば規制当局も関心を示してくれる可能性はある。わたしはそんなふうに思ったことはないが、ただ身の安全のために、アライドの調査報告書、バンクラブの報告書、そしてザ・ストリート・ドット・コムに寄稿した記事は当社のウエブサイトから削除した。不名誉なことだとは思ったが、厳しい三年が過ぎた今、世界中で下げ相場のスケープゴート探しをしているときにわざわざ余計な注目を浴びたいとは思わなかったからだ。

■ ■ ■ ■ ■ ■

二〇〇三年一月二一日、わたしたちが主催するパートナーとの夕食会も今年で七回目を迎えた。今回は異例ずくしだった。わたしはパートナーたちと楽しむどころではなく、カクテルタイムのほとんどを、部屋の隅のほうで携帯電話を握りながら、ウォール・ストリート・ジャーナル紙の記者デビッド・アームストロングからの鋭い質問に答えていた。彼とは一度も話したことがなかったが、だれだかは知っていた。小売り大手のＪＣペニーに空売りを仕掛けるヘッジファンドに関する記事を書き上げたばかりで、ファンド業界では高圧的で空売り反対論的な考えの持ち主だとして少々物議をかもしていた人物だ。記事では集団訴訟の弁護士と共謀して株式市場を下落させたとして空売り筋を非難していた。だがアームストロングの記事では、ＪＣペニー株の下落の原因は問題の期間中に二度も失望するような利益を発表したことにある、ということには触れていなかった。

二〇〇二年末、わたしたちは広告会社のアバナシー・マクレガーを起用し、グリーンライト設立当時からのパートナー、ジェフ・ケズウィンの自社株買いの件でメディア対応を依頼した。アバナシーのサポートとグリーンライトの弁護士の情報提供（偶然に夕食会のときに一緒にいた）のおかげで、わたしはアライド、MBIA、そしてグリーンライトとゴサムとの関係についてのアームストロングの質問にも答えることができた。アームストロングはゴサムがグリーンライトの大口投資家だと思っており、ゴサムが徐々にグリーンライトのポジションを縮小していき、やがて換金せざるを得なくなればグリーンライトが危険にさらされると言っているが、それは事実とは違っていた――ゴサムはグリーンライトの投資家ではない。またアームストロングからは、スピッツァーの事務所かSECから話を聞いているかと聞かれたが、わたしは何も聞いていなかった。なぜそんな質問をしたのかは教えてくれなかった。

その晩、わたしはなぜ一時間もかけてパートナーに説明しなければならなかったのか、またさらに一時間半にもわたって質問攻めに遭ったのかは皆目見当がつかなかった。わたしはアイデアを共有する投資家を調査するという規制当局に対する見解をプレゼンテーションに盛り込み、新聞社から関連の質問を受けたことを話した。そして夜遅く帰宅してから、ウォール・ストリート・ジャーナル紙のウエブサイトをチェックした。翌日の紙面に載る記事が掲載されていた。アームストロングとあと二人の記者が共同で書いた記事によると、SECとスピッツァーがゴサム・パートナーズ・マネジメント、ティルソン・キャピタル・パートナーズ、アクアマリン・ファンド、そしてグリーンライトの調査に入る、となっていた。わたしたちが調査報告書を発行し、コンファレンスコール（電話会見）で批判的な質問をするなどして株価操作を共謀したのかどうかを調査するというのである。ゴサムのことはよく知っていたが、ホイットニー・ティルソンとはほんの短時間しか会ったことがなく、アクアマリンに至っては名前も知らなかった。

わたしたちは何も悪いことはしていないし、肯定的なものであれ否定的なものであれ、企業への投資に関する分析や意見を共有し、コンファレンスコールで厳しい質問をするのは良いことだと信じていた。アライドについての講演や文章はすべて事実であり、誠実な信念に基づいたものである。アライドにも、事実誤認があれば指摘してほしいと文書で依頼しており、もしあれば公の場で間違いを訂正すると約束している。真実を語ることがどうして市場操作になるのだろう？

わたしはそんなことを考えていたが、それにしても、アームストロングはどうやって調査のことを知ったのだろう？　おそらくスピッツァーの事務所からのリークに違いない。当時はそう確信していたし、今でもそう思っている。確かに司法長官として立派な仕事を数多くなし遂げているのかもしれないが、スピッツァーの事務所は実際の不正を突き止めないうちに調査の対象者を新聞社にリークすることで有名だった。当局は大陪審とは異なるやり方と検察官の倫理的価値観とで、訴状が送達されるまでは対象者の身元を公にせず、考えられる犯罪行為の調査をすることができた。この制度だと、仮に調査で犯罪を突き止められなくても評判に傷がつくことはない。今回、スピッツァーはビッグニュースを求めていたのだろう。犯罪が行われたのかどうかを判断する前に、犯罪と闘う人——今はヘッジファンド相手だが——としてのイメージアップを狙っていたのだ。

翌朝、当社のパートナーたちから電話が殺到した。不安を訴える者もいたが、わたしたちにも新聞報道以外のことは分からず、多くを語ることはできなかった。規制当局からもまったく連絡はなく、どういうことなのか、話が聞けるのかどうかも分からなかった。したがって、「ノーコメント」を貫くしかないと判断した。何も悪いことはしていない。それは分かっていたが、パートナー全員に最新情報を伝えようとは思わなかった。全員に最新情報を伝えるには文章にするのが一番だろう。だが、文章にするとメディアに利用されるし、小出しにして伝えると徐々に手に負えなくなり、悪循環に陥ってしまう。一握りのパートナーは換金を求めてきたが、多くはわたしたちの支持を表明してくれた。当面の売買に関する情報以外、パートナーとは常にオープンに話し合っている。「ノーコメント」は、わたしたちにとっても彼らにとってもつらかったが、メディアの大騒ぎを最小限に抑えることが双方にとっての得策だった。

ところが、アライドが新聞社に飛んでいってしまった。ブルームバーグの報道によると、アライドが前の週に調査を要請したのだという。当社では広告会社のアバナシーに次のような声明を出してもらった。

「企業に望みたいのは、問題を提起する投資家を攻撃するのではなく、もっと有効なビジネス上の問題に取り組んでほしいということだ。われわれはアライド・キャピタルに関する当社のリサーチを擁護し、事実関係についても経営陣との意義ある議論を歓迎する」

アライドの経営陣がこれ以上わたしと議論をしているふりができなくなるよう、わたしは議論のテーマを提起した。彼らは「ロードショー」開催のためにニューヨークに着いたばかりだった。ロードショーとは、投資家との一対一の会議、またはグループ会議のことで、投資銀行がスポンサーになることが多い。公募増資に絡んで開催されるものもあれば、そうでないものもある。最近アライドが開いたロードショーには、わたしたちの参加が許されなかった。どうやら相手にしたかったのはロングオンリーの投資家だけだったらしい。

情報への公平なアクセスの問題を棚上げしたアライド、鋭い質問を正視するのが本当に嫌だったらしく、その後数年にわたってヘッジファンドとの会談を拒否するという方針を貫いた。実際、一日かぎりのロードショーの翌日にシティグループを主幹事にした公募増資を発表したが、シティグループはアライドの方針を知らず、当社の事務所、続いて別のヘッジファンドの事務所の営業担当者と会議のスケジュールを組んでしまった。するとこれを知ったアライドの経営陣、会議を両方ともキャンセル。また別件だが、さまざまな証券会社がアライドに代わって投資家とのグループイベントを主催しており、わたしたちはその証券会社の顧客としてイベントに招待されていた――しかし、アライドの経営陣の指示で当日は門前払いを食らってしまった。

二〇〇三年一月二四日（金）、例のウォール・ストリート・ジャーナル紙の記事の二日後、SECからグリーンライト・キャピタルあてに書簡が届いた。「連邦農業抵当公社（ファーマー・マック）の件について」となっていた。非公式の調査をする旨の通知だった。また、アライドに関する調査報告書、アライド絡みで連絡を取った第三者の連絡先、そしてアライドに関する調査報告書のファイルをすべて提出するよう求めてきた。さらに、当社の取引記録、組織図、社員全員の連絡先、報酬制度を説明する書類、銀行および証券会社の口座の一覧のほかに当社の電話での通話記録もすべて提出してほしいという。しかも二〇〇二年一月一日以降の分を。書簡ではこれらを翌金曜日までに任意で提出することを求めていた。

グリーンライトの弁護士がSECに掛け合って時間の猶予を求めた。わたしたちもできるだけ迅速に情報を提出した。

ウォール・ストリート・ジャーナル紙の記事は当社の評判を傷つけただけでなく、妻にも悪影響を及ぼした。記事が掲載されてから一週間後のこと、妻のシェリルがウォール・ストリート・ジャーナル紙の出版部門が所有する週刊金融紙バロンズの記者兼編集者の職を解雇されてしまったのだ。上司からは、会社の弁護士と相談したところ、調査が終わるまでは決別していたほうがいいとの助言があったという。さらに、会社では世間体を気にしているらしく、シェリルにもこう告げたという。

「投資業界の人間と結婚していると大変だね」

シェリルは一〇年近くも同社で仕事をしていたが、ここ数日間はきつかった。自分の妻が会社を解雇されるのを見て喜べるわけがない。

■　■　■　■　■　■

二〇〇三年一月三〇日、弁護士のラニー・デイビスがCNBCの「カドロー・アンド・クレーマー」という番組に出演し、空売り屋を直接訴えるべきだと株主に提案していた。アライドの経営陣の言葉をオウム返しに言っているだけのデイビスによると――前年六月のコンファレンスコールの原稿も書いていた――、空売り屋が自分の顧客に関する「大うそ」をまき散らしているという。司会のジム・クレーマーはこう尋ねた。

「じゃあ、会社側でその空売り屋を告訴すればいいんじゃないですか？　もしそれが――名誉棄損法があるのはご存じでしょう？――、もし無謀にも真実を無視しているとおっしゃるなら、空売り屋ではなく、それを活字にしている会社を訴えればいいと思いますけどね」

デイビスは答えた。

「確かにそうです。いくつかの訴訟に携わっていますが、自分のためにも、うその説明が企業の株価にダメージを与えていることを証明してきました。わたしどもは、空売りをしている株主に、それは間違いだ、訂正してほしい、という通知を送りましたが、その後、撤回したという証拠はありません。それどころか、さらにうそを繰り返しているのです。名誉棄損で問題なのは、会社が被った損害を自力で立証しなければならないということなんです」

株主はおそらくそのような訴訟を起こす立場にはないはずだが、にもかかわらず、アライドの株主にわたしたちを告訴しろというのは比較的明瞭なメッセージのように思えた。アライドは当社が訴えられればいいと思っているのかもしれないが、仮にそうなったとして、当社がアライドの記録に立ち入って法的な問題でも発見しようものなら大変なことになる。アライドはそれを恐れているのだ。裁判を始めること自体がリスクになるのだから。

デイビスは話を続け、議会に空売り規則を強化するよう呼び掛けていた。すると、ラリー・カドローがこう質問した。

「それは単なる個人レベルの話ではありませんね。その調査報告書はビジネスでやっているものでしょう。共謀を立証できるとおっしゃるなら、肯定的なリサーチであれ否定的なリサーチであれ、不正事件の裁判には勝てると思いますけどね。でも、もし共謀などなかったとしたらですね……、ラニー、わたしには理解できないんですよ。あくまでも、わたし個人の考えですけどね――告訴なさったらどうですか？」

デイビスが答えた。

「あの、まずはですね、ひとりの人間が誤報を流し、市場を操作し、それで私腹を肥やすというのは犯罪だということです。でも、これは共謀だと思っています。スピッツァー司法長官もわたしも、ほかの人が調べているだろうと考えているんです。空売り屋と出版社が誤報をまき散らしているんですよ。ほかのクライアントの裁判の証拠がありますが、誤報が流されているんです。その誤報をベースに、それを換金して儲けているんです。わたしはそう思っています。でも、今回はそれを立証するにはハードルがとても高いんです。誤報が流布されたことをわたしどもが立証できない以上、クライアントにはそういう負担を背負ってほしくないんです」

経営陣が虚偽の表明をしたら同じように経営陣も訴えられることをデイビスが承知しているのかどうか、疑問だった。

■■■■■■

調査のニュースが流れると、ＢＬＸの元幹部もわたしのメールに返事をくれなくなった。最後のメールには、ＳＢＡ（中小企業局）のＯＩＧ（監察局）監察官キース・ホイマーから連絡があり、ＢＬＸについて質問されたと書かれていた。本気で調査をしているのだろうか。元幹部は疑問に思ったそうだ。ホイマーが徹底的に調査をしたらかなりの仕事量になると愚痴っていたからだという。にもかかわらずだ。少なくとも何かが起きていた。

二〇〇三年二月四日、アライドはＢＬＸとの重要な取引を二件発表した。ひとつ目は、アムレスコ・インディペンデンス・ファンディングからＳＢＡの優良債権一億二二〇〇万ドルを買い取ったこと。優良融資を加えることで、ＢＬＸは既存のポートフォリオの債務不履行と損失の高い比率を覆い隠すことができる。アライドはＢＬＸへの投資額を五〇〇〇万ドル増やし、ＢＬＸの劣後債への投資の四三〇〇万ドルを株式に転換した。ＢＬＸには明らかに資本注入や負債から資本への転換を続ける必要があったが、アライドがＢＬＸへの投資の簿価を切り下げることはなかった。二つ目は、ＢＬＸが組織を有限責任会社（ＬＬＣ）に変更したこと。翌週開かれた収益コンファレンスコールでアライドの経営陣が説明したとおり、もし会社が債務不履行に陥った場合に備え、「納税目的と柔軟性を高めるために」変更したのだそうだ。

そのときのコンファレンスコールで、わたしはもうひとつ質問するのを許された。アライドには開示せざるを得なくなるまで悪材料を開示しない習慣があるため、それを強調しようと思い、こう質問した。

「ＳＢＡのＯＩＧについてコメントしていただけますか。ビジネス・ローン・エクスプレス（ＢＬＸ）の周辺の人たちに電話をして調べているようですが、何を調べているんだと思いますか？もし調査が始まったらどうなるとお考えですか？」

意味深長な沈黙のあと、スウィニーが答えた。

「いいえ、それは存じ上げておりません。つまり、ＢＬＸはＳＢＡの規制の下にある企業だということです。一般にＯＩＧはＳＢＡと一緒に貸付業者の調査に当たります。通常業務ですよ。調査があるときには常にやっていますから。わたしが申し上げられるのはそれだけです。どのような調査かは知りませんが、ＳＢＡの貸付市場では日常茶飯事のことなんです」

ところが二〇〇四年三月にスウィニーがこの「とぼけた」コメントをしたのは、焦げ付いた融資をＢＬＸからアライドに移転する契約に彼女が個人的に署名してからわずか数日後だというのが分かった。ＳＢＡでは融資が不適切だと判断し、五〇〇〇万ドル以上の返還を要求し、それを受け取っている。だが、わたしの質問に対し、まったく知らないなどとしらばくれていたのである。

アライドのコンファレンスコールが終わった夕方、ＳＥＣの法執行部からわたしあてに電話があり、コンファレンスコールでの質問の根拠は何かと聞いてきた。間違いなくアライドが規制当局に通報し、クレームをつけたのだ。ＳＥＣはまさにその日のうちに追尾攻撃をしてきたわけだ。ＳＥＣの質問からは、わたしが詐欺まがいの問題をでっち上げ、会社から回答を引き出すのではなく、コンファレンスコールに参加しているほかの投資家たちを脅かしているのではないかと懸念を抱いていることがうかがえた。わたしはカルザーズの仕事について知っていること、その後もホイマンからＢＬＸの元幹部とわたしあてに電話があったことを話した。わたしがヘマをしていないので、ＳＥＣの弁護士は納得していたようだが。

■ ■ ■ ■ ■ ■

二〇〇三年三月の初め、わたしたちのもとにスピッツァー司法長官の事務所から二〇〇三年二月二八日付の召喚状が送られてきた。四月一五日に出廷し、「虚偽の説明、不正、市場操作活動などを含め、証券の売買に関して証言する」よう求めるものだった。わたしたちは、ゴサムが調査報告書を発表した数社に関する記録、当社のパートナー全員のリスト、ほかのヘッジファンドマネジャー数人との通信記録、わたしの妻を含めた数人のジャーナリストとの通信記録など、前回よりもさらに詳細な資料一式を提出することになった。

三月二五日、今度はSECから召喚状が届いた。これには「ゴサム・パートナーズ・マネジメント・カンパニーに関して」という表題が付いていた。添付書類からは、二月一一日付でSECがこれを「正式な調査」に格上げしたことが分かった。これによって召喚状に権限が与えられたわけだ。召喚状には、四月一五日と一六日にワシントンDCに出廷するよう書かれていた。調査の目的は、ゴサムとほかのヘッジファンドが虚偽の説明や誤解を招くような説明を使っていたのか、また市場操作のような取引で株価を下げようとしたのかどうかを判断すること。調査は連邦農業抵当公社（ファーマー・マック）、モノローン最大手のMBIA、アライド・キャピタル、アメリカン・キャピタル・ストラテジーズにかかわるものだった。アメリカン・キャピタル・ストラテジーズはアライドのライバル会社だが、わたしたちはこの会社を空売りしたことも批判したこともない――実は一九九八～九九年にかけて同社の株を保有していた。ビジネスモデルがアライドと同じだったことから、わたしたちの批判がこの会社にも当てはまるとみる向きもあったが、実際には、批判のほとんどはビジネスモデルとは無関係だった。わたしはそもそもＢＤＣ（事業開発会社）に問題があるとは思っていない。当社が批判しているのは、アライド・キャピタルとその会計、その企業行動だけなのだ。

四月四日、ＳＥＣから召喚状が届いた。四月一一日までに文書を作成するようにと書かれていた。どの通知も金曜日の午後に届くというのは偶然の一致なのか？　ＳＥＣ、今度は他社に関する情報、クレジットデリバティブ取引（当社ではクレジットデリバティブの取引はしていない）に関する情報、当社の顧客リスト、顧客の換金請求書、ほかのヘッジファンド数社との通信記録を要求してきた。わたしたちは文書をめくりながら出廷する準備をしていたが、何かトラブルに巻き込まれているという懸念はまったくなかったし、何か悪いことをしたという思いもなかった。ただ、弁護士にメールを振り分けてもらうのは腹立たしかったし、政府が間違った当事者の取り調べをしていることにはいら立ちを覚えた。まるで故障した双眼鏡をのぞいて違う（微小の）人間――わたし――を見ているかのようだった。出廷したらアライドに照準を合わせてもらうよう政府を説得してみよう。わたしはそう思っていた。

■　■　■　■　■　■　■

それから二週間後、ニューヨークの連邦裁判所判事が、わたしの講演の直後に提起されたアライドの会計に対する集団訴訟を棄却した。判事の判決文はこうである。

アライドの会計方針はＳＥＣへの各提出書類である程度詳細に公開されていることから、不正行為を働いているという原告の仮定の根拠は、公開されている規定によって特定の投資が裏で過大評価するに至ったことか、あるいはアライドは正式な規定に従っていないことかのいずれかになる。原告はいずれの仮定についても十分な事実を主張していないため、被告が不正を働いている、または虚偽の説明をしているとの申し立てに失敗している。

第一、原告は、アライドがその評価規定によって何件かの投資を過大評価する結果になったことを十分に主張していない。訴状では、原告が評価は不適切であるという意見を述べ、その意見の理由を簡単に説明したにすぎず、本当の評価でなければ納得しない旨を主張していない。

その数ページ先には次のような文が続いていた。

たとえアライドが投資の何件かを過大評価している可能性があるという推論を裏付ける十分な事実を主張していても、原告はかかる過大評価の範囲を示していない。不正行為を詳細に申し立てるためには、アライドがどこまで投資を過大評価したかを示さなければならない……。

　原告はアライドが問題の投資を過大評価していると主張しているが、その金額については申し立てを行っておらず、妥当な投資家なら過大評価は著しいとみなすはずだ、との結論を分別ある陪審員が導けるような事実の申し立てをまったく行っていない。


　言い換えると、何が本当の評価なのかを示すのは原告の義務だということだ。証拠開示の前に訴状が取り下げられるとは、まさしく「キャッチ22」だった（**訳注**　この言葉はジョーゼフ・ヘラーが一九六一年に発表した長編小説のタイトルに由来する。結局は「ニワトリとタマゴ」のような悪循環に陥り、袋小路にはまってしまうような規則や慣行のこと）。アライドの大半の投資は非公開企業への投資であり、正確な評価を確認するのに必要な機密情報を持っているのはアライドだけであり、原告がその情報にアクセスせずに本当の評価を提示するには厳しい立場にあった。

　判事はこれで困惑しているようには見えなかった。「アライドの実際の評価規定は公になっており、アライドの投資先企業に関する不利な情報も……」などと問題ある結論を導いているからだ。いったいこの判事、アライドがこうした不利な情報をすべて開示している、とどの時点で考えたのだろう?

　判事はこう述べている。

……原告は、企業の倒産時などは投資の価値が切り下げられるべきだと理由は述べているが、その要因を重要とすべき理由を説明しておらず、アライドの規定ではこの要因を考慮していないとの申し立ても行っていない。したがって、訴状では、原告がアライドの投資の評価に同意できない旨以上のことは何ひとつ明らかにされていない――しかし、非流動証券の評価の難しさ、また適切に考慮される可能性のある要因の多さを考えると、アライドの評価に同意できない旨を主張することと不正を申し立てることを同等とみなすことはできない……。

原告が開示手続きに入れないうちに訴訟が取り下げられてしまったため、原告は証言を得ることも、アライドの帳簿や記録を調べることも、またアライドがどのように評価を正当化していたかを調べることもできなかった。要するに、不正行為の可能性があり、判事も閲覧不能だと言っていたアライドの文書を原告が入手できないうちに、裁判が終わってしまったということである。

判事の判決文で大きな進展があったとは思えない。アライドの評価や関連する証拠を目にした者はひとりもいないのだから。このような状況下で訴えを棄却するという手続き的な判決では、アライドの会計の正当性を立証することもできない。ただ、アライドに有能な弁護士がいることだけは分かった。

第17章 つらい朝

二〇〇三年五月八日、わたしは証言するためにSEC（証券取引委員会）に向かった。到着すると次から次へとセキュリティーチェックを受けさせられ、ようやく地下室に通された。そこはむき出しの床と壁があるだけの質素な白い部屋で、わたしは法廷記者の隣に、厳しい質問を浴びせるSECの弁護士と向き合って座った。体感温度は三〇度ぐらい。換気はあまり良くなく、飲み水もなかった。そのためか、自動販売機が廊下の突き当たりにあった。唯一設備と言えるのは煙管に取り付けられた赤い火災報知機。落ち着かない環境だった。こんな感じなのだろう。証言が不調に終わるとどうなるかを、この厳粛な雰囲気であらかじめ知らしめているわけだ。

最初のうちは証言も順調に進んだ。アドバイスをもらうため、三人の弁護士にも同行してもらった。最初の三〇分間は、SECの弁護士ケリー・キルロイからアライドとグリーンライトについて基本的なことを聞かれた。キルロイの質問は個人の経歴に関するものが多く、前後左右に行ったり来たりを繰り返した。

次に、やはりSECの弁護士マーク・ブラズウエルが質問してきたが、これはもうほとんど判決だった。質問の内容はこうだ。

「いつアライド・キャピタル株の操作を始めたのか？」

ブラズウエルは攻撃的な性格むき出しで、わたしの答えに懐疑的な態度を示した。もしディベートでもしたら、怒りをあらわにするだろう。きっと「悪玉」だ。わたしがほかのファンドマネジャーと結託して市場操作をしているという理論を確証したがっていたのは明らかだ。

「（ティルソン・キャピタル・パートナーズの）ホイットニー・ティルソンや（ゴサム・パートナーズの）ビル・アックマンなど、ファンドマネジャーのグループと会合を持ったことはありますか？」

「ええ。ビル・アックマンは、当時リチャード・シャスター・グループにいましたから」

わたしはそう答え、四半期に一度開かれ、わたしもときどき参加していたマネーマネジャーたちの非公式の「アイデアディナー」に言及した。リチャード・シャスターはアーバー・パートナーズという小さなヘッジファンドを運用しており、アイデアディナーも主催していた。アイデアディナーはごく一般に行われている。リチャード・シャスターなど、自社が主催するディナーもあったが、機関投資家の営業部か投資銀行がスポンサーになるディナーもあった。アイデアディナーでは参加者がそれぞれ投資アイデアをいくつか披露し、参加者からの質問に答えるというのが一般的だ。

「彼はここしばらく来ていません。おそらくもう数年は会っていないでしょう」とわたしは答えた。

「ティルソン氏はリチャード・シャスター・グループの一員だったのですか？」

「違うと思います」

「（アクアマリン・ファンドの）ガイ・スピアーは？」

「違うと思います」

「（ゴサムでビル・アックマンのパートナーの）デビッド・バーコビッツは？」

「まったく知りません」

「ほかにはフォーラムとか、組織とか、つまりあなたが参加していて、アックマンも参加している非公式のグループはあるんですか？」

わたしは何も思いつかないと答えた。

するとキルロイが身を乗り出して、同じような質問を山ほどしてきた。

「アックマン氏とはどうやって知り合ったのですか？　デビッド・バーコビッツもご存じですよね？　バーコビッツ氏と会う前にアックマン氏と会ったのですか？　バーコビッツ氏といつ会ったかは覚えていますか？　アックマン氏とあなたの関係を説明できますか？　友人関係

ですか、それとも単に面識があるだけですか？　バーコビッツ氏についてはどうですか？　どちらのことを詳しく知っていますか？」

わたしは基本的に彼らのことは知っていると答えた。一度だけ一緒に夕食に出掛けたことがある。アックマンのほうが詳しく知っていた。

しばらくすると、ブラズウエルがこんな質問をしてきた。

「アインホーンさん、投資アイデアを提供してもらった見返りに、ゴサム・パートナーズ、バーコビッツ氏、アックマン氏に報酬を支払ったことはありますか？」

「現物以外にはありません」

「投資アイデアを提供した見返りに、彼らから報酬をもらったことは？」

「同じ答えです」

すると、当社の弁護士のひとり、ブルース・ヒラーが割り込んできた。

「ちょっとお時間をいただけますか？」

わたしたちは部屋を出た。わたしが失言してしまったからだ。金銭的な報酬は一切ないことを明確にしなければならなかった。ほかのファンドマネジャーと投資アイデアを共有したのは確かだが、これは互いに共有し合って初めてうまく機能するものである。他人にたかる人間はだれからも嫌われる。だから、普通はアイデアを提供してくれる人だけにアイデアを提供する。だれがどのようなアイデアを提供してくれたかをスコアに記録しているわけではなく、あくまでもごく打ち解けた雰囲気のなかでの出来事である。「報酬」の取り決めなど一切なかったので、最初の答えは不正確だったわけだ。

わたしは部屋に戻り、質問に再度答えた。

「先ほどのご質問ですが、もっと正確にお答えしたほうがいいと思いまして。つまり、アイデアに対する報酬は一切ありません、というのが答えです」

「あなたやグリーンライトとアックマンやゴサム・パートナーズの間に、ほかには何か関係はありますか?」とブラズウエルが尋ねた。

「ないと思います」

「同じ質問ですが、あなたやグリーンライトとホイットニー・ティルソンとの関係については?」

「知りません」

「アクアマリン・ファンドのスピアー氏については?」

「ないと思います」

間もなく、質問はアライド・キャピタルに関する内容に移った。キルロイがアライドのことを初めて知ったきっかけは何かと聞いてきたので、ほかのファンドマネジャーからアイデアを紹介されたのだと答えた。

「では、その人たちとアライドについて最初に議論したのはいつですか?」

「昨年の三月ごろだったと思います」

「では、そのときの議論の内容は？」

「何かメリットがありそうだ、と彼らは考えたのです。だからわたしたちの見解も知りたいと。そうしたら、これは調べてみる価値があると思い至ったのでしょう。それから、彼らがうちのオフィスにやって来て、自分たちが知っていることを話してくれ、独自に分析した資料を提供してもいいと言ってくれたのです」

ブラズウエルがわたしの講演について聞きたがった。

「その五月一五日の講演の前に、すでにグリーンライトではアライドのショートポジションを建てていたのですか？」

「アライドのショートポジションを建てたのは講演のときです」

「その講演で、アライドに着目し、アライドのことを話すのは、チャリティイベントで優れたアイデアを共有するためだと、あなたはそうおっしゃっていますね。アライド株に下方圧力を掛けられると思って他人に情報を伝えるのが、アライドに関する講演のもうひとつの目的だったのではないですか？」

確かにそれはあった。わたしは市場操作をしていたということか？

あのときにはほかにも一〇人の講演者がいた。言うまでもないことだが、ＳＥＣがビル・ミラーを召喚してネクステル株――この株式の大株主はミラーのファンドだった――の「買い」

推奨がその株式に上方圧力を掛けるためだったのかどうかを聞こうとはしなかった。株価を押し上げるような「発言」は何の疑いもなく容認されるのに、逆の場合には株価操作の可能性を疑われるという違いがあるようだ。

「二つ目のご質問には異論があります。確かに他人に情報を伝えていますが」

「そのときのディナーに参加していたほかの人、ほかのファンドマネジャーやウォール街の人間があなたの講演を聞いたらアライド株を空売りするのではないか、とは思いませんでしたか?」

「そう思ったかもしれません。会議でわたしの発言を聞いた人は、みんなアライドのことを調べるに違いありませんし、わたしの発言や信念、事実関係を踏まえて、みんなアライド株を売るか、売りポジションを建てていたと思います。……当時の状況を考えたら」

「分かりました。そのときの参加者はあなたの話をベースにアライド株を空売りする、あるいは買いポジションを手仕舞うかのどちらかだろう、という当然の期待を持っていたという発言は事実ではないんですね?」

するとグリーンライトの弁護士のヒラーが話を遮った。

「そのことはすでに立証済みだと思いますがね。今のご質問は『当然の期待』を持っていたかどうかですよね。あなたが法的基準の話に持っていこうとしていらっしゃるのかどうかは知りませんが、彼はあなたの質問に思っているとおりに答えていますよ。みんな彼の話を聞いて、こいつ、完全に的外れなことを言っているから、買い増ししてやろうと判断することもできますよね。みんな自分で判断するのです。ですから、何が『当然の期待』の基準かは知りませんが、あなたはここにその基準を置こうとしていらっしゃるんでしょう」

「いや、特定の法的基準のことを言っているのではありません、ヒラーさん。証人に違う質問をしているだけなんです」とブラズウエル。

「彼は何を期待していたかを話したんです」とヒラー。

「いいえ、ほかの人がそれぞれ自分でリサーチをするかもしれないと言ったんですよ」とブラズウエル。

「いいえ、違います。彼はあなたの答えをそのまま受け入れたわけではないんです。あなたはその答えを望んでいらっしゃるのでしょうが、彼は、ほかの人に何を期待していたのかというあなたの質問に対して答えたんだ、と言っているのです」

こんなやりとりがしばらく続いたあと、ようやくＳＥＣも、わたしの講演の間中ずっと動いていた携帯端末ブラックベリーの問題に話題を移した。

「アインホーンさん」とブラズウエルが切り出した。

「われわれの調査の記録では、そのときディナーに参加していた人は、あなたの講演を聞きながら、まさにその最中にブラックベリーでアライド株を空売りしていたことになっていますが？」

「そうだとしたら、皆さん、わたしの話に説得力があると思っていたんでしょうね」

「みんながそうするだろうという期待はあったのですか?」

「いいえ。わたしもその話は聞きました。でも、聞いたときにはびっくりしました。会議中に電話をしているとは思いませんから」

「では、プレゼンテーションをしながら……、自分の分析は正しいのだ、と参加者を納得させるつもりはなかったということですか?」とブラズウエルがしばらくしてから聞いてきた。

「わたしの分析は正しいと思っていました。正しいと思っているから分析を披露したわけですし、正しいと思っているから話そうとしただけです」

「では、ご自分の思っていることを話すのは当然の……」

このとき、ヒラーはうんざりしたようにこう言った。

「ちょっとよろしいですか。彼に株価を動かそうとしたと言わせたいんでしょう。彼はそんなことは言っていませんよ」

「いいえ、そんなことを聞いているのではありません」

「もう同じ質問ばかりを六回もしているじゃないですか。この証人は、これはチャリティイベントであり、参加して投資のアイデアを披露してくれないかと頼まれたのだ、と言っているんです。優れたアイデアを披露したかったと言っているんです。だってチャリティイベントなんですから、参加者もそれにふさわしい人間だろうと感じたからですよ」

「彼は『こうしたいんだけど』と言って裏でこそこそやるのではなく、正面切って講演をしているんです。できるかぎりのことを答えているじゃないですか」とヒラー。

「『わたしはそこへ行って、いいアイデアだと思っていることを話そうと。そして自分の考えを述べたんだと。彼らは自分がどうしたいかは自分で判断できるんです』と言っているじゃないですか。以上です」

「その講演を聞いている人の心にずけずけと入り込んでいけとは言っていませんよ。ただ理解しようとしているだけなんです」とブラズウエル。

「彼の意図が何だったのか、目的は何だったのか、そして何を話したのかは申し上げましたよね？」とヒラーが最後に言った。

「確かに、ヒラーさん。彼の意図が何だったのかは、証人よりもあなたのほうがお話ししてくださいましたね。あなたが証人でなければありがたいんですがね」

「わたしは証人ではありませんが、この証人を困らせたくないんですよ。何しろ、もう六回も同じ質問なんですから。明らかに違う答えが欲しいんでしょう。この問題では、もう話すべきことはお話ししましたからね」とヒラー。

ブラズウエルはしつこく粘った。

「あなたはご自身の講演でアライド株の市場価格に影響を及ぼそうという意図はあったのですか？」

今度はわたしが答えた。

「それが講演の目的ではありませんでした」

「それが目的ではなかったとすると、意図は？」

とうとう、わたしも混乱してきた。

「目的と意図とはどう違うんですか？　……わたしの意図は慈善団体に頼まれたことをすることでしたが……」

すると、ブラズウエルがブラックベリーに話を戻した。

「講演をしている間に、観衆のなかでブラックベリーを使っている人を目撃しましたか？」

「いいえ、それは目撃していません」

「講演をしている間にアライド株の取引をしていた人がいることを初めて聞かされたのはいつですか？」

これは正確ではなかった。わたしが講演をしたのは取引時間が終わったあとだからだ。ブラックベリーを使っていたのは、翌日の空売りのために株の借り受けを申し込むためだった。わたしはこう答えた。

「数週間後にゴールドマン・サックスで会議があったのですが、会議中ゴールドマンの人たちに、アライド株は貸借銘柄なのかという質問を受けている、と言われました。会議中にはこんなこともありました」

突然、昼休みに入った。めまいがしてきた。胃も痛かった。証言がうまくいったとは思えなかった。ブラズウエルは対決姿勢を強めていたし、わたしももう、目的と意図の違いについてこれ以上何を主張すればいいのか分からなかった。あの意気消沈するような部屋には戻りたくなかった。彼らは粘り強かった。あと半日、そして明日も一日中、これを繰り返さなければならないのか。わたしはすでにミスを犯していたし（「現物報酬」の件で）、質問攻めにされているうちにさらにミスを犯すのではないかと心配になってきた。

しかし午後からは、翌日の残りの時間もずっとそうだったが、質問が穏やかになってきた。まるでキルロイがブラズウエルに落ち着くようにと諭したかのようだった。会社に戻ると、SECの弁護士が、アライドが敏感になっている主な問題、つまりメディア、わたしが集団訴訟の弁護士たちと取引をしている可能性、わたしとデビッド・グラッドストーンとの関係、ウォルトンの前任者、そして当社が少々ポジションを建てているグラッドストーン・キャピタルのCEO（最高経営責任者）などの問題をすべて復習した。実は、SECはグラッドストーンに極めて高い関心を示していた。

「そのとき、グラッドストーン氏とはどのような議論をしたのですか？」とキルロイが尋ねた。

「わたしたちの脳裏に浮かんできたことや、それについてどう思うかを聞いてみました」とわたしは答えた。

「どんなことが脳裏に浮かんだのですか？」

「評価プロセスのいくつか、アライドがやっていた個々の評価のいくつか、企業間の関係と呼べるようなもののいくつかが気掛かりでした。それでデビッド・グラットストーンにいろいろ質問をしたんだと思います」

キルロイは間違いなくこの回答には納得しておらず、再びグラッドストーンに話を戻してきた。何度答えても同じなのに、彼女はまるでないものねだりをするかのように、グラッドストーンに関する同じ質問を何度も繰り返してきた。

「グラッドストーン氏と会ったときの状況は？　そのあともグラッドストーン氏とは連絡を取り合っているのですか？　あるいはアライドのことを調べ始めたときに、あらためて連絡を取るようになったのですか？　アライドについてはどのように話を持っていったのですか？　そのときの話の内容は？　彼はあなたのリサーチをサポートしてくれましたか？　つまり、いい相談相手になってくれましたか、ということです。どのような議論をしたのですか？」

ＳＥＣはグラッドストーンのことに質問を集中させた。アライドが共謀説を押していたからだ。わたしはグラッドストーンのちょうちん持ちで、アライドを批判する本当の狙いは、当社が保有するわずかなグラッドストーン・キャピタルの株価を上昇させることだという。グラッドストーン株は二〇〇二年度第２四半期にすでに売却していたのだが。

アライドはグラッドストーンのことをかなり気に掛けており、フォーブス誌がある記事を書くと（その記事で、ウォルトンはわたしを「略奪者」と呼んでいた）、おいしい話を持ってその記者に接近した。二〇〇二年九月二日、フォーブス誌は「殺し屋」と題する記事を掲載。グラッドストーンが女性社員を殺したとしてアライドを解雇され、執念深いグラッドストーンがアライドの会計を非難しているという内容である。アライドの行動は、告発内容そのものを攻撃できないなら告発者本人を攻撃し、別の架空の共謀の犠牲者だとして共感を得ようというキャンペーンの一環なのだ。

SECの弁護士たちも、わたしの講演について、また一カ月後に報告書を発行した理由について繰り返し聞いてきた。

わたしはこう答えた。

「アライドは何度かコンファレンスコールを開催していますし、プレスリリースも何度か発行していますが、メディアにはいろいろなことを言っています。でも、その多くが間違っていると思ったのです。中傷的なものもありますし、わたしたちの発言も間違って伝えています。わたしたちの分析の位置づけも間違っていますし、ささやき工作だと言ってわたしたちを非難しています。ですから、事実関係を明確にし、事実だと思っていることを話し、本当の真実を明らかにできるかどうかを調べることが重要だと思ったわけです」

しばらく間を置いてから、キルロイがソフトなボールを投げてきた。もしかしたら当社の批判には一理あると思ったのかもしれない。おかげでわたしもスムーズに答えることができたし、質問の矛先をアライドに向けるのも楽になった。例えば、こんな質問があった。

「アライドのコンファレンスコール（電話会見）では頻繁に質問することができましたか、あるいはコンファレンスコールでは選別されているという印象をお持ちでしたか？」

初日の証言が終わりに近づくと、キルロイの質問に対する答えも明確になってきた。

「あなたが講演をしたときには、アライド株のポジションのことがこれほど有名になると思っていましたか？　また、その講演をするときにはこの会社のことをどう思っていましたか？　こんなふうになると思っていましたか？　株価はどうなると思いましたか？」

「反響がかなり大きかった、つまり、予想をはるかに超える反響があったと感じているか、というご質問ですよね？　でしたら、答えはイエスです」

第18章

操り手、物書き、そして学者

証言の二日目の朝、USAトゥデー紙にラニー・デイビスに関する特集記事が載っていた。見出しは「危機弁護士、新たな標的――ヘッジファンド――に立ち向かう」。記事によると、デイビスはスキャンダルに巻き込まれている企業の代理人となるべく危機管理チームを結成していた。デイビスいわく、一九九九年以来数十社の訴訟を担当しているが、自分の名前を前面に出したのは二度だけだという。記事では、デイビスがヘルスサウスのCEO（最高経営責任者）リチャード・スクラッシーを、企業の「倫理監視委員会」設置をサポートする「コーポレートガバナンス（企業統治）専門家ツアー」にどのようにして連れて行ったかが語られていた。二〇〇五年、スクラッシーはヘルスサウスを去ったが、証券詐欺では無罪となった。二〇〇六年には収賄、共謀、郵便詐欺で有罪が確定し、二〇〇七年には懲役七年の判決を受けた。記事のなかでデイビスは「ヘルスサウスとは手を切った」としており、次のように説明している。

デイビスは新参者が目を回すほど頻繁に記録を塗り替えている。今では法人顧客の団体である「完全な開示のための連合」をまとめるのに余念がない。同団体では、（株価の下落に賭けて）株式を空売りする投資家に買い持ちする投資家と同じ開示規則を順守させる立法の制定を求めて議会に圧力を掛けている。

空売り筋に身元を明かすよう求めるのは恫喝に当たる。これまで見てきたように、アライド・キャピタルは当社の批判を「空売り攻撃」だと言い、当社の動機について執拗に語るなど、わたしたちへの信頼を失墜させようと奮闘している。また、わたしを敵役に仕立て上げては、投資家に選択を迫っている――アライドの味方か、さもなければ操り手の味方かと。アライドに味方すれば、わたしたちの言うことに注意を払う必要もないし、アライドの回答の妥当性を批判する必要もないのだと。

USAトゥデー紙は、アライドのわたしに対する「キャンペーン」をつづった記事を続けて掲載した。

「アライド・キャピタルはかつてないほど積極果敢な告発者追撃キャンペーンに着手しました。そうするのは、自分たちの事業や会計に関する真剣な質問に適切に答えていないからでしょう」とアインホーンは言う。

デイビスはこうやり返している。

「アライドはアインホーンの主張にはすべて回答しています。アインホーンは事実の代わりに当てこすりを使うんです。その記録保持者でもあるんです」

ところで、デイビスには他人を攻撃する同じようなキャンペーンを立ち上げる能力が欠けていた。著名な空売り筋のジム・シャノスが言うとおり、「完全な開示のための連合」のスポンサーは「匿名」を主張している――作り事にしてはジョージ・オーウェル風の予想外の展開が多すぎる。アライドはその最大の金づるかもしれないが、そうでないかもしれない。しかし、USAトゥデー紙の記事以外には「完全な開示のための連合」に言及している記事など見たことがない。グーグルでも検索してみたが、その記事とその記事についての二人の空売り筋のコメントを含め、結果はわずか一二件だった。

SECでの二日目は初日よりはストレスが少なく、ホッとした。グリーンライトが発行した調査報告書でアライドが同意しなかった部分に質問が及んだ。わたしは現物収入でなぜアライドが増資をして税金分配を支えざるを得なくなったのか、アライドが投資額の三五％に誤った値を付けたことをわたしがどう判断したのか、アライドは一定の投資を簿価で手放せるのに、それがポートフォリオを適切に評価した証明にならないのはなぜなのか、アライドはどのようにビジネスモデルや会計方法を変更したのか、なぜアライドとビジネス・ローン・エクスプレス（ＢＬＸ）との関係がエンロンとラプター・パートナーシップとの関係と類似しているのか、なぜアライドはＢＬＸを評価するときに妥当な根拠を用いないのか、アライドはどのように株主割当を計画して市場操作を狙っているのかについて説明することになったが、そのときはもうほとんど証言を楽しんでいた。どれもわたしには楽なテーマだった。ほかにもゴサムのこと、連邦農業抵当公社（ファーマー・マック）やモノローン最大手のＭＢＩＡを空売りしたことについて質問され、最後にアライドの悪行について教えてくれたトッド・ウィヒマンと彼の会社レドックス・ブランズについて聞かれた。

夕方になると、何か追加して記録しておきたいことはあるかと聞かれた。当時、ＳＥＣは不正行為撲滅のためにヘッジファンドに対する規制を検討していた。そこで、わたしはこう答えておいた。提起した問題も十分に調査せず、未解決のうちに、すでに規制投資会社のアライドに追加でＩＰＯ（新規株式公開）を認めているようでは、いくらヘッジファンドを規制しても効果のほどは分からないと。

終わった。しかも午前中に終わったぞ。まるで学生最後の日の授業を終えて帰宅するときのような気分だった。わたしはニューヨークに戻り、その日の結果とスピッツァーとの面会を待つことになった。ところが、スピッツァーの事務所は事情聴取の日にちを一度決めたのにキャンセル、再度決めたのにまたキャンセルしてきた。それ以来、ＳＥＣからもニューヨーク州司法長官の事務所からも当社の調査については連絡がない。

デビッド・アームストロングからは再び連絡があった。ウォール・ストリート・ジャーナル紙の記者のひとりで、当社を調査している規制当局の記事を書いた人物だ。アライドとグリーンライトの記事を書きたい。彼はそう言ってきたが、わたしはアライドの提案ではないかと疑った。そこでジェームズ・リンと一緒にアームストロングと議論した。アームストロングはアライドとはすでに打ち合わせをしており、質問攻めにする準備をしてやって来た。SECの弁護士と同じく、彼もアライドが動転するようなテーマについて質問をぶつけてきたが、ジェームズもわたしもすべての質問に答えることができた。そのあとでチャリティイベントでの講演のビデオを見た。アームストロングはそれほど大した取引ではなさそうだと言っていたが、全部を見終わったときには、彼もわたしたちの論拠のほうが有力だし、アライドの評価や会計慣行についても重要な点を指摘していると感じているように思えた。帰るときも、わたしたちがアライドを批判している理由を理解したように見えた。

間もなくウォール・ストリート・ジャーナル紙がヘッジファンドに関する多面的な記事をシリーズで掲載した。ヘッジファンドが二つのサイコロを使って図解されていたが、業界の人間に対する肯定的な言葉はなかった。アームストロングは当社での作業を反ヘッジファンド的な記事に盛り込もうとしたが、できなかったようだ。事実関係は当社に有利なものだったからだ。この記事はアームストロングの目的や個人的なバイアスとは関係なく掲載されたのだ。彼はわたしたちを支持する記事を書いたというよりも、何ひとつ書かなかったということだ。

続いてハーバード・ビジネススクールのペロー教授から連絡があった。アライドのケーススタディーを書き終えていた。二〇〇二年一〇月に教授の授業に出席して以来、一度も連絡をくれなかったので驚いた。まだ見せてもらっていなかったが、教授はすでにケースを教材として自分のクラスで使っていた。また、ある投資信託会社から問い合わせがあったことから、「市場にも出回っていた」。

ケースはラニー・デイビスが執筆したかのような文章だった。わたしはあぜんとした。ハーバード・ビジネススクールの教授ともあろう人物が、これほどのインテリが、どうしてアライドに有利な説明ばかりのケースなど書くのだろう。文章は間違いだらけで、もっぱらアライド側から見た内容になっていた。わたしたちの主張の多くは虚偽であり、「論破」されていた。アライドの会計や、同社がBLXを帳簿上どう処理しているかについても誤って解釈しており、まるでアライドのコメンテーターが陰謀に巻き込まれたかのような印象を与えるものだった。また、二〇〇二年には会計方法を変更していないし、ずっと一貫している、というアライドの主張も受け入れており、わたしが講演をする前にアライドの経営陣はわたしと議論している、などというアライドの主張も繰り返していた。

このケースがアライド側から見たイベントの「歴史」になるのではないか。わたしは心配になってきた。しかも、ハーバードという名称が印刷されているのだ！　二〇〇三年七月三日に報告書を書き終えたペローは、それをＰＤＦ形式にしてメールに添付して送ってきた。そこで、ファイルの余白にコメントを挿入できるよう、ワード版にして再送してくれないかと頼んでみた。しかし、拒否された。わたしはアシスタントにケーススタディーを全部最初から入力し直してもらい、間違いについてコメントしてからペローに返送した。その後、ジェームズ・リンとわたしが電話でコメントをざっと読み上げながら間違いを指摘し、懸念を伝えた。

ペローは訂正すると約束してくれたが、それから二時間以上もかけて文章を一文ずつ丹念に見直し、アライドのうそやＢＬＸに関する問題点を指摘していった。この長電話にはさすがに参った。

「少し時間がかかりそうですね」

半分ぐらい進んだところで、わたしはそう告げた。

ペローは議論を続けたがり、相いれない議論を整理するのを楽しんでいた。

「これを空売り攻撃だと呼ぶケースにも問題がありますよ。……これはアライドがよく使う用語です。……これは大げさですよね」

「ほう、そうですか?」とペローは面白がって言った。

「攻撃ではありません。わたしたちは問題を提起しているんです。リサーチを共有しているんですよ」

ペローは笑い出した。

「ほう。株価が上がるのを願って売っているわけじゃないだろう」とペローは怒ったように言った。

「攻撃ではありませんよ。投資です」

ようやくペローも変更に応じた。

電話を切る前に、ペローもわたしが指摘した点をアライドに伝えて回答をもらうことに同意した。そこで、また教授がそれを発表する前にコメントができるよう、わたしたちにもその回答を見せてくれるようにと頼んだが、拒否された。ハーバードのケーススタディーでは関係している対象企業にコメントする機会を与えるのが普通だからだという。わたしは、対象企業は二社――つまり、アライドとグリーンライト――あるではないかと指摘した。これでは一方通行の道路と何ら変わらない。アライドだけに事前にコメントする機会を与えるつもりなのだから。

ところが、まだ大きな問題が残っていた。ペローがケーススタディーの第一稿をすでに発売してしまっていたことである。間違いだらけのケーススタディーを返却するよう学生に頼むことはできないのか、と聞いてみた。するとペローは、ベストを尽くしてみる、このケーススタディーはまだ草稿の段階だ、未完成だと話してみると約束した。このやりとりは数カ月間続いたが、またもペローは当社にコメントを求めてくることなく、間違いだらけのケーススタディーを発行してしまった。わたしたちは間違いを指摘し、これまでのやりとりについての不満を伝えた。それぞれの版には多くの変更が加えられていたが、無視されている個所も多かった。

どうしてこんなに面倒なんだ。依然としてけむに巻かれている印象は拭えなかった。ところが、思いがけなく、ペローの教え子のひとりから、ペローがケーススタディーのリサーチで助手に使っていた人物が昨年夏にキャピタル・リサーチ・アンド・マネジメント（ＣＲＭ）という投資会社でアルバイトをしていたことを聞かされた。「ＣＲＭはアライドの筆頭株主」だった。その助手、卒業後にはＣＲＭに就職した。わたしは報告書のなかの対立点、または対立点だと思われる個所を開示してほしいとペローに頼んでみたが、断られた。わたしが執拗に迫ると、それが自分のケースライティングのやり方であり、それ以上の理由はない、と突き放された。二〇〇四年の初めにはとうとう最終版が発行されたが、比較的偏りはなかった。

第19章

クロールが深く掘り下げる

このように事が進んでいった一方で、クロールがアメリカン・フィジシャンズ・サービシズ（ＡＰＳ）とビジネス・ローン・エクスプレス（ＢＬＸ）の調査で大きな進展を見せた。アライドを調べてもＡＰＳの本質については何も分からなかったが、クロールはＡＰＳが「医師業務管理会社」であることを突き止めたのだ。一九九〇年代後半のウォール街では、医師業務を購入して、スケジューリング、備品の仕入れや請求といったバックオフィス業務を提供するのが将来の医療ビジネスだと考えていた。ただ問題は、そうした企業の大半が、実際には医師の生活を改善したわけでも多くに介入できたわけでもなく、それが医師と企業経営者との関係悪化の原因になってしまったことである。一度医師たちの間で評判を落とした企業は、さらに多くの医師を獲得して成長プランに合わせていくのが難しくなってきた。その結果、株価は下落し、医師の獲得に使える余力も乏しくなってきた。医師たちはと言えば、業務の一部を売却する原始資本として株式を引き受けていたため、ますます苦しくなった。そしてついに、業界最大手のフィコールを含め、こうした企業の大半が倒産。第4章でも論じたが、オーソドンティック・センターズ・オブ・アメリカでも同じことが起きていた。

クロールでは、APSがまさにこのパターンであることを突き止めた。APSの設立をサポートしたのはボストンのベンチャーキャピタルとして有名なTAアソシエーツ、劣後ローンを提供したのがアライドだった。クロールがインタビューをした医師や元幹部の大半が、APSは成功しない、アライドは投資資金を回収できないと考えていた。また、多くの医師がAPSとの関係を悪化させ、APSという言葉を「無能で不誠実ないかさま経営者」の意味で使っていた。

クロールでは、医師数減少による損失を埋めながら会社を維持していくには、アライド・キャピタルが引き続き資本を注入していく必要があると判断。アライドの最初の投資後の成果はかなり厳しく、医師数もピーク時には約一〇〇人だったのが、二〇〇三年には三五人に減っていた。クロールはAPSが利益を出しているのかどうか疑問に思った。このような状態だったため、貸し手の銀行も二〇〇一年六月には融資を約五〇セントでアライドに投げ売りした。TAアソシエーツも逃げ出した。しかし、上位債務を割り引きで購入し、その一部を資本化していたにもかかわらず、アライドがAPSの劣後債投資の評価を切り下げることはなかった。

それどころか、アライドはシニアレンダーを吸収合併したときにAPSも買収し、スウィニーを担当者に据えていた。ところが、ビジネスはボロボロ。にもかかわらず、アライドはAPSへの最初の融資を簿価で計上していた。二〇〇二年四月にはその融資を「不良債権」としたが、二〇〇二年一二月までは評価減を実施しなかった。その後実施したが、ごくわずかな額であった。二〇〇三年に入ると徐々に評価減を実施するようになり、二〇〇四年には大幅に切り下げたが、その直後にAPSは倒産した。アライドはその年度の残高からさらに評価減を実施する必要に迫られた（**表19・1**を参照）。

二〇〇四年九月のウォール・ストリート・ジャーナル紙の記事で、アライドは二〇〇三年後半まではAPSに対して楽観的だったが、その二〇〇三年後半に医療訴訟に敗れ、二〇〇四年の初めには医師のひとりが死亡したのを受けて悪評が立つようになったと主張しているが、クロールの調査からはAPSがそれよりもはるか以前から大きな困難に陥っていたことが分かった。

BLXに関するクロールの調査はかなり手の込んだものだった。このプロジェクトの調査を担当しているジョック・ファーガソンは、独自にBLXを深く掘り下げていたイーストボーンのパートナーのジム・カルザーズと知り合いだった。そのせいか、やはり二人の方針は何度か一致していた。わたしはグリーンライトがカルザーズを起用していることは言わず、カルザーズと協力して調査をしてみたらどうかとクロールに言ってみた。当社でクロールを起用しているという発言が市場やメディア、アライドに知られても構わなかった――クロールが調査を終

表 19.1　アメリカン・フィジシャンズ・サービシズ

日付	債券投資 取得原価	債券投資 評価額	株式投資 取得原価	株式投資 評価額	備考
1999/12/31	14,388	14,388	1,476	1,476	最初の投資
2000/03/31	14,404	14,404	1,476	1,476	投資の増加は現物の可能性
2000/06/30	14,661	14,661	1,476	1,476	投資の増加は現物の可能性
2000/09/30	14,792	14,792	1,476	1,476	投資の増加は現物の可能性
2000/12/31	14,809	14,809	1,476	–	株式の評価減、債券は取得原価で
2001/03/31	15,090	15,090	1,476	–	投資の増加は現物の可能性
2001/06/31	39,405	39,405	1,000	100	資本増強、上位債務買い取り、下位債務の評価減せず
2001/09/30	39,580	39,580	1,000	100	投資の増加は現物の可能性
2001/12/31	40,194	40,194	1,000	100	投資の増加は現物の可能性
2002/03/31	40,780	40,780	1,000	100	投資の増加は現物の可能性
2002/06/30	41,362	41,362	1,000	100	不良債権に投資、評価減せず
2002/09/30	40,643	40,643	1,000	100	
2002/12/31	40,662	38,492	1,000	–	株式投資評価をゼロに
2003/03/31	40,662	38,492	1,000	–	漸次的評価減
2003/06/30	42,162	36,239	1,000	–	漸次的評価減
2003/09/30	43,062	36,793	1,000	–	漸次的評価減
2003/12/30	40,812	32,185	1,000	–	漸次的評価減
2004/03/31	43,512	19,300	1,000	–	漸次的評価減
2004/06/30	44,730	16,750	1,000	–	漸次的評価減
2004/09/30	34,987	4,663	1,000	–	漸次的評価減
2004/12/30	4,801	4,225	–	–	実現損失 3200 万ドル

注＝単位は 1000 ドル

えるまでは。そのため、わたしはカルザーズとばつの悪い会話を何度か交わすことになったわけだが、カルザーズは、だれかがクロールを使っているらしく、実に経験豊富で素晴らしい仕事をする調査員がいると話していた。わたしはおとなしく話を聞きながら、クロールと情報を共有してみてはどうかとカルザーズを仕向けてみた。それが双方向の作業になるだろうと確信したからだ。

カルザーズは情報源としてＢＬＸの元社員数人を見つけ出した。そのうちのひとりが、二〇〇一年八月の中間延滞融資報告書を提供してくれた。それは不良債権が一億三五〇〇万ドル、つまりＢＬＸのポートフォリオの約二〇％に上っていることを克明に示していた。アライドでは、ＢＬＸの延滞率はこの額の半分未満であると一貫して述べていたが、クロールはこの延滞融資報告書を問題の融資のロードマップとして活用し、銀行や証券会社、元社員、そして数人の借り手から話を聞いた。

二〇〇三年八月、クロールはＢＬＸに関する二三ページの報告書を完成させたが、そのソースドキュメントをとじた二冊のバインダーの厚みはそれぞれ一五センチ以上になっていた。クロールでは「ＢＬＸが組成した一連の融資はＳＢＡ（中小企業局）に対する不正である」と考え、「さらに監査を実施すれば、ＳＢＡの融資発行規則や規制に違反していることが明らかになり、ＳＢＡがＢＬＸから数千万ドル、数億ドルの資金を回収せざるを得なくなることも考えられる」と記している。

クロールは、わたしに連絡をくれたＢＬＸの元幹部が説明してくれた同社の違法行為やカルザーズが突き止めていた違法行為を確認し、それを文書にしたためた。ＢＬＸは返済不能な融資を生み出していた。多くのケースでＢＬＸがＳＢＡの引き受け要件を無視していることも分かった。ＳＢＡは、一九八〇年代のＳ＆Ｌ（貯蓄貸付組合）の危機の一因ともなった手ぬるい政府の監視体制をそのまま引きずっていたわけである。

さらにクロールでは、ＢＬＸが借り手に新規のＳＢＡ融資を供与して既存のＳＢＡ融資を完済させていることをつかんだ。明らかにＳＢＡの資格規定に違反していた。借り手が必要な資本増強をしていることをＢＬＸが確認していないケース、融資による収益金から借り手に手数料を取らせているケース、融資申込書の詳細を確認していないケース、借り手の信用履歴や資本増強の妥当性、返済能力や担保を適切に評価していないケースがあることも分かった。さらに、ＢＬＸが高騰した不動産の査定を容認していることも突き止めた。ＳＢＡの規則に要約されているように、「貸付業者は借り手の申込用紙を分析し、妥当かつ適切な引き受け業務かどうかをチェックしなければならない」のである。ＢＬＸはこの原則だけでなく、ほかにもＳＢＡの技術的な引き受け要件にも数多く違反していることが分かった。

クロールでは、ＢＬＸは新規融資を大量に組成することを重視し、融資担当者にも慎重になる必要はないと指示していることを聞いたと話している。ＢＬＸは融資件数をベースに金儲けをし、信用リスクの大半をＳＢＡ融資プログラムの下でアメリカの納税者に負わせていた。これによって、BLXも融資の質よりも量を強調するようになったのである。

クロールによると、融資を受けたものの一度として返済したことがない借り手もいるという。BLXは独立系貸付ブローカーを頼って件数を増やしていた。また融資の承認については、そのほとんどが貸付ブローカーが提出した融資申込書だけをベースに、検証もせずに決定を下している、というBLXの元社員（融資の引き受けを担当）の言葉も紹介されていた。

クロールではさらに、第11章で論じた既決重罪犯のマシュー・マギーが運営していた（現在も運営している）リッチモンド営業所があるミシガン州のほか、ニューヨーク州やサウスカロライナ州、ジョージア州、バージニア州で発行された融資も不正の可能性があると指摘。クロールによると、マギーは一九九七年の釈放後、明らかにその責任を制限するSBAの規制の枠を超えて融資をしており、リッチモンド営業所から発行された融資の多くが債務不履行に陥っているという。

BLXがマギーを採用したときには、SBAもそれを承認したが、マギーを同社の金融取引には関与させない、与信承認は担当させないという条件を付けた。クロールによると、マギーはリッチモンド営業所でSBA融資のすべてを獲得し、処理し、引き受けることでこの制限を常に超えており、個人的に融資承認委員会に説明に出向くことも多かったという。また委員会のやり方は、一度承認を得てから新規融資の発行を監視するというものだった。それとは別に、SECはマギーに投資会社との提携を禁止した。アライドが投資会社であることを考えると、マギーはSECの禁止令に違反しているようである。わたしたちもアライドがSECから権利放棄証書を入手したという証拠を見たことがない。

不正融資は目に余るほどだったようだ。ジョージア州のあるケースでは、BLXがSBA融資をマグネット・プロパティーズにまで広げていた。マグネット・プロパティーズとはモーテルを経営する会社で、すでに別のSBA融資で一九九八年に債務不履行に陥っていたマング・パテルが所有するハワード・ジョンソン・エクスプレス・インを運営していた（確かに、長年にわたってBLC・BLXではパテルにSBA保証付き融資を発行しているが、そのうち多くがSBAの貸付規則を無視しており、その多くが債務不履行に陥っている。クロールでは、パテル本人がこの一連の融資のブローカーとしても活動していることを突き止めている）。新規の融資はすぐに焦げ付き、BLXは一〇〇万ドル以上の損失を出したが、その四分の三についてはSBAが納税者保証に基づいて補償していた。

クロールでは、サウスカロライナ州のモーテルへの不正融資、デトロイトやニューヨークのガソリンスタンドへの不正融資の問題点を数多く詳述した。また、融資のなかには取引の一カ月前に不動産が「分割」されているものもあった――モーテルと隣接するレストラン、管理事務所のビルや駐車場を分離していた。BLXは不動産全体をベースに融資を供与していたが、メインのモーテルには担保を要求した。オーナーはその場しのぎの木製のフェンスで不動産を分離し、別々の不動産を無傷で売却した。

もうひとつの例は、アメル・ファランを貸し手に指名し、BLXに多くの取引を提示した貸付ブローカー、アブドラ・アルジュファイリによって法人格にさせられたリアン・ペトロ・マートに二〇〇一年に一三五万ドルを融資したというもの。後日わたしたちは、アブドラ・アルジュファイリとBLXのデトロイト営業所所長のパット・ハリントンが手を組んでいるのを知った。不動産税評価額はわずか四四万三〇〇〇ドルで、融資額よりも九〇万ドルほど下回っていた。返済されたのはごく一部で、数カ月後には債務不履行に陥った。

BLXはデトロイトのもう一軒のガソリンスタンド、ファーミントン・ペトロ・マートにも一三五万ドルを融資していたが、これもファランが借り手になっていた。カルザーズのインタビューに応じたファラン、ガソリンスタンドのことも融資のことも何も知らないと答えたという。ファランはフォード・モーターでエンジニアとして働いていたそうだが、この融資の連絡先として記されていたアルジュファイリ（義理の弟だというのを後に知った）との関係はほのめかしていたようだ。

「アブドラには連絡したと思うけどな」とファラン。もちろん、融資は焦げ付いた。

アルジュファイリもゴルフサイド・ペトロ・マートの設立者のひとりとして名前が挙がっていた。同社はBLXから一三〇万ドルを借り入れたが、ジェファーソン・フュエル・マートへの一三五万ドルの融資と同様に債務不履行になった。アルジュファイリはその融資も仲介していたが、記録を見ると、BLXによる高額の融資を関係当事者間でねつ造していたことが分かる。また、融資による収益金の二〇万ドルは、フセイン・シャフルールの手に渡っていた。たばこの密輸組織での犯罪を認め、執行猶予二年の判決を受けている人物である。密輸で得た収益の一部をレバノンのテロ組織ヒズボラに融資していた密輸組織の別のメンバーに関する証言と引き換えに罪を軽減してもらったのだ。クロールによると、BLXのデトロイト営業所ではアルジュファイリが作成した融資申込書をほとんど審査していないのは明らかだという。やはりSBAの要件を無視していた。デトロイト地区では、アルジュファイリの融資を含め、BLXのガソリンスタンドやコンビニエンスストアへの融資の一一件、金額にすると合計一一二〇万ドルが焦げ付いていた。

バージニア州ノーフォークでは、BLXがタウン・ポイント・モーテルに融資していた。このモーテル、現地では主な麻薬取引所になっているとして、わずか数カ月後には警察によって閉鎖に追い込まれてしまう。モーテルのオーナーは融資の返済をストップし、モーテルも最終的にノーフォーク市によって取り壊された。

コレトン・インはサウスカロライナ州ウォーターボローのモーテルだったが、ここにもBLXは劣後融資を供与していた。ところが、これが失敗に終わると、ウォーターボロー銀行（劣後融資を供与）の役員がクロールにこう言った。

「裁判所の階段でモーテルを売ったよ。第一抵当の債権の合計額よりも少し高かったかな……。BLXは一銭も儲けずに逃げ出した。……一一〇万ドルは損しているね」

クロールは、二〇〇〇年の初め以降、ＢＬＸが発行した融資で破産法適用を申請するケースが一〇〇件を超えていることを突き止めた。アルジュファイリやパテルの場合、債務不履行になった借り手が、ＢＬＸの独立系貸付ブローカーと手を組んでいるケースが多いことも突き止めた。借り手とブローカーが「同一人物」ということもあった。ある銀行の担当者がクロールに語ったところによると、ＢＬＸの融資の焦げ付きがあまりにも多いことから、ＢＬＸはＰＬＰ（優先的貸付業者）の間では最後の頼みの綱だという評判だったそうだ。

これほどの不正を働いていたのにうまく逃げ切ってきたＢＬＸだが、規制当局も薄々は気づいていていた。二〇〇二年にＳＢＡのＯＩＧ（監察局）が監査を実施するきっかけになったのが、ジョージア州のマグネット・プロパティーズへの一六〇万ドルの融資の最初の債務不履行だった。ＯＩＧでは数々の貸付違反を発見した（http://www.sba.gov/ig/2-35.pdf を参照）。ＳＢＡの監査では、「（マグネットの）後の融資申込書の不備が伏せられて」おり、融資もＳＢＡの融資基準を満たしていなかったことが分かった。また、パテル自身が融資の収益金のなかから一七万ドルを支払って、その融資を当初のＳＢＡ融資の借り換えに使っていたことも分かった。これは「ＰＬＰによる融資の収益金は既存のＳＢＡ融資の借り換えや完済に使用することはできない」というＳＢＡの規則に明確に違反するものだった。

ＯＩＧは、ＢＬＸの行為は「言語道断であり、ＳＢＡが貸付業者に民事上の不正改善措置を求めるのを正当化する行為である」と結論づけた。企業が「慎重な貸付慣行に従わず、ＳＢＡ

の要件を具体的に順守しなかったことで、中小企業法第七条（ａ）項の事業融資計画のインテグリティーが損なわれてしまった」というわけである。ＯＩＧは、融資の組成に当たってＳＢＡの規制、方針、手続きに従わなかったとして、ＢＬＸのジョージア地区営業所のＰＬＰの指定を一時停止するよう勧告した。さらに、ＢＬＸにはＳＢＡに返済しなければならない金額が約七五〇万ドル残っていた。だが、最終的には、ＳＢＡが民事上の不正改善措置を求めることも、ＢＬＸのジョージア地区での免許を一時停止することもなかった。これまでに何度も見てきたが、不思議なことに、ＳＢＡはＢＬＸの犯罪を見逃しているのである。

クロールがインタビューしたＢＬＸの元社員たちでさえ、会社のやり方を知ってあきれていた。

「ＢＬＸがどんな営業をやっていたのかと思うと、ゾッとしますね」とある元社員はクロールに語っていた。

「引き受けの才能なんてほとんどありませんでしたよ。きちんとした訓練も受けていませんでしたし、（それに、）規制当局もまったく監視していませんから、ＳＢＡが調査に入ることなどないと思っていたんでしょうね。みんな貸し倒れの取引なんて見たこともない、ただの純粋なセールスマンなんですから。大惨事の処方せんといったところですかね」

また、上級幹部の報酬は新規融資の件数に関係してくるため、ＢＬＸでは融資を急いで組成しているし、債権償却をしなくて済むよう、差し押さえ状態か破産状態の不良債権を帳簿上で維持しているのだ、と元社員たちは言う。

「BLXが株主に実際の融資による損失を隠しているのは明らかです」と元社員はクロールに語っている。

このころ、カルザーズのもうひとりの情報提供者がBLXに在職していたころの話を聞かせてくれた。この元社員、BLXは不良債権として一〇〇〇万ドルの評価減を実施しなければならないだろうと考えていたが、BLXとしてはやりたくない。そこでこの元社員、BLXのCEO（最高経営責任者）のロバート・タンネンホイザーに評価減を提案し、査定額では簿価を維持できないではないかと迫った。

タンネンホイザーの反応はこうだった。

「査定だと？　そんなもの＊＊食らえだ」

第20章　当局を奮起させる

二〇〇三年八月、グリーンライトの法律事務所アキン・ガンプ・ストラウス・ホイアー・アンド・フェルドがＳＢＡ（中小企業局）、ＳＥＣ（証券取引委員会）、そしてニューヨーク州司法長官スピッツァーとの会議を手配してくれた。クロールの調査結果の紹介と情報の共有が目的だった。ワシントンＤＣにあるＳＢＡで開かれた会議には、クロールの実地調査を率いたジョック・ファーガソン、アキン・ガンプのリッチ・ザベル、そしてわたしの三人が出席し、ＳＢＡ監察官付法律顧問デビッド・Ｒ・グレイ、監察官補佐ロバート・シーブルーク、同じく監察官補佐マーク・Ｒ・ウッズ、そしてアトランタ出張所のゲイリー・ダンカンと会談した。

ところが、わたしたちが不正取引の数々を詳しく説明している間、彼らはうとうとしていた。

「ＳＢＡの融資番号はありますか？」とＳＢＡ側のひとりが尋ねた。

「いいえ」とファーガソン。ＢＬＸの延滞融資報告書にはＳＢＡの融資番号別に索引が付いていたわけではない。クロールの調査を裏付ける法的記録にも番号はなかった。

またSBA側のひとりがこう尋ねた。

「じゃあ、どうやって調べればいいんですかね？」

SBAは部外者に対し、本気で自分たちの融資番号をどうやって調べればいいかと聞いているのだろうか？

明らかに、融資先の名称と住所では無理そうだった。

「召喚状でも送ってやれ！」とわたしは金切り声で叫びたくなったが、そうは言わず、「BLXに聞いてみたらいかがですか？」と言ってみた。

ファーガソンは不正融資にざっと目を通すと、資本注入の不足を指摘した。SBA側のひとりがこう言った。

「こんなのは日常茶飯事ですよ。何か特別なことでも？」

規則違反であることを全員が当然知っているかのような口ぶりだった。

この調査員たちが残業をしてくれそうには思えなかった。会議が一番盛り上がったのは、彼らが実際にその年の前半に不良債権の約五〇〇万ドルをアライドから回収したんだ、とひけらかしたときだった。間違いなくニュースだった。こんなに貴重なニュースが半年もあとになって再浮上するとは。わたしには確かめようもなかった。

SBAなら実際に興味を示してくれるだろうと期待していたのだが、わたしは何て甘いんだろう。けっして組成されるはずのない融資、詐欺師のポケットに入るだけの融資の保証金として、少なくとも数千万ドルを納税者に負担させている現在進行形の不正行為を説明するのに、わざわざ個人的な情報源を使ったりロードマップを示したり……。ＳＢＡには限られた情報源しかなかったが、わたしたちは無償のサポートを申し出ていたし、もし頼まれれば喜んでさらにサポートすると申し出た。だが、最も困惑したのは、彼らが「まさに」この不正行為を取り締まるために公職に就くことを選んでおきながら、その仕事を進んでしていないことだった。

調査に役立ちそうな情報源のリストがある、とファーガソンが言った。ＳＢＡからもリストが欲しいと言ってくるだろう、とわたしたちも思っていたが、結局、だれからも電話はなかった。

ファーガソンは後日ＳＢＡの職員に電話をした。するとマング・パテルへの融資に関するクロールの査定に同感してくれたようだ。二〇〇四年四月、ファーガソンはその職員との会話の内容を次のように報告してくれた。

二〇〇一年八月八日付のビジネス・ローン・エクスプレス（ＢＬＸ）の延滞融資報告書に記載されているすべての融資について、ＯＩＧ（監察局）はＳＢＡ内部のコンピューター記録を入手するのに苦労していた。

ＢＬＸの書類の一一三ページにある融資には、付いているはずのＳＢＡ融資番号がなく、ＯＩＧでもＳＢＡのコンピューターのデータベースからそれを探し出すのは不可能になった。その後ＳＢＡでは、二〇〇一年八月分のデータベースがもう利用不能であることが分かった。

近ごろ、ＳＢＡの元融資担当者がＯＩＧに採用された。ＢＬＸの延滞融資の実態調査が目的だった。ＳＢＡ筋によると、この元担当者はＢＬＸの融資記録について、二通りの調査を開始したという。

まずはＢＬＸの融資の現状を洗い出し、一度延滞融資になった融資の状態について、ＢＬＸにきちんと通知が届いているかどうかを調べるというものである。

さらに、二〇〇一年八月のＢＬＸの延滞融資報告書に記載されているすべての融資に目を通し、そのステータスや焦げ付いた時期について、ＳＢＡがどのような説明を受けたのかについても調べるという。

ＳＢＡが早期に発見したのは、焦げ付き融資による収益金が不正に利用されていたことである。

「かなり問題がありますね」とＳＢＡ筋は話している。

この時点では、人手不足から、ＢＬＸの融資ポートフォリオの現状を調査するＯＩＧのスタッフはひとりしかいなかった。

調査に人員を投入し、問題発見に力を入れようとしているのは良い兆候だった。ＳＢＡは動きが鈍いが――ウサギではなくカメ――、いずれ目的地には到着するだろう。それにしても、調査担当者がSBAの融資番号や特定の延滞融資報告書で問題を抱えているなら、BLXに電話でもして、過去二年分の月次延滞融資報告書を送ってもらえば済むことではないか。それに、報告書に索引を付けてSBAの融資番号と一致させるようBLXに頼んでおけば済むことではないか。

人手不足は大問題だった。SBAが設立されたのは五〇年以上前、アイゼンハワー政権時の一九五三年に中小企業法が可決、成立したときである。目的は中小企業の競争をサポートすること。

SBAの下では、融資は直接政府から受けるのではなく、民間の貸付業者から受けることになっている。その代わり、政府が融資の保証人になり、それぞれの融資に保証料を課す。保証料は、もし融資が焦げ付いた場合にその損失分を補てんするのに使われる。ただ、もしその損失が保証金プールを上回ったりすると、納税者が負担を強いられることになる。

SBAの7（a）融資プログラム（**訳注**　中小企業法第七条（a）項に基づく融資プログラム）は、SBA最大の企業向け融資プログラムである。SBAの規則では、すべての融資を承認してから融資を発行することを義務づけている。しかしスピードアップを図るため、一九八四年には融資の承認、融資業務、清算活動に関するSBAの意思決定権限を、貸付要件に関する知識が豊富な貸付業者に委託できるようなPLP（優先的貸付業者）を指定した。二〇〇三年にはこの７（ａ）プログラムで一〇〇億ドルの融資を保証し、六万社に供与している。

ＰＬＰが融資のプロセスを迅速化し、効率化し、納税者への負担を軽くしている一方で、政府は引き受けの責任を民間企業に委ねていた。食い物にされない程度に、ＳＢＡでは資源の「一部」を使って経費を抑え、あらゆる融資を審査しなくても済むようにしているのだろう。そう考えることもできるが、実際にはそうではなかった。７（ａ）融資の大半はＰＬＰで組成されていた。そこで監視機能の一環として、議会は会計検査院に、ＳＢＡの貸付業者の監督体制を評価するよう依頼した。二〇〇二年一二月、会計検査院は、ＳＢＡが外部企業（評価対象の貸付業者から不適切な金が支払われている）と契約してＰＬＰの評価を委託していると報告。さらに会計検査院では、委託先企業の審査が貸付業者の意思決定の質的評価などではなく、むしろ貸付業者のプロセスや融資ファイルのサンプルとして維持されている書類の通り一遍の審査にすぎないことを突き止めた。会計検査院の報告書によると、ＳＢＡはＰＬＰの貸付業者がそのポートフォリオにさらしている金融リスクを適切に測定していなかった。ＳＢＡには貸付業者をきちんと監督する人材が不足している、とも書かれていた。貸付業者を監督するオフィスには、四〇〇社の優先的貸付業者（うち一社がＢＬＸ）の監督を担当するスタッフが一二人しかおらず、ＳＢＡプログラム全体でも、ポートフォリオ分析と報告の業務を任されているスタッフはひとりだけだった。

さらに報告書では、「ＰＬＰの評価は金融リスクの評価が目的ではなく、ＳＢＡもリスクの監視や管理の能力アップのための勧告への対応が遅い――これはSBAのポートフォリオの潜在的リスクを示している。PLPの審査は貸付業者がSBAの規制や指針を順守しているか否かを判断するのが目的であるが、その審査は、貸付業者が借り手の融資資格や信用度を十分に評価しているという適切な保証を与えるものになっていない」としている。

SBAでは、一般に貸付業者のファイルのなかに書類があるかないかを調べるアンケート用紙やチェックリストを使って貸付業者を審査している。審査担当者も、「もっぱら融資ファイルが完全にそろっているかどうかを調べ、必要な文書を審査するよう求められるだけである。また、融資ファイルの書類を独自に評価するよりも貸付業者の証言のほうを信頼する」。要するに、内容はどうでもよく、チェックボックスにチェックを入れるだけの審査なのである。

「SBAの職員が言うには、貸付業者の審査担当者は、貸付業者の判断よりもその与信判断を下すプロセスに着目しているようで、審査の結果、融資を実施すべきではなかったとの判断に至るケースは少ないようだ。あるSBAの職員は、審査担当者は貸付業者の与信判断を評価する際に詳細な財務分析を行っておらず、貸付業者の与信プロセスも、書類を紛失したときに問題になる程度だと言っている……。この職員によると、審査プロセスでさらに書類の質的評価ができるよう、貸付業者の審査担当者には追加訓練を受けてもらう必要がある。貸付業者の業績を評価する実質的な方法がなければ、この方法でも意味のある評価はできない」

報告書はこう締めくくっている。

ＢＬＸはＰＬＰの監査では常に最高の格付けを取得している。アライドはそう豪語していた。明らかに、これは優れたファイリング手法や、政府と結託した訓練不足の審査担当者から電話がかかってきたときにコンプライアンス（法令順守）を立証する能力にすぎなかった。会計検査院では、仮にそれで問題にぶつかっても、ＳＢＡがＰＬＰの資格を停止するか無効にする手続きさえも確立していないことを突き止めた。実際、ＰＬＰの審査で評価が低かった貸付業者に対するフォローアップの手順もなかった。ＳＢＡとしては貸付業者にＰＬＰプログラムへの参加を促したかったため、「貸付業者と一緒に問題を解決する」ことを選択しており、「したがって、ＰＬＰの資格を停止することなどめったになかった」のである。

このような規制の枠組みでは、悪党どもが政府や納税者から大金を巻き上げるのがいかに簡単かがよく分かる。クロールの報告書のとおり、「ＢＬＸの上級幹部はＳＢＡの規則を無視できることを知っている。ＰＬＰの貸付業者を監督したり規制したりする有効な手立てがないからだ。実際ＳＢＡは、ＢＬＸが組成する融資の質がどうなのか、ＢＬＸはＳＢＡの規則や規制を順守しているのか、またその融資ポートフォリオの実績はどの程度なのかについて、何も知らない」のである。

午前中は眠そうな目をしたＳＢＡ職員との意気消沈するような会議だったが、その日の午後はＳＥＣの本部での会議に臨んだ。わたしたちはＳＥＣ法執行部の職員チャールズ・フェルカーとウォルター・キンゼーの二人と会談した。二人は真っ白いメモ用紙を抱えて会議室に入ってくると、わたしたちにテーブルの上に資料を全部広げるよう指示をした。そして必死でメモを取り、わたしたちのプレゼンテーションに積極的に関心を寄せているふうを装っていた。BLXの悪行の話から、アライドがいかにBLXを利用して財務内容を膨らませ、人を惑わすようなうその報告書を作って市場を混乱させているかに話を移すと、キンゼーはその「要約文」が欲しいと言い出した。わたしがそれは持ってきていないと言うと、キンゼーはいら立ちを見せたので、次回一緒に送付すると約束した。

SECとの会議はSBAとの会議よりはましだった。クリアするハードルが低かったということである。SECの職員は、追跡調査するSBAの担当者の追加リストを手に入れることには関心がなさそうだった。確かに、わたしたちとの会議のあと、何かを追跡調査したという証拠はなく、翌年の春に再びSECを訪れたときにも（次章で詳述する）、SECの弁護士がすっかり入れ替わっており、前回の会議のことも何も聞かされていないようだった。

三度目の正直ということで、わたしは二〇〇三年八月一四日にニューヨーク州司法長官のスピッツァーと面会した。ちょうど北米大停電の日で、ニューヨーク市が一切の活動を停止したのは、わたしたちが市を離れた直後だった。スピッツァーはわたしたちの話を注意深く聞いてはいたが、メモは取っていなかった。だが、鋭い質問をし、クロールの報告書のコピーを要求し、それをチェックしたら返却すると約束してくれた。わたしたちは政府内部にもこれを厳しく批判する人がいるのかと思い、少々楽観的になってその場をあとにした。だが、驚いたことに、その後スピッツァーの事務所からは一度も連絡がない。

■ ■ ■ ■ ■ ■

二〇〇三年一〇月、わたしは三九ページに及ぶ確認の書簡と裏付けとなる分析をSECに送った。書簡には会計に関する当初の批判とアライドの会計方針の変更について繰り返し記した。また、一貫した投資評価手法を使用しているというアライドの言い分を検証するため、統計分析の結果も同封した。アライドが評価手法を変更した投資の割合をある四半期と翌四半期と比較することで、ほぼ疑いなく、アライドがポートフォリオの評価手法を変更していることを示すことができた。

統計学的に言うと、**表20・1**のデータは、信頼水準が九九・九%、相関係数が〇・九五、決定係数が〇・九、t値が八・八であることを示している。統計学的な表現でなくても、これは統計で得られるのと同様に有意な結果である。

二〇〇三年七月二九日のアライドのコンファレンスコール（電話会見）では、とくにワコビア証券のアナリストのフックが、評価減と評価増の件数がここ五回の四半期で増えているが、これは評価手法を変更したことを表しているのかと質問した。

「ご存じのとおり、実際には景気と関係があると思いますね。評価の方法はいつも同じです」

表 20.1　各四半期に認識された評価増と評価減

日付	評価増件数	評価増金額	評価減件数	評価減金額	増減額合計	
2000/12/31	8	6,349	3	(1,851)	11	講演前
2001/03/31	9	27,806	8	(17,400)	17	
2001/06/30	9	6,325	9	(6,330)	18	
2001/09/30	1	28,250	14	(12,472)	15	
2001/12/31	14	24,462	10	(32,057)	24	
2002/03/31	3	13,794	6	(15,251)	9	
2002/06/30	15	98,681	32	(80,267)	47	講演後
2002/09/30	18	12,194	26	(30,277)	44	
2002/12/31	18	70,545	44	(57,422)	62	
2003/03/31	17	6,533	29	(22,937)	46	
2003/06/30	20	63,532	35	(59,729)	55	
2003/09/30	22	23,057	39	(43,296)	61	
2003/12/31	27	71,984	32	(40,557)	59	
2004/03/31	24	11,983	36	(50,624)	60	
2004/06/30	31	43,425	35	(26,112)	66	
2004/09/30	33	27,010	37	(30,910)	70	
2004/12/31	39	56,876	38	(79,086)	77	
2005/03/31	35	116,767	38	(57,873)	73	
2005/06/30	30	122,837	45	(46,054)	75	
2005/09/30	42	113,693	29	(88,498)	71	
2005/12/31	41	354,455	32	(54,853)	73	
2006/03/31	48	85,325	24	(56,460)	72	
2006/06/30	41	49,587	35	(75,128)	76	
2006/09/30	39	139,714	38	(115,028)	77	
2006/12/31	49	140,489	32	(155,295)	81	
2007/03/31	49	152,674	43	(76,167)	92	
2007/06/30	62	114,779	34	(88,485)	96	
2007/09/30	45	84,634	49	(242,806)	94	

注＝単位は 1000 ドル

とスウィニーがうそを答えた。

わたしたちは、アライドが投資の各々を個別に評価するのではなく、その運用成績を均等にならしているのを示す統計分析も行った。すると、各期に評価増を実施する投資と評価減を実施する投資との額が相関していた（相関係数が〇・九三、決定係数が〇・八六、t値が七・四、信頼水準が九九・五％）。二〇〇二年六月にアライドが会計を変更したあとの五回の四半期には、その関係性がさらに強くなっていた（相関係数が〇・九九、決定係数が〇・九八、t値が一三・四、信頼水準が九九・九％）。これはアライドがその評価増と評価減を人為的に「操っている」ことを意味していた。

評価増と評価減は負の相関を示していなければならない。つまり、反比例していなければならない。景気や資本市場は1四半期には一方向にしか動かないからだ。アライドのポートフォリオ投資が景気と正の相関を示している場合には、評価増と評価減そのものの価値に負の相関があるはずだ。好況時には評価増が多くなり、評価減が少なくなる。逆に、不況時には評価減が多くなり、評価増が少なくなる。わたしたちの分析は、アライドが反対の操作をして運用成績を均等にならしていることを示していた。問題ある投資の評価を徐々に切り下げ、利益と相殺できるようマッチさせていたのである。

三つ目の統計分析は、アライドの投資価値の現在とその後の増減に系列相関があることを示していた。データは、最初に投資の評価減を実施したあとに、さらに不釣り合いに同じ投資の評価減が実施されていることを九九・九％の確率で示していた。経営陣がポートフォリオを公正に評価していれば、後の調整は以前の調整とは関係ないはずだ。一定のパターンも存在せず、評価減がさらなる評価減を生むこともないはずだ。数年前にシロムで見られたとおり、唯一結論づけるとすれば、アライドは悪材料を計上するのが遅い――意図的に遅らせている、有利になるように遅らせている――ということである。

これは悪行どころではなかった。投資会社が勝ち組と負け組を一致させ、問題認識を遅らせることで運用成績を均等にならすのは「違法」である。これで利益と貸借対照表が水増しされるのだ。評価減を遅らせ、その間に次々と追加で株式を売り出すことで、将来の負け組への影響を軽減することができた。また、投資成果が実際よりもなだらかで安定しており、リスクも低いという間違った印象を投資家に抱かせることもできた。この統計分析は、評価の水増しの例がごく少数の極端なものではなく、操作され、人を欺くような業績が全体にわたって広く報告されている傾向があることを示していた。ほかの不正行為よりも目立っているものもあった。かなり手の込んだやり方だった。規制当局も理解するのに苦労するだろう。そこで、わたしたちは政府にもっと分かりやすい統計分析を渡そうと考えた。

その後、アライドがいかにしてポートフォリオの運用成績を均等にならしているかを示した統計分析の結果と共に、ＢＬＸに関する長い議論を記し、アライドがＢＬＣファイナンシャルを買収したときの高値（簿価の四倍の値にさらに取引前の価格に異例の高いプレミアムを付けて買い付けていたこと）について述べ、さらにアライドはＢＬＸから利息と手数料を受け取っていると報告しているが、子会社は現金を焦げ付かせていることを指摘した書簡をＳＥＣに送った。資金がぐるぐる回っていた――アライドは四半期ごとにＢＬＸに追加投資をしていたのである。アライドでは二〇〇二年度六月期分からＢＬＸの要約財務情報の開示を始め、その後は通年で開示するようになったが、それによると、ＢＬＸの融資には二〇〇二年八月のインベスターデーでアライドが約束した現金の力はなかった。販売された融資の現金プレミアムは平均一〇％ではなく、わずか四・三％。その年の剰余金は、ＥＢＩＴＭ（金利・税金・管理費前利益）が四四〇〇万ドルだったのに対し、五六〇〇万ドル増加していた。つまりＥＢＩＴＭの一二六％が非現金だったということだ。すなわち、ＢＬＸはアライドに支払う現金をまったく生み出していないということであり、ＢＬＸから得られる全「収入」は、アライドがＢＬＸに追加注入していた資金だったということである。

融資の組成件数やＥＢＩＴＭはそれほど変化しておらず、スウィニーも二〇〇三年七月二九日のコンファレンスコールで同じ評価プロセスを使ってＢＬＸを評価したと強調していたが、アライドはＢＬＸの企業価値を、前年には三億九〇〇〇万ドルとしていたのを、二〇〇三年六月三〇日には四億六五〇〇万ドルに引き上げていた。

その四半期に、アライドはＢＬＸへの投資額五〇〇〇万ドルの「未実現増」分を認識した。アライドではその四半期の純収益を五九〇〇万ドルと報告していたことから、ＢＬＸの評価増はほとんどがアライドの利益だったことになる。ほかの四社への投資については、評価減を相殺するに余りある評価増を実施している。エグゼクティブ・グリーティングスでは一四〇〇万ドル、ACEプロダクツでは一〇〇〇万ドル、カラー・ファクトリーでは八〇〇万ドル、ギャラクシー・アメリカン・コミュニケーションズでは七〇〇万ドルという具合である。

アライドの説明によると、BLXの評価増の一部は類似企業の投資倍率が高くなったからだという。投資倍率は二〇〇三年度三月期から六月期にかけて高くなり、第2四半期のコンファレンスコールでは、公開企業の投資倍率の高さを引き合いに出しては、BLXの価値の大幅な評価増を正当化していた――営業成績は上がっていないが。しかし、二〇〇二年度九月期には類似企業の投資倍率が平均三二％下がっており、そのおかげでタイミングよくBLXの評価減を実施しなくても済んでいる。総じて二〇〇三年度六月期の投資倍率は前年同期比で低かった。アライドがどのようにBLXの評価手法を変更したのかは分からないが、変更したのは間違いない。

翌四半期、アライドは分析で用いた類似企業を変更したことを公表した。倒産したDVIを外し、代わりにHPSC、GATXコープ、キャピタル・ソースなど、ポートフォリオ貸付会計を使用している企業を加えていた。アライドがSECへの提出書類で上場している類似企業の社名を明かしたのはこれが初めてだった。コンファレンスコールでは類似企業のグループは「ほぼ変更なし」と言っていたが、実際には大幅な変更だった。

最後に、ヒルマン、GAC、スターテック、フェアチャイルド、パウエル・プラント・ファームズ、ドリルテック、CMBSのポートフォリオ、レドックス・ブランズなど、アライドのほかの投資先企業について論じた。また、レドックスの上級幹部トッド・ウィヒマンが、シニアレンダーとの問題を隠すため、レドックスの財務諸表を粉飾するようアライドに頼まれたという経験についても、念を押すように再度記し、クロールによるアメリカン・フィジシャンズ・サービシズの調査結果もまとめておいた。

わたしは続けた。

「簡単に言えば、アライドは投資評価と会計の不正に関与しており、そうして誤った計算書を配布して評価手法をごまかそうとしている、というのがわたしたちの考えです。アライドの投資ではこのやり方が次から次へと繰り返されているのです」

わたしはさらに続けた。

「こうしたやり方で、アライドは一般の投資家に完全に間違った企業の財務力や投資ポートフォリオに関する見解を発表しています。ごく最近の公募増資でもお分かりのように、この不正のおかげでアライドは引き続き成長することができているわけです」

二〇〇二年五月のわたしの講演以来、アライドは約二二〇〇万株を発行しておよそ四億七〇〇〇万ドルを調達している。これは時価総額の二〇％に相当する額である。

わたしはSECに対し、アライドにはもっと積極的に出るように、と強く要請して書簡を締めくくった。

「アライドにこうした行為を許しておくのは、投資家にとってはもちろんのこと、公正な帳簿を維持し、投資に関する悪い情報も十分に開示する競合投資会社にとっても、基本的に公平さを欠くものです。どうかアライドの商慣行を調査され、その誤った開示や過大申告されている財務諸表を是正させるべく、公然と、迅速かつ適切な措置を講じられますようお願い申し上げます」

■■■■■■■

その後、わたしたちはいつものように待っていた。その間に、アライドはＢＬＸの第３四半期における融資の組成件数と利益が落ち込んだことを発表した。組成件数は二一％減少し、ＥＢＩＴＭも、前年度には一二九〇万ドルだったのが五三％落ち込み、わずか六〇〇万ドルになっていた。二〇〇三年一〇月二八日には業績発表のコンファレンスコールがあったが、アライドの経営陣は、ＢＬＸがプエルトリコやグアムなど、あらゆる市場でＳＢＡからＰＬＰの指定を獲得したことを大々的にアピールしてから、今後は証券化事業の改善のため、特定産業への集中をやめて分散させる必要があるという説明に移った。確かに、ＢＬＸの融資はガソリンスタンドとモーテルに集中しすぎている感はあった。この過度の集中を分散させるための「戦略的転換」によって、組成件数と利益が減少したのである。経営陣は「分散努力はある程度時間がかかる」ため、問題も長引くだろうと考えていた。ところが、会社も認めるほど明らかな悪材料がしばらく続いたにもかかわらず、BLXの企業評価を四億六五〇〇万ドルから四億七六〇〇万ドルへと引き上げていたのだ。

これは重要な数字だった。第12章でも論じたとおり、BLXの評価方法に関するアライドの最初の説明は笑止千万なものだった。だが、今回のアライドの企業価値の発表を受け、BLXのかつての評価と、もっと非現実的だが、今回の新たな評価とを比較することができた。

表20・2が示すとおり、融資の組成件数やEBITM（金利・税金・管理費前利益）は通年で減少しているし、BLXも銀行からの借り入れを増やしている。それなのに、アライドは自社の投資評価を大幅に引き上げたのである。評価の倍率は、前年には実情にそぐわないものだったが、かなり高くなっていた。業績は悪化していたにもかかわらず、BLXの倍率を不合理な水準にまで上げていたわけだ。

また、アライドとBLXの間をぐるぐる回っている資金のフローを追跡することもできた。アライドはBLXがEBITMで発生させるよりも多めに手数料、利息、配当を認識していたが、いずれも現金ではなかった。SECへの提出書類を全部総合してみたところ、BLXは前年度にアライドに返済する前に三二〇〇万ドルの現金を焦げ付かせていることが分かった。BLXはこの額を銀行から借り入れ、アライドがそれに共同で署名。その後アライドに三九〇〇

表 20.2　BLX の投資評価比較

	2002/09	2003/09	成長率
直近四半期の組成件数	153.7	121.4	−21.0%
直近四半期の売上高	25.7	24.9	−3.1%
直近四半期の EBITM	12.9	6.0	−53.5%
過去 12 カ月間の組成件数[1]	624.5	564.3	−9.6%
過去 12 カ月間の売上高	94.0	108.3	15.2%
過去 12 カ月間の EBITM（報告値）	47.0	37.5	−20.2%
過去 12 カ月間の EBITM（調整値）[2]	47.0	42.1	−10.4%
銀行借入残高	96.9	129.5	33.6%
ALD の BLX 投資[3]	254.3	344.9	35.6%
企業価値[4]	351.2	474.4	35.1%

投資倍率	2002/09	2003/09
企業価値 / 組成件数[5]	0.57x	0.98x
企業価値 / 組成件数（昨年度）	0.56x	0.84x
企業価値 /EBITM[6]	6.8x	19.8x
企業価値 /EBITM（昨年度報告値）	7.5x	12.7x
企業価値 /EBITM（昨年度調整値）	7.5x	11.3x

注＝単位は 1000 ドル
1 ＝ 2003 年にアムレスコから購入した融資 1 億 2150 万ドルは除外する
2 ＝アライドは各種臨時費用として BLX の EBITM を調整することを示唆
3 ＝アライドの簿価
4 ＝単純化するため、これは銀行借り入れ＋アライドの投資の簿価
5 ＝直近四半期分を年率化したもの
6 ＝直近四半期分を年率化したもの

万ドルの利息、手数料、配当を「支払った」のである。この額はアライドの帳簿に収益として現れ、一株当たり利益を押し上げていた。アライドはこの額を配当の支払いに充て、同時に追加で三九〇〇万ドルをBLXに投資した。まさにマネーの紡ぎ手であった。

■　■　■　■　■　■

二〇〇三年一一月一八日、メリルリンチが主催した投資コンファレンスで、わたしはウォルトンにBLXのキャッシュフローについて聞いてみた。ウォルトンはこう答えた。

「多額の現金を生み出しておりますし、素晴らしいキャッシュフローと利益を発生させております。配当も支払っておりますよ」

ウォルトンは事実を大きく曲げて説明していた。**表20・3**に示すとおり、アライドのSECへの提出書類からは、BLXは売上高の六三%とEBITMの一八一%が非現金だったことから、実際に現金を焦げ付かせていることが分かる。穴埋めのため、BLXには銀行からの借入れとアライドからの直接投資が追加で必要になっている。

わたしたちは、BLXは組成した融資全体で約一五%の収益を認識していると見積もった。融資期間が平均四年間、優遇金利の上限値プラス二・七五%の利率の融資に、なぜ融資の額面価額よりも一五%以上高い価値が出てくるのだろう？　からくりはこうだ。SECへの提出

表 20.3　BLX の非現金収入

総収入	108.3	(A)
剰余金からの現金を含む現金の割合（%）	83%	(B)
剰余金からの現金を含む現金収入	89.9	(C) = A × B
剰余金からの現金	49.3	(D)
現金収入	40.6	(E) = C – D
非現金収入	67.7	(F) = A – E
EBITM	37.5	(G)
非現金収入 / 総収入	63%	(H) = F ÷ A
非現金収入 /EBITM	181%	(I) = F ÷ G

注＝単位は 100 万ドル

書類によると、ＢＬＸは保証付き融資の組成料と販売手数料を平均約六％に設定し、さらにすべての融資で約九％の非現金剰余金を計上している。ＢＬＸが最も価値のある――保証付きの――融資を販売していたことを考えると、少額でリスクが高く無保証の融資とサービスをこのような高い価格で計上するというのは無理な話である。ＢＬＸがこれを達成できたのは、超積極果敢な前提に裏付けられた売却益会計の魔力を使ったからにほかならない。

■■■■■■■

SECが動き出すのを待っている間に、グリーンライトのPR会社アバナシー・マクレガーのスティーブ・ブルースが、ニューヨーク・タイムズ紙のカート・アイヘンワルドと会ってみてはどうかと提案してくれた。インテリで悪徳企業の調査も恐れないという評判の記者だった。また、エンロンの内幕に迫った『コンスピラシー・オブ・フールズ（Conspiracy of Fools）』を執筆中でもあった。

アイヘンワルドは勤務地のダラスで会ってくれるということだったので、二〇〇三年一〇月、わたしはブルースとクロールのジョック・ファーガソンと一緒にダラスに飛んだ。クレセントホテルでの会議は五時間ほど続いた。わたしたちはアライドとBLXの不正融資と会計について話した。

アイヘンワルドもファーガソンと一緒にクロールの報告書にじっくりと目を通していたので、わたしはSECにあてて書いた書簡とバンクラブの報告書のコピーも渡した。

「ざっと読ませてくださいますか。これはどうなっていたんですか？」とアイヘンワルドがファーガソンに尋ねた。

アイヘンワルドは薬物の売買拠点になっているモーテルへの融資やデトロイトのガソリンスタンドの不正に関心を抱いたようで、詳細をすべて知りたがり、鋭い質問を浴びせてきた。この件については以前から知っており、この種の記事をどう報道すればいいのかも心得ていた。

アイヘンワルドはどんどん精力的になり、興味津々になってきた。ソファに座って書類を見詰める目も生き生きとしていた。

「信じられない。うーん、これはすごい。いいですね。SECは何をしているんです？　どうしてこんなのを見抜けないんでしょう？　ウォール・ストリート・ジャーナル紙も飛びつきそうなものですけどね」

そして会議の最後に、アイヘンワルドはこう言った。

「やりましょう。でも、スクープにさせてください」

「もちろん。構いません」とわたしは答えた。

この種の記事を書くには時間がかかるが、事実関係のチェックが終わったら必ず書く。アイヘンワルドはそう約束してくれた。わたしは半年ぐらいかかるだろうと考えながら、ホテルをあとにした。

そして数カ月が過ぎたが……、何も出てこなかった。アイヘンワルドの求めに応じて、わたしたちはその後も書類を送り続け、何か進展があるたびに最新の情報に差し替えた。アイヘンワルドも熱心に、あらゆる情報が欲しいと言い続けていた。ちゃんと作業はしているとは言い張っていたが、わたしたちが教えた連絡先にはどこにも連絡を入れていなかった。悪い兆しだった。

第21章

九〇〇万ドルを賭けたスリーカードモンテ

どうでもいいような場所で重要な発見が報告されることがある。ダラスの不動産開発会社を退職したジム・ブリックマンはアライドとＢＬＸの調査を独自に続けていたが、二〇〇四年の初めにそんな場所を一カ所発見した。

ブリックマンは、ビジネス・ローン・エクスプレス（ＢＬＸ）の焦げ付き融資が発端で破産した企業の訴訟手続きの記録を調べていた。コロラド州のトリロジー・コニファーというコンビニエンスストアの破産では、なぜかＢＬＸではなくアライド・キャピタルの弁護士が債権回収のために裁判所に姿を見せており、アライドが債権者であると判事に告げ、裁判所にその証拠を提出した。短かったが、すべてをさらす書類だった。そしてこう述べた。ＢＬＸはこの融資を含めて一〇件の融資をアライドに譲渡した。残高は九〇六万二四八九ドル。それと引き換えに、アライドがＢＬＸの同額の債務を帳消しにしたのだと。二〇〇三年二月三日付の書類には、アライドの代表としてスウィニーが、ＢＬＸの代表としてタンネンホイザーが署名をしていた。なぜアライドは焦げ付き融資をＢＬＸから時価で買い取ったのだろう？　ほかの融資も同じようなことになっていたのではないだろうか？

ブリックマンとわたしはその一〇件の融資に関する情報の入手に努めた。数件はＢＬＸの二〇〇一年八月の延滞融資報告書に載っていた。わたしたちは九件の融資を見つけたが、二〇〇三年二月にＢＬＸがアライドに融資を譲渡するはるか以前に、そのすべてが債務不履行になっていた。裁判所の記録を見ると一目瞭然だが、いずれも不良債権だっただけでなく、ビト・コッレオーネ以外には通常の返済すら期待できない状態だった。

なぜアライドはこれらの債権を買い取ったのだろう？　ＢＬＸの業績悪化を隠すためにやったのか。わたしは直感的にそう思った。アライドはＢＬＸを最低で一株当たり利益の九倍、すなわちＢＬＸの損失が九〇〇万ドルと評価していたが、これはアライドにとっては九九〇〇万ドルの評価損ということである。そこで、その損失をＢＬＸからアライドに移転すれば、ＢＬＸを九九〇〇万ドル高く評価することができ、アライドがその債権を保有していれば、帳簿上の損失もわずか九〇〇万ドルで済むことになる。**表21・1**に移転した融資を掲載した。

二〇〇二年のトリロジー・コニファーの破産では、同社は一九九八年一二月からすでにアライドに一〇〇万ドルの約束手形を発行していた。二〇〇三年八月の時点でアライドには一二〇万ドルの債務があったが、第二位の債権者はＢＬＸに設定されていた。ＢＬＸには約一一〇万

表21.1　アライドに移転された焦げ付き融資

社名	金額
オー・グレ・パインウッド・イン、ベスト・ウエスタン・パインウッド・ロッジ	100万ドル
アバンギャルド・エンタープライズ	40万ドル
ダイブズ・ペトロ・マート	100万ドル
ファーマー・ハウス・フーズ、XTRAフーズ、オーチャード・フード・センター	100万ドル
フェデラル・ワン・ストップ・ウィリアム・グロッシ	100万ドル
ザ・ケルフォー・カンパニーズ	110万ドル
バーチ・ラン遊園地内ザ・ラーニング・センター	100万ドル
バーチ・ラン遊園地内ザ・リンクス	100万ドル
トリロジー・コニファー	100万ドル
1750ウッドヘイブン・ドライブ・アンド・ATSプロダクツ・コーポレーション	50万ドル

ドルの債務のほかに、明らかに別の債務にかかる弁護士費用や経費の支払い義務もあった。

トリロジー側は、アライドを相手取った訴訟手続きで、アライドが「収益を過大申告し、費用を過小申告した結果、達成できない債務返済を妥当かつ達成可能に見せかけた」見通しを作成している、と主張。トリロジーの訴状によると、アライドは「その収益見通しがあり得ないことを知っていた、または知っていたはずの」二〇〇〇年八月一六日に、一九九八年の融資額をさらに一三万五〇〇〇ドル増やしていた。また訴状には、「融資残高はこのようなコンビニエンスストアの経営にとって妥当な借入金をはるかに超えていた」とも書かれている。さらに、「アライドは、多額の負債など返済できないことが分かっていたガソリンスタンドのオーナーに融資を行うパターンと慣行を意図的に繰り返した」とも主張していた。後日、アライドは非公開という条件で和解に応じた。

ほかの融資にもそれぞれストーリーがある――どれも焦

げ付き融資。大半が破産したが、破産を免れた企業も数社ある。とにかく債権を回収する以外には何もすることがなかったにもかかわらず、「アライドはＢＬＸにその分を時価で支払っていた」のである。

一方、アライド株だが、二〇〇三年四月以降は好調に推移しており、二〇〇四年二月には一株三一ドルに達した。ところが、ブリックマンが融資に関する調査結果をヤフー！の掲示板に書き込み、情報提供者の文書とリンクを張ったところ、アライド株はすぐさま数パーセンテージポイント下落。アライドは、わたしが言えるかぎり、この債権移転については株主に開示していなかったのだ。わたしもアライドがＳＥＣに提出した書類を調べてみたが、この取引については、どこにも言及されていなかった。

■　■　■　■　■　■

アライドの儲けの薄い投資はどんどん積み上がり、融資先企業がさらに二社、破産法の適用を申請した。この破産はそれぞれ、アライドが焦げ付き融資の評価減を実施しなかった新たな例である。

二〇〇三年一二月、エグゼクティブ・グリーティングスが倒産した。アライドが一九九九年に劣後債とワラントに一六〇〇万ドルを投資した会社である。二〇〇二年の初め、同社はアライドへの利払いを停止したか、減額した。にもかかわらず、アライドは九月になっても投資額を取得原価で計上し、その後二〇〇二年の間はずっと非現金、つまり現物収入を発生させている（**表21・2**を参照）。エグゼクティブ・グリーティングスの清算計画によると、同社は一九九九年から二〇〇二年にかけて三分の一の減収、五割以上の減益となった。利払い停止と業績の悪化は二〇〇二年末よりもはるか以前から歴然としていた。破産記録によると、アライドは「分配があるかないか程度」の劣後融資を保有していた。

二〇〇四年二月、小売店のガーデン・リッジが破産法適用を申請した。アライドは一九九九年、同社の劣後債と株式に二八〇〇万ドルを投資していた。アライドの二〇〇三年度の年次報告書（フォーム10－K）を見ると、債券に二七三〇万ドルを投資していることが分かるが、ガーデン・リッジの財務諸表では二五三〇万ドルの融資しか受けていないことになっている。ガーデン・リッジの帳簿にも載っていない二〇〇万ドルの現物収入はどこから来ているのか、アライドが特別に認識しているのではないか。わたしたちはそう思った。ガーデン・リッジの破産記録を見ると、一九九九年から二〇〇二年にかけて、類似店の売り上げが一六％減少しており、ＥＢＩＴＤＡ（金利・税金・償却前利益）も二四八〇万ドルから一八三〇万ドルに落ち込んでいるのが分かる。アライドが投資をしてから――その直後に業績が悪化し始めた――、ガーデン・リッジは約四五〇〇万ドルの損失を出していた。にもかかわらず、アライドは二〇〇二年九月まではその債券と株式への投資をすべて取得原価で計上しているのである。二〇〇二

表21.2　エグゼクティブ・グリーティングス

	債券投資		株式投資		
日付	取得原価	評価額	取得原価	評価額	備考
1999/12/31	15,825	15,825	360	360	最初の投資
2001/12/31	15,938	15,938	360	360	投資の増加は現物の可能性
2002/03/31	16,658	16,658	360	360	支払い停止または減額、評価減せず
2002/06/30	17,327	17,327	360	360	投資の増加は現物の可能性
2002/09/30	18,061	18,061	360	360	投資の増加は現物の可能性
2002/12/31	18,830	16,500	360	–	最初の評価減
2003/03/31	18,830	14,315	360	–	評価額の裏付けはアライドの入札の可能性
2003/06/30	18,830	–	360	–	アライドが買収を断念
2003/09/30	18,830	50	360	–	
2003/12/30	18,830	50	360	–	破産法適用を申請
2004/06/30					実現損失1930万ドル

注＝単位は1000ドル

年一二月、アライドは遅ればせながら株式の評価をゼロに、債券の評価を取得原価の九五％に切り下げた。その後二〇〇四年末まではほぼ四半期ごとに、適度の評価減を漸次的に行っていた（**表21・3**を参照）。

■ ■ ■ ■ ■ ■ ■

数カ月前、二〇〇四年への変わり目のころだが、わたしは長年のパートナーのひとりと、アライドの投資や政府の反応の鈍さについて議論していた。彼女は話を聞いてがくぜんとし、ＳＥＣ（証券取引委員会）の委員長ビル・ドナルドソンとは付き合い程度の知り合いだが、わたしたちの情報を直接渡してみようと提案してくれた。そこでわたしは二ページほどの文章を簡単にまとめて書き、それに彼女が個人的なメッセージを添えて送ってくれた。それから二週間後、彼女のもとに書簡に対する礼状が届いた。それからまた二週間後、ＳＥＣ法執行部の四人の職員から彼女あてに電話があり、ほかにもアライドに関する情報を持っているかと聞いてきた。ＳＥＣもとうとう当社の懸念を調査するチームを結成したようだ。まったく、ＳＥＣが動き出すまでにどれだけかかったことか。わたしはあきれているひとりである。

ブリックマンが九〇〇万ドルの融資の移転についてＳＥＣにあてて書簡を書いた。するとＳＥＣからブリックマンに電話があり、その件について議論をしたいのでワシントンまで来てく

表21.3　ガーデン・リッジ

	債券投資		株式投資		
日付	取得原価	評価額	取得原価	評価額	備考
1999/12/31	26,537	26,537	1,743	1,743	最初の投資
2000/12/31	26,537	26,537	1,743	1,743	価値低下、評価減せず
2001/12/31	26,948	26,948	1,743	1,743	価値低下、評価減せず
2002/03/31	27,006	27,006	1,743	1,743	価値低下、評価減せず
2002/06/30	27,070	27,070	1,743	1,743	価値低下、評価減せず
2002/09/30	27,133	27,133	1,743	1,743	価値低下、評価減せず
2002/12/31	27,198	25,667	1,743	–	最初の評価減
2003/03/31	27,264	25,712	1,743	–	
2003/06/30	27,271	25,000	1,743	–	
2003/09/30	27,271	25,000	1,743	–	
2003/12/30	27,271	20,323	1,743	–	
2004/03/31	27,271	20,323	1,743	–	破産法適用を申請
2004/06/30	27,271	18,300	1,743	–	
2004/09/30	27,271	16,500	1,743	–	
2004/12/30	27,271	12,722	1,743	–	
2005/03/31	27,271	12,722	1,743	–	
2005/06/30	22,500	14,985	–	–	破産撤退時の実現損失7100ドル
2005/09/30	22,500	16,935			利率７％の再建債
2005/12/31	22,500	22,500			額面価値なし
2006/03/31	22,500	15,369			額面価値なし
2006/06/30	22,500	8,455			額面価値なし
2006/09/30	22,500	13,630			額面価値なし
2006/12/31	22,500	22,500			７％の負債、再び額面価値
2007/03/31	22,500	22,500			
2007/06/30	22,500	22,500			
2007/09/30	20,500	20,500			

注＝単位は1000ドル

れないかと言ってきた。ブリックマンはわたしにも同行させたいと頼んでくれた。わたしたちは二〇〇四年四月二七日に会合を持つことにした。

ブリックマンはワコビア証券のアナリストのフックにも電話をした。わたしの講演の二日後にアライド株を一株二三・二〇ドルで「強い買い」とし、その強気の見解について、わたしと果敢に議論していた人物だ。ところが、その後同社の投資判断を繰り返し引き下げ、アライドが第2四半期に失望するような決算を発表したあとの二〇〇二年七月には、投資判断を一株二二・四〇ドルで「買い」に引き下げたのだ。さらに二〇〇三年一月には一株二三・五五ドルで「マーケットパフォーム」に引き下げ、「評価考慮事項」に言及した。そして二〇〇三年四月にはとうとう一株二一・二二ドルで「アンダーパフォーム」とした。現行の配当を維持するためにキャピタルゲインへの依存度を増していること、二年連続で一株当たり営業純利益が減少するとの見通しがあること、二〇〇四年には減配のリスクが増すこと、信用の質の測定基準が引き続き下がっていること、そして評価考慮事項があることが理由であった。

フックはアライドに働きかけ、BLXの秘密の売却益会計の前提を含め、もっとしっかりした開示を出すよう求めた。しかし断られると、フックはこう記している。

「BLXの相対的な規模を考え、経営陣はBLXの監査済み財務諸表を提出するものと信じている」

フックは同社に関する楽観論から悲観論に完全に乗り換えると、批判的な調査記録を何点か発行。二〇〇三年一〇月にはこう書いている。

「われわれはアライドのプライベートファイナンスのポートフォリオに関する開示や透明性の欠如との闘いを続けている。われわれの考えでは、経営陣によるポートフォリオ企業の評価の妥当性を評価するのは難しい……」

フックはＢＬＸの評価も問題視しており、次のように述べている。

「ＢＬＸの評価には特別な関心を抱いている。ＢＬＸに関する開示がなされていないと、経営陣によるポートフォリオ企業の評価の妥当性を評価するのは難しい。とくに投資家が評価で安心感を得るためには、ＢＬＸの証券化時の売却益を計算するのに使用する当初の前提を実際の経験と比較できなければならない（損失率、期限前償還率、割引率など）。当初の前提に対して損失率か期限前償還のスピードが増加（減少）すると、証券化の時点で発生した残余資産の簿価が下落（上昇）する。定期的に融資を証券化する企業の場合には、スタティックプールごとに毎月の損失と期限前償還の履歴について報告するのが業界標準である（アメリクレジット、キャピタル・ワン、プロビディアンなど）。ＢＬＸの場合、アライドは四半期ごとにしかデータの総計を報告しておらず、しかもそのデータは公益事業のものに限定されていた。なぜなら、成長や買収はその基礎となるトレンドを覆い隠すことができるからだ。さらに、二〇〇三年度第２四半期にはアライドがＢＬＸの評価に使用する類似企業のグループ構成を変更しており、われわれとしては、それがさらにＢＬＸの評価を混乱させていると考えるのである。第

2四半期の収益コンファレンスコールでは、BLXの類似企業の構成は変えたが、そのときそれに関する議論が拒否されたのだ、とアライドの経営陣は話していた。経営陣によると、BLXの評価に使用する類似企業は次の四半期報告書（フォーム10－Q）に明記することにしていたが、実際にはその四半期報告書に明記されることはなかった」

フックはブリックマンから怪しげな九〇〇万ドルの債権移転についての報告を受けた。フックがアライドに電話をしてみると、それは単なる焦げ付き融資のひとつだと言われたので、それをブリックマンに伝えた。するとブリックマン、それは一〇件の焦げ付き融資だと答えたため、フックは再びアライドに電話をしたところ、その取引についてはSECへの提示書類で十分に開示していると言われた。

アライドのSECへの提出書類では、「キャッシュフロー情報に関する補足開示」という見出しの脚注にこう記されている。

「非現金事業活動には……、プライベートファイナンス融資と債務証券の九一〇万ドルの支払いに商業用不動産ローンの受領……、が含まれる」

債務不履行になり、なかには解約したものもあるこれらの融資を「商業用不動産ローン」と呼ぶのはかなりの拡大解釈だった。取引は二〇〇三年二月だったものの、アライドは二〇〇三年三月三一日付の四半期報告書（フォーム10－Q）ではこの取引に言及せず、二〇〇三年六月三〇日付の四半期報告書で、初めて九九〇万ドルの取引として言及した。そして次のSEC（証券取引委員会）への提出書類で、買い取り契約に合わせて金額を九一〇万ドルに修正した。二〇〇三年六月三〇日付の四半期報告書にはＢＬＸに関する開示のページがあったが、実際には「ＢＬＸ」という記述が一〇〇回を超えていたにもかかわらず、アライドではこの取引にＢＬＸが関与していることを非開示にした。つまりアライドが「商業用不動産ローン」を受け入れたときにはそれが焦げ付いていたと説明することにしたのである。これでは開示しても開示しなくても同じであった。

ＢＬＸは「プット契約」に従ってアライドに債権を売却しているのだ、とスウィニーがフックに語った。プット契約では、ＢＬＸには融資を特定の価格でアライドに譲渡する契約上の権利があるのだという。フックはこのことをブリックマンに伝えた。するとブリックマン、今度はアライドがそのプット契約をどこで開示しているかを探し出すようフックに頼んだ。

再びフックはスウィニーに電話をした。すると今度はスウィニーから、ヤフー！の掲示板は読んだかと聞かれた。フックは読んでいなかったが、関心があるのは聞いて知っていた。フックはプット契約の開示について聞いてみた。すると、書面にしたものは何もなく、アライド・キャピタル・エクスプレスとＢＬＣファイナンシャルが合併してＢＬＸになったときに組成した融資を買い取る口頭の契約があるという。タンネンホイザーはＳＢＡのために明確にしたがっていたそうだが、これは明らかに不正融資だった。合併の一環として自分たちの帳簿からＢＬＸに移転するとは。タンネンホイザーもこんな融資で自分の評判を落としたくはなかったはずだ。スウィニーは、SECにはレギュレーションFDがあるのでどの融資かは言えないとしていたが、多くの融資に価値がないことだけは認めた。

FDとは「公正な開示（Fair Disclosure）」を表す略語である。このレギュレーションは、重要な情報をすべての市場参加者に同時に開示することを求めるもの。アライドはあとになってから、「重要ではない」のだからこの取引を開示する必要はないと主張していたが、もし重要でないなら、間違いなくレギュレーションFDなど適用されていない。つまり、スウィニーもそれを市場全体に開示しているのであれば、プット契約にどの融資が含まれていたのかに触れられたはずだ。

ときには口頭による契約もある。それは契約のことを知られたくない相手がいるからだ。スウィニーがフックに話した内容によれば、その相手とは、政府機関のSBA（中小企業局）だった。きっとほかにもいたのだろう。スウィニーはプット契約をアライドの監査人、投資家、格付け機関、そしておそらく自社の取締役会からも隠しておきたかったのだろうか？　当然、拘束力のあるプット契約ならアライドの財務諸表に開示されていなければならないが、開示されてはいなかった。

BLXがアライドに融資を譲渡したときの実際の書類にはプット契約への言及はなかったが、代わりにBLXはアライドに債務を「期限前償還」することを希望しているという説明があった。

フックは不正だと結論づけたが、自分が理解したことを詳細に説明したいとは思わなかったようだ。

「どういう人物がいて、どう動いているのかを考えると、個人的な利害はどうでもいいんだ」とフック。わたしも個人的な利害などどうでもよかった。わたしは自分の講演を職業的なものだと思っていたが、アライドは個人攻撃で応戦してきた。フックが同じような経験をしたがらない理由は分かっていた。

もうひとつの問題は、フックがいるワコビア証券とBLXとが緊密な関係にあることだった。確かに、ワコビアは大量のBLXの証券化を引き受けていた。フックが自分の懸念を上司に伝えたところ、ワコビアとフックは、詳細な報告書を書くのではなく、単にアライドの取材をやめることを選択した。二〇〇四年四月二六日付の短いリサーチメモを最後に、フックはアライドの取材を打ち切った。ちょうどわたしたちがSECとの会議を予定していた日の前日のこと。フックは次のように書いている。

「アライド（ティッカーシンボルはALD）の財務諸表の開示は不適切であり、同社最大のポートフォリオ企業であるビジネス・ローン・エクスプレスについても、提出されている基本情報は不十分である。われわれとしては、二〇〇三年二月三日付でALDとビジネス・ローン・センターが結んだ返済と譲渡の契約に関する問題を懸念している。われわれが財務内容のさらなる開示を求めたことに対し、経営陣は十分な対応をしてくれなかった」

「BLXはALDの投資ポートフォリオ、つまり帳簿では株式の重要な部分（二〇〇三年度第4四半期には一三%）になるため、評価目的でさらなる開示は当然であると考える。ＢＬＸに関する追加の開示や情報がなければ、アライド・キャピタルやその投資に関連したキャッシュフローを評価する妥当な根拠が足りないことになる」

記事をボツにしたあとで、フックはわたしにこう説明した。

「ここでの大きなポイントは、アライド全体で多くの利益を帳消しにすることだと思うよ。その間ずっと、彼らは公募増資をしているんだから。これはもう証券詐欺だよ。極端なことを言えば、ＢＬＸの利益が明らかに水増しされているというときに、どうして公募増資などできるんだい？　いくらプット契約があっても、いくら書面があっても、やっぱり利益を水増しする仕組みだよ」

続いてわたしたちは、アライドがＢＬＸの売却益の前提の開示を拒否したことについて議論した。フックによると、スウィニーはその理由として、ＢＬＸはかなりの額の現金を生み出していたが、アライドがいかにＢＬＸが儲かっているかを知られたくなかったからだと話したという。フックはＢＬＸがまったく現金を生み出していないと考え、こう付け加えた。

「ここまで大うそをついたら、だれだって信じるよね」

アライドのポートフォリオのほかの問題についても議論したあと、フックはこう締めくくった。

「ある組織で不正のパターンのようなものが見えてくると、それはもう文化だと思えてくる」

アライドは、わたしについても言っていたが、フックも会社や事業内容を理解していないとささやいていた。また、フックはアライドがレギュレーションFDに違反していると主張しているが、もし違反していなかったらフックに報復措置を取るとも言っていた。ワコビアからも、もうこれ以上コメントするなという指示が出されたことから、フックは自分の見解を弁護することもアライドに回答することもできなくなってしまった。

わたしはニューヨーク・タイムズ紙のカート・アイヘンワルドにも九〇〇万ドルに上る秘密の債権移転について語った。フックの記事がボツになったことで、アイヘンワルドもとうとう何かを書こうという気になったのだろう。翌日の二〇〇四年四月二七日、ニューヨーク・タイムズ紙はこの取引とフックに関する記事を掲載した。見出しは「アライド・キャピタル、九〇〇万ドルの取引で調査へ」。アイヘンワルドの記事の内容は次のとおりである。

この文書について懸念している理由は単純だ。焦げ付いた融資に時価の価値はないということだ。確かに、大半の貸付業者の会計では、焦げ付き融資の評価は帳簿上切り下げられるはずだ。そして通常、その評価減は貸付業者の収益減として計上されるはずだ。

言い換えると、融資を時価で計上することで、この取引は投資家の間に二つの懸念を抱かせることになる。つまり、BLXの収益は上方に操作され――アライドへの配当支払い額が引き上げられ――、それと同時に、ほかの関連する非公開企業との取引の合図にもなるのではないか、という懸念である。

記事はアライドとＢＬＸの口頭での契約について説明したあと、次のように続けていた。

『ＢＬＸの経営陣は融資などしてほしくなかったのです。ですから、もし信用の質がさらに悪化したらアライドに譲渡できるような口約束にして、ＢＬＸに投資をさせたわけです』とスウィニーは話している」

最初の移転によって、ＢＬＸは融資の額面価額をアライドから借り入れることになったのだが、記事によると、最終的にＢＬＸはこの口約束を破り、問題ある融資をアライドに買い取らせ、これで関連する債務を帳消しにしたわけである。

これは少なくともわたしが長い間抱いていた疑問への答えになった。なぜアライドがＢＬＣファイナンシャルにこれほどの大金を支払ったのか、常々不思議に思っていたのだが、今では異なる持論を持っている。つまり、アライド・キャピタル・エクスプレスがかなりの量の不適切なＳＢＡ融資を帳簿上保有していたということだ。一九九九年、ＳＢＡは監査を実施し、アライドのＳＢＡ融資の多くがＳＢＡの基準を満たしていないと判断。いずれＳＢＡはアライドにこれらの融資の損失分の返還を請求することになるが、アライドでは、一九九九年の都合の悪い監査結果や融資の評価減を開示するのではなく、二〇〇〇年にＢＬＣファイナンシャルを（高額で）買収し、融資を新設したＢＬＸに飛ばすことで問題を帳簿から切り離したのである。

どう考えても、不適格な融資の評価減を行う企業などあるわけがない。長い間にはうまくいく融資もあるが、劣化するものもある。ＳＢＡはその時点で返還を請求。二〇〇三年の初め、アライドとＢＬＸは不良債権の飛ばし契約を解除し、ＳＢＡにこれらの融資に絡む五三〇万ドルを返還した。これぞ二〇〇三年八月の会議でＳＢＡ側の人間がひけらかしていた回収金のことである。

アライドでは、これらの融資をＢＬＸの貸借対照表に記載している間にも、新株を発行して約五億ドルを調達していた。うまく機能している融資はＳＢＡに対する潜在的な負債を減少させることになるが、そうした融資の数件とアライドの大規模な融資を組み合わせると、数年前に最初の問題が表面化したときにアライドがきちんと認識していた損失よりも、二〇〇三年度の財務諸表の損失のほうが少なくなるわけだ。

スウィニーはアライドを非難にさらさないよう努めた。彼女がニューヨーク・タイムズ紙に語っているとおり、「これらの融資は以前の経営チームが組成したもので、わたしどもはこれを撤回することで合意しているんです」ということだ。二〇〇〇年のＳＥＣへの提出書類にはスウィニーの経歴に関する項目があるが、それに関するアライド側の説明では、「スウィニー氏はアライド・キャピタル・エクスプレスを介した中小企業向け貸付業務の直接責任者」になっている。以前の経営チームか。確かにそうだ。

アイヘンワルドもまた、連邦規制当局がこの取引について非公式の調査を開始したことを報告した。アライドはそれを受けてプレスリリースを発行し、「このような大して重要ではない取引について調査を行う、などという話はまったく聞いておらず、アライド・キャピタルの貸借対照表やBLXの価値にもほとんど影響しない」と述べている。

当社の社外PR会社のアドバイザー、スティーブ・ブルースは、アイヘンワルドの記事は計画的な暴露記事の第一弾だと考えた。「自分の記事を読んだアライドの株主から送信されてくる敵意に満ちたメールの数にはびっくりするよ」とアイヘンワルドが言っていたそうだ。記者にとって、これは良い兆候だった――何かをつかんだのだ。アイヘンワルドによると、SECの調査が入ると報道されたことに対し、株主は本気で激怒し、アイヘンワルドが仕組んだものと思っていたようだ。そこでアライドとその株主の反応に仕事への意欲をかき立てられ、大々的な記事を書き上げるに至ったというわけだ。ブルースはそう考えたようだ。わたしたちはSECを怒らせたくなかったので、SECの最近の関心事やSECとの会議が保留になっていることは、アイヘンワルドには一切話していなかった。彼には独自の情報源があったのだ。

■　■　■　■　■　■

その記事が掲載された日、ブリックマンとわたしはSECでの会議に臨んだ。ブリックマンと直接会ったのはこれが初めてだった。まさに電話やメールで感じた印象そのままだった――

こらえ性のない男だった。

前回とは異なり、今回はメーンフロアのかなり快適な会議室での会議になった。前回、一年ほど前だが、わたしに質問した「善玉」弁護士キルロイを含め、ＳＥＣ側の出席者は四人。キルロイは今後も関与するのは気が進まないようだったが、これまでの経緯や事態の進展について説明し、ほかの三人をサポートするために参加しているのだという。ＳＥＣの職員から、アライドとＢＬＸに関する現在の懸念事項をすべて簡単に話すよう促された。彼らは積極的なところを見せ、丁重だったし、興味津々になっていた。会計士も同席させるという力の入れようだった。法執行部の弁護士は、アライドからどのような文書を取り寄せればいいか、だれにインタビューすべきかを聞いてきた。基本的には、わたしたちに地図製作者になってくれということらしい。

■ ■ ■ ■ ■ ■

三週間後の二〇〇四年五月一二日、アライドが定時株主総会を開催した。ＣＥＯ（最高経営責任者）のウォルトンは、用意してきた見解の最後のところで再度空売り筋のことに触れてこう言った。

さて、そろそろギアを入れ替えましょうか。ワシントン・ポスト紙を読まれた方は気づいておられると思いますが、市場には必ずしもわたしどもの言動のすべてに賛同してくださっている方ばかりではありません。これも上場企業ならではのことでしょう。まあ、一種の現象です。わたしどもだけでなく、きっと多くの上場企業が影響を受けているでしょうね。

しかし、わたしどもの場合、二年前にも誤報キャンペーンのターゲットになりました。これはそういう誤報を利用することで株式に下方圧力を掛け、そこから利益を得ようとする空売り屋が主導していたのです。

しかし、数週間前からまたキャンペーンが始まりました。これは自分たちをイベント駆動型の投資家と呼ぶ連中が使う基本的な戦略のひとつのようです。彼らは情報をゆがめたり、場合によっては単純に情報をでっち上げたりして市場を操作しようとします。パターンは火を見るよりも明らかです。つまりショートポジションを建て、結果が自分たちに有利になるよう、できるだけ工夫するわけです。こうした操作は株主に害を与え、最終的には資本市場全体に害を与えることになります。

わたしどもはこうした活動を過去二年にわたって見てまいりました。わたしどもだけでなく、おそらく数百という企業でこうした活動が行われているものと信じています。このゲームには極めて明確なパターンがあります。これまでに分かったことを空売り屋の戦略の一〇のステップとして示してみましょう。これはデビッド・レターマン（**訳注** アメリカのテレビ番組の司会者）のトップテンではありません。別の人物のトップテンです。

まず「最初に」、規制が厳しいか複雑な会社を選ぶことです。偶然複雑な会社だったら、そこは規制されています。

「二番目」に、事実を発見すること。重要な事実かどうかは関係ありません。前後関係から事実を拾い出す方法を探すか、さもなければこじつけてみて、真実と少しでも関係を持たせるようにし、それを十分に不吉なものに、極めて重要なものに変えることです。

「三番目」に、ショートポジションを建てること。

「四番目」に、リサーチアナリスト、規制当局、ロングの投資家、新聞社の人間を探し出して、彼らに悪い話をすること。それから、そうそう、真実を知ろうとして会社に電話をしてはいけません。うちにはだれからも電話がありませんが……。つまり、どんなに具体的な方法であっても、会社には電話をしないということです。くれぐれも会社に電話をして真実を教えてもらおうとは思わないように。結局は、ゆがんだ形でしか教えてもらえないでしょう。

「五番目」に、匿名の掲示板で経営陣の信憑性を攻撃するのが普通のやり方です。

「六番目」に、懸念の高まりという幻想を生み出すこと。シンジケートの空売り屋を呼んできて、SEC、リサーチアナリスト、ロングの投資家、新聞社に電話をして、うそとこじつけを繰り返すのです。もしそれが十分にうまくできたら、あとは結果を出してくれるパワフルなツールを並べておけばいいわけです。知らず知らずのうちに、それがゲームの一部になってきますから。

「七番目」に、集団代表訴訟について理解し、もちろんそれに便乗すること。

「八番目」に、通りに出て空売り屋を全員呼び出して、折り重なって株式に圧力を掛けてもらうこと。

「九番目」に、空売りがエンロン事件を暴いたのだと全員に念を押しておくこと。彼らは世界一賢明な投資家です。もし会社が反撃してくるなら何かを隠しているに違いないですから。

そして「一〇番目」。もしすべてが計画どおりに進めば、株価が下落して儲けが出ます。また、追加のボーナスとして、これは彼らのお気に入りですが、もしこれがゲームだというのに皆が気づいたら、そこで強気に出て、それに便乗すればいいわけです。ここ二年間、何度かこのゲームをやっている連中が当社の株を手放していますよ。

しかし、もうずいぶん長い間ゲームをやっておりますので、現状が浮き彫りになるのは仕方がないことです。株主の皆様も損害を被っていますし、事業にも影響が出ております。わたしどもが二年前にゲームを始めたとき、つまり二年前にゲームが始まったときには、引き続き記録を訂正して事業を継続していれば、当社や株主の皆様にとって正しいことをしているのだと思っておりましたが、市場操作はまだ続いているのです。

どういうところか、裏にだれが隠れているのかを考えてみましょう。こうしたイベント駆動型の投資家は、裕福な投資家が供与してくれた巨額の資金プールを運用しており、彼らの活動も完全に野放図で非公開です。非公開ということは、個人投資家が直接投資をしようが投資信託を通して投資をしようが、彼らの投資資金ダメージを受けるということですよ。一連の取引活動や真意については透明性などまったくありません。発覚することなく、自由に操作でき、自由にゲームをすることができるのです。

ごく最近の攻撃で、つまり有名になったＢＬＸの九〇〇万ドルの債権移転によって、アライド株を空売りしていた投資家は利益を得ました。この取引に関連したわたしどもの説明や開示は完全に正しかったんですがね。

遅かれ早かれ、事実や真実は誤報や当てこすりに勝るものです。わたしどもは二年前にそれを立証しておりますが、今後も運用成績によってその証拠を提示していこうと思っております。しかし、いつでも市場操作があれば、それを暴露する作業も続けますし、利用できるオプションは何でも使い、企業や株主価値を守っていきます。わたしどもには素晴らしい会社があり、前途も有望なのですから。

■　■　■　■　■　■　■

わたしの講演から二年がたたないうちに、グリーンライトの業績も伸びてきた。Ｓ＆Ｐ五〇〇が二二％下落し、ナスダックに至っては三一％という猛烈な下げを見せた二〇〇二年の超弱気相場も生き延びて、どうにか七・七％のリターンをたたき出した。アライドの空売りでは二一％のROC（資本収益率）を記録し、当社の収益がすべて空売りから上がるという状態だった。ロングとショートの両方で採算が取れなかった初めての年度でもあった。最も収益性が見込める一五件の投資のうち一一件が空売りで、ショート銘柄が投資資金の六五％を占めていた。ワールドコムやテネット・ヘルスケアなどのロングポジションでは大きな損失を抱えていたので、こうした空売りによる利益は大切だった。

二〇〇三年度には市場も上向き、グリーンライトは三六・八％のリターンを上げたが、上位一五件の勝ち組はすべてロング銘柄で、上位七件の負け組は、アライドを筆頭に、すべてショートであった。当社の五大ロング銘柄がその年度に少なくとも七八％も上昇してくれたおかげで、アライド株が三八％上昇しても処理するのは楽だった。

実際には、アライド株よりもほかのショート銘柄のほうが上昇した。このときはS&P五〇〇が二八％、ナスダックも五〇％という大幅上昇を記録するという、全面高の相場だったのだ。当社は運用資産一八億ドルでこの年度を終えた。

■ ■ ■ ■ ■ ■ ■

数カ月が過ぎたが、アイヘンワルドが大々的な記事をまったく書き進めていないことに気がついた。彼はエンロン関連の著作に集中しており、まだアライドとＢＬＸの話には興味があるとは言っていたものの、わたしたちはスクープ記事の話を御破算にしようと申し出た。すると、彼もすぐに執筆するのは無理だと言い、それに同意してくれた。八カ月もの間貴重な独占権を与えていたのに、これにはひどくがっかりさせられた。

わたしたちはワシントン・ポスト紙にアプローチしてみることにした。ワシントンＤＣを拠点にし、政府機関を悪用するアライドの物語は、この新聞に合っていそうだったからだ。スティーブ・ブルース、クロールのジョック・ファーガソン、そしてわたしは、ジェリー・ナイトとテレンス・オハラという二人の記者と会った。ナイトとは三年前にもうひとつの地元企業コンピューター・ラーニング・センターの件で話をしたことがあり、彼も覚えていてくれた。これは都合が良さそうだ。二人とも以前にアライドの記事を書いていた。わたしたちはニュース編集室の隣の会議室で三時間ほど話をした。ファーガソンとわたしは、アイヘンワルドのときと同じプレゼンテーションをし、二人の記者にも裏付けとなる書類を渡した。

ところが、アイヘンワルドとは違い、二人は書類を読むことにまったく関心を示していない様子。実際、二人には丁寧にはねつけられた。彼らのメッセージはこうだ。

「大人になれ――ＳＢＡの不正など日常茶飯事なのだ。いちいち気にする人間などいない」

地元企業が政府機関に絡んだ不正を働いているというのに、ワシントン・ポスト紙がこれほど素っ気ない態度を取るのは奇異な感じがした。彼らの専門分野だろうに。

「ＳＢＡが動くかどうかはご存じですか？」とオハラが尋ねた。

「今お渡ししたのと同じ情報を差し上げているんですが。できればこれを追跡していってほしいですね」とわたしは答えた。

あとで分かったことだが、今回の会談が金融メディアの「有力者」との数々の会談の発端となるものだった。ところが、全員が次の理由のいずれかで記事を書くことを断ってきたのである。ワシントン・ポストのようなところもあった。つまり、もし政府が厳しく取り締まっていることを証明できるのなら、それこそがニュースだということだ。さもなければ、彼らが関心を抱いていないのだ。二つ目は、アライドやグリーンライトについてはもうずいぶん報道されているので、何がホットなニュースなのか分からないというもの。だが、わたしたちに言わせれば、これまでの記事はどれも「言った、言わない」の水かけ論だったし、記者たちに少々時間を割いて個別に事実をリサーチしてもらい――これについては、わたしたちがロードマップを提供した――、アライドが悪事を働いていたのかどうかを自分たちで、また読者に判断してもらう、というものだったと。そして三つ目は、当初のアイヘンワルドのようにするというものだ。

「信じられない。これをボツにするやつがいるとはね。こういう記事をもっと書かなくちゃ！」

最後の理由については、数カ月後になるが、ほかのプロジェクトが終わったら取りかかるよ、と言うのをいや応なく耳にすることだろう。ただ、そうは言うものの、彼らは絶対に取りかからない。

間違いなく、わたしがアライドの件で一番学んだのは、メディアは複雑な金融事件の徹底的な調査を驚くほど嫌がっているということだった。たとえ事件が銀の大皿に盛られていても、大して食欲がわかないようなのだ。わたしたちやアライドとの議論、「言った、言わない」の議論をするのではなく、それ以上の能力がある人間が必要だった。調査報道が必要だった。アライドとわたしたちが互いに言い争っている間に、だれかが進んで時間を割いて作業をし、この入り組んだディベートについて独自の見解を示す必要があった。ビジネス紙にはこれを進んでやるような人間、やる能力のある人間はまずいなかった。

二〇〇四年六月二三日の夕方、わたしが外出したあとだったが、ウォール・ストリート・ジャーナル紙のデビッド・アームストロングが電話をくれ、メッセージを残してくれた。ブルースにも電話をしていた。ブルースがわたしの居場所を突き止めたときには、アームストロングの締め切りには間に合わなかった。とうとうアライド、SECが調査に入るという通告を受けたようだ。悪いニュースをそのまま公表するのではなく、やはりアームストロングに、ヘッジファンドという悪と闘う活動家に記事を書かせたのだ。営業時間が終わるまで、アームストロングが連絡をくれなかったのも不思議ではなかった。彼の記事は、何年も前からこの会社を攻撃している騒がしい空売り筋に規制当局も注目していた矢先の調査の発表、という位置づけになっていた。弁明のチャンスが得られるアライドにとっては、良いニュースという位置づけだった。

アライドはSECの調査を確認するプレスリリースを発行した。ウォルトンは次のように書いている。

過去二年にわたり、わたしどもは、人を欺くような誤った情報やわい曲された事実を基にした空売り屋のくだらない申し立てを論破してまいりました。SECと全面的に協力し、あらゆる事実を提供し、空売り屋の申し立てがすべてうそであることを立証する機会を得られることを歓迎いたします。

アライド・キャピタルは素晴らしい会社であり、事実関係も理解されておりますので、この空売り攻撃を撃退できるものと期待しております。

翌日のワシントン・ポスト紙にはオハラの特集記事が載っていたが、またもニュースの焦点はわたしたちだった。記事はこんな書き出しで始まっていた。

昨日、SEC（証券取引委員会）が中小企業向け貸付子会社に絡んでアライド・キャピタルの調査に着手することを発表すると、ワシントンにあるこの金融サービス会社の株価は一〇％下落した。アライド筋によると、この調査は空売り筋の告発がきっかけで行われるものであり、その空売り筋は株価が下落しないと儲からないリスキーな取引をしているのだという。アライドが空売り筋との公開の論争、とくにニューヨークのグリーンライト・キャピタルＬＬＣとそのファンドマネジャー、デビッド・アインホーンとの争いに巻き込まれたのは、この二年で二度目となった。（© 2004　ワシントン・ポスト紙より。許可を得て転載）

これはＳＥＣの調査であり、空売り筋との公開の論争ではなかった。空売りの「リスキー」な側面を記事のつかみにしようとするのは理解できなかった。記事では九〇〇万ドルの債権の移転について論じ、大した額の取引ではないというアライドの説明を紹介していた。続いてわたしたちがＢＬＸを調査し、調査結果をＳＢＡに報告したという事実を述べ、なぜ九〇〇万ドルの取引が不正なのか、なぜ開示されないのか、なぜ誤りなのか、そしてなぜＢＬＸとアライドの業績を水増しせざるを得なくなったのかに関するわたしの説明を引用していた。

ウォルトンが空売り筋について発言した内容も引用されていた。

「彼らはバイオリンの弾き方を習ったんです。弦を切ってやりましょうか」

自分の会社がＳＥＣの調査対象だとの知らせを受け取ったばかりの男から出てくるコメントにしては、かなり強気である。

第4部

社会はどう機能しているのか（いないのか）

第22章

もしもし、どちら様？

二〇〇四年の夏も終わろうというころ、ザ・ストリート・ドット・コムにアライド・キャピタルに関する批判的な記事を何度か掲載した記者のハーブ・グリーンバーグから電話があり、電話料金をオンラインで支払っているかと聞かれた。

「いいえ。どうしてですか？」

「だれかがオンラインでアカウントを開設して、きみの通話記録を不正入手しようとしているよ。チェックしてみたほうがいい」とグリーンバーグ。

「どうすればいいんです？」

グリーンバーグは説明してくれた。

「自分でオンラインアカウントを開いてみればいい。そのとき、すでにだれかが開いていれば、もう開けないというわけだ。すでに開設済みだと言われるさ」

「どうしてそんなことを？」

グリーンバーグにも同じことが起きていた——そこで自分の情報提供者にも電話をかけ、同じことが起きているかどうかを聞いてみたという。わたしはやってみると返事をし、加入している地元の電話会社ベライゾンでアカウント開設の手続きを取ってみたが、問題なく開設することができた。そういうわけで、この一件についてはすっかり忘れていた。

それから約一週間後、イーストボーンのジム・カルザーズから自宅に電話がかかってきた。彼もグリーンバーグと同じことを聞いてきて、こう言った。

「わたしの携帯電話と固定電話の記録が盗まれているんだ」

これでわたしも興味津々になってきた。カルザーズとの通話を保留にして、自分の携帯電話のアカウントを調べてみた。やはり問題はなかった。長距離電話会社のAT&Tについても調べてみた。するとアクセスが拒否された——すでにオンラインアカウントを開設されていた。妻のシェリルに聞いてみた。彼女ではなかった。二人ともアカウントを開設していないので、他人ということだ。その「他人」がだれであれ、わたしたちの通話履歴をすべて不正入手しているということだ。

「いやあ、実際にやるやつがいるんですね。驚きましたよ」とわたしはカルザーズに言った。妻が実の妹に何度電話をかけたかを知りたがる人間などいるのだろうか。

その二日後には、ファームハウス・エクイティ・リサーチのリサーチアナリストで、アライドの投資判断を「売り」にして報告書を発行したチャールズ・ギュンターも記録を盗まれている、とグリーンバーグから聞かされた。わたしは知人やグリーンライトのスタッフにも調べてみるようにと指示をした。すると、当社のPR会社アバナシー・マクレガーのスティーブ・ブルースと一緒にアライド・キャピタルの件に深くかかわっているエド・ロウリーが、携帯電話の記録を同じように盗まれていることが分かった。そういえば、SEC（証券取引委員会）で証言をしているときにもロウリーの身元とその役割について聞かれた。十中八九、アライドが彼について苦情を訴えたのだ。

ブリックマンによると、電話料金はすでにオンラインで支払っているので、だれかが自分になりすましてアカウントを開設する可能性はなさそうだが、銀行からの通知で、自分の社会保障番号を使って銀行の記録にアクセスしている人間がいることが分かったという。わたしはギュンターと話をしたことはなかったが、ブリックマンが彼と面識があるのは知っていた。

グリーンバーグ、ギュンター、カルザーズ、ロウリー、そしてわたしの唯一の共通点はアライドだった。ほかのテーマに関する情報提供者からは通話記録が盗まれたという報告が一件もない、ということもそれを暗に示していた。

アライドがわたしたちの記録を欲しがる理由は何なのだろう？　第一に、空売り筋、集団代表訴訟の弁護士、メディア（とりわけグリーンバーグ）、そしてアライドの元CEO（最高経営責任者）グラッドストーンとの間でさまざまな陰謀が企てられている、とアライドが主張していたこと。ついでに言えば、アライドはわたしたちが同社の投資に関する情報をかなり収集できていることに驚いており、それが内部からのリークなのかどうか疑問に思っているのだろうということ。次に、アライドはわたしたちの私生活に関する情報を欲しがっているのかもしれないということ。それがあれば、わたしたちをゆすったり恫喝したりして黙らせることもできるからだ。

ウォルトンは二〇〇四年五月に開いたアライドの定時株主総会で株主に約束していたが、これはそのことだったのだろうか?

「わたしどもは、市場操作活動があれば、いつでもそれを暴き出すために力を尽くします。また、当社と株主の皆様の価値をお守りするために、利用できるものは何でも利用しようと、あれこれと考えを巡らせているところでございます」

妻のシェリルがAT＆Tに電話をして確認したところ、二〇〇三年一一月七日に「シェリル・アインホーン」を名乗る女性が、シェリルの社会保障番号を使ってわが家の固定電話の請求用アカウントをオンラインで開設しようとしていたことが分かった。二〇〇四年五月二八日付でその記録は up4repo@aol.com あてに送信されているものの、そのメールアドレスからは「あて先不明」というメッセージが届いている、とAT＆Tでは話していたそうだ。

グリーンバーグはすでにFBI(連邦捜査局)のサンディエゴ支局に通報していた。当社のスタッフも、グリーンバーグの事件を担当していた捜査官に通報した。だが、FBIは動くまでが長かった。テッド・リンゼーは熱心で真面目な捜査官だったが、通話記録については各電話会社の召喚状が必要だったし、その後返事をもらい、情報をまとめるまでには気の遠くなるような時間がかかりそうだった。グリーンバーグもついに対応の遅さに怒りをあらわにし、この経験を記事にすることにした。

二〇〇五年二月、グリーンバーグは通話記録が盗まれているほかの人々にも言及し、次のようなコラムを執筆した。

「この人々――わたしも含めて――の唯一の共通点は、全員がアライド・キャピタルの周辺を調査中だということだ」

このコラムで、グリーンバーグは二〇〇四年七月八日に自分名義のオンラインアカウントが開設されていたとしているが、どうやらアカウントが開設されたのは、わたしが「アライド・キャピタルの配当は不安定？」という見出しで記事を書いてからわずか六時間後のことだった（偶然の一致がさらに偶然に一致した）。わたしはこの記事で、アライドを「売り」にしたチャールズ・ギュンターの言葉を引用していた。

グリーンバーグは、アライドが関与している証拠は何もないと述べていたが、こうも書いている。

「アライドのＣＯＯ（最高執行責任者）で、普段は主任スポークスパーソンを務めるジョアン・スウィニーは、わたしがここ数週間で二度も電話をしたにもかかわらず、返事をくれない。彼女は二度ともオフィスにいたにもかかわらず、である。最近電話したのは先週だが、そのときには留守番電話に状況説明といくつかの質問を残しておいた。あとから確認のメールも送っておいた」

グリーンバーグはこれが全国的な記事になると思っていたようだが、そうはならなかった。批判的な記事の主役に偵察されている記者が書いたとなると、同業者も関心を寄せるわけがなかった。

一方、ウォール・ストリート・ジャーナル紙のデビッド・アームストロングは、またもわたしたちを利用しようとしたが、今度はわたしたちも協力を控えることにした――もう危険水位に達していたからだ。前述のとおり、当社が調査対象になる前の二〇〇三年一月、彼はわたしたちを待ち伏せしていたのだが、その数カ月後に何時間か当社で話し合ってからは記事を書けなくなっていた（おそらくわたしたちを非難できなかったのだろう）。また、SECがアライドを調査しているという記事を書く前の晩にもわたしたちを待ち伏せしていたのに、その記事は調査のことよりも空売り筋に焦点を当てて書いていた。そして今回は、アライドを調査するためにだれがクロールを起用しているのかと聞いてきたのだ。もう一切、彼とはかかわりたくなかった。

アームストロングはカルザーズとも契約し、記事を書かせていたが、カルザーズが所属するイーストボーン・キャピタルでもアームストロングを警戒しており、書面でしか質問を受け付けないことにしていた。カルザーズ自身もアームストロングの質問に疑問を抱いていた。とくに厄介だと思ったのは、カルザーズと重要な情報提供者になったBLXの元社員との関係についての質問だったようだ。自分の通話記録が盗まれたことに気づいた直後のこと、それまでは良好な関係を保っていたこのBLXの元社員から電話があり、激怒していたという。BLXが接触したに違いない。それにしても、この元社員がカルザーズに情報提供していることを、BLXはどのように知ったのだろう？　アームストロングもなぜこの関係について質問しようと思ったのだろう？　やはり、だれかがカルザーズの通話記録を盗んだのだ。事態はいよいよ出でていよいよ奇なり、になってきた。

アームストロングも、ブリックマンとギュンターとのやりとりに妙に疑問を抱いていた。アームストロングが先入観を抱いている証拠があったにもかかわらず、ブリックマンは彼を起用した。ブリックマンは自分が正しいと信じていたが、他人を説得できるとも思っていた。いや、そう思っていただけでなく、実際に説得した――わたしは、フックを説得して心変わりさせ、SBA（中小企業局）融資の飛ばしについてアライドに接触させたのはブリックマンだと信じている。そして今、そのブリックマンがアームストロングを起用しているのである。

これでブリックマン、二〇〇四年九月二四日付のウォール・ストリート・ジャーナル紙の一面トップ記事の主役に躍り出た。見出しは「テキサスの隠居、ウエブの書き込みで会社を窮地に」。「tellmeitsnottopsecret」というハンドルネームでアライドのヤフー！の掲示板に二〇〇〇件以上の書き込みをし、SECに情報を提供した揚げ句、二人の証券アナリストを説得して株価を下落させたとしてブリックマンを名指ししたものだった。経営陣には誠意がないというブリックマンの発言を踏まえ、アームストロングはこう記している。

「スウィニー氏は、自分もアライドも常に誠意をもって対応してきたと話している」

ウォルトンの次の言葉も引用されていた。

「ブリックマンはデビッド・アインホーンが率いる空売り屋と結託し、アライド・キャピタルに関するうその情報、間違った情報を広めている」

記事には、グリーンライトが二〇〇三年初めにアライド株を操作したのかどうか、エリオット・スピッツァーが調査を開始したと書かれていた。

起訴に持ち込まれたわけではないが、調査は「まだ終わっていない」と記事には記されていた。これには驚いた。司法長官の事務所からは一年以上前から何の連絡もないし、そもそも大した調査も行われていないからだ。

SBA融資の飛ばしの話も繰り返されていた。BLXのCEO(最高経営責任者)のタンネンホイザーは、アライドが焦げ付いた融資を買い取ると発言したあとで会社は債権移転に同意していると話していたが、スウィニーが新説を持ち出した。アライドは焦げ付き融資を買い取るなどとは言っておらず、「検討する」ことを約束しただけだというのである。秘密の「プット契約」を結んだものの、財務諸表では計算に入っていないのは問題だ。スウィニーはそれに気づいていたのではないだろうか。

ブリックマンが定期的に書き込みをしているヤフー！の掲示板以外にも、アライドはヤフー！を強く意識していたようだ。二〇〇二年四月にアライドのＩＲ（インベスターリレーションズ）部のスザンヌ・スパロウと初めて電話で話していたときにも、彼女がヤフー！の掲示板をいかに注視しているかという話を切り出すのはおかしいと思ったものだ。経営陣が匿名の掲示板に関心を示すとは珍しい。スパロウはこう付け加えた。

「わたしどもの規定ではチャットは禁止されていますので、それでずいぶんと助かっていますね」

わざわざ時間を費やして掲示板など読みませんよ、とわたしはスパロウに言った。

二〇〇二年五月の講演の直後のことだが、ヤフー！の掲示板でアライドに関する活発な議論が始まったことを数人から聞いた。とにかく多すぎて全部を読むわけにはいかなかったが、わたしの注意を引く書き込みもいくつかあった。ある投稿者は「デイブ・アインホーン」を名乗っていた。もちろんわたしではないが、ユーモアのセンスがあったので、わたしはその投稿者を信用した。あるとき、その偽のデイブ・アインホーンでさえ、アライドに関するわたしの講演は飲み屋でのちょっとした賭けの結果だろうというコメントを寄せていた。もしその「デイブ・アインホーン」が本書を読んでいるなら、どうか遠慮せずに連絡してほしい。ビールでもおごるよ。

わたしの講演直後のスパロウのコメントや取締役会に対するわたしの印象から言えるのは、アライドかその代理人もヤフー！の掲示板に書き込みをしていたのではないかということだ。ウォルトンも決まって掲示板に対して文句を言っていたことから、彼らが掲示板の話題に着目していたのは間違いない。ハンドルネーム「stop_theft2002」氏は、ＳＥＣにグリーンライトを攻撃させようと繰り返し投資家に呼び掛けていた。書き込みもまるで弁護士が書いたかのような文章で、見出しは「ＳＥＣにグリーンライトを調査させる方法」「ＳＥＣ――空売りに光を当てる」「ＳＥＣ――グリーンライトの調査へ」。ところが、見出しはそれぞれ違っていても、二〇〇二年五月から一〇月にかけて何度も同じメッセージが繰り返されていた。その文面をご紹介しよう。

わたしどもはグリーンライトの活動（闘いへの取り組みについての講演、白書の発行、同社の白書発行に関するプレスリリースの発行など）はアライド・キャピタル株の価格操作を狙ったものなのかどうかと、思いを巡らせています。もしグリーンライト・キャピタルによる価格操作の可能性についてＳＥＣに調査を依頼したい方は、以下の住所をご利用ください。簡単な書簡かメールが適当でしょう。ＳＥＣはグリーンライト・キャピタルによるアライド・キャピタル株の価格操作の可能性について調査すべきであるという提案と、いくつかの事実関係を記しておけば大丈夫です。

このメッセージは、ＳＥＣにうまく要望を伝えるための細かい指示と「ありがとうございます」の言葉で終わっていた。この文面からは個人的なメッセージに付き物の個性もユーモアも皮肉も見られず、人間性も狂気も感じられなかった。

■　■　■　■　■　■

二〇〇四年の秋、アライドのもうひとつの投資先であるセイドラン・フーズが破産法適用を申請した。裁判所の記録を見ると、同社は一九九九年から業績が落ち込んできたのが分かる。この記録には、「二〇〇〇年末には債権者のバーガー・キングの売上高が大幅に減少し、それが債権者と主要貸付業者との契約、持ち株会社とのリース契約に基づく流動性危機と債務不履行を引き起こした」と書かれていた。二〇〇一年一一月一三日、セイドランはリストラを完了し、アライドも債務を株式に交換した。ところが、である。アライドは二〇〇二年六月までセイドランへの投資を取得原価で計上しており、その翌年にようやくその額を徐々にゼロまで切り下げたのである（**表22・1**を参照）。これもアライドが評価減を漸次的に、また大幅に遅らせて実施した例である。

表 22.1　セイドラン・フーズ

日付	債券投資 取得原価	債券投資 評価額	株式投資 取得原価	株式投資 評価額	備考
1998/12/31	11,881	11,881			最初の投資
1999/12/31	11,674	11,674	266	266	価値低下、評価減せず
2000/03/31	12,642	12,642	266	266	価値低下、評価減せず
2000/06/30	12,652	12,652	–	–	価値低下、評価減せず
2000/09/30	12,973	12,973			価値低下、評価減せず
2001/09/30	12,973	12,973			価値低下、評価減せず
2001/12/31	12,973	12,973	3,909	3,909	資本増強、資金追加、評価減せず
2002/03/31	12,973	12,973	3,909	3,909	価値低下、評価減せず
2002/06/30	12,973	12,973	3,909	3,909	価値低下、評価減せず
2002/09/30	12,973	12,973	3,909	–	最初の評価減
2002/12/31	12,973	9,949	3,909	–	漸次的評価減
2003/03/31	12,973	9,949	3,909	–	
2003/06/30	12,973	6,646	3,909	–	漸次的評価減
2003/09/30	12,973	50	3,909	–	ほぼ評価減終了
2003/12/31	12,973	50	3,909	–	
2004/12/31					倒産、実現損失 1820 万ドル

注＝単位は 1000 ドル

■■■■■■■

二〇〇四年一二月二七日、当社のトレーダーがわたしに電話をくれ、コロンビア特別区の連邦検事が刑事事件としてアライドとＢＬＸの強制捜査に乗り出したことをアライドが発表した、と教えてくれた。強制捜査のニュースを受けて、アライドはまたも空売り筋に非難を浴びせ、捜査は「空売り筋が過去二年半にわたって騒いでいるのと同様の件だと思われる」という声明を出した。

しかし、今回ばかりはわたしたちを非難する理由は見当たらなかった。わたしたちは連邦検事に連絡を取ったことなどない。ＳＥＣは民間の規制機関であり、民事事件の捜査や法的措置に着手することはできるが、刑事訴追の権限はなかった。もし犯罪行為の証拠でも発見したら、司法省の連邦検事に照会することはできる。この捜査でＳＥＣが何を突き止めたかは知らなかったが、それが何であれ、連邦検事に付託したのであれば、良い兆候なのだろう。

ＳＥＣの調査について発表したアライドのプレスリリースには「空売り筋の申し立てのすべてがうそであることをきっぱりと立証する……機会を得られることを歓迎いたします」と書かれていたが、強制捜査について発表したプレスリリースには、この「歓迎いたします」という言葉はなかった。

ヤフー！の掲示板でアライドの見解を擁護し、最も好戦的なメッセージでわたしを個人攻撃していたのは、「sharonanncrayne」というハンドルネームの投稿者だった。この投稿者、個人投資家だと主張しているが、二〇〇二年五月二〇日（わたしの講演から五日後）から二〇〇四年一一月一七までの間に一三七〇回も書き込みをしている。多くが悪意に満ちたメッセージだったが、その詳細な内容から、これはアライドの関係者が書き込んでおり、内部情報の提供という紙一重のことをやろうとしているのではないかと考えるようになった。強制捜査の発表があってからは、「sharonanncrayne」氏の書き込みは一度もない。確かなことは言えないが、この投稿者は外部で活動しているインサイダーで、強制捜査という言葉を聞いた途端、活動を停止したのだろう。

わたしの講演から二年がたち、強制捜査の発表があった直後から、とうとう大手メディアの放送局もアライドとわたしたちとの論争を調べ始め、わたしたちの側についてくれた。USAトゥデー紙はインターネット版に「アライド・キャピタルも無節操な空売り筋の犠牲者か？」と題するトール・バルドマニスの記事を掲載した。インターネット版には、この記事は本紙二〇〇四年一二月三〇日版の1Bページに掲載されたものであるという記述があった。記事では、最近の強制捜査と「卑劣な誤報キャンペーン」だとしてわたしたちを非難するアライドについて論じていた。また、アライド問題に詳しい人物が、SECが徹底的な調査に着手し、司法省に助けを求めるのは珍しいことではないとするコメントも紹介していた。

「企業はよく空売り筋を非難して死に場所に向かう」

バルドマニスはこう記したあとで、「空売り筋は、ウォール街で最高の調査報告書を作ってくれることが多いが、企業不正に対する防衛の最前線になることもある」と結んでいた。この記事を昨晩オンラインで読んだわたしは、翌朝USAトゥデー紙を買ってみた。ところが、1Bページに記事は載っていなかった。ビジネス欄にもどこにも見当たらなかった。本体のページには載っていなかった。実際にどこにも見当たらなかったので、再びインターネット版に戻ってみた――記事は削除されていた。

本書を執筆中、わたしはバルドマニスに連絡を取った。彼はこの記事が削除された直後に同新聞社を辞めていたので、何が起きたのかと聞いてみた。バルドマニスの言い分はこうだった。

「編集部がウエブサイトから記事を削除した理由（紙面に掲載しなかった理由）を説明してくれたかどうか、どうも思い出せないんだ。でも、こんなことは初めてだと言っていいね。わたしが覚えているのは、当時はアライド・キャピタルのイメージアップのためにラニー（デイビス）が裏で必死に動いていたということだ。ラニーが口達者だというのはみんな知っていたよ。とくに都合の悪い事実を前にしたときにはすごかったね」

第23章 内部告発者

連邦政府は食い物にされるのを好まない――少なくとも食い物にされていることが分かったときの屈辱感を嫌う。南北戦争中、政府は確かに屈辱感を味わった。多くの戦争請負人が粗悪品を高値で売りつけてきたからだ。そこで議会は、戦時中に不正請求法を可決。一般に内部告発者法として知られているものである。この法律によって、連邦政府に対する不正行為を突き止めた者はそれを通報し、もし不正が明らかになった場合には、政府の回収金の分配にもあずかれるようになった。また、内部告発者も報復から保護されることになった。

大半の不正請求訴訟は、メディケア（**訳注**　アメリカの医療健康保険制度）か防衛関係の業者の不正に絡んだものである。不正請求法の「クイタム（qui tam）」（「国王および自分に代わって告訴する者」を意味するラテン語）条項を適用すると、グリーンライトは連邦政府に代わってアライド・キャピタル－ビジネス・ローン・エクスプレス（ＢＬＸ）を相手取って訴訟を起こし、不正を働いているBLXから政府が回収した資金の分け前にあずかることができる。内部告発者は回収資金の一〇～三五％を受け取れることになっている。

クロールの報告書と当社独自の調査報告書は、BLXの不正に関する資料としては十分だった。不正請求法に基づき、この訴状が正式に受理されれば、司法省が介入するかどうかを決定するための迅速な調査が行われる。もし介入することになれば、司法省が事件を引き継ぐことになるが、介入しないことになれば、わたしたちが独自に事件を追及するという考え方もある。わたしたちが提訴の準備を進めていると、ブリックマンがBLXの不正行為に関する最新の開示について新たな情報を送ってくれた。彼は政府に怒りをぶつけながら、こう言った。

「内部告発訴訟を起こしてやろうと思って」

ブリックマンはそのために弁護士を雇っていた。

厄介なことになった。訴状が受理されるのは一件だけだからだ。連邦法では、最初に提訴するのはわたしでなければならず、さもなければ、わたしの訴状は退けられてしまう。だが、グリーンライトの弁護士によると、同じ訴訟に複数の告発者がいても差し支えなく、だれが最初に提訴するかで争わなくても済むそうだ。わたしはまたブリックマンに電話をし、同じ裁判に訴えても大丈夫だと告げ、チームを組むことを提案した。うれしいことに、彼も賛成してくれた。

ブリックマンはさらに十数件、どう見ても不正なBLXの融資について調査していた。それを逐一詳述していたら恐ろしいほどうんざりするので、最低の不正融資だけをいくつか挙げてみる。

●ミシガン州にはアイマッド・デイブス（書類によって表記が異なる）の関連会社への融資が数多くあった。飛ばし融資で焦げ付いたのがデイブズ・ペトロ・マートへの融資であった。その焦げ付き融資の回収に当たり、アライドは訴訟を起こし、二〇〇二年六月に勝訴。デイブスは債権者との話し合いに出廷しなかったため、逮捕令状が執行された。こうした履歴があるにもかかわらず、ＢＬＸはデイブスが関与している取引で少なくとも五件の融資を増やしていた。例えば二〇〇三年一二月八日、デイブスはガソリンスタンドを三五万ドルで購入し、同日にタイフィグ・アルファクーリに一二〇万ドルで転売した。ＢＬＸはこの水増しされた購入価格に融資したわけだが、これは「不動産フリップ」と呼ばれる虚偽の取引であった。ほかにも同様の不動産フリップに絡んだ融資が数件あると思われる。

●それ以外の不動産フリップとＳＢＡを第二順位にした「ピギーバック」ローン（訳注　頭金が用意できない人が借り入れる第二順位の抵当権付きローン）では、アブドラ・アルジュファイリが関与した不正融資も数件あった。ブリックマンも、借り手が必要な資本増強を行っていない融資の証拠を突き止めた。ＳＢＡでは、買い手が「自分の会社」を持てるようにするため、融資の際に資本増強を要求していた。ある裁判所の記録には、ダリューシュ・ザハライエが二四万ドルの頭金を要求されたことになっている。同氏は、契約は口約束なので頭金は用意していないと話している。同じ訴訟で、ザハライエは次のように証言している。「パット・ハリントン（BLXのデトロイト営業所上級副社長）とアルジュファイリが過去にときどき手を結んで、不正な住宅ローンで悪事を働いていました。アルジュファイリ、この取引ではボロ儲けしていましたね。原告側の幹部のパット・ハリントンと組んで悪いことをしていましたから、この取引も含め、問題の取引ではものすごい価格になっていましたよね」

●ニューヨーク州では、二〇〇一年四月一二日にEPA（環境保護庁）が重大な環境侵害を発生させたとしてホワイト・サン・クリーナーズを名指しした。翌月、BLXは同社の不動産に一三三万ドルのSBA保証付き融資を発行。当初は34ストリート・アソシエーツがこの不動産を所有していたのだが、34ストリートの無限責任社員のひとりがマフィアと関与しており、チームスターズ・ユニオン363の管理人としての義務に違反しているとして、労働省が告訴に踏み切った。二〇〇一年八月、34ストリート・アソシエーツはこの不動産を借地人であるホワイト・サン・クリーナーズに売却。BLXはその購入資金に充てるための代わりの融資を発行。二〇〇三年八月、ホワイト・サン・クリーナーズは債務不履行になり、BLXはSBAに契約証書を譲渡した。

●イリノイ州では、BLXがインター・オートに対し、ワイトールド・オシンキ氏の救済に充てる資金として九九万ドルのSBA融資を供与。ところがインター・オートは、すでに地元の貯蓄組合から借り入れた二八万ドルの最初の融資で債務不履行に陥っていた。これは民間の貸付業者から政府に不良債権を移転することになり、ＳＢＡの規定に違反していた。建前上、融資はボディーショップに供与されたことになっていたが、実態は保険金詐欺だった。二〇〇四年、オシンキ氏は金を払ってうその自動車事故をでっち上げ、保険会社に不正請求をしたとして起訴された。同氏は連邦検事との司法取引を勝ち取り、刑罰を軽くしてもらう見返りに別の事件に協力することに同意した。刑は禁固最高七一カ月。妻のイングリッド・オシンキも不正および詐欺の一件で罪を認め、損害賠償金四五万ドルの支払いと禁固三三カ月を言い渡された。

この四件はブリックマンが突き止めた事例のごく一部である。二〇〇五年一月、クロールはＳＢＡとフォローアップ会合を持った。クロールでは、ＳＢＡのＯＩＧ（監察局）所属の監察官がＳＥＣの調査員と共に調査に当たり、多くのＢＬＸ融資のファイルを調べたところ、その営業方法に数々の問題があることが分かったと報告している。調査の焦点は、会計上の不正というよりも融資の不正。ＯＩＧがＢＬＸで融資組成に携わっていた元担当者二人から事情聴取したところ、二人から不適切な融資組成の十分な証拠が提出された。そこで一二月の初旬、ＳＢＡの調査員はワシントンＤＣの連邦検事を訪ね、調査結果について議論した。

■■■■■■■

アライドの取締役会にわたしたちの結論を知らせよう。わたしはそう思い、二〇〇五年三月に取締役会あてに書簡を書き、BLXがSBAとアメリカの納税者に対する大掛かりな詐欺に関与していることを伝えた。また、次のようにも記しておいた。「BLXは水増し査定を利用したり、資本増強の確認を怠ったり、許されない不動産の分割や不動産フリップを許可したり、あるいはそれ以外の違反を犯したりするなど、繰り返しSBAの貸出規則を無視しつつ融資の組成件数を維持している。アライドはそうした不正行為によってBLXから利益を得たうえでBLXの評価を切り上げている。さらに、わたし個人の通話記録も盗まれており、取締役にはその調査を行う義務がある」。また、そのような不祥事にかかわっている者には上場企業の経営者の資格はない、または会社の指示でこのような行為に従事してはならない、とも念を押しておいた。

取締役会には経営陣がどのように詐欺行為のパターンを確立したかを説明した。ウォルトンとスウィニーにはカリスマ性があり、彼らがアライドの株主や一般投資家を欺いたように、取締役をも欺いている可能性がはあった。会社が捜査の対象になった以上、取締役会のメンバーも経営陣に疑問を抱き始めたのではないだろうか。彼らもわたしたちの告発を深刻に受け止めてくれるかもしれない。わたしの書簡はこれから対話を始めるための試金石だった。

わたしは取締役に、二〇〇三年二月のコンファレンスコール（電話会見）でのスウィニーのコメントに着目させた。スウィニーは、自分は理由など知らないと否定し、もし知っていたとしても、ＳＢＡがＢＬＸに関する情報を収集していると言っている。また、融資の飛ばし契約を解除する契約に個人的に調印したわずか数日後に、ＢＬＸはその飛ばし融資に関する保証金として五三〇万ドルをＳＢＡに返還しているとも話している。わたしはこうした状況に関するいい加減な開示について記し、こう述べた。

「これは株主に対して、そしておそらく取締役会に対しても、経営陣がいかに不誠実かという深刻な問題を提起することになるでしょう。取締役会はこうした一般に向けた虚偽の説明など許せないでしょうからね。経営陣は取締役の皆さんに対してもうそをついているのか、ということになりますから」

それから一週間後、アライドの監査委員会委員長のブルークス・ブラウンから素っ気ない書簡が届いた。取締役会は、グリーンライトの不正の申し立てへの対応について、アライドの経営陣と外部の弁護士に相談を持ち掛けたようだ。ブラウンによると、アライドの経営陣からの情報はわたしの告発を裏付けるものではなかった。また、書簡では、わたしの通話記録が盗まれたことを含め、わたしが挙げた特定の懸念については何ひとつ言及していなかった。代わりに、グリーンライトが同社にショートポジションを建てていることに触れ、暗にわたしの信憑性に攻撃を加えていた。また、もしわたしが（取締役に）自分の申し立ての根拠となる特定の情報を提供するというなら、監査委員会が「さらなる措置を講じるのが正しいのか否かを判断する」と書かれていた。わたしはかなりの問題を特定したつもりだが。彼らが問題の真相を解明するのに熱心でないのは明らかだった。

わたしがこの書簡を送ったあとのSECへの提出書類（二〇〇五年度第1四半期のもの）では、アライドはBLXの業績に関する要約財務情報を大幅に削減していた。BLXから認識している収益の額やBLXの負債の増え方については十分に追跡できる情報を載せていたが、融資の組成件数、EBITM（金利・税金・管理費前利益）、純収益、融資ポートフォリオの規模、そして剰余金、その他の情報については開示していなかった。

■　■　■　■　■　■

二〇〇五年六月、ブリックマンがSBA副長官で貸付業者を監督しているジャネット・タスカーあてに長い書簡を送った。タスカーはBLXのPLP（優先的貸付業者）の指定の更新も担当していた。ブリックマンは多くの疑わしい融資について詳述し、SBAと納税者をこれ以上の損失から守るため、BLXのPLPの指定を更新すべきではないと訴えていた。だが、証拠があったにもかかわらず、SBAは更新してしまい、さらに六カ月間指定を延長した。ただ、更新は一年か二年が普通だったことから、これは異例のケースではあった。

その間、ブリックマンが引き続きBLXの融資を徹底的に調べ上げたところ、怪しげな「エビ獲り漁船向け」融資が大量にあるのが分かった。実はＢＬＸ、エビ獲り漁船向けのＳＢＡ保証付き融資の主要貸付業者だったのだ。データを見ると、一九九八年にはＢＬＸもエビ獲り漁船向け融資など一件も発行していないが、一九九九年にはエビ獲り漁向け融資全体の二〇％を発行していることが分かる。そして二〇〇〇年にはその数字が五八％に、二〇〇一年と二〇〇二年には七五％に上っていた。

とくに怪しいのは、この融資の割合が急騰していることである。養魚場の廉価なエビ、外国との競争、燃料価格の高騰、エビの値下がりが、メキシコ湾沖で操業する業界に打撃を与えていたためである。さらに、ＳＢＡの規則では、エビ獲り漁船向け融資を受ける際には、借り手を直接支援するのは拒否するがＳＢＡが融資するなら反対はしない、と表明しているＮＭＦＳ（国家海洋漁業局）に証明書を発行してもらうことが義務づけられている。しかしＮＭＦＳでは、業界の生産能力過剰を理由に証明書を発行しないことを決めていた。

ブリックマンはＮＭＦＳがＢＬＸにあてた書簡を入手した。それには「海洋漁業局でも、国内の漁師はこれ以上の生産能力を必要としておらず、政府機関も融資を拡大して収穫高を増やすべきではないとの意見を表明している。これに関連し、海洋漁業局では融資案に対する同意書を交付することはできない」と書かれていた。ところが、ほかの貸付業者は業界を見捨てるような対応をしたが、ＢＬＸだけはそのすき間に入り込み、証明書がないのに融資を提供していたのである。最終的にはＢＬＸが提供したエビ獲り漁船向け融資のうち七〇％以上が焦げ付いたが、その大半が有罪判決を受けた犯人マシュー・マギーが所長を務めるリッチモンド営業所で発行されたものだった。

ブリックマンは、ＢＬＸが二〇〇二年にハン・ブーに一一〇万ドルのエビ獲り漁船向け融資を発行していた事例を発見した。ホア・ヌグエンが融資について証言してくれた。ハン・ブーは二〇〇四年に債務不履行になり、ＢＬＸが「差引納付」額一〇〇〇ドルでその融資を買い取った。ブリックマンの報告書を見ると、実質価値は約三〇万ドル。続いてＢＬＸは、同じ漁船に乗っていたホア・ヌグエンに七五万ドルを融資した。この二件目の融資によって、ＢＬＸは損失認識を遅らせ、アメリカの納税者にさらなる税負担を負わせることができたのだ（インタビューの最中、ハン・ブーは、自分は整備工であり、資本増強などした覚えがないと話していた。実際、漁船はほかのエビ獲り漁船向け融資ですでに問題を抱えていた二人のおじのものだった）。

またブリックマンは、ＢＬＸが二〇〇一年にマスター・チェース・エンタープライゼスの古いエビ獲り漁船二隻に四八万ドルのＳＢＡ保証付き融資を提供していたことを突き止めた。だが、融資が問題になってくると、ＢＬＸは第二のＳＢＡ保証付き融資として四万ドルを供与して問題の先送りを決めた。二〇〇三年に漁船のオーナーが破産法適用を申請すると、ＢＬＸは漁船を買い戻し、二〇〇四年一月には総額六万ドルでその漁船を売却。ブリックマンは、手数料やほかの費用を計算に入れると、この融資の損失は約五〇万ドルに上っていると見積もった。また、ＳＢＡが二〇〇六年末の時点で四八万ドルの融資の債権償却をしていないことにも気がついた。これはBLXの典型的なやり方だ。つまり、債権償却を遅らせてSBAの貸付業者の統計値に小細工をするわけである。

ブリックマンは、自分で見つけた問題あるすべての融資について、詳細な記事を見事に書き上げた。不正を示す証拠も数々発見。そして、ほかの融資ですでに焦げ付いている借り手への融資、資本増強の未確認、担保価値の水増し、架空の取引を裏付けるための偽の売買証書や細工した売買証書の使用など、BLXがSBAの規定の数々に違反していると結論づけた。

一方のSBAも、BLXの問題を偶然に発見しても「貸付業者寄り」の対応に終始していた。二〇〇四年一一月四日、OIGでは新規のSBA融資による収益で不正に返済されている「完済」リストをBLXに提示した。BLXは一一月一五日に回答し、融資が不適格であることを認め、二件の融資については自主的に政府に返還した。SBAの融資プログラム部では、「……貸付業者が保証の返還を申し出たことは評価する」としたものの、あまりに過酷な罰金を科しているとして「償い」を勧告するにとどめた。

これも融資のひとつだが、ヨギ病院は二〇〇〇年一二月、ホスト・アンド・クックからバージニア州ピーターズバーグにあるラマダ・インを購入した。この二社へのSBA融資は、共にBLXのマシュー・マギー率いるリッチモンド営業所が発行したものだった。BLXでは、書類に所有権の移転取引であることや売り手がすでにSBA融資を受けていることも明記していなかった。SBAのメールに対し、BLXはその融資についてはSBAに返還しないことを決め、借り手は資金難に陥る二〇〇四年三月までの三年半で元本と利息をすべて返済していると主張した。

逆に、ＳＢＡのＯＩＧが後日作成した報告書によると、融資から半年後には、二〇〇一年六月から二〇〇二年七月までとそれ以降の期間について、ＢＬＸは借り手が元本を返済しなくても済むよう繰り延べを認めていた。それだけでなく、融資はリッチモンド銀行が保有する第一抵当の一六〇万ドルよりも後順位の第二抵当が付いた融資一三三万ドルだったとの「言及を貸付業者も怠って」おり、その不動産は、融資を受ける時点では三六〇万ドルという評価だったが、二〇〇四年八月に再評価したときにはわずか九四万ドルになっていたことにも言及していなかった。ＳＢＡ融資は完全な損失になった。

■■■■■■■

二〇〇五年一二月、ブリックマンとグリーンライトは、被告に気づかれないうちに極秘調査を行えるようにとの政府の求めに応じ、秘密厳守の取り決めをしたうえで、エビ獲り漁船融資に関連した「内部告発」訴訟を正式に提起した。この訴訟は現在上訴中のため、わたしの口から論じることは許されない。したがって、説明をある程度制限し、時系列表や実際の書類、政府とのやりとりの部分を除外した。いずれにせよ、資料を除外したためにアライドやＢＬＸの無実が証明されるわけではないし、これだけで事件の一部始終をすべて語ったことにはならないということを念頭に置いておいてほしい。

わたしはグリーンライトの弁護士と共にアトランタ（提訴した場所）に向かい、司法省の弁護士とSBAのOIG所属の監察官らと会談した。不正請求法では、内部告発者を招集したときには「関係人」（**訳注**　刑事訴追の権限を持つ役人に代わり、訴追を代行することが認められる私人）とも面会することが司法省の標準手続きになっていた。彼らはブリックマンと数週間後に面会した。わたしは個人的なこと（経歴書を欲しがった）、グリーンライトでの仕事、当社とブリックマンとの関係など基本的なことをいくつか質問されたあとで、アライドが何年も前からわたしを攻撃している問題の経緯をざっと話した。事件についても漏れなく話した。会談は一時間半ほど続いた。

会談から一カ月後のこと、司法省の弁護士から当社の弁護士あてに連絡があった。SBAと協議をしたところ、彼らは誤った印象を抱いていたという。何と融資プログラム全体に占めるBLX関連の全損失がわずか三〇〇万ドルだと思っていたというのだ！　そんな数字には何の意味もなかった——実際には数千万ドル、数億ドルになっていてもおかしくなかったからだ。クロールの報告書だけでもそれ以上の不正があったし、それでもBLXの融資のほんの数パーセントにすぎなかった。不正は蔓延しており、納税者が三〇〇万ドル以上の負担を強いられるのは間違いなかった。この数字に納得できないブリックマン、損失についても調査を開始した。

少々時間はかかったが、事務作業も政府相手のお役所仕事も妨げにはならなかった。そしてBLXの債務不履行について、SBAに情報公開法に基づく一連の請求書を提出した。

グリーンライトでも情報公開法に基づいて数件の請求書を提出し、BLXの規制当局への提出書類の閲覧を求めた。ところがSBA、情報を公開すると「貸付業者に危害が及ぶ可能性がある」として、この請求を却下したのである。しかし、銀行と保険会社にも規制当局に書類を提出する義務があった。これは公文書である。そこで当社ではSBAにこう主張した。

「われわれはこの情報を公開することが公共の利益になり、特定の貸付業者に危害が及ぶことよりもこちらのほうが重要だと信じている。われわれはこの貸付業者がSBAに対して不正を働いているかどうかを調査しているのだ」

しかし、SBAはわたしたちの訴えを退けた。

二〇〇三年、SBAは個別の貸付業者を監視するためのリスク格付けを開発すると発表した。そこで、今度はSBAにBLXのリスク格付けに絡む分析結果を公表するよう請求した。だが、SBAは同じ理由でまたも閲覧を拒否してきた。わたしたちの請求も棄却された。

最終的に、SBAはブリックマンにBLXの融資の履歴を閲覧することを認めた。明確な情報を入手できるまでに数カ月もかかったわけだ。また、ブリックマンはミズーリ大学のジャーナリズム学部にSBA融資のデータベースがあるのを突き止めた。わたしたちはSBA融資の部分を抜粋し、それを組成年やステータス別に分類した。そこで見えてきたものはわたしたち

表23.1　アライド・キャピタルSBLC、BLXファイナンシャル・サービシズ、ビジネス・ローン・センターが組成した融資

融資承認日	発行済み融資	焦げ付き融資	発行済み融資に占める割合（%）	清算時の焦げ付き融資	焦げ付き融資に占める割合（%）	融資残高	発行済み融資に占める割合（%）	債権償却	発行済み融資に占める割合（%）
1999	$ 237,002	$ 57,109	24.1%	$ 32,065	56.1%	$ 68,968	29.1%	$ 9,584	4.0%
2000	317,830	82,957	26.1%	55,213	66.6%	143,729	45.2%	11,051	3.5%
2001	498,276	97,273	19.5%	79,471	81.7%	249,797	50.1%	6,226	1.2%
小計	1,053,107	237,339	22.5%	166,750	70.3%	462,494	43.9%	26,861	2.6%
2002	567,991	83,281	14.7%	69,786	83.8%	304,619	53.6%	4,789	0.8%
2003	371,588	35,059	9.4%	31,421	89.6%	238,512	64.2%	920	0.2%
2004	304,334	12,079	4.0%	10,536	87.2%	252,488	83.0%	414	0.1%
2005	327,913	3,597	1.1%	2,401	66.8%	304,930	93.0%	1,195	0.4%
合計 (1999–2005)	2,624,933	371,355	14.1%	280,894	75.6%	1,563,042	59.5%	34,179	1.3%

SBAの保証　75%＝2億7800万ドル

「清算時」には大半の焦げ付き融資が残る

焦げ付き融資が未決済のため債権償却が少額

季節要因がないため焦げ付き融資の割合が低い

注＝単位は1000ドル

の予想をも上回るものだった（表23・1を参照）。

　SBAでは、融資が延滞してから六〇日後に「保証を買い取る」ことで保証を引き受けている。「買い取り融資」の欄は、SBAが買い取った融資を示している。SBAは保証部分だけを支払えばよく、実質的な経費は買い取った融資の七五％である。SBAが保証を買い取ったあとも、BLXは引き続き融資の回収に努める。その間、融資は「清算中」と呼ばれる中途半端な状態に置かれる。BLXではその融資を決済したら、回収した額の七五％からさらに経費を差し引いた額をSBAに返還する。その時点で、SBAは残高の債権償却を行うのである。

　SBAのデータを見ると、BLXの最も古い融資（一九九九～二〇〇一年）では、SBAが当時の融資の平均二二・五％を皆済しているのが分かる。「未払い残高」欄は、当時以降は融資の四三・九％が未払い残高として残っていることを示している。高い買い取り率と多額の未払い残高は、結果として発生する債務不履行が最終的に三〇％以上に達する可能性があることを示している。また、データを見ると、ごく最近では債務不履行が減っているが、これは焦げ付くまでの時間が短くなっているためだろう。一九九八年以降、SBAはBLXの融資の保証として約二億八〇〇〇万ドル（三億七一〇〇万ドルの七五％）を支出している。この額は司法省が確認した額、またはSBAが話していた額のほぼ「一〇〇倍」に当たる。

　SBAが損失を少なめに主張していたのは、おそらく焦げ付いた融資の債権償却を定期的に行っていなかったからだが、それだけでなく、SBA内部にBLXを守ろうという人物がいた可能性もある。わたしたちはそう思っていた。SBAが保証を支払っていたBLXの全融資のうち約七五％がSBAで債権償却が行われておらず、清算中のままになっていた。回収をいつ終わらせたのかを判断するのはSBAではなく、BLXの責任だった。もちろん、破産処理には時間がかかる。エンロンのように複雑な大惨事を解決し、債権者を納得させ、会社の再建や清算に必要な事務処理をすべて終わらせるには何年もかかる場合がある。しかし、このSBA融資はコンビニエンスストアやガソリンスタンド、洗車場、モーテルへの融資よりもはるかに単純な融資であり、一般に一カ所の不動産と個人保証に裏付けられたもの。融資が焦げ付いても、その不動産に担保権を行使し、競売に掛け、個人保証を求めるのにそれほど時間を費やしてはならない。それなのに、なぜこれに一年以上もかかるのか、理解に苦しむところである。

簡単に言えば、SBAが貸付業者に融資の債権償却をさせなかったということだ。これでSBAも損失を繰り延べ、プログラム全体を良く見せることができた。標準的な政府の会計手続きだと、SBAは保証を支払った時点で損失を計上し、それを基にした結果を報告しなければならないのだが、それをしていないのである。もしきちんと報告していれば、議会もこのプログラムが納税者に大きなリスクを負わせる可能性があることがよく分かるはずだ。

SBAの規定の効果は、BLXのような悪徳企業が何年もの間、損失を繰り延べられるということだ。BLXは、回収に努めていると主張している間は、年間サービス料を発生させていた——最終的にはサービス料を回収額から差し引いたうえでSBAに返済するのだが。カルザーズはＢＬＸの元社員からこんな話を聞いたという――簿価を正当化するために評価を水増しし、焦げ付いた融資をいつまでも保有して、それを清算する代わりにリースにして「賃貸収入」を得ることもあった。さらにブリックマンは、借り手が破産法適用を申請しており、ＳＢＡにも返済したことになっているにもかかわらず、融資が「清算中」に分類されたままで、債権償却も行われていない融資があるのを発見した。これではＳＢＡもＢＬＸもそれぞれの会計規則に従っているのかどうかを調べるのは難しい。

焦げ付いた融資を無期限に「清算中」という中途半端な状態にしておくことで、ＢＬＸでは「損失率」が低かったと主張することができ、これがポートフォリオの運用成績が適切である証拠として、規制当局や証券化市場、投資家にアピールできていたわけである（年間の損失率が平均一％未満だと言っていたのを思い出してほしい）。また、担保プールのなかから焦げ付いた融資を買い取ってプールの損失報告を減らせるよう、証券化の仕組みを作ったが、焦げ付いた融資はそのまま帳簿に残していた。それだけでなく、債権償却を行った数少ない融資については、比較的高い回収率を報告していた。回収率が高い融資を計上し、決済している場合には、会社も自由に意思決定を下すことができたが、回収の見込みが低い融資についてはそのまいつまでも帳簿に残しておいたのである。回収できたケースのなかには、新規の融資を受けた新たな買い手に不動産を売却し、それで回収できたものもあるようだ。

ＳＢＡでは、何件の融資を供与したか、何社を支援したかを成功の物差しにしており、毎年プレスリリースを発行しては、支援した件数を公表している。ハリケーン・カトリーナのあとなどは、迅速かつ十分な融資をしていないとして批判されることもある。また、ＢＬＸに「貸付業者寄り」の態度を取っていたのは、ＢＬＸが融資を大量に発行してＳＢＡのイメージアップに貢献していたからだろう。規制当局から再三聞かされていたとおり、アライド、ＢＬＸ、そしてその高給取りの弁護士が、欲にかられた空売り筋からの申し立てを無視させようとＳＢＡに果敢に働き掛けていたのも無駄ではなかったのだ。

わたしたちが損失は三〇〇万ドル超に上ると指摘したとき、司法省は当社の「クイタム」訴訟、いわゆる米国政府代理訴訟の調査を続けていた。司法省には介入すべきかどうかを決定するまでに九〇日間の猶予があるが、普通に延長を要求してくる。この訴訟では、調査を完全に終わらせたいとして何度も延長を要求してきた。司法省の要求を退けることもできたが、そうすると自分たちで事件を究明しなければならなくなるので、わたしたちは時間延長を認めた。

ブリックマンはＢＬＸの融資の運用成績に関するＳＢＡのデータを表にしたあと、一二月に二度目の書簡をＳＢＡの貸付業者監督官のジャネット・タスカーに送った。ＳＢＡでは、貸付業者がＳＢＡの融資プログラムに残るためのベンチマークとして、延滞融資が一一％、債務不履行が九％、清算中の融資が七％という上限を設けていた。ブリックマンのほうは、ＳＢＡの定義と評価手法を使って、延滞融資は一七％、債務不履行は一三％（いくつかの前提を基にすると一七％近い）、また清算中の融資は一三％を超えていると見積もった。

ＢＬＸはほかのＳＢＡ保証付き融資の貸付業者よりも業績が悪化していた。ブリックマンの計算によると、ＢＬＸは融資の組成では全米で四％未満のシェアしかなかったものの、二〇〇四年にはＳＢＡが保証金を支払った全米の焦げ付き融資の一三％程度がＢＬＸの融資であった。にもかかわらず、ＳＢＡは二〇〇五年、またもＢＬＸの優先的貸付業者としての指定を更新したのである。わたしたちは、ＢＬＸの天文学的に高い債務不履行率を示すデータをウォール・ストリート・ジャーナル紙のジェス・アイジンガーに渡した。アイジンガーは二〇〇五年一二月二八日付でこの記事を書き、ブリックマンの計算は「間違っている」というアライドの発言を掲載した。だが、その数字は債務不履行率が一一・二五％だとするアライドの数字ともそれほど変わらず、そのレベルはやはりＳＢＡの九％という上限を優に上回っていた。債務不履行まであとわずかという最近の融資も数多く含めて数字を下げていたにもかかわらず、である。

アイジンガーは、ＳＢＡはアライド・キャピタル・エクスプレスが供与した融資を除外したうえでＢＬＸを優先的貸付業者に再度指定したとしているが、それはそうした融資を供与したのがＢＬＸではなくアライドだからだろう。ＳＢＡではエビ獲り漁船向け融資も除外していた。これは業界全体が低迷していたからに違いない。アイジンガーが書いているとおり、「ＢＬＸが審判に働き掛け、ＳＢＡが親切にゴールポストを近づけた」のである。

二〇〇六年三月、わたしはアトランタを訪れ、エビ獲り漁船向け融資の不正について、司法省の弁護士グループとさらに議論を重ねた（ブリックマンは五月にまた個別に訪れた）。今回はSBAも参加していたため、自分のこと、グリーンライトのこと、BLXがいかにSBAから詐取しているかを再度説明する羽目になった。

会議では、SBAのOIG所属の監察官ケビン・クッパーブッシュに、なぜエビ獲り漁船向け融資についてそれほど詳しい情報を持っているのかと聞かれた。また、融資の記録はあるかとも聞かれたので、わたしたちは「融資ファイルは持っていない」と答えた。詳細な情報はほかのさまざまな情報源から入手したものである。

「照合しないといけませんね」

わたしはそう言うと、わたしたちが違反だと主張している特定の融資とそれらの融資とを照合する必要があることを説明した。訴状にはSBAの規則に違反して不正を働いたBLXの手口、つまり不正な査定、不適切な融資の回収、ひとりの借り手に対する複数の融資、資本増強の未確認などを記した詳細なリストも記載していた。また、提訴したときにはこれらの情報に開示明細書も追加しておいたのだが、彼らは会議室には持ってきていなかった――政府には渡っているはずだが。

国家海洋漁業局の証明書がないことについてだが、クッパーブッシュは、SBAが一九九八年に融資に証明書は不要だと判断したため、それは問題にならないだろうと言う。SBAのSOP（標準業務手順書）では公式文書がとくに必要だとされているが、クッパーブッシュは信じられないことを言い出した。おそらく帳簿上であえて規則を変更する人間がいなかったのが間違いだったのだと。

もちろん、これまでSBAのエビ獲り漁船向け融資の最大の貸付業者は断然BLXであった。これも違った形でのSBAの遅延工作になるのではないか。わたしはそう考えた。その後、ブリックマンはSBAに情報公開法に基づく請求書を送り、SBAの規則変更を示す記録を開示するよう求めた。ところが、SBAの回答は、変更の記録は一切ないというものだった。

わたしは融資の乱用に着目してもらおうと努めた。BLXは融資の多くをベトナム系アメリカ人に供与していた。

クッパーブッシュはこう言った。

「四五件もの融資がミシシッピ州ビロクシにある特定の住所のヌグイエンという人物に供与されているんです。調べていて分かったのは、ベトナム人の家族は船上で暮らしており、埠頭を住所にしていることが多いということです。みんな同じ住所なんですよ。SBAはナ・ヌグイエンのことをよく知っています。彼女の保険会社もそこにあります。数少ないバイリンガルですし、そのときは一カ月ほど小エビ獲りが行われていませんから、貸付業者は船頭とコンタクトを取る必要があったんです。彼女が仲介役でしたから」

クッパーブッシュによると、自分と話をしたSBAの職員は、ベトナム人の船が一企業ではなく家族の集団だと思っていたらしい。ただクッパーブッシュは、社会保障番号が同じひとりの人間に複数の融資が供与されていることは認め、こう言った。

「間違っていません。しっかりした主張ですし、刑事事件に発展しそうな不正行為だと思っています」

会議は一時間半ほどに及んだ。会議が終わると、司法省のトップの弁護士がエレベーターまで送ってくれ、SBAは政府機関としては前代未聞のやり方でわたしたちの申し立てを先送りしようとしているのだと話していた。彼女自身はそうは思っていないと言うものの、SBA自体は「貸付業者寄り」の機関なのである。

さらにその弁護士、SBAは「自分の顧客」なのだと念を押すように言っていたが、先送りしようとする動きには確かに手こずっているようで、最後にこんなことを口にした。

「納税者としては、はらわたが煮えくり返る思いですね」

まったく同感だった。

■ ■ ■ ■ ■ ■ ■

二〇〇六年九月の初旬、司法省がわたしたちの内部告発訴訟の介入を見送るという知らせを受け取った。理由は示されていなかった。SBAの「先送り」作戦が勝ったのだ。わたしたちはこの決定に憤慨したが、BLXは不正請求法に違反しており、納税者に数千万ドルもの負担を強いている圧倒的な証拠があった。そこで、わたしたちは独自に訴訟を続けていくことにした。

数週間後には訴状が開封され、判事からは年末までに被告側にも送達するよう命じられた。これには普通、法律では一二〇日間が与えられるはずだが、判事によると、訴状はすでに二〇〇五年に提出されているので早く進めたいということだった。当社の弁護士が訴状を修正し、判事の情状酌量によって二〇〇七年一月に再び訴状を提出し、さらに被告であるビジネス・ローン・エクスプレス（BLX）のロバート・タンネンホイザー、マシュー・マギー、ジョージ・ハリガン、そして（ジョン）ドー一－一〇〇にも送達した。実は、タンネンホイザーに送達するのは大変だった。数日にわたって送達人から逃げ回り、電話では何度も受け取ることに同意していたものの、結局は会おうとしなかったのだ。その後、休暇を取ってインドネシアに飛び立ってしまった。

第24章 ネイキッドアタック

二〇〇五年八月一一日、インターネット小売店のオーバーストック・ドット・コムのCEO（最高経営責任者）パトリック・バーンからわたしあてに電話があった。わたしは会議があって会社を留守にしていたため、当社のアナリストでオーバーストックを担当しているアレクサンドラ・ジェニングスが対応してくれた。ただ、オーバーストック株は数カ月前に手仕舞いしていた。短期間だけ小さなショートポジションを保有していたが、二〇〇五年一月に利益が出たところで決済したのである。

バーンから電話だと聞くや、ジェニングスはアンテナをピンと張った。一時間ほど前だが、オーバーストックがプレスリリースを発行し、同社株を空売りしていたロッカー・パートナーズとオーバーストックに関する批判的な調査報告書を出していた独立系リサーチ専門会社のグラディエント・アナリティクスを起訴したことを発表していた。オーバーストック側は、両社は不適切な関係にあると主張し、翌日にはコンファレンスコール（電話会見）とウエブキャストを開催し、訴訟について議論するとしていた。

バーンは自己紹介をしてから、アインホーンはいるかと尋ねた。終日外出している、とジェニングスは答えた。

「わが社のことはご存じですよね？」とバーン。

「ええ」

ジェニングスは詳しいことは言わなかった。バーンは拍子抜けした様子で次の言葉を待っていたが、彼女はそこまで間が抜けてはいなかった。

「そうですか、じゃあ結構です。では、デビッドに電話があったことをお伝えください。もし何かありましたら、わたしの携帯電話のほうにお願いします」

「かしこまりました。申し伝えます」

ジェニングスはそう言って電話を切った。

もし何かあったら電話をくれ、というのはおかしな言い方だった。電話をくれたのはバーンのほうだ。間違いなく彼のほうに何か思うことがあったのだ。彼に聞きたいことがあれば、こちらから電話をしている。

バーンとジェニングスの会話は三〇秒程度だった。ジェニングスは「ショッピング比較」サイトを使ったり、スプレッドシートを作ってオーバーストックの業績モデルを作ったりして、同社のリサーチを行っていた。同社の株価（大きな数値）を同社の収益（マイナスの数値）と比較するなどして財務分析も行っていた。スプレッドシートでは、けっして望ましくない顧客獲得費があることも確認していた。だが、ジェニングスは何ひとつ口にしなかったようだ。

わたしは折り返し電話をしてみようと思ったが、その日は時間がなかった。だが、翌朝コンファレンスコールで話を聞いたあと、バーンとは関係を持たないほうがいいと判断した。だから彼には電話をしていない。

コンファレンスコールを聞いたが、話を真に受けることはできなかった。バーンは異様なほど長く熱弁を振るっていた。大勢の人間や組織を矢継ぎ早に非難していたが、嘆かわしいと思ってやっていたのは確かなようだ。彼の言い分が正しいと思っている人間もおり、実際に悲壮感がただよっていたが、それ以外はこっけいだった。

「面の皮が厚いウォール街の住人も、八月一二日に小売りのオーバーストック・ドット・コムのCEOパトリック・バーンが開催したコンファレンスコールには衝撃を受けた」とフォーチュン誌も伝えていた。「『何かの恩恵にあずかりたい』とバーン。続いて『悪党どもの舞踏会』について怒りをぶちまけては、ヘッジファンドやジャーナリスト、捜査官、法廷弁護士、SEC（証券取引委員会）について、さらにはエリオット・スピッツァーについても言及した」

これを読むと、社会は機能しているなどとはとても言えないことが分かる。グリーンライトにはだれひとり協力してくれていないのだ。

バーンによると、陰謀を企てたのは、彼が映画『スター・ウォーズ』に登場する悪役にちなんで「シス卿」と呼んでいる人物だ。ここでバーン自身の言葉を紹介してみよう。

この間、ここには実際にもっとたくさんの組織が準備されていることに気づいた。わたしはそれをシス卿、つまり黒幕と呼んでいる。だが、あの海底生物が何なのか、最後に当社にやって来たやつがだれなのかを教えてやれるだろうか？　わたしにできるだろうか？いや、できる。だが、今日はやめておく。シス卿よ、お前がだれなのか教えてやれるだろうか？　ああ、教えてやろう。だれもが電話で耳にする名前だ。電話で聞けばすぐに分かる名前だ。やつは一九八〇年代の偉大なる犯罪者のひとりだが、今は仕事に戻っている。だが、今日は言わない。ただ、黒幕と呼ばせてもらう。

数分たってから、またバーンが続けた。

「もうお分かりだろう。わたしがシス卿と呼んでいるのがだれなのか。わたしもそう呼ぶ価値があると思っている。ＦＢＩ（連邦捜査局）に再度捕まろうものなら、今度こそブタ箱の『下に』埋められるだろう。だから喜んで助けようとしているんだ」

わたしたちはバーンの訴訟とは関係がなかったが、彼が読み上げた「悪党ども」のリストの冒頭にわたしの名前が、その数分後には妻のシェリルの名前が出てきて、「舞踏会」に参加したことになっていた。公の場での大演説にわたしの名前を出す理由などないはずだが、ひとつだけ理由を挙げるとすれば、それはアライド・キャピタルだった。当社とアライドとの争いはかなり有名になっていたため、優良企業を攻撃し、アメリカを崩壊に導こうとする悪魔どもの配役にわたしもひとまとめにして入れられたのだ。

「デビッド・アインホーンは、ニューヨークでグリーンライト・キャピタルというヘッジファンドを運用している」と、バーンはわたしに関して唯一正しい説明をした。

「グリーンライト、そう、わたしはグリーンライトにいたことがあるが、設立の神話のような話を聞かされた。デビッド・アインホーンはコーネル大学の出身で、アービトラージャーを何人か雇って学生寮から取引をしていた。それがグリーンライトの前身だという話だ」とバーンは続けた。

バーンがグリーンライトに「いた」ことなど一度もない。同僚にアービトラージャーもいなかったし、学生寮から取引をしたこともない。シタデルの創設者ケン・グリフィンの話に似ていた。彼は確かにハーバード大学で株取引をしていた。おそらくバーン、いくつもの話やヘッジファンドのマネジャーたちのイメージをさっと思い浮かべ、わたしを彼らと一緒くたにしてしまったのだろう。

次はシェリルのことに話題が及んだ。

「次にバロンズ紙だ。『ウォール街』の人間なら知らぬ者はない。多かれ少なかれ、ヘッジフアンドからすると裏切り者集団という理解だろう……。つい最近までシェリル・ストラウスという編集者がいたが、今は結婚してシェリル・ストラウス・アインホーンを名乗っている。デビッド・アインホーンの妻だ。もし周辺を取材すれば、これから少し話をしようと思うが、二人とも実に妙な関係に入り込んだことが分かるはずだ」

それほど探偵のような作業は必要なかった。バロンズ紙では、シェリルは常に「シェリル・ストラウス・アインホーン」という名で記事を書いていた。最近バロンズ紙にオーバーストックに関する否定的な記事を書いた記者ならシェリルのことは知っているはずだから調べてみろ、とバーンは言う。たぶんそれは間違いではないが、だから何なのだ？　バーンは匿名の当てこすりばかりやっているのだから、何とも言えない。おそらく当社がまだオーバーストック株の空売りをしないうちに、シェリルが当社に代わって記事をでっち上げて記者に提供したのだと思わせたかったのだろう。バーンの被害妄想的な世界観では、記者は元同僚の指摘をやみくもに受け入れてしまう。

また、バーンはクロールとわたしが共謀していると考えていた。きっとアライドからの情報だ。当社がクロールを雇ってアライドとビジネス・ローン・エクスプレス（ＢＬＸ）の融資に関する調査を依頼したのだと。だが、バーンによると、クロールはバーン本人を調べていた。バーンはわたしの仕業だと思っていたが、そう考えるにはあらゆる証拠が必要だった。

バーンは続けた。

「クロールは何カ月もの間わたしのことを調べ、わたしに濡れ衣を着せようとしている。ジュール・クロールとデビッド・アインホーンの間に個人的なつながりがあることが分かるまでは、大筋をつかむのにずいぶん苦労した」

確かにクロールにはアライドの調査を依頼したが、創業者のジュール・クロールとは会ったことも話したこともない。わたしよりも二五年前だが、クロールもコーネル大学にいたし、わが家族とも同じ町に住んでいるため、わたしたちを関連づけたのだろう。

今度はジム・カルザーズの話になった。

バーンはこう言った。

「ジム・カルザーズというのは面白い人物だ。サンフランシスコの北にあるイーストボーン・キャピタル（Eastborne Capital）にいる。このイーストボーンのつづりの最後は「e」だ。偶然だが、すぐ近くにジム・カルザーズという名前の男がいる。つづりは少し違うが、イーストボーン・インベスティゲーションズ（Eastbourn Investigations）の私立探偵だ。つづりの最後に「e」はない。このジム・カルザーズが別人だというのは承知している。そうでないのに私立探偵を名乗ったら重罪になる。その私立探偵だが、デトロイトのある弁護士と興味深い関係にある。その弁護士には妙な仕事が少々あるのだが、この話を始めたら終わらなくなってしまうからやめておこう」

デトロイトの弁護士の部分だが、これはカルザーズがＢＬＸのデトロイト営業所の不正融資に関する情報を得ていたことに言及したのだろう。バーンがアライドと連絡を取っていたのは間違いない。

ショーの最後に、バーンは画面上のビッド・ロッカーの写真の隣にわたしの写真を掲げた。キャプションは「空売り屋」。

デビッド・アインホーンは、当然、自分の安全上の問題に取りつかれている。文字どおり、グリーンライトではアインホーンがなぜ携帯電話を六台も手に入れてＳＩＭカード（**訳注**　携帯電話会社が発行するＩＣカードで、契約者情報が記録されているもの）を交換したのか、なぜいつも違う道を通って職場に行くのかを聞かされた。わたしがグリーンライトにいたときには、なぜオフィスの一角に近寄れないのかも教えられた。わたしは今も近寄れないから、彼に会うこともできない。彼は極度の照れ屋で、用心深く、公の場で人と会うのを嫌がっている。写真を撮られることも嫌がる。だから、もしこの男を公の場で目撃しても、写真は撮らないでほしい。間違いなく、顔を知られたりインターネット上に掲載されたりするのをものすごく気にしている。

繰り返しになるが、バーンがグリーンライトに「いた」ことはないし、当社の人間もだれひとりバーンとは会っていない。言うまでもなく、グリーンライトには秘密など何もない。わたしは携帯電話を一台しか持っていないし、コンファレンスコールが終わってからほかの人に教えてもらうまで、SIMカードが何なのかも知らなかった。ほぼ毎日、同じ時間に出社というわけにはいかないが、通勤には電車を使っている。すごく扱いにくい人間か……。まだ応じていない要求があることも、見知らぬ人が写真を撮りたくて関心を寄せていることも知らない。ただ、バーンが関心を寄せてくれるのは一向に構わない。

危ない企業のCEOが批判者にかみつくことは十分に理解できる。わたしは直接そういう経験をしているが、バーンはだれかれ構わず攻撃している。これはかなり異様なパフォーマンスだ。

■■■■■■■

それ以来、バーンは反対運動に加わっている。オーバーストックでもウエブサイトでは「CEOの十字軍」と呼んでいた。バーンの一番の不満の種は、彼が「ネイキッドショート」と呼ぶ問題についてである。ちなみに、バーンのロッカーとグラディエントに対する訴訟はネイキッドショートとは関係ない。バーンの不満とそれに関する報道を受けて、SECがこの騒動に慌てて飛びつき、この申し立ての調査を行ったのだろう。訴訟はビッグニュースになり、SECも記者たちに情報源を明かすよう迫ったのだが、彼らはそれを拒み、最終的にはSECも調査をやめてしまったということだ。

ネイキッドショートとは、株を借りずに空売りすることである。バーンは優良企業を追放しようとするヘッジファンドの「悪党ども」に悪態をつくことで空騒ぎをしていたのである。バーンによれば、ネイキッドショートとは偽の株をでっち上げ、それを市場で売って株価を下げるのと同じことだという。ＳＥＣはバーンやほかの批評家の話に耳を傾け、最終的に二〇〇七年六月に規則を採択し、ネイキッドショートを規制した。ＳＥＣの委員長クリストファー・コックスによると、ネイキッドショートは「委員会が防止策や罰則について検討しなければならない不正行為」である。

ネイキッドショートの一番の証拠は、透明性の面で不適切な大量取引である。これらは「契約不履行」と呼ばれる。市場ではかなりのネイキッドショートが行われているようだ。株を借りなくても売りが許されるマーケットメーカーや、短期間ポジションを保有し、その決済を迫られる前に反対売買をする短期のトレーダーの間では、こうした慣行はもっと広く蔓延しているかもしれない。長期でポジションを保有することも多いリサーチ型の空売り筋が大量のネイキッドショートを行うことはない。単に理にかなっていないし、清算機関も許さない。

しかし、大量の契約不履行が発生することには別の解釈もある。ある株主が空売り筋に自分の株を貸し付けるとしよう。空売り筋は借り受けた株を別の投資家に売る。やがて取引は清算され、万事がうまくいく。今度は元の株主が自分の株を売却するとしよう。証券会社は貸し出した株を回収し、新たな株主に受け渡さなければならない。空売り筋側の清算機関は、空売り筋に直ちに市場で株を買い戻すよう命じるのではなく、回収の通知を受け取ったら新たな株の貸し手を探す。そうした株を確保するには時間がかかる。おそらく清算機関も株を貸し付け、その株を回収して決済せざるを得なくなる。清算機関が新たに借り受ける株を探している間に、あるいは回収通知が届くのを待っている間に時間がたち、システムが滞ることもある――契約不履行が生まれるのである。

基礎となる株がその保有者を変えるたびに、次から次へと株を借り受け、貸し付け、回収する数多くの証券会社でこれが繰り返されていると考えると、清算システムが追いつかない、大量の契約不履行が発生する、といったこともしばしば起きる。これはだれかがネイキッドショートをしなくても、株価操作をしなくても、偽の株をでっち上げなくても起きることである。さらに大量の株の空売りに関心が集まれば、またそこでこういうことが起きる。清算機関が回収通知を受け取り、代わりに借り受ける株を探すのが難しくなるからだ。このシステムに問題があるのなら、バーンはヘッジファンドの「悪党ども」ではなく、ほかの人間を名指しすべきだろう。

だが、バーンの本当の不満は、彼のビジネスモデルが使いものにならず、株価も割高だと、どこかのヘッジファンドに指摘されたことである。バーンは必死で買い戻しを促した。オーバーストックの株価は、バーンが提訴を発表した日の二〇〇五年八月一一日には四三ドルを付けていたが、その後はこの水準で推移したことはなく、二〇〇六年一一月には一三ドルまで下落した。残念！　わたしたちも空売りしておけばよかった。

バーンは、「合法的な」空売りやヘッジファンドには何ら問題はないと公言している。確かにそうだ。空売り筋が自分の失敗に賭けて金儲けをしている、ということに彼は怒りを感じているのである。バーンのパフォーマンスを見ていると、以前ウォーレン・バフェットが話してくれたことを思い出す。「いかさま師が経営する会社の株を空売りするのは難しいよ」と。保身のために卑劣な闘いを仕掛けてくるからだそうだ。

「何しろ生活がかかっているからね」とバフェットは言う。

バーンをいかさま師だと言ったことはないが、わたしに関するでたらめな大うそは、確かに彼の不実を表している。

■■■■■■

二〇〇五年九月、アライドが刑事事件の捜査について発表してから九カ月後のこと、わたしはワシントンDCの連邦地検に招かれた。アライドに関する情報を共有し、わたしたちに調査をサポートしてほしいという。そこでわたしは一〇月にワシントンを訪れ、連邦検察官に五〇ページに及ぶスライドショーを見てもらった。狭苦しい会議室で、連邦検事補のジョナサン・

バールともうひとりの検察官、そして三人のＦＢＩ（連邦捜査局）捜査官と八時間にもわたって協議した。彼らは十分な作業を済ませており、準備万端で会議に臨んでいるのが手に取るように分かった。わたしのＳＥＣでの証言に話が及ぶ場面も何度かあった。また、わざと他人のあら探しをするような質問をしたり、どう考えてもアライドの弁護士の主張だろうと思われることを何度も繰り返したりした。

会議では、数々の虚偽の説明、妥当な根拠もなくアライドが評価した一〇件の投資案件の履歴、アライドが会計方法をどのように変更したのか、アライドの投資評価にはやはり妥当な根拠が欠けていることなど、当社とアライドに関するあらゆる問題を検討した。ＢＬＸの不正や融資の飛ばし、口頭契約についても議論した。また、クロールの調査結果や、アライドが株主割当などで市場操作のためにさまざまな悪事をたくらんでいることについても議論した。そして最後に、わたしの通話記録のことやアライドのほかの悪行についても話し合った。

この数カ月前のことだが、ＦＢＩサンディエゴ支局の捜査官が、わたしの通話記録を盗んだ人物を突き止めたが、名前は言えないと話していた。このときようやく、司法省が捜査をワシントンＤＣに移管したことが分かった。アライドを調査しているチームの手に委ねたわけだ。わたしの通話記録を盗んだ人物については、自分なりに何となく思い当たる節があった。検察官と捜査官はメモを取っていたが、スマートで真面目で有能そうだった。わたしは上機嫌で会議室をあとにした。

第25章
別の融資でまた不正

不正融資を続けても、ビジネス・ローン・エクスプレス（ＢＬＸ）がＳＢＡ（中小企業局）の7（a）融資プログラムから締め出されることはなかった。農務省ではＢ＆Ｉ融資（企業・産業界向け融資）を保証している。実際に融資プログラムを運営するのは農務省の地方協同経営局で、そこが融資価値の七五％程度を保証しているのである。融資の目的は、農村地域の開発や雇用促進を支援し、農村の景気や環境気候を改善すること。しかし、ＳＢＡと同様、農務省も悪質な貸付業者が融資プログラムを乱用するのを放置しており、取り締まるために十分な監視も行っていない。

二〇〇〇年六月、ＢＬＸはビル・ラッセル石油への三〇〇万ドルのＢ＆Ｉ融資を引き受けた。アライド・キャピタルのビル・ウォルトンと同様、このビル・ラッセルも引退したバスケットボールのスタープレーヤーではない。同社はアーカンソー州レクターにある石油とガソリンの元売り会社で、ミズーリ州南東部とアーカンソー州北東部でガソリンスタンドを経営していた。二〇〇〇年六月にはすでにほかの貸付業者から一〇〇万ドルほど借り入れていたが、EPA（環境保護庁）が燃料貯蔵庫に関する数々の違反でビル・ラッセル石油を名指しし、処分を命じた。同社はその違反を是正するため、BLXの融資による収益を少し利用したようだ。同社の担保は弱く、事実上BLXの融資を返済できる見込みはなく、利払いすら危ない状態だった。ところが二〇〇〇年一一月、BLXはSBAの7（a）プログラムの融資として新たに四〇万ドルを同社に供与したのである。したがって、BLXがB&I融資を供与してから約一年にわたり、農務省がその保証金を支払っていた。SBAでは、データ上は最終的に全額返済されたことになっているが、二〇〇一年一一月には少額のSBA融資に対する保証金を支払っていた。

ビル・ラッセル石油は、環境規則を順守するようにというEPAの要求を無視し、EPAからの電話にも返事をしなかった。とうとう司法省が訴状を提出。二〇〇五年四月、アーカンソー州東部地区地方裁判所は、同社に不利な判決を認め、八三〇〇万ドルの支払いを命じた。農務省のOIG（監察局）がBLXの融資の監査を実施することになったのはこれがきっかけである。

二〇〇五年九月、農務省は四〇ページに及ぶ監査報告書を発行し、BLXに対して融資の保証金を返還し、B&I融資プログラムの貸付業者から外れるよう勧告した（http://www.usda.gov/oig/webdocs/34099-07-TE.pdf の監査報告書では、BLXやビル・ラッセル石油の名称を出さず、各々を「貸し手」「借り手」としている）。監査報告書にはクロール、カルザーズ、ブリックマンがＢＬＸの数々のＳＢＡ融資で突き止めたのと同様の手口が記されている。なかでも監査人が突き止めたのは、借り手の資産価値についての虚偽の報告である。例えば、借り手が鑑定士に担保価値を評価してもらうときには、ＥＰＡがガソリンスタンドを数カ所閉鎖したうえで資産改善を求めたと記されている。鑑定士が不動産価値を高く評価できるようにと書類の提出を求めると、借り手企業は、火災で記録が燃えてしまったので無理だと答えた。一九九九年三月の評価額は一五〇〇万ドル。どう見ても三〇〇〇万ドルを融資するには不十分な額である。

報告書にはこう記載されている。

「われわれは、貸付業者が一九九九年三月の査定を隠匿することで二〇カ所の不動産価値を州政府に偽って報告したものと結論づけた。州政府高官は、もし融資用約束手形を保証する前に一九九九年三月の査定額が分かっていれば、融資保証はしなかっただろうと述べている」

同報告書によると、ＢＬＸはその鑑定士に代えて不動産を四三〇〇万ドルと再評価した別の鑑定士を推薦していた。何ということだ！　これで融資を受けるだけの担保ができたわけだ。しかし、四三〇〇万ドルという評価は、以前にはできなかった資産改善を踏まえた価値を想定した額である。ＢＬＸには改善したことを立証する責任があったが、立証はしていない。実はこの新たな鑑定士、ガソリンスタンドの数カ所は改善済みであると認定し、査定報告書にその改善の一覧を盛り込んでいるのである。またこの鑑定士、環境面での懸念はさほどないとする不動産報告書に目を通したとも述べている。ところが、後日ＯＩＧの監査人にその報告書の提出を求められると、報告書は見つからなかったと答えているのである。

監査では、さらに融資契約がまとまる六カ月前にミズーリ州が借り手企業の自動車燃料業者としての免許を取り消していること、また、融資契約がまとまる二カ月前にＥＰＡがガソリンスタンドの数カ所を検査したところ、六〇件以上の違反が見つかっていたことも分かった。だが、こうした出来事にもかかわらず、ＢＬＸは大きな変更はなかったと認定しているのである。

さらに監査では、ＢＬＸがガソリンスタンドの状態について虚偽の報告をしていること、借り手が二〇カ所のガソリンスタンドのうち一九カ所で改善を行っていなかっただけでなく、数件については融資契約がまとまった時点で営業さえしていなかったことを知っていたことも判明。要するにＢＬＸは、改善は済んでおり、ガソリンスタンドの九五％が営業していると虚偽の証明をしたのである。

監査で最も印象的だったのはガソリンスタンドの写真である。掘っ立て小屋も同然の、崩壊した空き家のようなものが写っていた。写真を見ると、ＢＬＸが証明しているように、近年営業していた気配がほとんどないのがよく分かる。例えば、融資が決まる一カ月前には竜巻がミズーリ州のガソリンスタンドを襲っている。写真では分かりにくいが、かつてはここに建物が建っていた形跡はある（図25・1Aを参照）。ミズーリ州にあるもう一軒の建物は、融資が決まる一週間前に、人の居住には適さないと断定されていた（図25・1Bを参照）。

図 25.1A　ビル・ラッセル石油の監査報告書の写真

図 25.1B　ビル・ラッセル石油の監査報告書の写真

図 25.1C　ビル・ラッセル石油の監査報告書の写真

図 25.1D　ビル・ラッセル石油の監査報告書の写真

もう一枚の写真は、やはりミズーリ州の廃墟と化したガソリンスタンドで、ＢＬＸも借り手も、融資が決まった時点で営業していることを証明できなかったものである（図25・1Cを参照）。アーカンソー州にある別の建物も同じような状態で、やはりＢＬＸが融資を決めたときに営業していた証拠がないものである（図25・1Dを参照）。

報告書によると、二〇〇五年のＢＬＸとの会議の席上、ＣＥＯ（最高経営責任者）のロバート・タンネンホイザーは、融資が決まる前にガソリンスタンドを訪れた人がいるのかどうかは分からないと監察官に話していたようだ。ＢＬＸからは二人の副社長が会議に出席していたが、二人とも最近になって雇用された人物で、融資のことは詳しく知らなかった。融資の処理をした副社長はすでにＢＬＸを退社しており、役員も弁護士を通じて、ＯＩＧには話せないと語っている。

そしてとうとう、報告書からは融資による収益が容認できない目的に流用されていることが判明した。収益の一部が、ビル・ラッセル石油の既存の負債減らしの交渉に当たっていた貸付ブローカーの手に渡っていたのである。ＢＬＸはＢ＆Ｉ融資の収益からそのブローカーに報酬を支払っていたわけだが、これは融資プログラムの規則では認められていない。

監査人の報告書には次のように記してある。

「貸付業者の担当者は、二〇〇〇年一二月二〇日付でブローカーにあてたファクスに、あえてリスクを冒して自らブローカーに当初の七万五〇〇〇ドルを支払ったと書いている。貸付業者はこれが融資資金の使途として認められていないことを知っていたのである」

融資関連の書類にはこの支払いリストはなかった。

この融資が焦げ付いたあとの二〇〇二年、ＢＬＸではガソリンスタンドを清算して現金を少し手元に戻そうと、新たに査定を指示した。その査定額は一二〇万ドル。最初の査定額にかなり近かった。

ＯＩＧの監査報告書では、ＢＬＸに二四〇万ドルと未払い利息を返済するよう、また農務省には保証金を支払い、ＢＬＸをＢ＆Ｉ融資プログラムから締め出すよう勧告した。ある州政府の融資プログラムから締め出されると、ほかの州政府の融資プログラムからも自動的に締め出されることになっているため、ＢＬＸはＳＢＡの融資プログラムでも不適格とされた。ところが、農務省はＯＩＧの締め出し勧告には同意せず、ＢＬＸに損失分を弁償させるという脅しだけにとどめておけばいいのではないかと提案。

二〇〇六年二月、ブリックマンはビル・ラッセル石油の融資を監査した農務省の監査人を突き止めた。その監査人がブリックマンに語ったところによると、リトルロックにいるＢＬＸの弁護士たちが、監査のときに議論になった二〇カ所の汚染用地を競売で購入するため小さな会社を設立したがっていたという。もし汚染洗浄や健康被害に関する係争が起きれば、責任はその小さな会社の肩に掛かってくるため、単純に倒産するか存続が難しくなることが考えられる。そうなると、損害や責任、その他の債務をアライドの財務諸表にもＢＬＸの財務諸表にも一切記載しなくて済むわけだ。その監査人によれば、「ＳＥＣはこの提案をかなり心配していた」そうだ。

このような極悪な不正が暴かれれば、農務省も同じ貸付業者が実施しているほかの融資についても調べるはずだと考えるのが普通である。ところが、世の中そう甘くはない。わたしたちがビル・ラッセル石油の不正を暴いたあとも、ブリックマンは情報公開法に基づいてＢＬＸが利用した農務省のＢ＆Ｉ融資に関する情報を入手した。

すると、ＢＬＸがガソリンスタンド、ドライブイン、バタフライパビリオン、キノコ会社、大型スポーツ用品店、一般店舗、紙箱メーカー、スケートリンクなどにもＢ＆Ｉ融資を実施していることが分かった。ＢＬＸが農務省のプログラムを利用して一九九八～二〇〇三年に実施した約五〇件の融資のうち、農務省はその四二％以上を保証しており、金額は合計で四一〇〇万ドルに上っていた。しかしＳＢＡの融資のときと同様、損失として処理されたのはわずか二件。焦げ付き融資の処理がとてつもなく遅いことが分かる。ブリックマンがほかの融資に関するニュースを検索してみたところ、多くの借り手が破産法適用を申請しているか、はっきりと債務不履行の兆候を示していることも分かった。確認された焦げ付き融資の合計は、何と農務省のプログラムを利用したＢＬＸのポートフォリオの六五％にも上っていた。

ブリックマンは債務不履行になった農務省のＢ＆Ｉ融資の数件について長い要約を作成し、それを農務省の監査人に手渡した。そして農務省の融資がほかの貸付業者の救済に使われ、それによって損失が民間の貸付業者から納税者へと移転している証拠を示した。ＢＬＸは農務省の融資を焦げ付かせた人物に融資を実施し、その融資を利用してＳＢＡの融資を救済していたのである。要するに、ある政府機関から別の政府機関に焦げ付いた融資を移転していたわけである。

監査人は自分の調査結果や分析と一緒にその情報を書簡にまとめて農務省の本部に送り、ＢＬＸの締め出しに乗り出した。監査人がブリックマンにあてた書簡に記されているとおり、「政府の推進力が減速することもあるが、納税者の財産を守ろうとする者も少しはいる」ようだ。

二〇〇六年二月、地方の監査人が農務省農村開発・天然資源課のフィリップ・コールに連絡用のメモを送った。メモには、ＯＩＧはＢＬＸを締め出さないという農務省の決定に反対するとし、ＢＬＸの融資のうち不良債権や担保が差し押さえられた融資全体の履歴について調べるようにとの提案が記されていた。この監査人はブリックマンが調べた債務不履行の数字に納得し、ブリックマンがＯＩＧに指摘したほかのＢ＆Ｉ融資の問題についてもまとめていた。また、ＢＬＸを締め出すことに関して議論するため、農村事業協同組合局の全国事務所で会議を開くことも提案していた。そして追加調査の結果に基づき、「ＢＬＸの融資ポートフォリオは取るに足らない、または標準以下の融資のようだ」とも記し、一億三〇〇〇万ドルのポートフォリオのうち四三〇〇万ドルは延滞債務、債務不履行、あるいは清算中のいずれかであるとも記していた。

二〇〇六年三月初旬、ブリックマンはＯＩＧから、農村事業協同組合局の全国事務所で会議を開き、ＢＬＸの締め出しについて議論することになったと聞かされた。「物分かりが良い」連中だった。回答は三〇日後になるという。ＯＩＧの主任弁護士デビッド・グレイは、以前ＳＢＡでも同職に就いており、ＢＬＸのことは熟知していた。わたしたちも二〇〇三年八月にＳＢＡで会ったことがある。グレイは積極的に締め出す方向で行きたがっていた。監査人によると、ＳＥＣや連邦地検の調査官とはすでにワシントンで打ち合わせをしたという。

だがその後、この監査人は妨害に遭ったようだ。監査人によると、ブリックマンがＯＩＧに動いてもらおうと、ホットラインを使って不満を伝えた。そしてメールでＯＩＧに六件以上の怪しいＢ＆Ｉ融資の監査を依頼した。ところが、数週間たっても苦情に対する返事がなかったので、ブリックマンはまたメールを送り、返事をくれない理由を尋ねた。農務省の職員デビッド・ルイスからブリックマンに電話があったが、多くを語ることはなかったそうだ。

それから何カ月もの間何ら消息はなかったが、その後、情報公開法に基づく請求によって、ＯＩＧがホットラインに寄せられた苦情に対応しなかった理由が分かった。

「この監査案件だが、対応できるスタッフがいないことから辞退した。この貸付業者の活動については、二〇〇七年度に監査を実施する予定である」と農務省では記していた。言い換えると、農務省では、当期の予算に余裕がなく、損失が発生しているかどうかを確定できなかったということだ。

ビル・ラッセル石油の監査に取り組むことになれば、ＢＬＸも慌てて融資を皆済し、問題を解決するだろうと考える向きもあろうが、とんでもなかった。アーカンソー州政府事務所がＢＬＸに「不利益決定通知」を送付して返済を要求したところ、ＢＬＸは上告。上告審は二〇〇六年七月二五日、ニューヨーク州ロングアイランドで行われることが決まった。ＢＬＸは情報公開法に基づいて情報の提供を求めた。進行を遅らせせようとしていたようだ。

グリーンライトのゼネラルカウンセル（**訳注**　法務部門の最高責任者）を上告審に行かせた。双方がアーカンソー州とワシントンＤＣから四人ずつを出廷させていた。農務省の審理担当者は、一二個にも及ぶ書類の箱を持って前夜にコネティカット州からやって来た。全員の会合は五分間。当事者たちは六〇日間猶予を与えることに事前合意した。交渉のため、政府も六〇日間は不利益決定を取り下げることに同意。

その後、わたしたちは監査を希望していた監査人が農務省を辞め、別の政府機関に転職したことを知った。一〇月か一一月にはＢＬＸの監査案件に進展があることを「期待しつつ」離職したという。

二〇〇六年一一月、農務省のアーカンソー州出張所は、ビル・ラッセル石油に融資した額を返還するよう求める新たな要求案を全国事務所に送付した。だがブリックマンは、全国事務所が「多少の事務手続きを経て訴訟を終わらせる」ことを望んでいると、アーカンソー州事務所から聞かされてこう言った。

「臭いものにはふたをしよう、ということですかね？」

「まさに、おっしゃるとおりです」と農務省。

数日後に会って確認したところ、ブリックマンは訴訟を終結させることに懸念を示していた。

農務省の代表者はこう答えた。

「われわれと問題になっているのは、何もここだけじゃないんですよ」

「ことというのはＢＬＸですか、それとも農務省ですか？」とブリックマン。

「ＢＬＸはほかにも農務省保証付きの融資を抱えていますからね」と農務省の代表者。

「異常じゃないですか？」とブリックマン。

「ええ、もっと自由に議論ができればいいんですが、そういう問題もあります。きっと聞いたら鳥肌が立ちますよ」

しばらくしてからブリックマンが尋ねた。

「隠匿のため、あるいは何もさせないようにするため、ワシントンが圧力を掛けてくるとおっしゃいますが、なぜそうお考えなのですか？　ＳＢＡもそうですよね」

「分かりません。われわれは単なる雇われの身ですから。これ、オフレコですよ」（このあと、この資料を本書で使用していいかと許可を求めると、彼は許可してくれただけでなく、本書に書いてもらえることを喜んでいるようだった）

農務省の代表者は続けた。

だれかが一緒に寝ている。まあいい。一緒にいるのはだれなんだ？　われわれには分からない。一緒にいるのか、いないのか、知るすべもない。全国事務所に書簡を送ったときに、問題は振り出しに戻ってしまったのだ。全国事務所は書簡に書いてある事実とは何の関係もなかったのだが。内部事情について二点だけ聞かれた。立証するのは実に難しいと思うが、ただ問題に決着をつけられれば、かなりの評判になると思う。わたしにはまるで答えは分からないが。

後日、農務省の代表者はその内部事情とやらが何なのかを教えてくれた。

「われわれは批判にさらされているんです。どうなるかは初めから聞かされていました。真っ先に批判の矢面に立たされるのはわたしでしょうね」

第26章

政治のにおい

ＳＢＡ（中小企業局）はビジネス・ローン・エクスプレス（ＢＬＸ）に対して決定を下すことができず、さらにまずいことに、同社のＰＬＰ（優先的貸付業者）の指定を更新してしまい、わたしたちの内部告発法に基づく申し立てを必死になって脇に押しのけた。すでに調査は始まっており、だれの目にも明らかな不正だったにもかかわらず、ワシントンの連邦検事もいまだに動かなかった。ＳＥＣ（証券取引委員会）も公募の登録届出書を定期的に承認し、アライドの問題を余計に大きくしてしまった。これには本当に納得がいかない――ようやくアライドと政界との癒着を調べる者が出てきたのだが。

アライド・キャピタルはワシントンに本社を置き、本社はペンシルベニア大通りにある。設立したのはジョージ・ウィリアムズ・ジュニア。ＦＢＩ（連邦捜査局）でキャリアをスタートさせた人物である。前述のとおり、スウィニーはＳＥＣに勤務していた。アライドの取締役会メンバーであるローレンス・ヘバートは、リッグズ銀行のCEO（最高経営責任者）を務めていた。チリの元大統領アウグスト・ピノチェトのマネーロンダリング（資金洗浄）やその独裁政権への違法な支援がスキャンダルの原因になり、二〇〇五年にPNC銀行に身売りするまでは政界と太いパイプがあった銀行だ。

一九九九年からこの身売りのときまでリッグズ銀行の取締役の座にあったのがウォルトンである。一九九二～九四年にかけてSEC委員を務めたJ・カーター・ビーズ・ジュニアは、リッグズのもうひとりの取締役であり、同行のベンチャーファンドを運営していた。フォーブス・ドット・コムは、彼がアライド・キャピタルの相談役であると報道。二〇〇四年のSECの円卓会議でもアライド代表として出席していた。皮肉なことに、ビーズ・ジュニアはSECでコーポレートガバナンス（企業統治）の問題にとくに意欲的だとして知られていた。連邦判事とSECからは、粉飾決算の被害者に分配する二億五〇〇〇万ドルの株式投資信託の受託者にも指名されていた。

二〇〇四年七月、議会専門紙ザ・ヒルは、数人の銀行家がジョン・ケリー上院議員の大統領選出馬に向けて寄付をするよう同僚らに働き掛けていると報じた。ジョージ・W・ブッシュ大統領がSBAの7（a）融資プログラム（**訳注**　中小企業法第七条（a）項に基づく融資プログラム）への助成金を全額カットしようとしていたからだ。ケリーはSBAを所管する上院中小企業・起業家委員会で少数党の代表を務めていた。そして民主党が上院を制した二〇〇七年には委員長に就任。ザ・ヒル紙は、BLXのデリル・シャスター（カンザス州在住）が業界関係者に「メールを送り、大統領選に出馬するケリーへの寄付を呼び掛けた。『考えてみようじゃないか。SBAの融資プログラムがわれわれのポケットに入ってくるんだ！　どうなると思う？』と記している」と報じた。ザ・ヒル紙は続けた。

シャスターは、メールに「BLXのCEOロバート・タンネンホイザーはケリー陣営の資金調達委員会のメンバーであり、ブッシュに勝利するために民主党に一〇万ドル以上を寄付しようと尽力した」とも書いている。

「少なくとも一〇万ドルの大台には乗せたいと思っています。そうすればケリー氏やその選挙委員会に7（a）業界をかなり認知してもらえますからね。その陣頭指揮を執っているのがタンネンホイザー氏ですから、どの業界団体よりもSBAの貸付業界に信頼を置くでしょう」

シャスター自身はSBAの元地区・地域マネジャーであった。SBAの元上級職員がBLXなどにいたら、SBAの貸付業者の監督という任務に影響が出ないのだろうか。わたしは不思議に思った。

いざSECが調査を開始すると、アライドは政府への働き掛けを加速し、二〇〇四年九月には次の文をあらゆるプレスリリースの最後尾の企業の概要に追加し始めた。

「弊社は株主の皆様のために働きつつ、アメリカ企業の設立をサポートし、雇用の創出と維持に努めております。弊社のプライベートファイナンスのポートフォリオには一〇〇社を超える企業が名を連ね、総収益も一一〇億ドルを上回っており、一〇万人以上の雇用を支えております」

当局者や政治家にはもっと明快なメッセージを送ったほうがよかったのではないか——もしこの会社を倒産させたら、一〇万人もの人間が職を失うのだと。もちろん、そんなに大量の失業者が出るはずはなく、アライドの投資先企業も事業を継続するだろう。アライドにしてもけっして大企業とは言えず、二〇〇六年末にはわずか一七〇人を雇用していたにすぎない。

アライドは二〇〇四年一〇月、PAC（政治活動委員会）を設立した。SECの調査開始を発表した四カ月後のことだった。二〇〇五年末までにPACは一一万六〇〇〇ドルを集めた。寄付をしたのは役員や取締役、そしてその家族など、大半がアライドの社員。ジョアン・スウィニーも二〇〇四年と二〇〇五年に七五〇〇ドルを、ペニ・ロールとその夫も一万ドルを寄付。二〇〇二年のインベスターデーのときに昼食を共にしたアライドの幹部ロバート・D・ロングも、一万二五〇〇ドルを寄付していた。PACが集めた資金の大半は、上院中小企業・起業家委員会委員長を務める上院議員オリンピア・スノウを含め、SBAを監督する上院議員や議会のメンバーに渡っていた。

ビル・ウォルトンもその二年の間にＰＡＣに一万ドルを寄付していた。ただ、彼はほかでも忙しかった。二〇〇〇～〇五年には合計一一万六〇〇〇ドルの政治献金をしているほか、ブッシュ大統領や共和党全国委員会、そして全国共和党上院委員会にも献金している。全国共和党上院委員会には三万五〇〇〇ドルを献金したが、これはウォルトンの献金でも最高記録である。ウォルトンから最も多額の献金を受けたのが共和党員だった――銀行委員のメル・マルティネス上院議員が三〇〇〇ドル、下院中小企業委員会委員長を務める下院議員ドナルド・マンズーロが一〇〇〇ドル、同委員会のもうひとりの委員スー・ケリーが五〇〇〇ドル、スノウ上院議員が一〇〇〇ドル、上院金融委員会に所属する上院議員ジョン・キールが二〇〇〇ドル、金融サービス委員会委員長を務める下院議員マイケル・オクスレーが三〇〇〇ドル。上院中小企業・起業家委員会の七人のメンバー（共和党員六人と民主党員一人）への献金だけでも合計九〇〇〇ドルに上り、しかも委員会メンバーのジョージ・アレンが大統領選に出馬することもあり得るとして、ＰＡＣは根回しをし、五〇〇〇ドルを手渡している。唯一の民主党員エバン・バイは二〇〇〇ドルを受け取り、バイのＰＡＣがそれとは別にさらに五〇〇〇ドルを受け取っている。

ＰＡＣ以外にも、タンネンホイザーとその家族、スウィニーを含むアライドのほかの社員が、下院中小企業委員会の民主党員で金融サービス委員会メンバーでもあるニディア・ベラスケスの選挙戦に資金援助をしている。ＳＢＡは融資の決定が遅く、これでは中小企業を支援できない、とベラスケスはよく不満を漏らしていた。タンネンホイザーとその家族は、息子と娘も含め、二〇〇〇年から二〇〇六年までに二六万六〇〇〇ドルを超える政治献金をしている。ベラスケスへの二万ドルを含め、その大半が民主党への献金だ。選挙で選ばれた公職者で、SBAを監督する人物への政治献金が集中しているのは、偶然の一致ではなかった。

連邦地検が捜査に着手したあとの二〇〇五年三月、アライドはマーク・ラシコットを取締役会に加えた。ラシコットは、元共和党全国委員会委員長、元ブッシュ・チェイニー再選委員会委員長、元モンタナ州知事という経歴の持ち主である。また、二〇〇六年の春にはしっかりしたコネのあるエドウィン・L・ハーパーをさらに取締役会に加えた。ハーパーは現在、大手特殊保険会社のアシュラントで広報と政府関係の部門の上級副社長を務めているが、ニクソン政権とレーガン政権のときにはホワイトハウスに勤務していた。アライドが政治というカードを切って調査を阻止しようとしていたのは明らかだ。

「悪役」を演じていたSECの弁護士マーク・ブラズウエルを思い出してほしい。わたしの講演の目的やほかのマネーマネジャーとの関係について執拗に質問をしていた人物だが、彼はその四カ月後の二〇〇三年九月にSECを離職し、ワシントンのベナブル法律事務所のパートナーになった。ベナブルのプレスリリースによると、ブラズウエルは「企業の調査とホワイトカラーおよび証券絡みの訴訟やコンプライアンス（法令順守）に集中して取り組む」となっていた。二〇〇四年一〇月、そのブラズウエルがアライドのロビイストとして登録。しかし、そもそも彼はロビイストなどではなかった。実際、ほかにロビー活動の依頼主がいたという記録は見つからなかった。アライドに関するメールや取引記録、証言など、わたしたちから極秘資料を入手した弁護士が、政府機関を辞めてアライドの仕事に就いても構わないし、法律に違反しているわけでもない、などとどうして言えるのだろう？　当社とアライドとの争いはまだ終わっていないではないか（アライドはロビー活動に慣れていた。二〇〇一～〇六年には一〇〇万ドル以上をロビイストに支払ったが、そのうち六万ドルがベナブルに渡っていた）。

グリーンライトの弁護士はSECのOIG（監察局）あてに書簡を送り、ブラズウエルの現在の様子をざっと記し、既定の倫理規則にいかに違反しているかを説明した。二〇〇六年一二月、OIGはSEC法執行部の元弁護士グレイ・アギレーの告発について調査をしなかったとして強く非難されていた。アギレーがペコット・キャピタル・マネジメントによるインサイダー取引疑惑を十分に調査するのをSECが妨害している、というわけである。ピコット・キャピタルは、モルガン・スタンレーのCEOジョン・マックから入手した内部情報を基に取引をした可能性がある。ブラズウエルの問題についてSECがそれ以上にしっかりした仕事をしたとは思えない。今日まで何の行動も起こしていない。

フロイド・ノリス。ニューヨーク・タイムズ紙の評判の良いコラムニストである。わたしはそんなノリスに、アライドがブラズウエルを起用したことについて話した。ノリスはブラズウエル側の話も聞こうと、アライドに電話をした。すると、わたしがSECで証言している間ブラズウエルは留守にしている、というのが答えが返ってきた！

わたしは体をつねってみた。自分がミスを犯していないことを慌てて確認した。そしてブラズウエルの写真を新たな勤務先のウエブサイトから入手した。よし。ＳＥＣの接見室にいたのと同一人物だった。当社の弁護士たちも各自のメモを見直して、ブラズウエルが同席していたことを確認した。わたしたちはＳＥＣにわたしの証言の清書を見せてくれるよう依頼した。ほかの疑念はすべて消え去った。

ノリスは二〇〇五年七月一五日付のコラムに、アライドがＢＬＸの要約財務諸表の報告をやめたこと、そしてブラズウエルをロビイストとして起用する決定を下したことについて書いた。ノリスの文章を引用する。

ビジネス・ローン・エクスプレスやアライドのほかの事業部門の大半を、軽々しく「非公開企業」と呼ぶわけにはいかない。現実にはアライドの子会社であり、その子会社の株式の全部またはほぼ全部をアライドが所有している。しかし、アライドはそれらを投資として処理しており、最小限の情報しか公開していない。それが可能なのは、アライドがＢＤＣ（事業開発会社）というカテゴリーに分類されているからである。

事実を隠ぺいしている企業は疑念を抱かせるものである。二〇〇二年、デビッド・アインホーン氏が運用するヘッジファンド、グリーンライト・キャピタルがアライドの会計に疑問を呈する報告書を発行。アインホーン氏は間もなくSEC法執行部の弁護士の調査に付されることになるが、アライドが自分を批判しているとして同社を非難している。

　アインホーン氏によると、調査を担当するSECの弁護士のなかに、現在はワシントンのベナブル法律事務所のパートナーであるマーク・K・ブラズウエルがいたようだ。ブラズウエルは昨年の秋、SECがアライドの帳簿に関する非公式な調査を開始したことをアライドが公表したあと、アライドのロビイストとして登録した（© 2005　ニューヨーク・タイムズ社。許可を得たうえで転載）。


　ノリスによれば、ブラズウエルはこう話していたそうだ。

「アライドでどんな仕事をしているのかは言えないが、政府の調査ではアライドの代表ではないし、アライドにもSECの調査に関する不適切な開示はしていない。倫理規則はすべて守っている」

　ノリスは株主の妙な行動にも気づいていた。分配金を受け取れているからか、アライドが情報を出さなくても気にする様子がないのである。

「アライドが完全子会社の業績を秘密にしていても、株主は心配しているようには見えない。問題は、株主に多くの情報を開示しないというアライドの決定に対し、SECが動くのかどうかである」とノリスは書いている。当時は一株二九ドル前後だったアライド株だが、ノリスの記事が掲載されてもまるで反応しなかった。

■■■■■■■

一方、アライドは更生したように装っていた。リセッション（景気後退）の間に発生した問題の投資評価を数年かけて徐々に切り下げたが、資本市場の好転に助けられたあとは、倒産した企業への融資を取得原価で計上するなど、少ないながらもバカげた投資評価を行っていた。ただ、アライドはその評価プロセスの透明性を高めた。まずは古参の上級幹部に「最高評価責任者」という新たな肩書きを与え、昇格させた。問題の一端を担っていそうな既存のマネジャーを昇格させても、問題解決になるとは思えない。次にダフ・アンド・フェルプスとＪＭＰ証券を起用し、「評価支援」をさせた。

　投資評価に意見を表明するのは、ウォール街では売却目的の場合が多いが、アライドが考えていた「評価支援」とは、その投資の査定とか公平な意見からは明らかに程遠いものだった。アライドに投資価値を推奨するために、企業のデューディリジェンス（適正評価）を実行したり会社訪問をしたり、あるいは経営陣と議論をしたりする評価コンサルタントが雇用されているわけではなかった。ダフ・アンド・フェルプスの標準的業務提携覚書によると、同社には「公正価値を判断する責任はなく」、役割は「あくまでも顧問であり、既存の評価規定やプロセスに補足的な支援を提供し、それぞれの投資で経営陣が判断した公正価値に対して消極的保証を提供することに限定されている」。

その代わり、ダフ・アンド・フェルプスが審査する場合には、アライドが自ら評価した結果を提出した。ダフ・アンド・フェルプスがアライドの作業を調べ、事実関係を独自に検査することなく、「消極的保証」を与える場合には、一社につき五〇〇〇ドルである――「アライドが提供する情報は正確かつ完全なものであるとみなし、ダフ・アンド・フェルプスでは評価が妥当であると考える」のである。当然のことだが、もしアライドの経営陣がどの事実をダフ・アンド・フェルプスと共有するかを慎重に選んでくれれば、評価コンサルタントとしてはそれに異議を唱える根拠も権限もなくなるわけである。

一社当たりわずか五〇〇〇ドルでは、納得できる量の作業や調査を行うのに十分な額が支払われているとは言えない。査定の料金は少なくともその一〇倍以上はするだろう。標準契約によると、確かにダフ・アンド・フェルプスは経営陣が作成した評価とその評価増に関する書類を読んで議論し、実際の担当者と会って各投資に対する経営陣の期待や意図を理解し、投資先企業の戦略や業績について議論するという、ごく「限られた手続き」だけを実施し、経済全体や業界のトレンド、類似する上場企業、経営陣が提供する財務情報、そして「経営陣が開示するそれらの企業に関連するほかの事実関係やデータ」について検討する。さらに事務的に正確かどうかを確認するため、経営陣の割り出した数字を点検し、最後に「その限られた手続きに対して経営陣が抱いている可能性のあるあらゆる疑問」について監査人や引受幹事と議論するのである。

アライドはプロセスの透明性を高めたが、業績をならしたり評価に系列相関を持たせたり、といったさまざまな赤信号は相変わらずともっていた。数件の投資についてはわたしたちも十分な情報を持っていたので、アライドが依然として妥当な根拠もない価格で投資先を評価していることが分かった。しかし、言うまでもないが、ＢＬＸという誤って評価されている母体が事業を継続しているかぎり、「評価支援」を深刻に受け止める理由などほとんどなかった。

当社はＪＭＰ証券の仲買を行っている。ＪＭＰは、アライドがＢＬＸの評価支援のために起用したコンサルティング会社のひとつである。わたしは当社の営業担当者を呼び出して、ＪＭＰの人間ならだれでもいいから話を聞いてみるよう頼んだ。ところが、ＪＭＰはそれを拒否。そこで、こちらが一方的に話をするから聞いてみるだけでもいい、と提案してみた。それでもＪＭＰは拒否。ＪＭＰの営業担当者はこう言った。

「アライド株を買う、なんて言っていませんからね」

アライドの業績は悪化していた。二〇〇三年度と二〇〇四年度には、一株当たり報告利益を上回る分配金を支払っていた。純投資収益（損益は除外する）は、二〇〇三年度は一株当たり一・六五ドル、二〇〇四年度は一株当たり一・五二ドル、勝ち組を売って負け組を保有し続けるという戦略に支えられ、二〇〇四年度の一株当たり課税所得は二・四〇ドル、関連する税金分配は一株当たり二・三〇ドルであった。また、未実現損失を含む純利益は一株当たりわずか一・八八ドルであった。二〇〇四年度第4四半期にはBLXの簿価をわずかに切り下げて二六一〇万ドルとしたが、これは本来アライドが評価すべき数字をはるかに上回っていた。融資の組成件数が前年比で三〇％も落ち込んでいたからだ。

■■■■■■

二〇〇五年度第1四半期、アライドはBLXへの融資の四五〇〇万ドルを株式に転換して「資本基盤を補強」し、「資本構造を整理」した。先述のように、その時点でBLXに関する詳細な財務情報の提供をやめてしまったため、追跡するのは難しい。ただ、負債を株式に転換するというのは、普通はあまり良い兆候ではない。負債を維持できるだけの信用力のなさを示すことになるからだ。

二〇〇五年には規制当局の調査も始まり、多額の訴訟費用が発生した。その年の上半期だけで二五〇〇万ドルに上っている。弁護士費用が一時間当たり三〇〇ドルだとすると、二五〇〇万ドルの弁護料を支払うには、一週間に五〇人もの弁護士を六〇時間ずつ雇う計算になる。第3四半期にはその費用も半減し、第4四半期には「わずか」三六〇万ドルになった。

アライドは二〇〇五年に二本のホームランを打っている。一本目は、CMBS（商業用不動産担保証券）のポートフォリオ全体とＣＭＢＳの組成プラットフォームをカナダの銀行に売却して巨額の利益を得たとき。二本目は、二〇〇一年にアドバンテージ・セールス・アンド・マーケティングに初めて少額投資をし、それが大きく成長した二〇〇四年に地域の競合他社の数々を追い詰めたときである。そして二〇〇五年、大量売却を発表して巨額の利益を得た。連結決算では一株当たり利益が六・三六ドルとなった。

わたしの講演から三度目の四半期には四半期の税金分配を一株当たり一ペニー引き上げて〇・五七ドルにしたが、そのあとは七度の四半期の間ずっとその水準を維持していた。投資の運用成績と失望するような経常純営業利益を考えると、四半期分配の〇・五七ドルを維持するというのは、もう見事と言うしかないほどの茶番である。ところが、今度は二つの大きな実現利益に助けられ、再び四半期ごとに一ペニーずつ、ゆっくりと分配金を引き上げ始めているのである。

しかし、アライドは新たな融資の発行でさらに激しい競争に直面し、融資の利率を引き下げざるを得なくなってきた。ポートフォリオの利回りも低下した。さらに、三六四〇万ドルに上る調査関連の費用が逆風になり、二〇〇五年には再び純投資収益が一株当たりわずか一ドルまで下落した。

それでも実現利益によって多額の課税所得が生まれたため、アライドはジレンマに陥っていた。いくら特別分配でも、課税所得を全部支払ってしまったら、将来の分配の見通しは暗くなっていたはずだ。このころには経常純投資収益も分配額を大幅に下回っていた。しかも、豊作だったとはいえ、比較的不毛なポートフォリオの分配は将来も安泰だ、などと言うのはナンセンスである。花を全部摘み取って雑草にばかり水やりをしていたら、最後は雑草だらけの庭ができ上がってしまう。

これを解決すべく、アライドではある税法の規則を利用した。四％の物品税を支払えば、ある年度の課税所得の株主分配を遅らせるのが認められるというものである。もちろん、経済的には何の意味もない。もし分配金を支払っていれば、株主はその所得に対して利率一五％の長期キャピタルゲイン税を支払うことになる。四％の物品税というのは、事実上、利率二六％の一年ローンと同じである（株主は一五％の税の支払いを一年間繰り延べにしていた。経費は四％――会社が支払う。つまり、四÷一五＝二六・六％）。その経費のおかげで、アライドは特別分配の支払いを回避することができた。その代わり、株主は通常、四半期ごとに受け取れる分配金の一部を一年待たされることになった。実際、将来の税金分配の透明性を高めるべく、まさかのときに備えた基金を設立した、とアライドが説明したときには、四半期ごとに定期的に受け取れる「配当」にばかりこだわっていた株主は歓声を上げていた。

この分配によって変わったものは、アライドの事業は営業利益型からキャピタルゲイン型に完全に移行し、最後には前年度のキャピタルゲインから分配を支払うようになったことである。もう営業利益は関係がないということで、営業経費を管理する動機も失った。**表26・1**に示し

表 26.1　アライドの営業成績

	2001 年	2005 年	増減率（%）
資産	$2,461	$4,026	64%
営業利益	179	137	−23%
１株当たり営業利益	1.92	1.00	−48%
社員報酬	29.6	78.3	165%
管理費（調査関連費を除く）	15.3	33.8	121%
調査関連費	–	36.4	–
報酬			
ビル・ウォルトン	2.4	7.4	208%
ジョアン・スウィニー	1.6	4.1	256%

注＝単位は 100 万ドル（１株当たり営業利益を除く）

た二〇〇一年度（わたしの講演の前年）の営業成績と二〇〇五年度の営業成績とを比較してみよう。

ドルベースの絶対値で見ても、資産の割合や一株当たりで見ても、営業利益は減少している。調査関連費を差し引いても、これは変わらない。一方、調査関連費を除く人件費や一般管理費は、資産よりもはるかに増大している。しかし、なかでも最も突出した伸びを示しているのが上級管理職の報酬である。

第27章
金を持ち出すインサイダー

アライド・キャピタルはワシントンの友人たちに守られていると思っているのだろうが、数百万ドルという大金が問題になっているとなると、それはとんでもない思い上がりである。いくらコネをフルに使っても、規制当局やその調査を妨害できるとは限らなかった。もし規制当局が動けば、「書類上は」リッチなアライドの上級幹部にしてもひとたまりもない。

二〇〇六年四月、アライドは来る定時株主総会の通知を送付したが、その委任状のなかで、紛らわしい名称の社員「持ち株イニシアティブ」の詳細について総会のときに採決する、と株主に告知していた。企業がこうした制度を変更し、株主がそれを承認するというのは日常茶飯事だったため、株主からすると善意の行動だろうし、単に定例文を挿入しただけにも思えた。ところが、今回は違っていた。善意ではなかったのだ。

アライドの役員と上級幹部は数百ドル相当のストックオプションを保有していた。これは報酬の一部として与えられているものだが、政府の調査によっては深刻な事態となり、それで株価が急落したら自分たちのオプションの価値も吹っ飛んでしまうという可能性に現実味があることを、彼らは当然承知していたはずだ。調査がどの程度進んでいるのかは、一般の市場参加者よりも分かっていた。一年半にわたって、彼らは弁護士が作成した標準的な開示文書以外のコメントを控えている。もしアライドの幹部が調査中に（または事業に関して）何か重要な悪材料が出てきたことを知ってオプションを行使し、その悪材料が公になる前に株を売却しようものなら、やがてインサイダー取引のかどで民事告訴される可能性がある。刑事告訴される可能性もある。

社員のオプションの多くは「イン・ザ・マネー」、つまり社員が行使する価格が市場価格よりも有利で、権利を行使すれば利益が出るという状態であった。アライドの発行済みオプションの平均行使価格は、二〇〇五年末には約二二ドル。したがって、例えばアライド株の市場価格が三〇ドルのときに、二二ドルでオプションを行使して株を買い付け、それを三〇ドルで直ちに市場で売却すれば、一株当たり約八ドルの利益が出ることになる。アライドの幹部らは、与えられたオプションで数十万ドル、場合によっては数百万ドルもの大金を儲けられるのだ。

イン・ザ・マネーで発行されている一三〇〇万ドル余りのオプションを行使し、続いてその株をまとめて売却すれば株価は下がる。アライド株はあまり流動性が高いとは言えず、一日の出来高もわずか数十万株というのが普通である。幹部らは株を売却するたびに登録届出書（フォーム4）をSEC（証券取引委員会）に提出し、一両日中にその売却について開示しなければならない。アライドとその支持者が二〇〇二年に広めた信頼物語のクライマックスは、「もし不正行為があるとすれば、インサイダーが売っているのだ」というもの。会社側のせりふは、幹部が売っていないのだから――実際にはわずかな株数を象徴的に買い付け、インサイダーが買っているというニュースを市場に送っていた――何も問題はないというものだった。

インサイダーによる大口の売りは瞬く間にニュースになるため、アライドがそれを認めることはない。上級幹部が株を売却したというニュースによって、インサイダー取引のかどで告発されるというリスクを冒さず、かつアライド株の値を下げることもなく儲けるにはどうするか、というのが彼らのジレンマであった。結局のところ、二〇〇五年末の時点で、CEO（最高経営責任者）のウォルトンは約二四〇〇万ドル相当のオプションを、COO（最高執行責任者）のスウィニーは約一二〇〇万ドル相当のオプションを保有していた。新たなストックオプション案ではこの二人が上位の受益者になる。

そこでアライドはどうしたかというと、イン・ザ・マネーでオプションを付与された社員は、もしそのオプションを会社に差し出せば、半分を株式で、半分を現金で受け取ることができるという持ち株イニシアティブを提案したわけである。発行できるオプション数は法的に限界に近づいていたため（法律では、BDC［事業開発会社］の場合には発行済み株式数の二〇％が上限）、既発のオプションを隠ぺいすれば社員にもっと多くのオプションを付与できるわけである。しかし、委任状によると、「株主には持ち株イニシアティブを承認するよう求めてはいない。OCP（オプション取消料支払い）の普通株式部分を充足するための新株発行の承認も求めてはいない。仮に株主が新株発行を承認しなければ、取締役会がOCPを全部現金払いに変えるという選択も可能である」と、会社側では脅しとも取れるような言い方をしている。もし支払いが全額現金になれば、間違いなく「社員は持ち株イニシアティブの一環として株式を受け取ることができなくなる」のである。

こんな制度は聞いたことがない。あちらこちらに聞いて回ったが、やはり聞いたことがある者はいなかった。この制度では、事実上インサイダーが三億九七〇〇万ドルまでを会社に売り戻すことができ、一般市場もインサイダーの売りによる数百万株を抱え込むこともない。だれが社員からその会社の発行済み株式の九・五％を買いたがるのか。最悪の場合、市場は「おれたちが知らないことを何か知っているのか？」という疑問を抱くだろう。

また、株式は会社に売却されるため、インサイダーがほかの株主よりも情報面で不利になることもない。だから、仮に経営陣が調査結果に問題があると予知しても、彼らにはオプションを行使して一般市場で売却するときと同じようなインサイダー取引の責任はないのである。

当社で委任状を分析したところ、仮に全員がオプションを保有しているとすると、イン・ザ・マネーで付与された約一三〇〇万のオプションは一七〇〇万の株式と五三〇〇万ドルの現金に交換されることになる。交換する前に、仮に株価が一ドル上がれば、社員は一三〇〇万ドルの利益を得られるが、交換したあとだと、わずか一七〇万ドルの利益になるにすぎない。社員の利益からすると、一七〇万株を保有していたほうが、イン・ザ・マネーで付与された一三〇〇万のオプションを保有するよりも良いはずだ。アライドでは陰険にもそう主張している。アライドのIR（インベスターリレーションズ）部を率いていたデール・リンチは、ウォール・ストリート・ジャーナル紙に次のように語った。

「株式を社員に保有してもらうには、透明度の高い洗練された方法だと思いますよ」

やはり、不透明も透明も変わらない。

株価が下落しても、幹部は守られるわけだ。ストックオプションの場合、もし株価が行使価格を下回っても、オプションには本質的価値などない。オプションを行使すれば、五三〇〇万ドル分を現金で受け取ることができ、株式のほうも、価格がゼロにならないかぎり無価値になることはない。この制度だと、インサイダーは株価上昇の恩恵に浴することはなくても、株価下落のリスクを低減することはできるのだ。

ここで父親が著した本からジョークをひとつ。男はバーのオーナー。ある日、バーテンダーがドリンクを売るたびに一ドルをレジに入れ、一ドルを自分のポケットに入れているのを目撃した。それから数カ月後、オーナーが再び自分のバーを訪れた。今度はバーテンダーがドリンクを売るたびにレジには一ドルも入れず、二ドルをポケットに入れているのに気がついた。そこでバーテンダーに聞いてみた。

「どうしたんだ？　もうパートナーとしてやっていけないというのかい？」

わたしが考えているとおり、上級幹部が巧妙な策を練り、株価が暴落しないうちに金を持ち逃げしてしまい、そのあとになって初めて株式公開買い付けが意味を持つのである。アライドは絶対絶命のピンチの状態であり、この提案は経営陣もそのことを知っていることの表れだったのだ。

■■■■■■

二〇〇六年九月、ヒューレット・パッカード（ＨＰ）会長のパトリシア・ダンが、情報漏えい問題でほかの取締役会メンバーの素行調査を指揮したことが発覚した。ダンは私立探偵に取締役の声色を使って電話会社から通話記録を入手させるなどの違法調査に着手。これは電話で他人を装って記録を入手することから「なりすまし」と呼ばれている。

これで分かったぞ。わたしをはじめ、アライドを批判する人々に何が起きたのか。ＨＰの事件が全米に知れ渡り、議会の公聴会、刑事訴追、そして企業トップの辞任と続いたことから、これは明らかに犯罪だということが分かってきた。ＨＰ事件の結末から、わたしは二〇〇五年にアライドの取締役から受け取った素っ気ない書簡の返事がなりすましの問題にはとくに注意を払っていなかったことを思い出した。

アライドがわたしの通話記録を入手しているのは確かだったため、わたしは同社の違法行為に対する精査のレベルを上げようと考え、二〇〇六年九月一五日、同社の取締役にあてて書簡をもう一通送り、この問題でＨＰがどうなったかを粘り強く指摘して調査するよう促した。書簡には次のように記した。

何らかの動機で、わたしをはじめ四人の著名な批評家の通話記録にアクセスした唯一の個人集団はアライドの経営陣です。ＨＰの違法行為に対する激しい抗議と刑事告発の可能性に照らしてみると、取締役会でも、こうしたなりすましを取るに足らないことなどとは言っていられなくなるでしょう。間違いなく今回の事件の場合、なりすましはただ情報漏えいに関与したというだけではなく、かなり深刻な問題です。もしアライドの経営陣が批評家の通話記録への違法アクセスに関与しているなら、このなりすましは、会社側が批評家を妨害し、憤慨させ、それによって証券市場に批判的な情報の流れをゆがめるという企てになります。取締役会には、明らかにアライドの経営陣によるこのような犯罪行為を調査する義務があります。

新しく就任したアライドの監査委員会委員長も、「アライドの経営陣はあなたの通話記録への不正アクセスに関与しているという申し立ての調査を行っていますが、その申し立てを裏付ける証拠は何も見つかっておりません」と素っ気なく退けたが、二度も拒否するというのは弱気であり、文言も入念に練っているではないかと、わたしたちはまたやり返した。調査の結果、何の証拠もなかったと言っているが、彼らがどの程度必死に調査をしたのかははっきりしなかったし、文面からも、わたしの記録にアクセスする人物を雇っている弁護士のことなど、会社が起用した人物の問題を避けているような印象を受けた。この書簡ではわたしにさらに情報を提供するよう求めているが、そのトーンからは、取締役はこの件の真相を究明することにまったく関心がないことがうかがえた。実際、わたしは書簡にすでに十分に詳細な内容を盛り込んでいたので、取締役が関心さえ持ってくれれば何を調査すべきかは分かるはずだ。

さんざん熟考した揚げ句、アライドがこの件についてもっと深刻に受け止めるよう、わたしたちは一連の事件を広く知ってもらうことにした。そこでニューヨーク・タイムズ紙に連絡した。同紙は二〇〇六年一一月八日付の記事で、アライドがなりすましに関与しているというわたしたちの告発を紹介した。ジェニー・アンダーソンとジュリー・グレズウエルが書いた記事では、なりすましの被害に遭ったと主張する批評家について論じ、会社の拒絶には責任が伴うことを明確にしていた。実際の記事を次に引用してみる。

アインホーン氏がアライドの取締役にあてた二通の書簡――一通はごく最近の九月に送付したもの――で行った申し立てでは、他人になりすまして通話記録を入手するというのは、人と人との関係を断ち切り、批判を封じ込める企てだった可能性もあるとしているが、……アライドの広報担当者は、アインホーン氏への回答以外、なりすましに対する申し立てには何も言うことはないと述べている。

ニューヨーク・タイムズ紙にこの記事が掲載されたのは、アライドが二〇〇六年度第３四半期の収益を発表した日。コンファレンスコール（電話会見）では、ウォルトンが繰り返しわたしをこう批判した。

最後に、ニューヨーク・タイムズ紙の記事に対して一言申し上げたいと思います。ご覧になった方もいらっしゃると思いますが、今日の朝刊に掲載された記事でございます。おそらく皆さんがご存じのことと思いますが、ここ四年半にわたり、アライド・キャピタル株にショートポジションを建てている投資家のデビッド・アインホーン氏が、アライド・キャピタルについて数々の告発をしております。弊社の業績からは、彼の主張が大間違いだということが分かります。彼の動機は単純です。つまり、アライドの株価を下げて金儲けをすることです。今日の記事もアインホーン氏のただの戦術にすぎません。今日の記事ですが、アインホーン氏は二度も同じことを書いております。通話記録へのアクセスに関する問題を提起した最初の書簡は、二〇〇五年三月に弊社の取締役会メンバーにあてたものでした。それから一週間もしないうちに、アライドの監査委員会委員長がアインホーン氏に書簡をお送りし、取締役会ではその告発を裏付ける証拠を目にしたことはないが、何か違法行為を示す証拠を提示したいとおっしゃるなら、それを評価しますとお返事いたしました。

アインホーン氏はご自身の告発を裏付ける証拠をまだ提出しておりません。一八カ月の後、なりすましが大ニュースになったあとですが、アインホーン氏がまた通話記録にアクセスされたとして書簡を送ってきたのです。この書簡では、はっきりとヒューレット・パッカードに関する最近のメディアの精査に便乗しようとしており、取締役に役に立ちそうな追加情報を提供できればうれしいと言っております。これはアインホーン氏の言葉そのままです。九月二九日付で、アライドの監査委員会委員長が書簡でアインホーン氏にお返事をいたしました。その書簡のなかで委員長は、取締役会がアインホーン氏の申し立てについて調べたところ、通話記録については経営陣の違法行為があったとする彼の申し立てを裏付ける証拠は何も見つかっていないとしております。その後、取締役会も違法行為の証拠を提出するよう再度要請しましたが、今のところ何の応答もございません。二度にわたり、弊社の取締役が、アインホーン氏の申し立ては事実と異なるという書簡を送り、二度にわたって違法行為の証拠を提出するよう要請したのです。でも二度とも、何の情報も送ってこないのです。

重要なのは、アインホーン氏が対応できなかったのは、違法行為の証拠を提出できればうれしいと言ってきたあとだったということです。それはただ、アライドがアインホーン氏の通話記録にアクセスしようとしたという主張を裏付ける証拠が一切ないからです。わたしどもがアインホーン氏の記録を入手したことなどありませんし、記事はすべてアインホーン氏の申し立てを支持したうえで書かれております。アライド・キャピタルの株価を下げようという動機を持つアインホーン氏の言葉を支持しているのです。ご存じのとおり、アインホーン氏の相変わらずの攻撃にもめげず、アライドは立派な業績を上げております。二〇〇六年九月三〇日までの五年の間に、株主の皆様には年平均一五・六％の総リターンを還元してまいりました。第４四半期の一株〇・六二ドルという予告配当をお支払いする時点では、二〇〇六年度の通常の四半期配当として一株当たり合計二・四二ドルを分配しております。実際、二〇〇二年から二〇〇六年九月三〇日までのほぼ五年の間は、一株当たり一一ドル程度の累積配当額をお支払いしております。わたしどもは全員、アインホーン氏がアライド・キャピタルと弊社の株主の皆様をだしにした大儲けをあきらめてくれることを望んでおります。そこで大きな損失でも出してくれればいいんですがね。

第5部

グリーンライトは正しかったんだ……、さあ、頑張ろう

第28章

告発と否認

アライド・キャピタルは、「持ち株イニシアティブ」の一環として新株を発行することに対し、二〇〇六年五月の定時株主総会で株主から承認を得た。しかし、いつまでたっても株式公開買い付けに着手せず、幹部らもストックオプションを行使して儲けることはできなかった。第2四半期のコンファレンスコール（電話会見）のとき、経営陣はその遅れの理由を株価の「ボラティリティ」のせいにした。株価は約三一ドルから二八ドルまで落ちていた。もう少し高値で取引ができる時期を待っていたのである。

アライドが第3四半期の業績を発表したときには、ホームランとなった二度の資産売却で得た巨額の利益を除いても、二〇〇六年度の最初の九カ月間の業績は二〇〇五年度と同様に堅調に推移したことが分かった。最初の3四半期の純投資収益は一株当たり〇・九七ドル、一株当たり利益は一・四七ドル。分配金は一株当たり一・八〇ドルだったが、不足分は前年度のキャピタルゲインで調整していた。社員のストックオプションに対する支払いも開始したが、その報酬費の増加は二〇〇五年度の水準を五〇％以上も上回っていた。この費用を除いても約三〇％増えていた。純投資収益は二〇〇五年度の水準を上回ったものの、その大半は調査関連費の減少によるものである。調査関連費は約四〇〇〇万ドルから三二〇〇万ドルに減少していた。

ＳＥＣ（証券取引委員会）による調査の着手を発表したあと、アライドは新株発行を一時停止していたが、二〇〇六年には本格的に再開し、その年にはドイツ銀行、メリルリンチ、バンク・オブ・アメリカを主幹事にしておよそ三億ドル相当の株式を売り出した。

アライドはビジネス・ローン・エクスプレス（ＢＬＸ）への投資評価を少しずつ切り下げていった。簿価についても、二〇〇五年度末には三億五三〇〇万ドルだったのを、二〇〇六年九月三〇日には二億八五〇〇億ドルに切り下げた。アライドの提出書類によると、多額の期限前償還がポートフォリオに影響し、貸付業界の競争激化が組織に影響したようだ。

アライドは二〇〇五年度の初めにＢＬＸの要約財務諸表の開示を停止したが、ＢＬＸの問題はますます厳しさを増し、記載されている漸次的な評価減よりもはるかに深刻であった。九カ月の間にＢＬＸから得た利息と配当の収入は一一九〇万ドルで、前年度の一九五〇万ドルよりは増えているが、利息と配当の現金部分は一四四〇万ドルから六二〇万ドルに激減。「エクイティ」クラスＢの利息も九〇〇万ドルからゼロに。それに加え、ＢＬＸの銀行借り入れのアライドの保証分が二億七〇〇万ドルから三億七六〇〇万ドルに増えている。実際には１四半期に一億ドル以上を借り入れる必要があったが、問題に直面していたことから、できるだけ少額に抑えた可能性もある。これは企業が貸付業者との間に大問題が起きることを予見したときに講じる常とう手段だが、破産法適用を申請する直前の場合が多い。ＢＬＸがアライドに相応の支払いを行っていないことを考えると、ＢＬＸがなぜそれほど加速度的に借り入れをする必要があったのか、という疑問がわいてくる。

　借り入れが多額に上っていることを考え、わたしたちはアライドがＢＬＸの企業価値を七％切り下げたのだと見積もった。先述の業績悪化を踏まえると、このような控え目な切り下げを妥当だと判断するのは難しい。アライドはまたもＢＬＸの評価方法を変更して評価減を実施しているのである。ＳＥＣへの提出書類によると、「加えて、二〇〇六年度九月期については、弊社では『五回目の』分析を行い、ＢＬＸの純資産価値（一定の割引率で調整）をＢＬＸの営業活動の価値（これは割引キャッシュフローモデルを使用して確定）に加算してＢＬＸの価値を確定した」ようだ。（ここで強調して）ＢＬＸの業績悪化を考えると、明らかに従来型の四つのモデルを使って控え目に評価減を実施したのではそれを正当化することができなかったのだ。四つのモデルはすでに理不尽な評価を出していた。

ニューヨーク・タイムズ紙がなりすましの記事を掲載してから二日後のこと、ニューヨークでバリュー投資会議（訳注　バリュー投資家たちのネットワーク）の大規模な会合があり、わたしはロングで保有している二銘柄について講演をした。講演が終わると、ある男が講演者以外立ち入り禁止の「控室」まで入ってきて、ニューヨーク・タイムズ紙のなりすましの記事を誇りに思うかと聞いてきた。わたしは、「犯罪被害者だというのに何が誇りなのか分からない」と答えた。するとその男はこう言った。

「本を執筆していらっしゃるそうですね。今日お話ししてくださったような内容が中心ですか、それともアライド・キャピタルに関する内容ですか？」

心のなかの非常ベルが止まった。それには答えず、わたしはこの男が何者なのか尋ねた。すると男は、広告会社サイトリック・アンド・カンパニーのセト・フェゾンだと自己紹介をした。サイトリックの名前は聞いたことがあった。とくにオーバーストック・ドット・コム、バイオベイル、フェアファクス・ホールディングスなど、空売り筋を相手取って訴訟を起こしている企業のために積極的に意見広告を出すことで知られており、ラニー・デイビス弁護士よりもアグレッシブだという評判だった。こいつ、アライドに雇われているな。わたしはそう思ったが、後日、やはりそうだと分かった。このとき、会議の主催者のひとりが緊迫した雰囲気に気づき、フェゾンを控室から追い出してくれた。

■■■■■■

翌週、わたしはアライドがSECに提出した四半期報告書をじっくりと読んでみた。八二ページの「未実現の評価増と評価減の変更」という項目の下の「ビジネス・ローン・エクスプレスLLC」の欄の第四段落には次のように書かれていた。

さらに、二〇〇六年九月三〇日現在のBLXへの投資の公正価値を確定するに当たり、弊社では以下の項目について検討した。まず、中小企業向け融資については銀行間の貸付競争が激化しており、その結果、BLXは引き続き証券化ポートフォリオによって多額の融資を期限前償還したこと。これは新規融資の件数を増やすBLXの能力にも効果をもたらした。次に、SBAのOIG（監察局）と司法省がBLXと同社のデトロイト営業所の融資活動の調査を行っていること。この調査は現在も続いている。

わたしは機内でこれを読んだのだが、きっとパイロットにも、「何だよ、これは！」というわたしの叫び声が聞こえたのではないだろうか。

この開示は新しいもので、彼らも深刻さが分かっていることを示していた。アライドはなかなか悪材料を開示せず、「本当に」打つ手がなくなってからようやく開示するといったありさまだった。実は、この開示は四半期報告書（フォーム10－Q）の目立たない部分にひっそりと記載されていた。つまり、経営陣はそれに気づいてほしくなかったわけだが、法的に保証する必要があることから、あとになって重要な変化については確かに開示したと言っているわけだ。もちろん、開示したといっても、重要な規制の強化が期待できるわけではない。例えば、これは「法的手続き」に沿った開示ではなかった。法的手続きに沿った開示については、ＳＥＣとワシントンの連邦検事が、調査は主として「ポートフォリオの評価と弊社のポートフォリオ企業ビジネス・ローン・エクスプレスＬＬＣ」に関連したものだとしており、調査も融資活動よりも投資評価に重点を置いている、という誤った印象を与えていた。開示から一週間が過ぎた。実際に八二ページを読んだ最初の人間はわたしだったのか？　本当に目立たない開示だった。ブリックマンでさえ見落としていたぐらいだ。

わたしはこの開示のことをカルザーズにも伝えた。カルザーズは法律関係のデータベースを検索し、ミシガン州で数々の訴訟が提起されていることを突き止めた。二〇〇六年三月一六日、連邦大陪審はモハメド・ムスタファ、アハムド・クデイフ、そしてアブドラ・アルジュファイリを四件の不正行為で起訴していた。起訴状には次のように記されている。

アルジュファイリは、ＡＰＣＯコンストラクション・アンド・マネジメント（以下、「ＡＰＣＯ」という）として事業を展開するグローバル・コンストラクションＬＬＣのプリンシパルのひとりである。ＡＰＣＯはガソリンスタンドやスタンド内のミニマートなどの改造や建設に従事していた。さらにＢＬＸの二～三人の社員と友好関係にあり、基本的にＢＬＸの貸付ブローカーとして活動していた。

アドバンス・オート・サービス・センター・インク（以下、「アドバンス・オート」という）は、社長のムスタファと秘書のクデイフが所有するミシガン州の法人であった。一九九九年一月ごろ、一〇年満期の約束手形で資金を調達し、ミシガン州ウォーレン市フーバー二五〇二五番地のガソリンスタンドとコンビニエンスストアの事業を買収した。

二〇〇一年三月一五日ごろ、ムスタファとクデイフは、アドバンス・オートを代表して正式な申込書と関連書類に調印し、ＢＬＸから一一〇万ドルのＳＢＡ保証付き融資を受けた。申し込んだ融資の使途としては、七一万二五〇〇ドルを用地買収（すなわち、不動産の購入）に、一五万ドルを建設、修繕、改造に、残りを運転資金、負債の返済、契約手数料に使用するとしていた。借り手は三万七五〇〇ドルを契約手数料に、二万二〇〇〇ドルを債務借り換えに拠出することになっていたが、借り手が拠出すべき総額、つまり一二万九五〇〇ドルは融資の七五％を保証するための条件としてＳＢＡが求める「所有者の資本注入額」になる。融資は承認された。

ＢＬＸにムスタファとクデイフを紹介したのがアルジュファイリだが、融資の処理が行われている間はＢＬＸと彼らの仲介役を務めていた。

起訴状には、所有者による一二万九五〇〇ドルの資本注入は行われていないと記されていた。

融資のうち一五万ドルは、すでに遂行されていた業務の対価としてAPCOに支払う予定になっていたが、「未払い」である。それどころか、この一五万ドルの小切手はクディフの義理の弟の口座に預託されており、そこから二万五〇〇〇ドルが換金され、アルジュファイリとその妻の口座に振り込まれていた。

融資は債務不履行になった。そして二〇〇五年九月一日ごろ、SBAがその七五%の保証と許容できる利息とを買い取り、その保証金として総額七九万八一八六・一八ドルを支払った。

二〇〇六年六月一三日、同じ連邦大陪審がウラディミール・ミゼルニ、ハリナ・ミゼルニ、そしてアブドラ・アルジュファイリを四件の不正行為で起訴した。これはリアン・ペトロ・マートの不正行為に関する起訴だったが、アメル・ファラン、そしてアルジュファイリの義理の弟の名前が挙がっていた。第19章で言及したとおり、ファランはフォード・モーターでエンジニアとして働いていたと述べている。もちろん、ファランは起訴されていない。

今回の起訴状には以前の起訴状と同じ疑惑が数多く取り上げられていた。一三〇万ドルの融資に対する二四万ドルの資本注入は行われていなかった。偽造文書もあった。SBAは一〇三万九二六〇・〇一ドルの賠償金を支払った。ＳＢＡのウエブサイトによると、「逮捕令状が出ているが、被告の三人は全員逃亡中である。共同所有者とその妻はオーストラリアに逃亡し、貸付ブローカーは祖国カタールに戻っている」そうだ。

また、同じ二〇〇六年六月一三日には、連邦大陪審がロマン・ノバチンスキ、ウラディミール・ミゼルニ、そしてアルジュファイイリを五件の不正行為でも起訴している。今回はパレス・ワン・ストップ・ショップに関する起訴であった。この起訴状には次のように記されていた。

当初からミゼルニはノバチンスキと同等の所有者になる予定だったにもかかわらず、パレス・ワン・ストップ・ショップＬＬＣのメンバーリストにミゼルニの名前はなく、しかも融資の書類にも見当たらない。ミゼルニはすでにほかのガソリンスタンドでＳＢＡ保証付き融資を受けていたため、別件のＳＢＡ融資を受ける資格がなかったからである。

さらに起訴状では、アメリカ市民である、一九九〇〜九四年にシェルのガソリンスタンドを経営していた、また四三万ドルの現金が手元と銀行にあるなど、虚偽の表明をしたとしてノバチンスキを起訴している。さらに、二五万ドルの資本注入も行われておらず、虚偽の文書や偽造文書もあった。二〇〇二年一一月六日、ＳＢＡはパレス・ワン・ストップ・ショップの保証金として一〇〇万ドル以上を支払っていた。

さらに二〇〇六年六月一三日には、連邦大陪審がファラマーズ・ザフライエとダリューシュ・ザフライエも三件の不正行為で起訴していた。D&Fペトロ・インクに関するものだったが、これは第19章で論じた数件の融資で債務不履行になっているイマド・デイブスに絡む融資のひとつである。ファラマーズ・ザフライエはパース・ペトロ・インクを経営していたが、資金繰りに困っていた。彼はアメリカ市民ではなかったため、BLXから不正にSBA融資を受ける際に弟のダリューシュの協力を得た。ダリューシュは兄からガソリンスタンドを「購入」したことになっているが、実際には購入しておらず、ただ兄が既存の負債を返済できるようにと金を渡しただけだった。二四万ドルの資本注入の小切手が現金化されることもなかった。融資は債務不履行になり、二〇〇三年一一月一八日にはSBAが保証金として七〇万ドル以上を支払っている。もちろん、デイブスは起訴されていない。

カルザーズが連邦地検に電話で聞いてみたところ、この調査は進行中で、少しずつ進展していることが分かった。さらに驚いたことに、二〇〇六年一一月には、ミシガン州の連邦地検が動き出したのはわたしたちの活動がきっかけではないことも分かった。司法省やSBA、SECの働き掛けによるものでもなかった。どうやら国土安全保障省が、怪しい経歴を持つ外国人がデトロイトでBLXからSBA保証付き融資を受けていることを突き止めたらしいのだ。連邦地検はこれで調査に乗り出したのである。ここではBLX最大の不正行為が発覚した。

カルザーズは最初の起訴が二〇〇五年一〇月五日だったことを突き止めた。フサム・ファクフーリは執行猶予中でもなく、罰金も科されておらず、逮捕もされておらず、ちょっとした交通違反以外の刑事犯罪で起訴されたことはないという虚偽の表明をしたとして起訴されたが、このときファクフーリは、盗んだ自動車の輸送と売却を共謀したとして起訴され、執行猶予中の身であった。同日、シャリフ・アファスもアメリカの市民権がないのにアメリカ市民であるという虚偽の表明をしたとして起訴されている。

■■■■■■■

カルザーズによれば、一連の事件を捜査した連邦地検は、ＳＢＡに対するさらに大きな不正行為を突き止めているという。確かにこうした進展にはワクワクしてきたが、しゃくに障るのは、どれも二〇〇三年にわたしたちがＳＢＡに報告した事件だったということだ――このときＳＢＡはテコでも動かなかったじゃないか。詐欺に遭っている当の政府機関がまるで無関心だったじゃないか。ＳＢＡも問題のひとつだというのが分かっていたからだろう。問題を是正することにも無関心だった。これは資金を貸し付けるだけで何の疑問も持たないという政治的動機があったためだが、ＢＬＸを調査するには資金不足だったのか、それともＢＬＸに取り込まれていたのか、はたまた「その両方」だったのか。納税者が――納税者という名のもとに――食い物にされていた、食い物にされている、今後も食い物にされるだろうということに、とにかくＳＢＡは無関心である。これにはもうあきれるしかない。

第29章
告発と自供

二〇〇七年一月一〇日付のアソシエーテッド・プレス紙の報道によると、デトロイト地区の住民一九人がSBA（中小企業局）から約七七〇〇万ドルをだまし取ったとして連邦罪に問われているようだ。ビジネス・ローン・エクスプレス（BLX）の「元」副社長パトリック・J・ハリントンが、「申込者の融資資格について過大申告した、または虚偽の申告をした、事業に拠出している金額を偽って報告した、また大陪審にうその証言をした」として連邦検察官に起訴された。起訴状には、記事によると債務不履行のおかげで納税者は二八〇〇万ドルを上回る負担を余儀なくされていると書かれていたが、それ以前にミシガン州の住民六人が起訴されているとも記されていた――そのうち三人は判決待ち、残りの三人は逃亡した。

起訴状は二〇〇六年一二月一四日付だったが、二〇〇七年一月九日までは封印されたままになっていた。起訴状を見ると、ハリントンは一九九八年九月二三日からアライド・キャピタル

ＳＢＬＣのプリンシパルの座にあったが、その後アライドがＢＬＣファイナンシャルを買収してから二〇〇六年九月までＢＬＸの上級副社長を務めていたことが分かる。ＢＬＸは二〇〇六年八月一日にミシガン州トロイ市の事務所を閉鎖している。

起訴状の内容は次のとおりである。

主として不正融資には五人ほどの個人、つまり個人のグループ（総称して、ここでは便宜上「ブローカー」という）のうちのひとりが関与しており、その個人がガソリンスタンド（またはガソリンスタンドとコンビニエンスストア）か、場合によってはパーティストア、レストラン、小さなモーテルの購入や転売をコーディネートしていた。ブローカーは売りに出されている不動産の所在を確認し（また、ときには購入し）、ＢＬＸが提供するＳＢＡ保証付き融資を利用してその不動産を高値で「購入」したがっている人物を探すのである。

その不動産を所有して商売をすることに本気で関心を寄せる買い手もいたが、商売をして融資を返済する気などさらさらなく、買い手を装ってブローカーに支払ってもらう（または支払いを約束してもらう）「偽の買い手」もいた。ブローカーは不動産価格の売買差益で、ハリントンは、一部は自分が供与した融資金額に基づいてＢＬＸが支払ってくれる報酬で儲けていた。

起訴状には、不正融資に利用するさまざまな虚偽の表明や偽造文書、ほかの証人を説得して捜査官の前でうその証言をさせるためのハリントンの取り組み、そして二〇〇五年一〇月六日付の大陪審に対するハリントン自身のうその証言が記されていた。クロールやブリックマンが規制当局に警告し、わたしたちも報告していた数件の融資を含め、多くの融資が列挙されていた。

起訴状はＳＢＡのＯＩＧ（監察局）上級特別監察官のスタンレー・Ｃ・チャペルによる供述書に添付されていた。チャペルはこう供述している。

「わたしは数人いるＯＩＧ特別監察官のひとりであり、検察局の特別検察官と共に、ＢＬＸから不正に獲得した多数のＳＢＡ保証付き融資を調査している」

またチャペルはこう断言している。

「パトリック・Ｊ・ハリントンの事情聴取には何度も参加しているが……、ハリントンは、二〇〇〇年ごろから二〇〇六年七月ごろまでに、自分の指示で、彼とＢＬＸの社員で九六件ほどのＳＢＡ保証付き融資を組成し、供与していること、中小企業の借り手の第一債務者の借り入れ資格が不正に過大申告されている、また誤って申告されていること、さらに借り手が不正に融資を受けられるよう、資本注入の要件の充足に当たっては虚偽の文書、または偽造文書が作成されていることを認めた」

とうとうアソシエーテッド・プレス紙の記事の著作権保護期間が切れ、ほかのメディアも取り上げるようになると、アライドはさっそく情報操作を開始し、アナリストの調査報告書に多く見られる論旨をかき集めた。だが、その「論旨」は誤りであり、人を欺く都合の悪い事実であった。まずはメリルリンチの報告書。メリルではアライド担当のアナリストを入れ替え、ケン・ブルースの後任にマイケル・ヒューズを抜擢した。アライドに対する見方は、ヒューズよりもブルースのほうが客観的だった。実際に起訴状が提出されたあとの報告書では、アライドを批判する人々の主張は正しそうだと述べ、「今や空売りの議論は妥当なのだから、ALD（**訳注** アライドのティッカーシンボル）の空売りも正当化できそうだ」と記している（この指摘に対してアライドは激怒していた、と後日ヒューズから聞いた）。しかし、と彼は続けた。「起訴状では自由に行動する元社員がひとりしか関与していないとされていることを踏まえると、BLXの融資活動すべてを疑問視したり、会社を軽視したりするのは時期尚早だと思われる」

アライドを取材しているほかのアナリストは、経営陣の論旨を額面どおりに受け取っていた。キーフ・ブルエット・アンド・ウッズでは、「経営陣は、この指定（優先的貸付業者の指定）は地区ごとに与えられており（アメリカ国内に約七〇の地区がある）、デトロイトはその一地区内の唯一の営業所であることを考えると、さほど心配はないと述べている」と記している。

バンク・オブ・アメリカでは、株価低迷がアライド株の投資判断を引き上げる理由になると考えていた。

「過去二年間の調査が開示されているため、市場が過剰反応を示しているのだろう。一四〇社で構成するＡＬＤのポートフォリオ企業のたった一社で社員が不正を働いたことが、最近の動きの原因だ」

モルガン・スタンレーも同じ内容を繰り返していた。

「ＢＬＸの問題は一営業所に集中しているが、これはＢＬＸまたはアライドのほかのポートフォリオ企業にも問題があることを示すものではないと考えている」

フェリス・ベーカー・アンド・ワッツでは次のような文言を加筆した。

「この調査は夏から続いているが（アライドの四半期報告書［フォーム10－Q］でも論じられているが）、実際に起訴状が開封されたのは火曜日である。ＢＬＸの問題の営業所は二〇〇六年八月に閉鎖され、調査に付された社員も二〇〇六年九月に解雇されている。同社ではこの出来事を計算に入れてＢＬＸの評価を算出したうえで、九月期に三四〇〇万ドルの評価減を実施した」

Ａ・Ｇ・エドワーズもアライド株の投資判断を引き上げた。

「ＢＬＸは六カ月ほど前に不正行為の通告を受けると、ハリントン氏を解雇し、デトロイト営業所を閉鎖した」

そしてシティグループからはわたしのお気に入りの声明文が出てきた。

「……最近の見切り売りは過剰反応だ。営業所の閉鎖という最悪の事態を迎えたときでさえ、BLXはその価値を維持しているのだから」

営業所が閉鎖されてしまえば「何の」価値もない。実際のところ、アライドの負債はあとどのぐらいあるのだろう？

次のコメントの出所は、アライドの経営陣がアナリストたちに話した内容だった。

「アライドによれば、不正行為を働いた社員のニュースを聞いたBLXは、ハリントンを解雇し、営業所を閉鎖するという、迅速かつ断固とした対応を取った。アライドもこの件について知るや、直ちにSECに提出する四半期報告書のなかでこの状況をつぶさに開示した。これは社員が単独で不祥事に関与した事件であり、BLXのほかの営業所ではこのような不祥事は一切なかった。実際、BLXはハリントンの不正行為の犠牲者だったのだ。いずれにせよ、BLXは一四〇社に上る大きなポートフォリオのなかの一社にすぎず、アライドが損失のリスクにさらされる可能性も比較的低かった」

もちろん、こんな情報操作はほとんど不正確だった。アライドは事実関係をしっかりと開示していなかった。SBAのOIGと連邦検事がデトロイト営業所の調査に入ったことを二〇〇六年度九月期の四半期報告書（フォーム10‐Q）の違う項目の中央に開示したときも（BLXは二〇〇六年八月一日にデトロイト営業所を閉鎖した――アライドが第2四半期の四半期報告書を提出する八日前だが、この四半期報告書では一連の経緯についてまったく言及していない）、アライドはハリントンを解雇したこと、またはデトロイト営業所を閉鎖したことを開示していなかった。連邦検事がハリントンの起訴状を開封するまで認めるのを控えていたのだ。アライドとＢＬＸは、社員が宣誓証書を提出した二〇〇五年一〇月にはすでにミシガン州東地区の連邦検事がデトロイト営業所の調査に入っているのを知っていたにもかかわらず、この件に関しては丸一年開示するのをさぼっていたわけだ。

それに加え、アライドが二〇〇六年度第２四半期の収益コンファレンスコールを開催したときにも、ウォルトンは、アライドでは訴訟や調査関連の費用が減少していることを強調していた。アライドを取材しているＪＭＰ証券のアナリスト、ドン・デスティノがこう質問した。

「進取的なアナリストなら、それはもう調査が終了し、大して話すことがないということだと考えますが、いかがでしょう？」

するとウォルトンがこう答えた。

「そう願いたいところですがね。確かに、『あまり動きはございません』からね」

ウォルトンがこう言っていたのは、ＢＬＸがデトロイト営業所を閉鎖した翌日のことである。

当然のことながら、わたしたちはＢＬＸの不正行為が一営業所のたったひとりの社員の不正行為にとどまっていないことを知っていたし、ジュリー・グレズウエルがニューヨーク・タイムズ紙に二〇〇七年一月一三日付で書いた記事でも、ＳＢＡもそれを知っていたとしている。同紙の記事はこうだ。

調査の概要を知る複数の筋によると、連邦調査官らは現在、国内のほかの地区でビジネス・ローン・エクスプレスが供与した融資について調査しているという。

また、SBA（中小企業局）――一般に中小企業向け融資の七五％を保証している――では、調査結果が出るのを待ってビジネス・ローン・エクスプレスの優先的貸付業者の指定を取り消すことを検討している。同一筋によれば、これはビジネス・ローン・エクスプレスが供与するすべての融資が厳しい検査の対象になるということだ。

SBAでは今週、ビジネス・ローン・エクスプレスが大手機関投資家に供与している融資を第二次市場で販売する資格を停止した。これによってBLXの融資組成能力に影響が出てくる可能性がある、とSBAは言う。ただし、BLXの従来の慣行とは異なるが、同社が帳簿上で融資を保有する意図がある場合にかぎり、まだ融資を組成することはできる。

「アライドではもう五年も前からハリントン氏の違法行為に気づいているが、ほかの地区で同じような不正融資をこれ以上発見するのは難しいだろう」とわたしはニューヨーク・タイムズ紙に語った。記事はさらに続く。

SBAでは1～5の基準に基づいて貸付業者に内部格付けを与えているが、調査関係者によると、そのSBAが一年ほど前、ビジネス・ローン・エクスプレスが組成した融資の返済延滞や債務不履行のレベルを基に、同社を優先的貸付プログラムに残留できる最低の格付けに引き下げたという。

記事にはこう記されていた。

「ニディア・ベラスケス（第26章に記したとおり、ＢＬＸのＣＥＯ〔最高経営責任者〕タンネンホイザーやアライドのほかの幹部から多額の政治献金を受けている）が委員長を務める下院中小企業委員会は、ミシガン州だけでなくほかの州でも融資に関する独自の調査に乗り出した」

「委員会では、ＳＢＡの関与とＳＢＡがこれを突き止められなかった理由について調査を行います」とベラスケスの広報官ケイト・Ｌ・デイビスは述べている。記事によれば、ＳＢＡでは五年以上の融資に関する再調査を計画しており、さらに不正の事例が明らかになれば融資資金の返還を求める可能性もあるという。

「彼（ハリントン）は、自分は過ちを犯したが、政府が主張している内容とはかなり違っていると話している」と、ハリントンの弁護士は記事のなかで語っていた。

現在ＢＬＸの代理人を務めるラニー・デイビスもニューヨーク・タイムズ紙にこう語っている。

「素晴らしい会社だ。優れた人材もいる。それは最終的な調査報告書で実証されるだろう」

この記事では、アライドやアナリストたちが認識しているよりもはるかに大きな問題について詳述されていたが、ウォール街のアナリストでこの記事について重要なコメントを寄せた者はひとりもいない。わたしはバンク・オブ・アメリカのアナリスト、ロバート・ラクルジエールに、なぜウォール街からは反応がないのかと聞いてみた。すると、メールで回答が返ってきた。

「ニューヨーク・タイムズ紙の記事では、あなたの懸念を裏付けるために進んで発言した各種関係機関の消息筋が特定されていませんでしたね――つまり、それは憶測、うわさ、当てこすり以外の何ものでもないということです。合理的に意見を形成する情報とは異なるということなんです」

アライドはプレスリリースを発行してニューヨーク・タイムズ紙の記事に次のように返答した。

アライド・キャピタルでは、ＢＬＸがこの件に関してＳＢＡ（中小企業局）と協力して作業に取り組んでいるものと理解している。とくにＢＬＸがＳＢＡの７（ａ）プログラムの優先的貸付業者の指定を維持し、第二次市場で融資を販売できるよう（ここでは保証分を販売している）、ＳＢＡと協力し合っているものと理解している。アライドでは、ＢＬＸが一定の条件を順守し、それを踏まえてプログラムの業務を遂行することを期待している。また、不正による損失を防ぐという意味で、ＢＬＸがＳＢＡに対して実施する財政支援を後押しする。

プレスリリースには、アライドとＢＬＸの資本関係に関する説明もあった。

「アライド・キャピタルのＢＬＸへの投資総額は、二〇〇六年九月三〇日現在で二億八四九〇万ドル、すなわちアライド・キャピタルの資産の六・二％に相当する額に上っていた。ＢＬＸへの投資は株式投資であり、これは二〇〇六年九月三〇日現在のＢＬＸの純帳簿価額一億九〇〇〇万ドルに匹敵する。二〇〇六年一二月三一日現在、ＢＬＸには銀行からの借り入れ残高が三億二二〇〇万ドルあり、ＢＬＸではその借り入れを支えられる資産が約六億ドルあると見積もっている」

実は、アライドのエクスポージャーはもっと多額に上っていた。ＢＬＸの負債のうちアライドの保証部分を計算に入れると、アライドの債務は五億ドルを上回っていた。さらにアライドでは現在、ＳＢＡに融資資金を直接返還することを約束していたし、ＢＬＸの不正によるほかの被害者からさらに提訴されるリスクも高まっていた。プレスリリースはさらに続いた。

「ＢＬＸには残余持ち分と業務資産からの十分なキャッシュフローがあり、二〇〇六年度にはそこから一億ドルの現金を回収した」

ＢＬＸに銀行借り入れの事実上の増額をやめさせるには、間違いなくこれでは不十分だった。

アライドはプレスリリースでの情報操作をさらに続けた。

もし予定されている融資の返済を融資契約書の記載どおりに受け、将来の損失も期限前償還も一切なければ、ＢＬＸは自然と将来のキャッシュフローとして一〇億ドルを受け取ることができる。

これはＢＬＸの財務状態を極端に偽って表していた。もちろん、期限前償還や債務不履行というのは紛れもない事実である。将来のキャッシュフローが一〇億ドル近くあるとは思えない。実際のところ、もしＢＬＸが新規の融資を第二次市場で販売できなければ、新規融資の組成能力が制限されるはずだし、新規融資が組成できなくなれば、ＢＬＸは経営破綻に向かうことになる。

■■■■■■■

市場は信用格付け機関を特別扱いしている。というのは、企業を評価する際に内部の機密情報を精査することが許されているからだ。フィッチ・レーティングスもＢＬＸに安全だという合図を送っていた。

「起訴に関するニュースを読むと、不正行為の範囲がＢＬＸのデトロイト営業所に限定されていることが分かる。これでフィッチは、ＢＬＸには信頼できるビジネスモデルがあり、供与された約二七億ドルの融資の大半が成長可能な資産であると考えて安堵している」

フィッチの報告書がオンラインで発行された直後のこと、オフ・ウォール・ストリートのマーク・ロバーツからメールが届いた。

「フィッチのＣＦＡ（公認証券アナリスト）のメガン・クロウと話をした。ブルームバーグ誌にアライドの格付けに関する記事を書いた人物だが、わたしは彼女にこう言ったんだ。もっと事実に基づいた情報があれば結論が違ってきたんじゃないかとね。それから、この情報を含む調査報告書を提供してもいい、とも言ってみたが、興味はないってさ。多少なりとも真実を追求することに関心があると思ったんだけど、その返事を聞いて驚いたと言ったんだ。そうしたら彼女、表情ひとつ変えないんだよ。もう何も言えないね」

今度はジェームズ・リンがクロウに電話をしてみた。すると、話をしているうちに、その格付けがアライドの開示情報、ＳＥＣへの提出書類、そしてプレスリリースをベースにしていることが確認できた。クロウは格付けの際にこれらを額面どおりに受け取ったのだ。

わたしたちは問題をアライドの取締役に差し戻すことに決めると、二〇〇七年一月二二日付で一〇ページに及ぶ書簡を書き、それをメディアにも公開した。取締役らには、二〇〇五年に送った書簡でＢＬＡの不正について警告したことを指摘し、「ＢＬＸとアライドの間を往来する不正を取り仕切っている現経営チーム」を解任し、「現経営陣が持続させている不誠実な文化を断ち切る」ようにと書いた。新しい経営陣に来てもらって大掃除をしてほしいと思ったのだ。新しい経営陣なら、倫理感の欠如や不正会計を引きずっているとして責任を負わされるのは嫌なはずだから、即刻アライドで起きているより大きな問題を明らかにするはずだ。わたしはそう信じていたのである。

わたしは取締役らに、ハリントンの起訴は何もたったひとりのごろつき社員に限った行為ではないと忠告した。ほかの一七の州でもＢＬＸの不正融資があることを突き止めていたからだ。そしてアライドの開示や裁判と政府の記録に基づいて、ＢＬＸの不正を示す山のような証拠について説明した。これにはアライドがＢＬＸを設立したときの融資の飛ばし契約書の原本が含まれていた。つまり、ハリントンの不正をアライドが認識したのは、少なくとも二〇〇二年に洗車場の融資についてホリー・ホーレーが弁護士の前で証言したころなのである。

ハリントンの起訴状とその関連の起訴状が届いたのが、エビ獲り漁船に関する不正請求訴訟の起訴状をＢＬＸに送達するために判事が設定した期限よりも前だったため、わたしたちは開封されていない起訴状についても書簡に記した。また、それ以外の不正やマシュー・マギーの件、ビル・ラッセルへの農務省の不正融資について、さらには当社でＳＢＡと農務省の債務不履行データを編集したことも記した。

続いて、最近の出来事に対して経営陣が不誠実な対応をしたことを指摘した。要するに、ＢＬＸはごく最近になって初めて不正のことを知った、ひとりのごろつき社員がかかわっていただけである、アライドのリスクはＢＬＸへの投資に限定されている、ＢＬＸの財務は健全である、そして経営陣は開示のために迅速かつ十分に行動した、などという情報操作に立ち向かっていったわけである。

そして書簡にはこうも記した。

「不正に関して明らかになった新事実はことごとく……、アライドの経営陣のエスカレートする否認と何も聞こえないかのような取締役会の沈黙に直面しています」

その日の夕方、アライドはプレスリリースを通して応答し、わたしの書簡は「アライド・キャピタルの株価を操作しようとする、また別の長期的なたくらみだ」とし、わたしの書簡には数々の間違いがあるとも述べているが、当然、同社の現状については言及していなかった。

「アインホーン氏は過去五年にわたってアライド・キャピタルに再三攻撃を加えることに余念がないようでありますが、アライドの取締役会と経営陣は、依然として株主価値を生み出し、企業を構築することに重点を置いております」

プレスリリースには、わたしたちを相手取って訴訟を起こす構えであるという、見え透いた脅しの文句もあった。

ある友人がこんな冗談を飛ばしていた。

「おれが持っている株は上がったぞ。ペテン師なんかじゃないからな」

■ ■ ■ ■ ■ ■ ■

一月二二日、わたしが取締役会に書簡を送ったことがニュースになると、アライド株は二ドル下落して一株二八ドルになった。翌朝にはさらに一・五〇ドル下げたが、アライドがわたしの書簡に逐一回答をしたと言い出すや、持ち直してきた。ハリントンが起訴されたときにはアナリストが矢継ぎ早に報告書を発行したが、それとは対照的に、わたしの書簡とアライドのあいまいな対応に対しては、ほぼすべてのアナリストが沈黙を保っていた。アライドからの指示を待っているようでもあった。

アライドを擁護しなかった数少ないアナリストのひとりが、投資銀行ジェフェリーズのリック・シェーンである。わたしの書簡が公になった翌日、シェーンは次のように述べている。

「同業者のなかには最近の株価下落を魅力的なエントリーポイントだとみている向きもあるが、われわれはより慎重な姿勢を保っている。ＢＬＸの社員が起訴されたことは、内部だけでなく外部の調査の引き金にもなっているようだ。部外者であるわれわれとしては、こうした調査の結果を予測するのは難しく、この時点で株価評価をベースにＡＬＤ株を推奨するのは付加的リスクを無視することになる」

一方、Ａ・Ｇ・エドワーズのアナリスト、トロイ・ウォードも頑張っていた。

「アインホーン氏のＢＬＸに対する否定的な見解はハリントンの起訴を踏まえたものだろうが、われわれとしては、これでＢＬＸに引受業務の問題が『蔓延している』（原文どおり）という推測が実証されるとは考えていない。ＢＬＸのデトロイト営業所の不正は必ずしもＢＬＸ

の引受業務の基準が標準以下だというしるしではない」

ウォードはさらにこう付け加えていた。

「もしＢＬＸを介した不正が横行している兆しがあれば、ＢＬＸを評価するＡＬＤの手法をＫＰＭＧや第三者の監査法人が承認するとは考えにくい」

それから二週間後、わたしの書簡に対するアライドの逐一の回答が「遅れる」という話を耳にした。必死で働き掛けている規制当局のご機嫌を損ねる可能性があるとして、アライドの弁護士が回答に難色を示したらしい。

ダウ・ジョーンズ・ニューズワイヤー紙のキャロル・レモンドは二〇〇七年一月二五日付で次のような記事を書いた。

「ＢＬＸは第二次市場で融資を販売しないことに同意しているが、これはＢＬＸの将来の融資提供能力を妨げる動きである。ＳＢＡの広報担当者によると、ＢＬＸでは、ＳＢＡが設定している数々の条件をクリアできるようになるまで第二次市場での融資の販売を『自粛している』そうだ」

理由は分からないが、この記事はわたしが目にしたほかのメディアではどこも取り上げていなかった。アナリストもだれひとりコメントせず、アライドも事態の悪化を発表するプレスリリースを発行しなかった。

だが、レモンドの記事には、デトロイトの調査の進展に関するＳＢＡの興味深い見方が紹介されていた。

ＳＢＡによると、二〇〇二年には早くもデトロイトの職員がＢＬＸの融資ポートフォリオでの怪しげな不正をＳＢＡのＯＩＧに報告していたという。二〇〇七年一月九日に発表した逮捕に至ったのは、同ＯＩＧが複数年に及ぶ調査を主導した結果だが、ＳＢＡの融資監視システムが債務不履行率の異常な高さについて、ＳＢＡとＢＬＸに対する注意を喚起していたのである。

下院中小企業委員会が「ＳＢＡの関与とＳＢＡがこれを突き止められなかった理由について調査を行います」とした二〇〇七年一月一三日付のニューヨーク・タイムズ紙の記事を受け、わたしは事実関係の理解を助けるべくサポートを申し出ようと、当社の弁護士に頼んでベラスケス委員長のスタッフに連絡してもらった。二〇〇七年一月二六日、当社の弁護士はベラスケス委員長のスタッフ三人と面会した。スタッフのリーダーであるマイケル・デイもいたが、彼らは「無表情」を貫いていた。情報を受け取る用意はあったが、それを追求することには無関心だったようだ。対応が遅いのは明らかだった。どのみち、ベラスケス委員長が真相を究明するとは思えなかった。彼女がＢＬＸのＣＥＯタンネンホイザーとその家族、スウィニーを含むアライドの幹部から政治献金を受けていたことを考えれば、何も驚くようなことではなかった。

■ ■ ■ ■ ■ ■

二〇〇七年二月六日、わたしは出勤する直前にコンピューターの画面をのぞき、アライドのポートフォリオに関するニュースがあるかどうかを調べた。午前七時三〇分、アライドが「最近の出来事に関するアライド・キャピタルのコメント」と題するプレスリリースを配信していた。結局は逐一コメントしてきたわけだ。

それよりも、プレスリリースは信じ難いほど複雑で、わたしの自宅の通話記録だけでなくグリーンライトの通話記録まで盗んだことを認めているようだった。プレスリリースには次のように記されていた。

> アライド・キャピタル・コーポレーションは二〇〇六年一二月下旬にコロンビア特別区の連邦地検からの召喚状を受け取ったが、それはとくにアライド・キャピタルまたはその代理人に私立探偵の起用に関する記録の作成を求めるものであった。アライドでは以上のことを発表する。取締役会は委員会を設置した。これは、次の問題について再検討するに当たり、同社の法律顧問の助言に基づいたものである。
>
> 召喚状に対応すべく書類を収集している間に、アライド・キャピタルは同社の代理人が

デビッド・アインホーンの通話記録らしきものを入手したことが分かった。これは二〇〇五年のある時期にグリーンライト・キャピタルからかかってきた電話の記録だという。

また、アライド・キャピタルが召喚状に対応すべく書類を収集している間に、同社の経営陣はこうした記録の入手を許可しており、その後経営陣はその記録が入手できたことを知らされているという申し立てがあった。同社の経営陣は、その申し立ては真実とは異なると述べている。

アライド・キャピタルは連邦地検の調査に十分に協力しており、この件については、調査が終了するまでこれ以上コメントすることはない。

ほとんど考えられないことだが、それから三〇分後、アライドは二本目のプレスリリースを配信し、四半期分配を一セント引き上げることを発表した。

アライドがグリーンライトの通話記録——少なくとも通話記録「らしきもの」を入手しているとは思わなかった。プレスリリースには、取締役会が調査のために委員会を設置したと書かれていたが、おかしいぞ。わたしの書簡への回答には、取締役会はすでに調査をしたが何も発見できなかったと記してあったではないか。それを認めるには、明々白々な証拠があったはずだ。確かにプレスリリースはあいまいだった。だれが申し立てをしたというのだ？　おそらくアライド側の人間か、あるいは記録を入手した「代理人」かのどちらかだ。法人として経営陣が知っていたことを否認していたのか、あるいは沈黙を守り通す会社側と一緒になって、経営陣だけがそれを否認していたのか？　わたしは後者だと思ったが、プレスリリースによると前者のほうだった。もしスウィニーが知らなかったとしたら、なぜ彼女はこの件に関する二〇〇五年のグリーンバーグの質問をかわしたのだろう？

その日、私は新聞社にこう語った。

「五年もたって、アライド・キャピタルは蔓延している不正行為のごく一部を認識しているのです。証拠は常にあったはずですから。取締役会は、単に会社を適切に監督するという受託者責任を怠っていたわけです」

翌日、グリーンライトでは少々長めの声明文を発表した。アライドがわたしの書簡を無視したことや、前回のコンファレンスコールのときにウォルトンがわたしを猛攻撃したことなどを手短に述べ、次のように文を続けた。

「代理人がわたしの個人的な通話記録を盗んだのだ、などというのはもっともらしい口実だが、アライドがそれを認めている以上、またBLXの古参の上級幹部が、わたしが取締役会に警告していた不正行為で起訴されている以上、アライドはわたしがクローズアップした問題について人を見下したような態度を取るのをやめるべきである。わたしに対する個人攻撃もやめるべきである」

「にもかかわらず、アライドはいつものやり方を続けている。アライドは打つ手がなくなるまで何ひとつ認めないのである。ＢＬＸの幹部が起訴されるまで融資慣行を認めなかったし、アライドが連邦検察官から召喚されるまではなりすましも認めなかった」

わたしは声を大にして経営陣の解任を求めた。

ワシントン・ポスト紙のビジネス関連のコラムニストであるスティーブ・パールスタインから当社に電話があった。彼の経歴をざっと見たところ、ヘッジファンド嫌いのようだった。例えば、二〇〇五年にはいくつかのヘッジファンドの不正行為をまとめたコラムを執筆しており、次のように結論づけている。

これは箱のなかにある腐ったリンゴの事件ではない。肥えて傲慢になった――そして詐欺師とペテン師にやりたい放題やられた――業界の事件である。したがって、政府が介入して公益を守るべきである。

パールスタインはわたしと会ってアライドについて議論したがっていた。そこでアバナシー・マクレガーのスティーブ・ブルースに折り返し電話をしてもらうことにした。ブルースによれば、パールスタインはインサイダー情報に基づいて取引をしたとしてわたしたちを非難していた。取引をした時期を知らないのか、とブルースが尋ねたところ、パールスタインは知らなかったので、「じゃあ、なぜインサイダー取引だと非難できるんだ?」とブルースは反論したという。

するとパールスタインは、わたしが取締役会にあてた書簡に書かれている情報の多くはアライドの年次報告書（フォーム10－K）から出てきたものではないじゃないか、と文句を言い出した。そこでブルースは、アライドの公開情報、ニュースアカウント、法律で定められた提出書類、政府のウエブサイト、そして情報公開法に基づいたわたしたちの請求から出てきた情報なのだと指摘。どうやらパースルタイン、個人投資家が利用できない時間や資源を使うなど、プロの投資家が詳細なリサーチを行うのはフェアではないと思っていたようだ。

間違いなく攻撃を仕掛けてくるだろう。わたしたちはそう思って気を引き締めて構えていた。案の定、二〇〇七年二月九日付のワシントン・ポスト紙には、「見苦しさを増す乱打戦」と題するパールスタインの記事が掲載されていた。

不愉快な非難や悪口雑言、訴訟や調査の応酬が五年も続いたあととなっては、ヘッジファンドマネジャーのデビッド・アインホーンとアライド・キャピタルの世紀の争いには善玉などいそうもない。

アインホーンはウォール街のチンピラだ――乱暴で抜け目がなく、生意気だ。アライド・キャピタルの信用を落とし、株価を下げようとするキャンペーンで、彼はいくつか間違いを犯している。アライドが帳簿上で一部の投資価値を水増ししようとしている、という主張などがそうである。また、十分な収益を上げ、かなりの配当を出し続けている企業の問題をひどく誇張して騒ぎ立てている。その大きな賭け――アライド株が下落するという賭け――は、アインホーンの会社グリーンライト・キャピタルの投資家にとっては勝ち目がなさそうだ。

しかし、いくらチンピラでも正論を述べることもある。二〇〇二年、彼がアライドのポートフォリオ企業の一社に一連の不正融資があるという申し立てを行ったときには、アインホーンが何かをつかんでいることが分かった。それ以降、元融資担当者が起訴され、その担当者が勤務していた営業所も閉鎖され、融資による損失も増え、ＳＢＡも同社の融資に対する監督を強化した。

また、アライドの私立探偵がアインホーンの通話記録を不正に入手したという申し立ても正しかった。アライドは今週になってからそれを認めたが、やがて彼の申し立てが関連する通話記録のことだけではないということも分かってくるだろう。こうした情報が開示されると、ワシントンを拠点にし、中小企業に融資や投資を行うアライドにとってはばつの悪い思いをする程度では済まなくなる。また、会長兼ＣＥＯのビル・ウォルトン、社外取締役、そしてアインホーンをはじめ、ほかの空売り筋への対応を統制するために起用した高給取りの弁護士チームの判断や能力にも疑問を感じる。アライドは当初から多大な時間とエネルギーを費やして批判者の動機を問題視しているが、アインホーンの申し立ての内容を徹底的に掘り下げるという作業をほとんどしていない。幹部の対応も言い逃れであり、完全さに欠けるものである。

わたしの場合、決め手となったのは、アインホーンの通話記録が盗まれたという、ヒューレット・パッカードと同様の今週の自供であった。二〇〇五年に最初の申し立てがあったとき、アライドの取締役会で組織する監査委員会は、経営陣と社外弁護士が調査をしたが何も発見できなかったと回答している――それでアインホーンは、もっと具体的な情報を提供しようと、再度書簡を書くに至ったのである。取締役や社外弁護士が規定どおりに内部告発者を拒絶するのはごく標準的な対応であったが。

実は、アインホーンの書簡は「なりすまし」の問題に限定されており、だれかが彼の妻の名義でオンラインアカウントを開設し、電話会社に彼らの自宅の電話代の請求書の写しをアメリカ・オンライン（ＡＯＬ）のアカウントあてに送付するよう指示をしていたと述べている。有能なＣＥＯや社外弁護士なら速やかに徹底的な調査に着手し、困難に立ち向かいながらも会社の関係者がそのような調査を指示したのか、またはそのような情報を受け取ったのかを突き止めるなどして、それに対応していてもいいはずだ。しかし、残念ながら、二年もあとになって連邦地検から召喚状が届くまで対応していなかったのだ。

遅まきながら、アライドの取締役会も今では新たな弁護士チームで構成する「特別委員会」を設置し、新たに調査に当たらせているが、一方では相変わらず保身のためにうずくまっている。取締役のうちだれが委員会のメンバーなのか、あるいは新たに起用した弁護士がどういう人物なのかを開示する気もない。それに、調査が始まる前から、経営陣のなかには不正を働いた者などひとりもいない、という主張を繰り返している。これまでに明らかになった一件の通話記録をあらためて調査するということだが、取締役会はその範囲を制限することに慎重になっていた。

時すでに遅し――自分たちの評判や法的責任のことばかり気にする古参の取締役のグループ（平均在職年数は一一年）からは、嫌々ながらの対応しか期待できそうもない。会社が株主や規制当局の信頼を回復できる唯一の方法は、会長兼CEOのウォルトンを解任し、監査委員会を新たな社外取締役に交代させ、アインホーン対策チームにいる社外弁護士をはじめとする重要人物を免職することである。

アインホーンについてだが、もし証券取引委員会や議会が金融市場や経済を不当に威圧しているヘッジファンドの規制を検討しているのなら、綿密に調査すべきだろう（© 2007 ワシントン・ポスト紙、許可を得たうえで転載）。

わたしは「生意気」とか「チンピラ」とは呼ばれたくなかった。また、本当に厄介なことになる、ということも分かってきた。BLXの不正を暴いて成功を収めれば、ヘッジファンドの規制が強化される可能性があるわけだ。パールスタインはヘッジファンドにかなりの反感を抱いているはずだから役には立たないだろう。しかし――これが重要なのだが――、ここ五年の間に、アライドに関してはわたしの見解が正しい、とメディアで発言してくれたのは彼が初めてだった。しかもアライドの地元の新聞で発言してくれたのだ。

第30章 終盤戦

二〇〇七年二月一九日、アライド・キャピタルのある株主から電話があった。ここ数年の間、この株主とは何度かアライドについて議論を重ねてきたが、いつも礼儀正しい議論だった。彼はCOO（最高執行責任者）のスウィニーと話をしたばかりで、わたしとも話をしたくなったのだそうだ。

彼が言うには、アライドは本当に怒り狂っていた。わたしたちの闘いはもう五年も続いており、彼らはうんざりしていた。経営陣と取締役会は「それに没頭していた」。スウィニーは、わたしが一月に取締役会あてに送った書簡は「著しく誤解を招く恐れがあり」、「ひどく不正確」だと話していたそうだ。彼が具体的に指摘してほしいと迫ると、「専門的にはすべて正しい」が、適切な結論には至らないし、「大半の事実」も含まれていない、とあいまいな言い方をした。では、欠落している事実関係を教えてくれと迫ると、必ずしも報復するつもりはないと言って拒否したという。

スウィニーが彼に語ったところによると、ビジネス・ローン・エクスプレス（ＢＬＸ）には「ＳＢＡ（中小企業局）の７（ａ）プログラムなど必要ない」し、損失もハリントンの起訴状に記してある七〇〇〇万ドルとはまったく違うそうだ。また、わたしの通話記録を盗んだ私立探偵も、代理人ではなくアライドが直接雇用していたらしい。しかし、取締役らで構成する特別委員会は調査をなりすましに限定していた。なぜなら、「調査によってグリーンライトが取締役会あてに送ってきた公開書簡を論破する必要などない」からである。スウィニーは、アライドが他人の記録も盗んだのかどうかについてはコメントしなかったが、なりすましについては、当時は違法でも何でもなかった――むしろプライバシー法のおかしな解釈だ――と主張したらしい。

またスウィニーはその株主に、「ＳＢＡが記者会見を開いて不正行為を発表するというのを聞いて知っていた」ことからも、ミシガン州のＳＢＡの監察官は「デビッドと個人的に親しい」とも話していた。それはおかしい――わたしはその監察官とは会ったことも話したこともなかった。実は、名前さえ知らないのだ。スウィニーは続けた。経営陣には辞任した者はいないそうだ。今ではもうアライドのバカげた主張を聞くことには慣れっこになっていたが、とりあえず、その株主には礼を言い――今では元株主になっているものと信じている――、次の展開を待つことにした。

■■■■■■■

一九九八年、グリーンライトはバージン諸島電話会社の親会社に投資をしたが、その支配株主のジェフリー・プロッサーが、グリーンライトなどの少数株主には不公平だと思えるような価格で会社を非公開化してしまった。そこで、わたしたちはその会社があるデラウェア州で訴訟を起こした。

二〇〇三年、デラウェア州立裁判所は、その会社の適正価格がプロッサーが支払った価格のほぼ四倍であること、またプロッサーとその他数人が不正を働いており、その取引の一環である株主に対する義務に違反していることを確認。そして良いニュースだが、グリーンライトに損害賠償金として一億ドル以上の支払いを命じる裁定を下した。ところが、悪いニュースが届いた。数年にわたって交渉を続けたが、プロッサーは裁定金を支払ってくれず、しかも二〇〇六年に破産法の適用を申請したというのである。

さあ、ラニー・デイビスの登場だ。プロッサーも彼を使っていた。プロッサーは会社のシニアレンダーである地方電話金融公社（ＲＴＦＣ）と別の紛争を抱えていた。プロッサーによれば、ＲＴＦＣは彼が評価を上げようとするのを妨害しているという。プロッサーは米領バージン諸島の破産裁判所でＲＴＦＣを相手取って訴訟を起こした。プロッサーの申し立てを支持する重要な証人はデイビスひとりだけだった。破産手続きの一環として、わたしたちは二〇〇七年二月一日にデイビスに証言させるのを許された。これはデイビスに宣誓をしてもらったうえでアライドについて答弁させるチャンス――逃してはならない好機――となった。

当社の弁護士　アインホーン氏が私利のために人を惑わすような偽の情報をまき散らしている、と言ったことはありますか？

デイビス　とくに思い出せません。

当社の弁護士　次の声明文をロイターの記者に語ったのは覚えていますか？「この空売り筋、つまりアインホーン氏のことですが、彼が行ったそれぞれの申し立ては例外なく偽りであり、ほとんどの場合、故意のうそであることを立証できる」と。

デイビス　（記事をざっと見直してから）アインホーン氏がアライド・キャピタルとビジネス・ローン・エクスプレスの双方がうそをついているとして告発したことに言及したのだと思います。ほとんどの場合、故意のうそであることを立証できると思っていました。

当社の弁護士　では、これまでにその声明文がうそであることを立証したことは？

デイビス　いいえ。アインホーン氏を提訴したことはありません。

当社の弁護士　その申し立てがうそであることを示す情報を何か提供したことは？

デイビス　だれにですか？

当社の弁護士　ＳＥＣ（証券取引委員会）にです。

デイビス　ありません。

確かに、提供したことはなかった。当社の弁護士は、わたしがアライドのＢＬＸに関する会計処理を批判して二〇〇二年にザ・ストリート・ドット・コムに寄稿した記事を見たかどうかを尋ねた。デイビスは見たかどうかも思い出せなかった。もし真実を語っているとしたら、どうして規制当局に苦情を訴えられるのだろう？　また、わたしの記事を読んでもいないのに、どうしてテレビにまで出演してわたしの「大うそ」について議論できるのだろう？

続いて、二〇〇二年にわたしたちが当社のウエブサイトに掲載した分析についてデイビスに尋ねた。すると、見たことはかすかに覚えていたが、「具体的な文書については」思い出せなかった。

当社の弁護士　あなたは「この空売り筋、つまりアインホーン氏のことですが、彼が行ったそれぞれの申し立ては例外なく偽りであり、ほとんどの場合、故意のうそであることを立証できると思っていました」とおっしゃいましたが、では、これをご自分で言ったかどうかを思い出せないということですね？

デイビス　それが具体的な文書だったかどうかは思い出せませんが、アインホーン氏が行った申し立ては覚えています。そのあと、あらゆる証拠を調べましたし、アインホーン氏がおっしゃるように、さまざまな企業に関与しているあらゆる個人とも面会しましたが、評価が水増しされているというアインホーン氏の主張は間違っています。それに、なぜ申し立てが偽りなのかを文書にしてご説明したはずですが、それでもその申し立てを繰り返すものですから、「故意に」という言葉を使ったわけです。

ちなみに、プロッサーがRTFCを相手取って訴訟を起こしたとき、一流の証人デイビスは法廷に現れず、彼の申し立てを支持する証言を行わなかったため、プロッサーは告訴を取り下げた。判事も機嫌を損ねていた。

■　■　■　■　■　■　■

二〇〇七年二月二八日、アライドは二〇〇六年度の業績を発表した。そしてBLXの評価を七四〇〇万ドル切り下げ、その投資を不良債権化したことを報告。アライドによれば、BLXには再編と再資本化の必要がありそうだった。経営陣はその日のコンファレンスコールで、現在BLXはSBA融資以外の融資活動を推進しており、それには現行の無担保融資契約ではなく、担保付き契約を結ぶ必要がある、と話していた。それでアライドは新たな貸し手の銀行を探すことになった。

一方でアライドは、ＢＬＸに引き続き既存の信用限度額に関する「契約を順守させる」ため、追加で一二〇〇万ドルの資本を注入した。経営陣によると、そうでもしないと負債資本比率が最低レベルを下回ってしまうのだという。アライドでは負債の半分を保証しているのに、これではまるで既存の銀行グループがＢＬＸに不満を抱いているかのようだった。間違いなく、銀行はアライドがＢＬＸへの投資から追加の管理費や利息、または配当を捻出するのを認めないだろう。いくら評価を切り下げても、アライドはやはり、ＢＬＸにはほぼ六億ドルの企業価値があると判断していたのである。

ウォルトンはＢＬＸに最高のスピンを掛けようとした。

「二〇〇六年度のＢＬＸで最もうれしい番狂わせのひとつは、いかにＳＢＡ志向の事業から従来型の不動産事業に移行できたかということでございましょう。将来に向けて、これは極めて価値のあることだと思っております」

しばらくしてウォルトンはこう付け加えた。

「しかし、ＳＢＡの事業はどん底状態に陥りましたが、今では少しずつ復調の兆しが見えていると考えております。わたしどもでもさまざまな措置を講じておりますので、今後は回復してくるでしょう。『そうは申しましても、それが問題だというわけではございません』。二〇〇六年度は銀行間で融資競争が激化したこともあり、収益が落ち込みましたが、『まだ黒字は維持しておりますし』、今後新たな形態で事業を展開してまいりますので、再び収益は伸びていくものと考えております。また、そのようなわけで――『常に十分なキャッシュフローを生み出しているわけですから』――内部留保というのは良いアイデアだと思っております」

経営陣はコンファレンスコール（電話会見）の後半で、BLXの簿価は一億八〇〇〇万～一億九〇〇〇万ドルだと述べた。前回の発表では、二〇〇四年度末現在のBLXの簿価は一億五五〇〇万ドルだと言っていたが、その後、借入金の資本への転換や新規資本の注入などで株式投資額を約五九〇〇万ドル増やしたのだ。だが、BLXが採算ギリギリだとすると、簿価は約二億一五〇〇万ドルになるはずだ。わたしはそう見積もった。そうでなければ、二五〇〇万～三五〇〇万ドル少ない額になるはずだ。これはおそらく、二〇〇四年度末以降にBLXがいかに損失を出しているかということだろう。BLXの目に見える業績の悪化――BLXが『黒字を維持している』とは思えない――、しかも訴訟や清算の面で窮地に立たされているというのに、アライドが算出するBLXの評価額は、二〇〇二年六月のとても筋の通らない評価額をはるかに上回っていた――バカバカしくて話にもならない！

このときのコンファレンスコールの最中、投資顧問会社クリストファーソン・ロブのブラッド・ゴールディングがこう尋ねた。

「次の質問ですが、ごく最近まで御社の上級管理者の方がBLXの取締役の座にいたというのがわたしの理解ですが、もうそんなことはないですよね。何が変わったのか、なぜ取締役を降りたのか、また、それはいつのことなのか、お聞かせくださいますか？」

ウォルトンが答えた。

「ＢＬＸの取締役会には何の変更もございません。以前と『同じ』でございます。ただ、ＢＬＸを効果的に監督できるようになりました。デトロイトがあのような状況でしたからね。わたしどもは、『ＢＬＸは極めて堅調だと信じております。過去も現在も未来も、融資基準も高く、内部統制もしっかりしております』。デトロイト営業所では問題が発生いたしましたが、ＢＬＸのスタッフが事態を把握した時点で効果的な対策を講じたものと思っております」

ゴールディングは続けた。

「分かりました。では、御社のどなたがＢＬＸの取締役なのか教えていただけますか？」

ウォルトンが話を進めた。

「わたしどもは、ポートフォリオ企業のいずれの取締役会メンバーも開示いたしません――開示したくないのです。これまでも開示はいたしておりません。今は前例を作るときだとは思いませんね。こういうお答えで申し訳ありませんが、よろしいですか？」

このコンファレンスコールの一カ月ほど前のことだが、フロリダ州の規制当局への二〇〇五年度の提出書類ではＢＬＸコマーシャル・キャピタルＬＬＣの経営メンバー（取締役と同格）にウォルトンとスウィニーが含まれていたが、二〇〇六年度の提出書類からは二人ともメンバーから「抹消」されていることをブリックマンが発見していた。二〇〇六年度の初めには、アライドもミシガン州の調査を含めてさまざまな調査が行われていることを知るようになり、それでウォルトンとスウィニーは問題になるだろうと考え、ＢＬＸから距離を置こうと思ったのだろうか？　きっとそうなのだろうが、幹部らは沈黙を守っていた。

二〇〇七年三月六日、アライドは、独立した第三者機関の審査を条件に、ＢＬＸがＰＬＰ（優先的貸付業者）の指定をそのまま維持し、ＳＢＡの融資を第二次市場でも販売できるということでＳＢＡと合意に達したことを発表。ＢＬＸは、デトロイト営業所の不正融資の数件を補てんするため、ＳＢＡに一〇〇〇万ドルを支払い、今後ＳＢＡに対する支払いが発生した場合に備えてさらに追加で一〇〇〇万ドルを第三者に預託することに同意した。

ＰＬＰに指定されることのメリットは、ＳＢＡの事前審査を「受けずに」ＳＢＡ融資を供与できることである。今後はＳＢＡが承認した第三者がＳＢＡ融資を承認する必要が出てくるわけだが、そうなるとＰＬＰの指定を維持するメリットとは何なのだろう？　単にメンツを保つための妥協のようにも思えた。現実にはそうでなくても、「公には」ＰＬＰであると主張することができるのだから。

■　■　■　■　■　■　■

二〇〇七年三月二日、下院エネルギー商業委員会の上級スタッフから、なりすまし電話の規制立法について検討する次回の公聴会で意見陳述をしてくれないかと頼まれた。そしてその一週間後、わたしは議会に出頭し、識者（政府高官や電話業界のロビイスト）らを前に意見を述べた。なりすましの被害者はわたしひとりだけだった。議長は、なりすましは「重大な犯罪です。アインホーンさん、委員会として、出頭してくださったことに感謝します。そして、あなたとご家族には誠に申し訳なく思っております」と言ってわたしを歓迎してくれた。

わたしは証言を始めた。

「それでは、証言します。生き残りを懸けて、無制限に自分たちの権力を行使しようとするある企業と経営チームについてです。なりすましは厚顔無恥のプライバシー侵害です。大企業が探偵を使って一般市民の素行を探り、脅しを掛けて批判を封じ込めるというのは、個人のプライバシーの不可侵性に対する脅威という程度では済まされません。わたしたちが当たり前のように思っている証券市場の自由を脅かすものでもあります」

わたしは議会でアライドの話、講演の話、アライドの会計や事業の不備、投資評価について、そして同社の中小企業向け融資組織がいかにＳＢＡや農務省などの政府系融資プログラムを悪用して納税者に数千万ドルの負担を強いているかを語った。そして同社が自らの非を認めるどころか、いかにしてわたしに攻撃を仕掛け、通話記録まで盗んだかを論じた。

当初はわたしの通話記録など盗んでいないと否定していたアライドとウォルトンだったが、最近になって会社側が盗みを認めたことで、さらに疑問がわいてきた。だれが通話記録を盗んだのか、だれの記録を盗んだのか、だれが、また何のために盗みを許可したのか、その情報を使って何をしたのか、また、批判者に関する情報を収集するため、何かほかに探偵にやらせていたことはあるのか。わたしは疑問点を挙げていった。

アライドの開示には謝罪も説明もなかった。わたしは証言を続けた。

「ヒューレット・パッカードのなりすまし事件のあと、アライドは被害者に速やかに謝罪し、十分に説明するという約束もしました。しかし、同社からは今のところ何の言葉もありません。わたしにはだれからも連絡がありません。謝罪するとか、わたしとわたしの家族のプライバシーを侵害したのがだれなのかを説明するとか、だれかしら連絡をくれてもいいはずですが、まったく連絡がないのです。アライドはいまだに他人の記録を盗んだことを認めていないのです。もちろん、否定はしないでしょう。ただ、アライドの経営陣がこの件について知らないわけがありません。だとしたら信じられません」

議員らはわたしの話を聞いてがくぜんとし、いくつか質問をしてさらに詳細を詰めていった。テキサス州選出の下院議員マイケル・バージェスは、わたしに質問をする前にこう前置きした。

「もうどんなことをしてもあなたに謝ることなど無理でしょうが、あえて謝罪をさせてください」

するとと議長が、アライドのこうした商慣行の調査は行っているのかとＦＴＣ（連邦取引委員会）の代表者に尋ねた。すると、そのような調査は非公開だが、議会のスタッフには進んで個別にブリーフィングをしたいという答えが返ってきた。下院エネルギー商業委員会委員長のジョン・ディンジェルは、アライド・キャピタルが回答できるよう、この記録を公開すると宣言した。しかし、アライドから回答はなかった。

■　■　■　■　■　■　■

二〇〇二年、わたしが講演をしたあとにＢＬＸの元社員が電話をくれたが、ちょうどそのころ、さらに二人の元社員もミシガン州での一連の起訴事件に触発されて連絡を取り合ったようだ。ＢＬＸのニューヨーク営業所で融資の「ワークアウトスペシャリスト」として勤務していたスティーブ・アワーバック。彼は二〇〇七年四月一二日に電話をくれた。わたしと会いたがっていたが、当社のオフィスではなく、レストランなどの公共の場所はどうかと言ってきた。なぜスパイまがいの行動を取りたがるのかは分からなかったが、とりあえず、マンハッタンのレストランで翌日に会うことにした。

わたしは当社のダニエル・ロイトマンとジェームズ・リンを同行させ、アワーバックはティム・ウィリアムズを連れてやって来た。ウィリアムズとアワーバックは共に二〇〇一年、アライドがＢＬＣファイナンシャルを買収した数カ月後にＢＬＸに入社した。ウィリアムズはＢＬＸのワークアウトグループのチームリーダー。アワーバックはワークアウト（**訳注**　企業改善、事前債務再調整）の指導者のひとりとしてウィリアムズの下で仕事をしていた。二人は共に二〇〇三年に退社。ウィリアムズはBLXに解雇された。アワーバックのほうは、BLXの上級幹部レン・ルドルフから、タンネンホイザーがお前をお払い箱にしたがっている、という話を聞くや退社。ルドルフは、アワーバックの「寿命を縮める」わけにはいかないので、スターリング銀行の友人に紹介。その友人は「二分間の面接」の直後にアワーバックの採用を決め、年棒八万ドルの職を与えた。ところがその三週間後、はっきりした理由も告げずに突如として解雇してしまった。アワーバックは解雇されるのを待たずにBLXを去ってしまったため、もしBLXに解雇されていれば受け取れていたはずの給付金の受給資格もなかった。

ウィリアムズとアワーバックは、二年前からわたしと連絡を取ろうかどうしようかと議論していたそうだ。最近、新聞でハリントンの起訴に関する記事を読んでわたしのことを知ったが、なかなか新たな職にも就けず、わたしと話をして情報を共有したいと考えたのだという。二人は助けを求めてきた。BLXの調査から来る規制当局のプレッシャーが「なくなって」くれればいいと思っていたようだが、なぜ彼らがそれで煩わしい思いをしているのかはよく分からなかった。おそらく厄介な問題を起こさずにBLXについて知っていることを政府に話したかったのかもしれないが、まずはわたしたちに事実関係を知ってもらいたかったのだろう。訴追免責を主張するのをサポートしてほしいのだという。また、タンネンホイザーの彼らに対する処遇にも激怒していた。

ウィリアムズは、FBI（連邦捜査局）、SEC、連邦検事、SBA、そしてSBAのOIG（監察局）と会談したと話していたが、それがどの程度実のあるものだったかは不明である。例えば、ウィリアムズの場合には、FBIが召喚するために自宅までやって来たようだが、アワーバックはSBAとしか会談しておらず、その場にはSECの人間がいたという。

こうした事情聴取は情報収集を目的に始まったのだが、ある時期からウィリアムズが、そしておそらくアワーバックも、調査の対象になってしまったようだ。二人とも何も悪いことはしていないし隠し事もしていないが、融資承認委員会では議決権を持っていなかったため、どこまで責任が及ぶのかは疑問だという。

二人は、アライドとBLXは同一企業だと内心思っており――昼食を取りながらそのことについて質問すると、単に「BLXはアライドの子会社ですよ」と答え――、口にするのは決まって「アライド」であり、「BLX」ではなかった。二人ともハリントン起訴の記事には驚いていた。ウィリアムズは、ハリントンとは直接会ったことはないが、コンファレンスコールのときに電話越しに話をしたことがあるという。アワーバックのほうは、自分の営業区域にミシガン州が含まれていたので直接会っていた。ハリントンは空港までアワーバックを迎えに行き、車に乗せて各地のワークアウトの現場に連れていった。アワーバックはハリントンを現実的で控え目な世界一のナイスガイだと評価し、ハリントンがいかに「聖書を語る」のが好きかについて話してくれた。基本的には、起訴事実がすべてハリントンの仕業だとは思っていなかった。

二人とも、デトロイト営業所のほかのスタッフと比べればハリントンは好感が持てると言う。

二人によれば、CEO（最高経営責任者）のタンネンホイザーには「ナポレオンコンプレックス」なるものがあるらしい。「与信審査・承認会議なんてお笑いですよ」とアワーバック。タンネンホイザー、まずは自分がいかに借り手の事業、キャッシュフロー、財務状態などが気に入っているか、いかに投機的であろうと悪いアイデアであろうと、融資すべきだと考えているのはなぜなのかを説明するのだが、その意見に賛同する者はいなかった。すると会議室を歩き回って意見を求めた。ここでようやくアワーバックがある人物を思い出した。タンネンホイザーの意見に反対していた上級幹部のレン・ルドルフだ。

「タンネンホイザーは何でも承認していました。本当に非常識でないかぎりね」とウィリアムズは言う。

ウィリアムズは当社が突き止めた不良融資についての記事を読んだが、それ以上にひどいケースがあると考えていた。

「もう笑うしかないという融資もありますよ。貸し手側の人間はみんな神様なんです」とアワーバックは言う。融資の提供者はBLXに対して全権を握っていた。どの営業所もそうだというわけではないが、独自に引受会社を使っていた多くの営業所ではそうだった。引受会社は貸し手と営業所の経営陣よりも下位に甘んじていたのである。これで引受会社の立場は悪くなり、もし断ろうものなら、上司のボーナスに響くのだ。賢明な策はなかった。

適格査定人のリストはあったが、ワークアウトチームには、「悪い査定」をするとして起用しない査定人の独自のブラックリストがあった。だが、こうした査定人は融資を組成するときに起用されていた。ワークアウトチームの査定が気に入らないと、タンネンホイザーは査定表を会議の出席者目がけて投げつけた。融資の引受先も決まり、ワークアウトが行われているときに担保の査定に大きなばらつきがあれば、ワークアウトチームを非難するのである。タンネンホイザーの頭のなかでは、間違っているのは決まってワークアウトチームによる査定であり、けっして当初の査定ではなかった。

ウィリアムズとアワーバックは、当初の査定がなぜそれほど高いのか、まったく理解できなかった。当初の査定表の資産内容とワークアウトによる資産内容とは一致していないことが多かった。まるでベントレーを査定しているようだったが、実際に買うのはヒュンダイ（現代自動車）だ。タンネンホイザーは、当初の査定が一〇〇〇万ドルで、八カ月後にワークアウトチームが行う査定がわずか三〇〇万ドルであれば、それはワークアウトチームのミスだと主張する。もちろん、すぐに債務不履行になろうものなら、どちらの査定が間違っているのかは一目瞭然だったが。

続いて、二人は何件かの融資について話してくれた。

「農務省にはバカげた融資がありましてね。四〇〇万ドル程度でしたが、『サウスカロライナ州の人跡未踏の田舎のど真ん中』に『バタフライパビリオン』を建設するというものです。もうひとつは、アッシュバーン・ホスピタリティーという、賃貸マンション業に鞍替えした元ホテルへの融資です。融資は焦げ付きました。オーナーは賃貸料を回収するんですが、深夜の午前三時になるや、夜明けまでに部屋を明け渡せと言いながら、賃借人の部屋のドアの下から差し押さえ通達を滑り込ませたりするんです。住人たちは部屋をめちゃめちゃに破壊していきました」

ウィリアムズと不動産業者がその物件を巡視したところ、ある部屋には「遺骸」と書いてある箱が残されており、別の部屋には巨大なガラガラヘビが置き去りにされていたそうだ。

二人が言うには、ビル・ラッセル石油の不動産も映画のセットのようなうわべだけの建物だった。二人は農務省の監査人の一般的な意見を確認し、三〇〇〇ドルの掘っ立て小屋だと冗談を飛ばしていた。査定料金のほうが不動産の価値よりも高いのだ。

また、エビ獲り漁船向け融資についても、ベトナム人ブローカーが融資に関与していると話してくれた。この場合には、八万ドルの価値しかない漁船に、ＢＬＸは一〇〇万ドルを融資していたという。やがて融資は焦げ付くが、ＢＬＸはただ漁船をブローカーに返却し、「別のベトナム人を見つけて」新たに一〇〇万ドルを融資するのである。ＢＬＸはただ融資の組成を続けていればいいわけだ。アワーバックが言うには、ＢＬＸは八万ドルの査定をしながら、高額な担保価値に基づいて新規にローンを組む借り手をブローカーが見つけてくることを知っているのだという。そうすればＢＬＸが損失を抱えずに済むわけだ。

環境問題も焦げ付き融資の大きな原因になっていた。アワーバックによれば、融資の多くは当初の引き受けの時点で環境問題を指摘されているわけではないが、ワークアウトの最中に重要な環境問題が発見されるのだという――わずか一年後に発見されることもあった。汚染除去費が残りの担保価値を上回っていたケースもある。ガソリンスタンドへの融資の例をひとつ挙げてみよう。このガソリンスタンドが、近隣住民が使用する井戸水を汚染していたのである。除去費は一〇〇万～二〇〇万ドルで、担保価値の七五万ドルを上回っていた。ところが、ＢＬＸはガソリンスタンドを差し押さえることができなかった。汚染水を使っている住民に法的責任を開示しなければならなかったからだ。逆に、ＢＬＸはそこを放棄してしまった。

ウィリアムズは、コロラド州の融資がとくに有害だと考えていた。融資担当者はリチャード・ロンチ。融資期間中には一時的に借り手企業のＣＦＯ（最高財務責任者）として行動することもあった。ＢＬＸはこの明らかな利益相反を弁護したが、それはこの件が開示されることに対してであった。借り手は提訴した。するとＢＬＸの幹部がコロラド州に飛んで解決に当たった。以前、ＢＬＸからアライドに九〇〇万ドルの融資が移転していることをブリックマンが暴いたが、後日わたしが記録を調べてみたところ、どうもこの融資である可能性があった。

ウィリアムズは九〇〇万ドルの意味に興味津々になっていた。

「最初に聞かれるのがこのことなんだ」

彼には何が特別なのか分からなかった。アライドとＢＬＸの間にはこうした融資が五〇件ほどあり、その価値の総額は五〇〇〇万ドルほどに上っている、と彼は言う。

ウィリアムズはＳＢＡがワークアウトをどのように監視しているかを説明してくれた。まずはＢＬＸが清算計画書を作成し、ＳＢＡに提出して承認をもらう。ウィリアムズのチームは必ずその計画に従うことになっていた。ＢＬＸは目が飛び出るような高値で売却するワークアウト中の不動産を何度もリストアップした。売れるわけがないからだ。ＢＬＸは査定額が高い融資を伏せておくこともある。担保を差し押さえるわけでもない。ＳＢＡもそのまま黙っている。ＢＬＸは事前の作業をＳＢＡに報告してあり、ＳＢＡもその計画を承認しているため、ＳＢＡは何ひとつ手を出せないからである。

ＳＢＡはＢＬＸによる清算努力を綿密に調べるものの、当初の引き受けに疑問を呈することはほとんどなかった。だが、ウィリアムズによると、必ずしもそうだったわけではなさそうだ。ＢＬＸがＰＬＰの指定を獲得する前のほうが監視は厳しかった。ＢＬＸの融資の供与に疑問を呈するという点では、農務省のほうがＳＢＡよりもきちんと仕事をしていた。ＢＬＸがＰＬＰの指定を獲得したときには、ＳＢＡも既存の融資をすべて審査しているかに見えたが、実際には何もしていなかったのである。

アワーバックによると、かつての既決重罪犯で、リッチモンド営業所所長を務めていたマシュー・マギーが与信委員会で議決権を持っていた。二〇〇二年にわたしにメールをくれたＢＬＸの元社員も同じことを言っていた。ウォール・ストリート・ジャーナル紙のジェス・アイジンガーがマギーの役回りについてアライドに挑んだとき、アライドは与信委員会にマギーはいなかったと必死に否定していたが、アワーバックによれば、マギーの扱いは違っていた。「マギーとは絶対に連絡を取るな」と言われたこともあるらしい。アワーバックのポートフォリオの融資のなかに、バージニア州リッチモンドのセブンイレブンがあった。ワークアウト業務を担当していたアワーバックが、家具や備品を買い取ってもらうため、マギーに審査を依頼した。マギーは面倒を見ると言ってくれた。しばらくするとBLXの上級幹部デビッド・レッドレナーから電話があり、「清算のことは忘れろ。マギーが面倒を見るから」と言われたという。融資はそのままアワーバックのリストに残っている。

BLXではワークアウト中の融資を四半期ごとに検査していた。わたしは聞いて驚いたのだが、アライドのCFOのペニ・ロールはいつも電話で検査に参加しており、ジョアン・スウィニーは「直接」参加していたそうだ。会議にはウィリアムズのチームがバインダーにとじた書類をいくつも用意し、個々の融資や引当金、査定について全員で議論した。

ウィリアムズは、わたしたちに「融資損失引当金」のバインダーを入手するようにと助言してくれた。この書類にはワークアウト中の融資の評価の裏に隠れたあらゆる詳細が網羅されているという。審査の会議が終わると、レッドレナーがBLXの財務諸表に引当金を設定する際に利用する評価報告書を作成する（ウィリアムズもアワーバックも見てはいないが）。ウィリアムズは、この引当金ではワークアウトチームが推奨する評価額には足りないだろうと信じていた。

ウィリアムズは、財務諸表の価値は水増しされていたと言う。ペニ・ロールが各借り手には「人物価値」があるという考えを持っていたからでもあるが、各借り手が融資に個人保証をしていたからである。融資の担保が不適切なときには、この価値が評価の下限になった。ウィリアムズは、もしその借り手に金があれば、そもそも債務不履行になどならないし、BLXにしても個人保証を基に融資を回収することもないのだが、会計目的でそういう価値を与えているのだろうと理解していた。

ウィリアムズとアワーバックが在籍していたころ、BLXには三種類の融資があった――SBAの融資、農務省の融資、そして「ボビー家」の融資である。ワークアウト中には「ボビー・タンネンホイザーの家族に必ず返済されており、SBAが一銭も受け取れなくてもまったく問題はなかった」。わたしたちは「ボビー家」の融資について詳しく教えてくれるよう迫ったが、この融資はすべて無事に完了していたため、ウィリアムズとアワーバックはほとんど情報を持っていなかった。

この二人のどちらか、または二人とも、数年前にカルザーズと話をしたことがあったが、アライドが批判者の通話記録を盗んだころにいきなり対話が途絶えてしまった。そこで二人にその件について聞いてみた。しかし、二人ともカルザーズとは何度か連絡を取っただけで、その件についてもあいまいな記憶しかなかった。

間違いなく、わたしたちは政府にウィリアムズとアワーバックの訴追免責を求める立場にはなかった。昼食を取ったあとも、どうしたら彼らをサポートできるかを考えてみた。だが、その後ウィリアムズと話をしようと電話をしたが、折り返し返事をくれることはなかった。

■ ■ ■ ■ ■ ■ ■

アワーバックとウィリアムズの二人に会ってから一週間後のこと、アライドはマーキュリー・エア・センターをマッカリー・インフラストラクチャー・カンパニーに売却することで合意したことを発表。マーキュリーはプライベートジェット機用のターミナルを経営していた。この売却によって、アライドには二億四〇〇〇万ドルの実現利益が発生。当社の分析によると、アライドの庭で摘み取れる満開の花としてはこれが最後であった。

二〇〇七年五月八日、アライドは第1四半期の決算を発表した。純投資収益は一株当たりわずか二六セントに下落。利付きポートフォリオの総利回りもわずか一一・六%に低下していた。高い不良資産率（金融市場は堅調に推移していたにもかかわらず、年末の時点ではポートフォリオの五・三%だったが、六・四%に上昇）、融資組成手数料の減少、そして調査関連費の増大が業績に悪影響を及ぼしていた。アライドは一九二〇万ドルをBLXに投資しており（年初に開示した一二〇〇万ドルを含む）、BLXの評価を一定に維持していた。その日のコンファレンスコールでも、ウォルトンは相変わらず「BLXの主力事業は黒字」だと主張。手を引いた投資の価値と帳簿上の直近の評価との差が小さいことについて経営陣に質問が及ぶと、ウォルトンはこう答えた。

「それは、四半期末にどれだけ近づけるかではなく、実際に利益を実現するタイミングによって大きく違ってくるということでございます。もし利益が出たらどうしていたか――その利益をどうするかをきちんと決めていた四半期のすぐあとで利益が出て、評価を切り上げることもございます。ひとつ興味深いのは、実際にはまだやっておりませんが、半年前にさかのぼり、そこで手を引くべきだったのかどうかを調べ直してみることでしょうか……」

スウィニーがこう付け加えた。

「もし申し分ない知識があれば、正確な評価額を出すのは実に簡単なんですが」

自分の腕が上がったとは言えないが、これは二〇〇二年に議論したときにわたしたちが指摘していたことじゃないか！　手を引く直近の評価増の正確さは、まさに手を引くプロセスの状態を正確に反映している。しかし、これはアライドが残りのポートフォリオをきちんと評価しているという慰めにはならない。

第31章

SEC、カーペットの下にシミを発見

二〇〇七年六月二〇日、待ちに待った瞬間がとうとうやって来た――SEC（証券取引委員会）が二〇〇四年に発表していたアライド・キャピタルの調査の結果を公表したのである。SECでは、アライド・キャピタル・コーポレーションの件に関し、「一九三四年証券取引所法第二一条（c）項に基づき、排除停止手続きを講じ、認定を行い、排除停止命令を下す」との命令を発した。次に六ページに及ぶ命令の全文を挙げてみる。

アライド・キャピタルは、二〇〇一年度六月期から二〇〇三年度三月期にかけて、時価がすぐに入手できないプライベートファイナンスのポートフォリオにおける一部証券の評価に関連する連邦証券法の記録および内部統制の規定に違反した。当該期間中、アライドはその一部証券について四半期ごとに記帳した一定の評価を詳細に裏付ける、または正確かつ公正に反映する帳簿、記録、会計を作成、維持することを怠った。また、アライドがこうした一部証券をＧＡＡＰ（一般に公正妥当と認められた会計原則）に従って評価するという妥当な保証をアライドの内部統制により与えることができなかった。さらにアライドは、（ａ）アライドの三月および九月の四半期ごとの評価期間中に十分な最新評価報告書を取締役会（以下、「取締役会」という）に提出するのを怠ることで、（ｂ）倒産した一部ポートフォリオ企業の評価を裏付ける文書を十分に細部にわたって維持するのを怠ることで、二〇〇一年度六月期から二〇〇二年度三月期にかけて、適切な間隔でプライベートファイナンスのポートフォリオにおける一部証券の記録済み会計責任を同一証券の既存の公正価値と比較するという妥当な保証を与えることができなかった。

命令はさらに続いた。

職員が審査した一五件のプライベートファイナンス投資について、アライドでは、取締役会による公正価値の判断を裏付ける、またはそれを正確かつ公正に反映する十分な最新文書を作成することができなかった。それどころか、数件については、アライドが取締役会に提出した投資評価報告書にそれに利用する価値の一部当該表示を盛り込むのを怠っており（後に詳細に論じる）、ときには四半期ごとに公正価値の算出に使用する主要データを変更することもあったが（つまり、ＥＢＩＴＤＡ［金利・税金・償却前利益］から収益ベースの評価に変更したり、企業価値を導出するのに使用する倍率を変更することもあったが）、その変更の根拠については文書で十分な説明をしていなかった。評価報告書には、当該期間中にアライドが定期的に提出する文書に記録したプライベートファイナンス投資の評価を裏付ける詳細が妥当に反映されていない。

命令では「Ａ社」「Ｂ社」「Ｃ社」として三社の例を挙げているが、当社ではそれぞれをスターテック、エグゼクティブ・グリーティングス、そしてアライド・オフィス・プロダクツであると特定した。

Ａ社――当該期間中、アライドは通信会社Ａ社の社債を保有していたが、二〇〇一年度六月期から九月期のＡ社の評価を裏付ける十分に詳細な最新報告書を作成することができなかった。とくにこの間のアライドによるＡ社の評価は、一部は公正価値を導出するために非継続事業からの収益を計算に入れて算出されていた。アライドは、その収益については、もし計算に入れていれば違う結果になっていた可能性がある過大申告があれば、それを相殺するために低い投資倍率を用いていたと主張しているが、この主張を裏付ける十分に詳細な最新報告書を取締役会に提出していなかった。さらに、取締役会に提出した二〇〇一年度一二月期と二〇〇二年度三月期のＡ社の評価報告書を保管していなかった。アライドでは、二〇〇〇万ドルに上るＡ社の劣後債投資を、二〇〇一年六月三〇日付と九月三〇日付の四半期報告書（フォーム10－Ｑ）では二〇〇〇万ドル（すなわち費用）と評価していたが、二〇〇一年度の年次報告書（フォーム10－Ｋ）と二〇〇二年度三月期の四半期報告書ではそれを一〇三〇万ドルと評価。続く二〇〇二年度六月期の四半期報告書ではその評価を二四万五〇〇〇ドルに切り下げている。

Ｂ社――当該期間中、アライドはダイレクトマーケティング会社Ｂ社の劣後債を保有していたが、二〇〇三年度三月期のＢ社の評価の根拠を裏付ける十分に詳細な最新報告書を作成することができなかった。とくにアライドによる評価は事実上予備的なものであったが、大半はアライドによる将来の買収可能性を基にしていた。アライドでは、取締役会はこの特定の将来の買収可能性がＢ社の評価の根拠としてなぜ重要なのかについて――一般論として――議論しているはずだと主張しているが、この主張を裏付ける十分に詳細な最新報告書を取締役会に提出することができなかった。さらに、アライドの評価報告書には、Ｂ社への競合買収案に関する検討事項が十分に反映されておらず、仮にこれが承認されていれば、アライドの投資の公正価値も切り下げられていたはずである。アライドでは、Ｂ社の一六五〇万ドルに上る劣後債投資を、二〇〇三年度三月期の四半期報告書では一四三〇万ドルと評価していたが、続く二〇〇三年度六月期の四半期報告書ではそれを一四三〇万ドルからわずか五万ドルに切り下げている。

C社――当該期間中、アライドは事務用品を扱うC社の劣後債を保有していたが、二〇〇一年度九月期から二〇〇二年度三月期までのC社の評価の根拠を裏付ける十分に詳細な最新報告書を作成することができなかった。例えば、九・一一同時多発テロ事件で世界貿易センタービルが攻撃されたことでC社が上得意客の一社を失った事実など、悪化するC社の財務状態に関して利用できる当該事実を、アライドの評価報告書にすべて網羅するのを怠っていた。アライドでは、C社の劣後債投資を、二〇〇一年度九月期から二〇〇二年度三月期までの四半期報告書と年次報告書では八〇〇万ドルと評価していたが、続く二〇〇二年度六月期の四半期報告書ではそれをわずか五万ドルに切り下げている。

SECの命令はさらに続く。

アライドが取締役会による公正価値の確定を裏付ける書面による十分な情報を取締役会(すなわち、その評価委員会)に提供していない事例もあった。例えば、取締役会に提出された評価報告書が不完全であった、または不十分であったことで、アライドが記録した公正価値を裏付けていない事例が数件あった(企業価値がワークシートに列挙されているが何の説明もなかった、必要なデータや計算値が欠けているか、または不完全だったなど)。

また、当該期間中のアライドの評価報告書には四半期ごとに入力されている主要データからの逸脱や増減が含まれていたが、説明がつかないという事例もあった。

ＳＥＣでは二〇〇一年九月と二〇〇二年三月に次のような事例があるのを発見した。

定量的データのワークシートから成る評価プロセスでは、各種データを適切に説明することができなかった。例えば、四半期ごとに評価が変わっても、報告書では必ずしも十分に詳細な説明がなされていなかった。さらに、二〇〇二年度六月期までは、評価の確定に使用する定量的かつ定性的分析の説明書を作成していなかった。またこの間、倒産した一部ポートフォリオ企業の評価を裏付ける十分に詳細な文書を維持することも怠っていた。アライドでは、取締役会メンバーや社員は取締役会の会議前と会議中に議論しており、プライベートファイナンス投資の記録済み評価に納得していると主張しているが、アライドが保持している報告書には、当該期間中にアライドが定期的に提出する書類にアライドが記録したプライベートファイナンス投資を裏付ける十分な詳細が反映されていない。

最後に、ＳＥＣは次のような事例があるのも発見した。

当該期間中、アライドのプライベートファイナンス部の社員は、おおむね自分たちがかかわった投資案件の当初の評価を推奨した。アライドの評価プロセスについてはすでに独自にチェックしているが、そのチェックでは、プライベートファイナンス投資の評価の客観性を十分に査定していなかった。例えば、四半期ごとに各投資の審査をする評価委員会は、大半がプライベートファイナンス部のマネジングディレクターとプリンシパルで構成されていた。

全般的に、SECでは、アライドが一九三四年証券取引所法の三つの条項に違反していることを突き止めていた。

SECでは、アライドは自社の投資評価を裏付けることができないというグリーンライトの分析を確認した。さらに、アライドが自社の評価基準に違法な――もちろん好都合な――変更を加えていることも突き止めた。文書も「保管されていなかった」。わたしが講演をしたときには、アライドには自社の投資評価分析を裏付ける文書の作成手続きもなかったが、それに対処するためだろうか、翌四半期から文書を作成し始めた。また、投資先企業が倒産するといったマイナスの情報や事象については考慮しておらず、アライドがその企業を買収するというアイデアに基づき、高値で投資を保有していた。SECは三つの具体例を挙げていたが、ほかにも十数件あるという。さあ、これでアライドの会計がいい加減だと指摘しているのは当社などごく少数の人間だけじゃなくなったぞ。ＳＥＣも当社の分析にお墨付きをくれたのだ。

では、アライドにはどんな刑罰が与えられたのだろう？　命令には、アライドが調査に協力するとしており、もっと詳細に記録を保持し、第三者の支援を得て投資評価を実施し、評価プロセスを監督する「最高評価責任者」という役職を新設して評価プロセスを改善したと記されている。アライドはＳＥＣの調査結果を是認するでも否認するでもなかったが、証券取引所法の違反を「やめ」（きちんとした記録を保持し）、社内の「最高評価責任者」の監督下で向こう二年間は引き続き外部の支援を得て投資評価を実施することに同意した。

そうか。罰金も違約金もなかったのか。アライドの社員や取締役に対する法的措置も一切講じられなかった。ＳＥＣ法執行部のアソシエートディレクターは翌日のワシントン・ポスト紙でこう述べていた。

「ポートフォリオの一部証券の評価はそう簡単に定量化できるものではない。ここで言いたいのは、設定されている基準を企業が順守しているかどうかを確認したいということだ」

アライドの違法行為は、ふわふわした羽根で手首をちょっとたたかれる程度の措置で終わった。ＳＥＣの命令は、ＢＬＸのことにも、アライドの株価をつり上げるための数々の虚偽の表明といった経営陣の行為にもほとんど言及していなかった。調査結果と命令は大きくかけ離れていた。これではまるで、ＳＥＣから「グリーンライトは正しい。アライドは間違っている。それじゃあ、ごきげんよう」と言われているようなものである。想像を絶するピュロス王の勝

表31.1　2002年1月以降のアライド・キャピタルによる公募増資

日付	調達額（100万ドル）	公募価格	発行株式数（1000株）	主幹事
2002/11/22	$88.6	$20.10	4.35	株主割り当て
2002/12/18	$38.1	$21.76	1.75	ジェフェリーズ
2003/03/03	$35.8	$20.46	1.75	ジェフェリーズ
2003/03/25	$50.1	$20.03	2.50	ジェフェリーズ
2003/06/12	$66.8	$23.84	2.80	バンク・オブ・アメリカ
2003/08/01	$71.0	$23.66	3.00	ジェフェリーズ
2003/08/25	$24.2	$24.22	1.00	クレディリヨネ証券
2003/09/25	$55.0	$25.00	2.20	ドイツ銀行、USバンコープ、パイパー・ジェフリー
2003/11/10	$64.3	$24.74	2.60	ジェフェリーズ
2003/12/10	$54.1	$27.07	2.00	メリルリンチ
2004/09/29	$75.0	$25.00	3.00	バンク・オブ・アメリカ、ドイツ銀行、JMP証券
2006/01/26	$87.8	$29.25	3.00	ドイツ銀行、メリルリンチ
2006/07/18	$123.5	$27.45	4.50	バンク・オブ・アメリカ、シティグループ、メリルリンチ
2006/11/29	$69.9	$29.75	2.35	ドイツ銀行
2007/03/05	$97.3	$29.25	3.33	ドイツ銀行
2007/11/29	$80.4	$24.75	3.25	ドイツ銀行
合計	**$1,081.9**	**$24.94**	**43.38**	

出所＝ブルームバーグ、アライドのSEC提出書類

利さながらだった（**訳注**　エピラスのピュロス王はローマ軍と戦ったが、両軍とも同数の死傷者を出したことに由来する）。

■　■　■　■　■　■

情報操作に話を戻そう。ウィルマーヘールに所属するアライドの社外弁護士のパートナーであるクリストファー・デイビーズはロイターにこう語っている。

「ＳＥＣの調査結果には、アライド・キャピタルによるポートフォリオ企業の評価の精度や信頼性に疑問を呈するような点は何ひとつありません」

調査結果では実際に逆のことが判明していた——やはり、小さなうそよりも大きなうそのほうが口に合うのだろう。

人によって刑罰が異なるということなのか？　ブリックマンは、ＳＥＣの二〇〇四年八月二六日付のファイルから一時間もかけてプレスリリースを探し出した。バン・ワゴナー・キャピタル・マネジメントとガレット・バン・ワゴナーに対する法的措置を発表したプレスリリースだった。ＳＥＣは、バン・ワゴナーが同社のファンドが保有していた非公開企業の非流動証券の評価に関して虚偽の申告を行っていることを突き止めていた。この場合、バン・ワゴナーは保有証券を「過小評価していた」のだが、換言すると、「保守的になりすぎていた」ということだ。

バン・ワゴナーは八〇万ドルの罰金を支払って辞任すること、向こう七年間は投資信託会社の役員の座にも取締役の座にも就かないことに同意した。事実上、ＳＥＣはワゴナーを廃業に追い込んだのだ。間違いなく、取締役会には共和党全国委員会の元委員長はいなかった。

ジム・カルザーズはうまい言い方をしたものだ。

「もしＳＥＣが二〇〇二年に調査を開始し、すぐにこういう調査結果を公表していれば、またＳＢＡ（中小企業局）もわれわれが報告した直後に不正に対して何らかの措置を講じていれば、アライドの株価なんて三ドルになっていたよ」

ところが、それとは逆に、ＳＥＣの命令が下された日、アライド株は三一・八四ドルで引けていた。「アライドの経営陣を今日付で退陣させ、しばらく刑務所で服役してもらう」。わたしなら命令にそういう一文を加えるだろう。

とんでもない話だが、ＳＥＣがアライドの調査を開始したのはわたしの講演から二年以上もたってからであり、調査を完全に終わらせるまでにさらに三年近くかかっていた。あまりにもたついていたせいか、調査結果も陳腐な感じがした。そんな五年の間に、経済はリセッション（景気後退）から見事に回復し、アライドも第一六回目の公募増資で新たに一〇億ドル程度を調達した（**表31・1を参照**）。規則にのっとっているし、とにかく「空売り攻撃」の被害を受けているのだという口実の下、数千人の小口投資家や機関投資家から資金を集めることができた。ＳＥＣが保護している投資家ばかりだった。

やっと換金するときがやってきた。SECの命令が下された日の午後、アライドはストックオプションとして幹部らに与えた一六七〇万ドルの株式公開買い付けを実施し、遅れに遅れていた「持ち株イニシアティブ」を開始した。簡単に片づけられては困るので、一日か二日、あるいは一週間ぐらい待っていればよかったのに。そんなことを考える者もいるだろう。

第32章 雑草がはびこる庭

ＳＥＣ（証券取引委員会）をはじめとする信奉者は、第三者の支援があればアライド・キャピタルもきちんと投資評価を行うだろうと安心し切っていた。とんでもない。わたしは安心などしていなかった。すでに論じたとおり、アライドは評価を行うコンサルタントなど雇っていなかった。何年もの間ＢＬＸの評価を承認している第三者から「消極的保証」が出てれば、どれほど有益だろう。これこそフォーム・オーバー・ファンクション（機能性を超えた形式）だった――アライドの根本的な理念は変わっていなかった。

長い間に分かったのは、アライドの上級幹部が信用できないとはいえ、それでアライドが優れた投資をすることができなかった、あるいは優れた投資をしていなかったという意味ではないということだ。ポートフォリオにはまだ勝ち組がいくつか残っているかもしれないが、勝ち組を売って負け組を保持するというアライドのやり方ではお先真っ暗である。アライド自らの評価によると、ポートフォリオには未実現評価益よりも未実現評価損のほうが多かった――しかも、これはビジネス・ローン・エクスプレス（ＢＬＸ）株の暴落を十分に考慮する前のことだった。

二〇〇七年度第２四半期の四半期報告書（フォーム10－Ｑ）にはＢＬＸの調査に関する新たな開示事項が含まれていた。「また、農務省のＯＩＧ（監察局）が、Ｂ＆Ｉ融資（企業・産業界向け融資）プログラムに基づくＢＬＸの融資活動の調査を実施していた」。ところが、今回もこの開示は「法的手続き」に沿って行われたのではなく、むしろＢＬＸに関する総括論議の一部のように思えた。アライドも「継続中」だと述べていたが、これだと一般読者は、農務省の調査には何も新たな展開はないものと考えてしまう。アライドはこの調査がいつ始まったのかを開示していないし、前日の収益発表でもコンファレンスコールでも一言も触れていなかった。

四半期報告書の後半で、アライドは次のように通告していた。

「ＢＬＸの事業の変更や現在の貸付業者としての指定、ＢＬＸが現在抱えている規制上の問題の影響、継続中の調査や係争等で、当社では、資本注入や事業再編、合弁事業、ＢＬＸまたはその資産の全部もしくは一部の売却や処分等、さまざまな代替的戦略の有無について、ＢＬＸと協力し合って作業を続けている。しかし、問題が最終的に解決すると、ＢＬＸの財務状態に重大な悪影響が及ぶ可能性がある。またその結果、弊社の決算にもマイナスの影響が出てくる可能性がある」

さらに四半期報告書では、ＢＬＸが借り入れ契約で債務不履行に陥っており、貸付業者から一時的に債権を放棄されていることも開示していた。だが、それでもアライドはＢＬＸに追加で一〇〇〇万ドルを融通し、ＢＬＸも銀行から追加で五〇〇〇万ドルを借り入れていた（当初の損失は与信額の半分までをアライドが保証していた）。四半期報告書ではこう説明されていた。「ＢＬＸとＳＢＡ（中小企業局）の契約によって、その契約を順守するのに運転資本が必要になったことからＢＬＸの流動性が低下した」

こうした厄介な事実を踏まえて大幅な評価減を早急に実施していればいいものを、アライドは評価減を実施していなかった。その理由については説明していなかったが、その四半期にはＢＬＸの評価を一九〇〇万ドルしか切り下げていない。本当に不可解だが、その後もＢＬＸへの投資額を二億二〇〇〇万ドルと評価している。これは五億五〇〇〇万ドルを上回る企業価値に銀行からの借り入れを計算に入れていたことを暗に示していた。

二〇〇七年六月、アライドは新たに設立したアライド・キャピタル・シニア・デット・ファンド向けに一億二五〇〇万ドルを調達したことを発表。これはアライドが運用するファンドで、運用手数料と成功報酬を受け取ることになっていた。アライドが資本の二五％を投入し、残りは外部の投資家から調達する。ファンド設立時には一億八三〇〇万ドルの融資を貸借対照表からこのファンドに移転したが、どの資産を移転したのかは開示していなかった。

その四半期にアライドの貸借対照表から消えた資産のひとつに、エア・エバック・ライフチームという名称で救急医療用ヘリコプター事業を運営するエア・メディカル・グループへの三五〇〇万ドルの融資があった。二〇〇七年五月二五日、ニューヨーク・タイムズ紙は、FBI（連邦捜査局）が「請求とヘルスケアのコンプライアンス（法令順守）関連問題の調査の一環」として同社の本社から文書を押収したと報じた。その後同紙の一面記事には、どう見ても緊急事態とは思えないのにエア・エバック・ライフチームがどのようにヘリコプターを出動させ、保険会社に請求したのかが報告されていた。少額ではあったが、FBIが本社の手入れを行った直後から、アライドではエア・メディカル・グループ投資の未実現利益が増えていった。

二〇〇七年九月四日、イリノイ州、インディアナ州、ミズーリ州にあるクリスピー・クリームのフランチャイズ加盟店スイート・トラディションズが破産法適用を申請した。アライドは二〇〇六年八月に、当時すでに倒産寸前だった同社に資本注入を行っている。破産申請書類には、スイート・トラディションズは営業利益をまったく生み出しておらず、破産申請前の年度にはアライドに約二七万五〇〇〇ドル――決められている融資の年利の一〇分の一程度――しか支払っていないと記されていた。ところが、倒産のわずか数週間前にアライドがSECに提出した書類によると、アライドは二〇〇六年度には一七〇〇万ドル、二〇〇七年度三月には一〇〇万ドル以上の利息を認識しており、債券や株式への三七〇〇万ドルの投資については、すべて相変わらず取得原価で評価していることになっていた。これは二〇〇七年度六月期にスイート・トラディションズを破産に追い込んだわずか1四半期前のことである。これはもう、聞・き・飽・き・た。

■■■■■■■

二〇〇七年一一月七日、アライドは第3四半期の業績を発表したが、過去数年間で初めて一株当たり六二セントの損失を報告した。融資では数年にわたって好調を維持していたが、ここへ来てハイリスクな債券と融資の評価が全面的に低くなってきたのである。前四半期のコンファレンスコール（電話会見）では、経営陣が、市場の低迷が四〇億ドルのポートフォリオに及ぼす影響を見くびっていたが、将来的には融資利回りの改善が見込めるため、信用サイクルからすると次はプラスに転じるだろうと説明していた。ただ、ウォルトンによれば、信用危機が拡大してくるにつれて評価倍率が低下してきたため、アライドも「とくに金融サービス部門で、または重要なビジネスモデルの問題がなさそうなポートフォリオ企業から」評価減を実施したという。勝ち組の大半を売ったアライドだが、今回は評価増を相殺することはなかった。

持ち株イニシアティブ用の費用として一株当たり九セントを差し引いたあとの純投資収益も、一株当たりわずか一二セントと芳しくなかった。この持ち株イニシアティブは、七月に一株三一・七五ドルで完了。税金分配を一年繰り延べることができるという特権を生かし、アライドが政府に納めた所得税は一株七セント。またマーキュリー・エアの売却も完了し、ようやくスターテック・グローバル・コミュニケーションズへの投資の実現損失を認識した。

ウォルトンは四半期コンファレンスコールのときに、業績には「ばらつきがある」と説明していたが、次の言葉には驚かされた。ＢＬＸは「今後は政府保証付き融資に重点を置かなくなる」というのである。ＢＬＸでは原価構造と資本の要件が「最適状態からはほど遠く」なっており、政府保証が付かない「従来型の」中小企業向け融資に全力を注ぐのだという。その結果、融資組成件数は短期間で三〇％減少し、ＢＬＸの残余持ち分と簿価の評価減を実施することになり、それがアライドの投資評価をさらに八四〇〇万ドル切り下げることにつながった。それがこの四半期の損失の原因だというわけだ。

ウォルトンは続けた。

「こうした戦略の変更を実行に移すため、ＢＬＸの現ＣＥＯ（最高経営責任者）ボブ・タンネンホイザーが中間会長、アライド・キャピタル向け商業用不動産担保ローンの投資会社を二社立ち上げたジョン・シューラーが中間ＣＥＯの役割を担うことになります」

わたしはすぐに疑問に思った。タンネンホイザーは起訴されるかもしれないのだ。そんな不都合が起きてもタンネンホイザーのことを「元社員」と呼ぶつもりなのか。アライドはそういう心配をしていなかったのだろうか。

ＢＬＸがいかに醜く見えようとも、アライドはひたすら化粧を続けていた。もしギブアップでもしようものなら、評価減だけにとどまらず損失まで実現しなければならなくなる。ＢＬＸ規模の実現損失が出れば、投資家が将来の「配当」の「見通し」ができるようアライドが蓄えていた未分配の税金の積み立てにとっても不利になる。だが、アライドは再びＢＬＸ重視を決めたのである。

「従来型の中小企業や商業不動産向け融資の貸付業者として、ＢＬＸを確立し、育てていく大きな機会（原文どおり）があると考えております。ＢＬＸの商業用不動産の借り手基盤を拡大すべく、商業用不動産担保ローン業界のベテランに加わってもらおうと必死で頑張っているのがジョンなのです。こうして戦略を変更したときには、まさにジョンがＢＬＸを引っ張っていく適任者ですね。わたしどもはこういう過渡期に企業を支えていく実績や資源を持っているのです」とウォルトン。

もしシューラーに商業用不動産担保ローンの貸し手基盤を確立してもらうことに意味があるなら、ＢＬＸの大混乱を片づけるよりも――とにかく高額の費用がかかる――、ゼロから作り直したほうが間違いなく簡単だろう。

質疑応答のセクションでは、すでにセルサイドのアナリストたちがひどい業績をいかにごまかしているのかを突き止めようと頑張っていた。フェリス・ベーカー・アンド・ワッツのアナリスト、ヘンリー・コフィーはこう提案した。

「もしＧＡＡＰ（一般に公正妥当と認められた会計原則）を投げ出すことになったら、スウィニーさん、そんなことができればわたしもうれしいんですけどね、御社の営業利益を調べ、物品税やストックオプション費を除外するというのはどうなんでしょうね、フェアなんでしょうか？　それから、ＩＰＡ（個別業績賞）の経費についてはいかがでしょう？」

評価減を実施しても、アライドがその投資評価に市況の変化を十分に反映させていないのは明らかだった。コンファレンスコールでも、経営陣は信用格差が拡大していることを認めた。二〇〇二年にはそれを認めなかったため、債券ポートフォリオ全体を再評価して市況の悪化を計算に入れることもなかった。アライドが実施した評価減は株式のポジションに集中していた――債券投資は総じて取得原価のままだった。これもう、聞・き・飽・き・た。

■　■　■　■　■　■

スイート・トラディションズが倒産してからも、アライドはまだ延滞融資を取得原価で評価していた――この四半期には株式投資の評価を切り下げたというのに。資産運用会社のカリダス・キャピタル・コーポレーションへの投資を通して、アライドはＣＬＯ（ローン担保証券）の株式部分など一連のストラクチャードファイナンス製品に投資をしていたが、危機が深刻化してくると、そのストラクチャードファイナンス製品の市場価格がとくに大きく下落。ところが、アライドは一億八八〇〇万ドルに上るＣＬＯの評価をわずか六％しか切り下げていない。

アライド株は、同社が持ち株イニシアティブの価格を決定した六月には三一・七五ドルだったが、第３四半期の決算が発表されると下落した。この悪材料を受けて、二〇〇七年一一月八日には株価は二一・五五ドルまで急落。インサイダーは加重平均行使価格二一・五〇ドルで一〇三〇万のオプションを行使し、現金で五三〇〇万ドルを、株式で一七〇万株を受け取った。もしこの悪材料を発表するまでアライドが持ち株イニシアティブの実施を遅らせていたら、インサイダーのオプション価値はほぼゼロになっていただろう。このオプション用の「余計な」一億六〇〇〇万ドルは、アライドのある年度の純投資収益の四分の三に相当する（**図32・1**を参照）。

手品師の助手を務める美女と同じように――のこぎりで胴体を切断されているのに、笑いながら手足を動かし、何ともないことを強調している――、アライドのインサイダーもつまらない余興を繰り返していた――表向きは公開市場で購入して株式を「信頼」していることを示していたが、「実はこの美女、半分に切断されてなどいなかった」のだ！　ウォルトンは持ち株イニシアティブで入札することで、現金で一四五〇万ドルを受け取ったばかりだが（一四五〇万ドル分の株式のほかに）、これまでのところ五万株を一一〇万ドルで購入するなど、「社内」ではウォルトンが最大の買い手であった。こうしたインサイダーの買いには、ブルームバーグ誌やバロンズ紙、モトリー・フール、インサイダースコア・ドット・コムなどの肯定的な記事を含め、メディアからは相当な注目を集め、二週間もしないうちに株価は二五・四七ドルに回復した――アライドはすかさず、ドイツ銀行による夜間公募で新たに三二五万株を売り出した。

図32.1　OCP前後のALD株のインサイダー保有高の価値総額

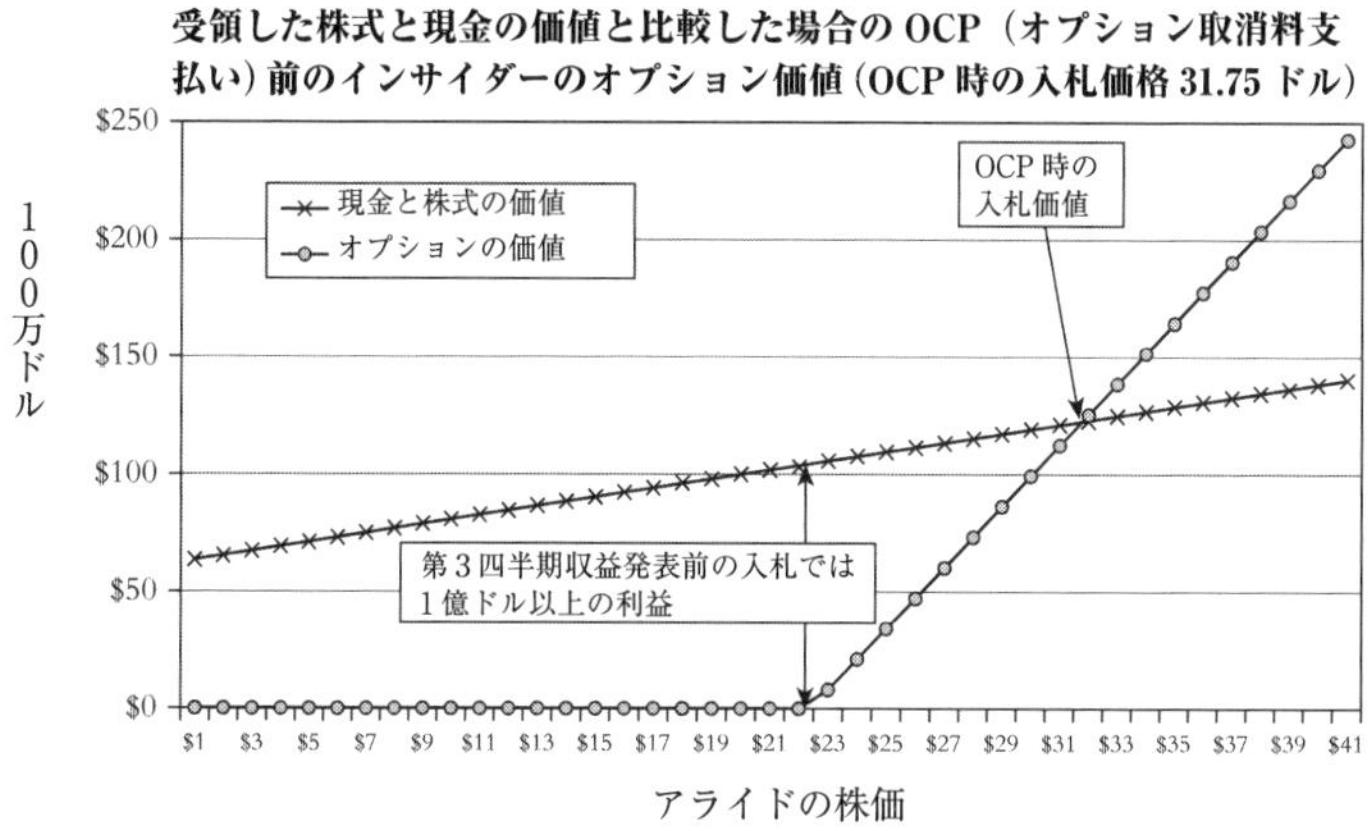

二〇〇七年九月三〇日、アライドは四三億三〇〇〇万ドルのポートフォリオのうち三九億三〇〇〇万ドルの格付けをグレード1（キャピタルゲインが期待できる）、またはグレード2（計画どおりの運用成績）にした。グレード3～5に格付けしたのはわずか四億一〇〇万ドル分、つまり九％にすぎなかった。しかし、**表32・1**に示すとおり、同社のポートフォリオのうち一三億五〇〇〇万ドル分、つまり三一％は、計画以下の運用成績しか上げておらず、一部の評価を切り下げたか、あるいは延滞債務に分類したかのいずれかであった。

ところが、一部格下げした数億ドルの投資もグレード1かグレード2に分類していた。このような投資をなぜグレード1とかグレード2だと考えるのだろう？　格付けが甘すぎる。どうやらエクイティキッカー（**訳注**　負債に対して

2007年9月30日現在
（単位＝1000ドル）

投資先	取得原価	評価額	未実現（損失）
29 SGTインディア・プライベート・リミテッド	4,098	2,625	(1,473)
30 アブボーン・ヘビー・メンテナンス	2,401	973	(1,428)
31 ディスタント・ランズ・トレーディング	56,179	54,831	(1,348)
32 カリダス・デット・パートナーズ（CLOファンドIII）	21,980	20,702	(1,278)
33 マルチ・アド・サービシズ	21,748	20,690	(1,058)
34 ウォーカー・インベストメント・ファンドII	1,330	358	(972)
35 パフォーマント・ファイナンシャル	734	–	(734)
36 コーテック・グループ・ファンドIV	3,383	2,906	(477)
37 スイート・トラディションズ	37,052	36,673	(379)*
38 エレクシス・ベータ	426	50	(376)
39 ヘルスASPex	500	133	(367)*
40 SPPメザニン・ファンドII	2,750	2,409	(341)
41 ドリュー・フォーム・カンパニーズ	729	396	(333)
42 インターナショナル・ファイバー	26,854	26,554	(300)
43 BB&Tキャピタル・パートナーズ／ウィンザー・メッズ・ファンド	5,873	5,607	(266)
44 リタレル・ベタイルグングズ	2,557	2,333	(224)
45 ホマックス・ホールディングス	25,453	25,235	(218)
46 フローズン・スペシャルティーズ	435	230	(205)
47 トランザメリカン・オート・パーツ	24,944	24,762	(182)
48 カタートン・パートナーズVI	1,795	1,656	(139)
49 ベアド・キャピタル・パートナーズIV	1,967	1,856	(111)
50 アビエーション・プロパティーズ	65	–	(65)
51 VICORPレストランツ	33	–	(33)
52 その他の企業	6,524	6,511	(13)*
53 ガーデン・リッジ	20,500	20,500	–*
54 ジェイケル	1,575	1,575	–*
55 パウエル・プラント・ファームズ	1,350	1,350	–*
56 スタッフィング・パートナーズ・ホールディング	541	544	3*
累積総額	**2,037,034**	**1,354,372**	**(682,662)**
ポートフォリオに占める割合（%）		**31.3%**	

注＝*不良債権化した証券投資を示す

表 32.1　評価減を実施した、または不良債権化した投資

投資先	取得原価	評価額	未実現（損失）
	2007 年 9 月 30 日現在（単位＝1000 ドル）		
1 ビジネス・ローン・エクスプレス	324,559	136,710	(187,849)*
2 ホット・スタッフ・フーズ	187,589	91,542	(96,047)*
3 MHF ロジスティカル・ソリューションズ	65,544	10,585	(54,959)*
4 トライビュー・インベストメンツ	164,259	127,334	(36,925)*
5 グローバル・コミュニケーションズ	42,999	7,576	(35,423)*
6 ペンダム	34,028	–	(34,028)*
7 アラリス・コンサルティング	32,176	–	(32,176)*
8 ウェア・ミー・アパレル	183,050	151,432	(31,618)*
9 アースカラー	199,980	169,324	(30,656)
10 インサイト・ファーマスーティカルズ	91,584	63,275	(28,309)*
11 ボーダー・フーズ	16,568	2,473	(14,095)
12 ダイレクト・キャピタル	56,765	44,438	(12,327)
13 ドリブン・ブランズ	148,133	136,655	(11,478)
14 ゴーディアン・グループ	9,567	–	(9,567)*
15 カリダス・MAPS CLOS ファンドⅠ	67,090	58,074	(9,016)
16 コディアック・ファンド	9,423	2,853	(6,570)
17 プレス・エア・ツール	6,725	800	(5,925)*
18 メッドブリッジ・ヘルスケア	14,748	8,887	(5,861)*
19 クリエイティブ・グループ	15,073	9,259	(5,814)*
20 e センチュリー・キャピタル・パートナーズ	6,899	2,615	(4,284)
21 ミッド・アトランティック・ベンチャー・ファンドⅣ	6,975	2,861	(4,114)
22 レガシー・パートナーズ・グループ	8,104	5,114	(2,990)*
23 カルダー・キャピタル・パートナーズ	4,453	2,565	(1,888)*
24 グロテック・パートナーズⅥ	8,808	6,970	(1,838)
25 ユニバーサル・エンバイロンメンタル・サービシズ	1,810	–	(1,810)
26 カリダス・デット・パートナーズ（CLO ファンドⅣ）	12,373	10,758	(1,615)
27 ベッカー・アンダーウッド	30,449	28,836	(1,613)
28 アキシウム・ヘルスケア・ファーマシー	13,527	11,977	(1,550)

付与される新株予約権など）から得られる利益を考慮に入れて、投資全体——融資と株式——をグレード1に分類していたようだ。だが、その逆は成り立たなかった——アライドは投資の下位部分では損失が出ると予想していたため、投資全体ではなく減損した下位部分だけを格下げしていた。

残りの投資のなかには上昇しているものも多少あったが、それも怪しげだった。先述のとおり、アライドはマーキュリー・エアの売却時にポートフォリオから最後の花を摘み取ってしまった。未実現利益のうち最大級の企業は、アライドが二〇〇四年六月に買収した中小企業向け設備機器のリース業者ファイナンシャル・パシフィック・カンパニーであった。大半の投資先企業とは異なり、ファイナンシャル・パシフィックの場合は、上場を意識してSECに書類を提出していたため、公のデータが十分にあった。アライドは予想されるIPO（新規株式公開）価格にかなりのプレミアムを上乗せした高値で同社を買収。支払った額は九四〇〇万ドル——ファイナンシャル・パシフィックがその取引で劣後債を回収したのかどうかにもよるが、同社の株主資本の三・五～五倍の価格であった。SECへの提出書類によると、設備機器のリースの利回りは一定だったが、ファイナンシャル・パシフィックは変動金利で融資を受けていた。したがって、提出書類では、短期金利が上昇すると会社に悪影響が及ぶことを予告していた。するとアライドが同社を買収した直後、FRB（連邦準備制度理事会）が短期金利の利上げキャンペーンを開始し、二〇〇四年七月から二〇〇六年八月にかけて翌日物レートを一％から五・二五％へと一七倍も引き上げたのだ。しかし、当初の購入価格は高かったし、利率もつい最近の二〇〇七年九月三〇日にようやく下がり始めるという逆風にもめげず、アライドはファイナンシャル・パシフィックをかなりの高値で評価していた。

もう一社、未実現利益として残っていたのがカリダスだ。二〇〇三年一一月、アライドはカリダスの過半数株式を取得（カリダスの経営陣が少数を保有）。同時に、カリダスの最もリスキーな将来の取引に大きなポジションを取ることも約束。しかし、アライドはカリダスを「ポートフォリオ企業」だと考えていたため、連結はしなかった。アライドによるBLXの会計処理のリサーチで学んだとおり、投資会社はほかの投資会社と財務を連結することができる。それを考えると、カリダスは連結の資格がある。だが、カリダスを非連結にしておけば、カリダスへの投資の未実現評価益を認識して利益を押し上げることができるのである。カリダスを連結してしまうと、こうした利益を計上するわけにはいかなくなる（**表32・2**を参照）。

今ではアライドの分配金維持のための純投資収益を生み出す能力にも陰りが見えてきた。経常利益も激減してきた――二〇〇二年三月にはポートフォリオの利回りは一四・三％だったのが、二〇〇七年九月には一一・九％に低下し、被支配企業から得られる手数料の認識力も低下した一方で、営業経費、とくに報酬が増大している。二〇〇一年度には純投資収益で税金分配分をほぼカバーできていたが、二〇〇七年度の最初の九カ月間ではその三〇％未満しかカバーできなくなっている。その結果、キャピタルゲイン戦略、つまり勝ち組を売って負け組を保持

	2007年9月30日現在 (単位＝1000ドル)		
投資先	**取得原価**	**評価額**	**未実現利益**
31 オデッセイ・インベストメント・パートナーズ・ファンドIII	1,542	2,162	620
32 ポストル・アルミニウム	63,989	64,589	600
33 SPPメザニン・ファンド	2,364	2,928	564
34 カタートン・パートナーズV	3,510	4,038	528
35 ザ・ステップ2	98,155	98,675	520
36 ヨーク・インシュアランス・サービシズ・グループ	46,234	46,734	500
37 ソテリア・イメージング・サービシズ	15,872	16,343	471
38 アライド・キャピタル・シニア・デット・ファンド	19,080	19,535	455
39 パスポート・ヘルス・コミュニケーションズ	2,048	2,446	398
40 アルピン・ESP・ホールディングス	636	1,019	383
41 インパクト・イノベーションズ・グループ	–	320	320
42 アプボーン	611	850	239
43 スターテック・グローバル・コミュニケーショズ	230	440	210
44 リージェンシー・ヘルスケア・グループ	13,937	14,122	185
45 ダイナミック・インディア・ファンドIV	6,050	6,215	165
46 カーリッスル・ワイド・プランク・フロアーズ	3,523	3,623	100
47 プロマッチ	15,966	16,066	100
48 ディジタル・ビデオストリーム	21,589	21,686	97
49 センター・キャピタル・インベスターズIV	2,079	2,170	91
50 カリダス・デット・パートナーズ(CDOファンドI)	28,402	28,482	80
51 ノバック・ビドル・ベンチャー・パートナーズIII	1,910	1,983	73
52 ベンチャーハウス－サイバーネット・インベスターズ	–	54	54
53 サービス・センター・メタルズ	5,293	5,317	24
54 スタッフィング・パートナーズ・ホールディング	541	544	3
累積総額	**1,649,992**	**1,933,371**	**283,379**
ポートフォリオに占める割合(％)		**44.7%**	

表 32.2　評価増を実施した投資

	2007年9月30日現在（単位＝1000ドル）		
投資先	取得原価	評価額	未実現利益
1 ノーウエスコ	120,859	200,664	79,805
2 カリダス・キャピタル	8,642	49,215	40,573
3 ファイナンシャル・パシフィック	97,570	137,951	40,381
4 ベネフィットモール	155,227	170,075	14,848
5 サービス・チャンプ	41,827	54,520	12,693
6 アメレックス・グループ	11,909	24,057	12,148
7 アドバンテージ・メイヤー	154,041	165,041	11,000
8 CR ブランズ	73,773	81,486	7,713
9 ペン・デトロイト・ディーゼル・アリソン	60,008	67,675	7,667
10 エア・メディカル・グループ	5,336	12,666	7,330
11 カバーオール・ノース・アメリカ	57,539	63,909	6,370
12 プログレッシブ・インターナショナル	4,483	10,087	5,604
13 MVL グループ	70,927	75,245	4,318
14 Bl	34,495	37,895	3,400
15 ハドル・ハウス	100,682	103,411	2,729
16 シティポスタルおよび関連会社	26,658	29,015	2,357
17 ハブコ・ウッド・プロダクツ	8,929	11,074	2,145
18 メッドアセッツ	2,049	3,945	1,896
19 ネットワーク・ハードウエア・リセール	34,217	35,872	1,655
20 SB レストラン	29,493	30,974	1,481
21 コマーシャル・クレジット・グループ	30,043	31,494	1,451
22 アップデータ・ベンチャー・パートナーズ II	4,727	6,148	1,421
23 カムデン・パートナーズ・ストラテジック・ファンド	997	2,382	1,385
24 ベンチャーハウス・グループ	–	1,381	1,381
25 クック・インレット・オールタナティブ・リスク	100,147	101,207	1,060
26 フォーサイト・タワーズ	–	881	881
27 オールド・オーチャード・ブランズ	38,109	38,944	835
28 アオフ・ウェイスト・サービシズ	239	1,000	761
29 カリダス・デット・パートナーズ（CLO ファンド V）	13,988	14,649	661
30 ゲオトレース・テクノロジーズ	9,517	10,167	650

するという戦略に完全に頼ることになったのである。

未実現損失を実現損失にするのを回避するためなら、アライドは何でもする――ぐらぐらした足場を考えた場合、とくにＢＬＸに関しては。とはいえ、結果はアライドの手に負えるようなものではなくなるだろう。アライドには一億九〇〇〇万ドルの未実現損失とＢＬＸへの投資の残り一億三六〇〇万ドルに加え、ＢＬＸの銀行借り入れの保証として多額のエクスポージャーがあった。二〇〇七年九月、ＢＬＸが二〇〇八年一月までは債務不履行による責任が短期的に免除されるよう、アライドは保証比率を五〇％から六〇％に引き上げることに同意。二〇〇八年一月にはＢＬＸの銀行借り入れに対する保証を一〇〇％に、つまり四億四二〇〇万ドルに引き上げた。もしＢＬＸが破綻してアライドが保証するとなると、アライドの実現損失は七億ドルを超えることになる。ただし、政府がアライドから追加で損害賠償金や違約金を取らなければの話だが。

勝ち組を売って負け組を保持することで、アライドは未分配の課税所得を大量に「積み立て」おき、それで会社には四半期分配を実施する長期的な力があるのだ、と言って投資家を安心させていた。だが、アライドにとっては利食いができるような勝ち組を見つけるのが困難になっており、ＢＬＸによる最終的な損失は、積立金を超過しないまでも、それを食いつぶすことになるだろう。わたしはそう信じていた。アライドの二〇〇七年九月の評価を見ると――ＢＬＸの追加損失、つまりアライドの積極型会計によるほかの影響を考えなければ――、ポートフォリオの未実現損失は六億八三〇〇万ドル、未実現利益はわずか二億八三〇〇万ドルであった。

アライドは株主分配を維持するため、年間およそ四億一〇〇〇万ドルを分配しなければならなかった。二〇〇七年九月の時点で、積立金にはおよそ四億ドルあり、約一億一一〇〇万ドルの年間純投資収益を生み出していたが、未実現利益を超過している未実現損失が四億ドルもあった。ほかにもＢＬＸの損失はかなりあり、積立金も切迫していたはずだ。

もし積立金がなくなっても、アライドには利益ではなく資本金から分配金を支払うというオプションがあるが、株主はその違いには気づかないだろう。分配金がカットされるなど、考えられないことなのだ。当年度の報告利益ではなく、前年度に蓄積した操作しやすい課税所得にアライドが着目しているというのは、危険信号にほかならない。資本金から分配金を支払いつつ、同時に新たな資本を調達するというのは、昔ながらのねずみ講のやり方と同じである。ねずみ講というのは、崩壊するまでは被害者なき犯罪というわけか？

ねずみ講は、経済学者が「安定した不均衡」と呼ぶような経済に存在する。永久に持続可能というわけではないが、ある所定の時間枠のなかでは失敗するとは限らない。そう、アライドは慢性的に新株を発行してより多くの資本を調達することで、それが何年も持続することを立証しているのである。こんなに粘り強く頑張っても何の反証にもならないのだが。

第33章

有罪判決、公聴会、そして訴訟の棄却

司法省もミシガン州でのビジネス・ローン・エクスプレス（ＢＬＸ）の調査から確信を得たようだ。二〇〇七年一〇月にはＢＬＸデトロイト営業所所長パトリック・ハリントンが大陪審に共謀と虚偽の表明を認めた。連邦検事のスティーブ・ロビンソンは、捜査はまだ終わっていないとしつつ、ブルームバーグ誌にこう語った。

「起訴件数はこれだけじゃ済まないでしょうね」

ハリントンは捜査協力を拒んだ。ブルームバーグ誌は、「政府はいつも高望みをするが、そんなことは一度も口にしたことがない」というハリントンの弁護士の言葉を紹介した。本書を執筆しているころ、ハリントンは判決待ちの状態だった。ＢＬＸが組成した融資の不正に関与していたほかの十数人もそれぞれ犯行を認めた。

ＢＬＸの声明によると、ハリントンは司法取引で六五〇万ドルの不正融資を認めた。ＢＬＸ

ではこう明言した。

「すべての損失の原因はハリントン氏が認めた犯罪行為にあり、それはすべてＢＬＸが負担することになる」

注目すべきは、ＢＬＸが自ら組成した不正融資の全額返済を約束しなかったことである。

ハリントンの有罪答弁の直後、ＳＢＡ（中小企業局）のＯＩＧ（監察局）は、同局のＢＬＸ監督部門による監査結果をウエブサイトに掲載した（http://www.sba.gov/ig/7-28.pdf）。監査は七月に終わっていたのだが、ＯＩＧが編集にかなりの時間をかけ、一〇月になってようやく掲載。ところが、何ページにもわたって、また何段落にもわたって黒く塗りつぶされているのである――この文書を印刷するにはトナーカートリッジが大量に必要になった。なぜなんだ？

ニューヨーク・タイムズ紙のインターネット版に掲載されている二〇〇七年一二月の「ビジネス・インテリジェンス」というコラムで、キース・ジラードは、ＳＢＡが「もみ消し」を図ったことを次のように説明している。

ＯＩＧではこのような報告書をウエブサイトに掲載するのが通例となっている。しかし、夏に報告書を書き終えたところ、ＳＢＡの法務顧問フランク・ボーチャートから報告書の公表を控えるか、事実上書き直すか、どちらかにしてほしいと言われた。称賛に値することだが、監察官エリック・Ｍ・ソーソンとＯＩＧの弁護士はそれを拒否。こう着状態が続いたが、結局は妥協することに。ソーソンは法務顧問の事務所に報告書の変更、すなわち「編集」を許可した。

こうした要求が出てくるのは尋常なことではない。OIGは独立機関のはずだが、法務顧問の事務所が定期的に報告書をチェックし、慎重を期する法的情報や専門的情報、機密情報については編集を加えることがたびたびあった。ただ、今回の編集はかなり広範囲に及び、ソーソンもまず表紙に免責条項を追加せざるを得なかった。例えば、OIGの勧告のほぼすべてが黒く塗りつぶされてしまった。

報告書では、BLXの業績を約定返済率（延滞率の逆）、損失率、買い取り率、清算率といったSBAのベンチマークと比較していたが、実際のデータは編集されてしまっていた。したがって、詳細を「現場検証で注目した重大な欠陥およびSBAの規則に対する非順守事例」と題するセクションに記した。「結論の要約」セクションの大半と「イベント時系列表」は、全体が黒く塗りつぶされていた。SBA内部でのBLXに関するリスク分析の議論の部分も、「SBAは引き続きBLXの委託貸付権限を更新し、融資を買い取る」と題するセクションも編集されていた。OIGは放棄声明文に、「二〇〇一年以来、SBAの監督活動によってBLXの業績に関して多発する重大な問題を特定している。このように問題が多発しているにもかかわらず、SBAは相変わらずBLXの優先的貸付業者としての指定を更新し、買い付けの審査プロセスを経てもＢＬＸの融資組成能力を制限する、あるいは財務上のリスクを低減する措置を何ひとつ講じていない」と記していた。最後に、ＯＩＧの五つの勧告に対するＳＢＡの回答は、「追加コメント」というセクションと共に完全に書き直されていた。

ＳＢＡが黒いマーカーを使うのは何も不思議なことではなかったが、こうして編集されていても、監査の細かい情報をきちんとつなぎ合わせれば、ＯＩＧがＳＢＡに対して極めて批判的だということがよく分かる。ＳＢＡの不作為のおかげで政府は数億ドルもの負担を強いられているのに、ＳＢＡはＢＬＸに対してかなり矛盾した対応を取っている（融資ポートフォリオの成長と貸付業者の監督）、と述べているのである。

ＯＩＧによると、ＳＢＡは監査結果を承認せず、勧告を実行に移そうともしなかった。「ＳＢＡの上層部は監査結果や勧告を聞く耳を持っていない」と監察官は話している。最初の三つの勧告は編集されていた。残りの勧告は、ＰＬＰ（優先的貸付業者）の指定をいつ停止するのか、またはそれを取り消すのか、またそれをどのように実施するのかを説明する標準作業手順を開発すること、そして組成件数に重点を置くＳＢＡ資本アクセス室への報告を貸付業者の監督官に任せているという矛盾に取り組むことだった。報告書には、勧告がどう編集されようと、目的は「ＢＬＸがもたらすリスクを低減し、一貫性のある統一した執行措置を推進すること」と書かれていた。ＳＢＡは内部ＯＩＧの勧告にも真摯に取り組もうとしていなかったのだ。ＯＩＧには問題点が分かっていても、ＳＢＡ自体がそれを承諾せず、なぜ承諾しないのかについても

――議論することはおろか――公開しようとさえしなかったのである。

黒く塗りつぶされた行間を読んでいくと、ＯＩＧは多発している問題を十分に突き止めており、過去六年間ＳＢＡがＢＬＸのＰＬＰ指定を更新すべきだったのかどうか、疑問を呈しているのが見て取れる。危険信号が数々ともっているにもかかわらず、また二億七二〇〇万ドルもの保証金を支払っているにもかかわらず、ＳＢＡはＢＬＸの融資買い取り要請に関する精査を強化しなかった。ＯＩＧは、ＳＢＡがＢＬＸの問題ある融資を三九件も特定しているにもかかわらず、「その不備を是正せず、保証の回復も拒否もしていない」と考えていた。

報告書はさらに続いた。

「ＳＢＡの職員は適切な措置を講じていると信じているが、われわれとしては、ＳＢＡの規則を順守しない理由をＢＬＸに説明させ、貸付業者のポートフォリオがもたらすリスクを軽減するためにもっと厳しい措置を講じる必要があると考えている。ＳＢＡは限定的な措置しか講じていない。その理由は次のとおりである。
●委託貸付権限の停止または取り消しの条件を説明した明確な執行規定がなかったし、停止や取り消しの方法を指示する手続きもなかった。
●ＯＬＯ（ＳＢＡ貸付業者監督室）とＯＦＡ（ＳＢＡ金融支援室）の貸付業者監督責任がＯＣＡ（ＳＢＡ資本アクセス室）の融資件数目標と矛盾しており、これは貸付業者をＰＬＰにしたいという思いと、貸付業者の業績を評価して執行措置を講じる必要性とが衝突する可能性を示していた、または少なくとも衝突している様相を呈していた。

●BLXをPLPやほかの委託貸付プログラムから締め出すと、SBAでは現地事務所の融資処理要員を削減しているのに、逆に現地事務所が処理する融資件数が大幅に増えることになる。また、SBAではケンタッキー州ハザード市とカリフォルニア州サクラメント市に標準7（a）保証付き融資処理センターの建設を企画していたが、融資件数が増えたら十分な管理要員を配置できないのではないかと考えていた可能性がある。

報告書では、SBAは成績の芳しくない貸付業者をPLPプログラムから締め出して罰することはめったになく、第一に締め出す手続きを踏むこともめったにないため、貸付業者にも規則を順守しようという意欲がほとんどなかったとしており、「SBAでも、いつPLPの権限を停止する、または取り消すのか、またその方法を説明した規定や手続きを定めていない。連邦規則集第一三巻の最新版とSBAのSOP（標準業務手順書）には執行措置がいくつか記載されているものの、指針には、いつ、またどのような条件で執行措置を講じるべきかについての指示は記されていない」と書かれている。

報告書はさらに続いた。評価がいくら低くても、「指定の停止や更新なし、というのはそう頻繁にはなかったため、貸付業者は基本的にSBAの委託貸付権限の要件を無視することができできたし、それが重大な結果を招くこともなかった。したがって、執行規定が一貫して導入されていないことから、貸付業者も一定の評価の結果については確かなことは言えず、SBAの監督体制に対しても深刻に受け止めていなかったのだろう」というわけだ。これは深刻だ。

報告書によると、そのうえ、SBAにはもともと葛藤があった。PLPの指定を取り消すことは、中小企業に融資を提供するというSBAの中心的職務と矛盾する。さらに、BLXなどの大手業者をプログラムから締め出せば、SBAの融資ポートフォリオも小さくなる。「BLXは二〇〇一年からSBAの貸付業者の上位一〇位内に入っているため、委託貸付権限を停止するなど、BLXのリスクを適度に低減するような措置も、SBAの融資件数の目標達成に支障を来すことになるのだろう」とも記されている。

■■■■■■■

OIGがこの報告書を公表してから一週間後のこと、ダウ・ジョーンズ・ニューズワイヤー紙が、上院中小企業・起業家委員会委員長のジョン・ケリー上院議員がこの編集のことを気にしているという、キャロル・レモンドの記事を掲載した。記事のなかでケリー上院議員はこう語っている。

「政府機関が監察官の勧告や公開審査に対する返答の公表を控えようとするのは極めて異例

である。ＳＢＡはその根拠を十分かつ完全に説明しなければならない」

記事によると、ケリー上院議員が懸念していたのは、ＳＢＡが監察官の勧告を深刻に受け止めず、「中小企業向け貸付業者の監督を怠った結果、長年不正が放置されたままになっている」という事実に適切に取り組んでいないことであった。ケリー上院議員は近々この問題に関する公聴会を開くという。

記事は続いた。「ＳＢＡの広報官は編集個所の範囲に関するコメントを拒否。ＳＢＡはメールにこのように記した。『監察官の報告書に書かれていた内容には、法律上外部に出せない情報や機密情報があまりにも多く、われわれがお話しできる内容が少なくなったためである』と。アライドもノーコメントだった」とレモンドは伝えている。

ケリー上院議員は、特大の太字で「ケリー、不正行為の調査結果を公表しないというブッシュ政権の決定に疑問符」と題するプレスリリースを発行。プレスリリースにはこう記されていた。「政権が事実を国民の前に公にしなければ、われわれも問題の核心を突くことができない……。政権は監察官の勧告とそれに対する対応を公表しない根拠を説明しなければならない。将来の不正と闘い、この重要な中小企業向け融資プログラムのインテグリティーを守るため、アメリカ人はあらゆる関連情報にアクセスする必要がある」

ケリー上院議員は、全額返還を求めたりＢＬＸを締め出したりするためにきちんとした措置を講じることには関心がなさそうだったが、監査結果を編集したとして、声高にブッシュ政権を批判することには何の支障もなかったようだ。

二〇〇七年一一月二日、わたしはブリックマンと一緒にワシントンに飛び、上院委員会民主党スタッフ代表のケビン・ウィーラー女史と委員会法務顧問のアンジェラ・オームと面会した。ウィーラーは三〇分しか会議室を予約してくれなかったが、時間が足りずに場所が必要になればカフェテリアに場所を移して最後まで議論することに意欲を見せてくれた。わたしたちは、クロールの報告書を含め、BLXに関する調査結果のバインダーを手渡すと、BLXについてはもう何年も前からSBAやSEC（証券取引委員会）に苦情を申し立てていることを説明した。ブリックマンとわたしは、この不正がハリントンの不正をはるかに超えており、全国的にも広がりを見せ、SBAや農務省の融資プログラム以外にも及んでいることを示した。わたしたちは委託貸付業者、とくにノンバンクの貸付業者に対するSBAの役立たずの監督体制について時間をかけて議論した。SBAが監督しているにもかかわらず、銀行は厳しい規制当局による個別の審査を受けているため、ノンバンクの業者よりも成績が良い。

また、SBAが同局を完全に閉鎖せよと主張する評論家からの批判にさらされていることについても議論した。昨今の市場では、中小企業は政府の補助金など必要としていないというのが評論家たちの主張である。規模に関係なく、価値ある企業にはすぐにでも融資してくれる民間の貸付業者も多く、当初は融資を受ける資格などなかった中小企業もずいぶんと減ってきた。SBAは旧来の官僚主義的なやり方でそうした評論家に対する攻撃態勢を整えてきているが、評論家たちは、SBAがポートフォリオも業務の範囲も広げつつ保身に終始してしまうのを失望しながら眺めている。

一九九〇年代、SBAはSBAエクスプレスとコミュニティエクスプレスという新しい融資プログラムを開発した。中小企業向け融資に政府の保証を付け、申請手続きを簡略化したものである。SBAのウエブサイトによれば、「SBAエクスプレスは、SBAのえり抜きの貸付業者にさらなる権限を委託し、SBAの融資承認プロセスを合理化し、効率化を図ることによる影響をテストするために制定されたもの」だそうだ。このプログラムでは、二五万ドル未満であればSBAの審査もほとんどなしで、貸付業者に融資の処理を認めていた。結果がどうなっているかは想像に難くない。

7(a)プログラムの融資とまったく同様、SBA融資の保証をさらに「合理化」して「効率化」を図るというこの新たな規定も、不正と腐敗を蔓延させるという結果に終始していた。SBAのOIGが二〇〇六年一二月に作成した報告書を見ると、OIGが監査したSBAエクスプレスとコミュニティエクスプレスの四五件の焦げ付き融資のうち、四四件が不適切な融資であることが分かる。

「われわれの監査では、貸付業者が借り手の借入金の使途を確認したのか、適格性や信用度を判定したのか、または借り手の財務情報を検証したのかなどを評価するのに必要な情報も入手しないまま、SBAがSBAエクスプレスとコミュニティエクスプレスの融資を買い取っていることを開示した。欠陥の多さを踏まえると、二〇〇〇年一月一日以後に承認され、二〇〇五年二月一日以前に買い取られた二七二九件の融資の返済額のうち、一億二八〇〇万～一億三〇六〇万ドルがＳＢＡの適切な審査を受けていない」と監査報告書には記されていた。

言うまでもなく、ＢＬＸがＳＢＡエクスプレスやコミュニティエクスプレスへの参加を熱望したとしても驚かないだろう。二〇〇五年にはマイアミ・ヘラルド紙が、ＢＬＸでは前年に二六〇〇万ドル以上の融資を発行したとして――同社の予算の倍以上――、ＢＬＸをコミュニティエクスプレスの「スペシャリスト」と呼んでいる。

「南フロリダはハリケーンで大変でしたから、当社の業務を推進するわけにはいきませんでした――本当に緒に就いたばかりなんです」とＢＬＸの上級副社長フレッド・クリスペンは話していた。

さらにわたしたちは、融資プログラムの不正と闘うため、ウィーラー女史に次のような議会提言をしてくれるよう申し入れた。

●ＳＢＡは、貸付権限を委託することで蓄えた部分を、監督が行き届いている民間産業に再投資すべきである。

●ＳＢＡの監査では、「チェックボックスにチェックを入れる」だけの質問表に記入したり、融資申込書に「記入漏れがないか」を調べたりするのではなく、貸付業者の融資決定の質の評価に重点を置くべきである。

●SBAは、融資が最終的に整理されるのを待ってから損失を認識するのではなく、損失が発生した時点でその損失を認識すべきである。

●SBAは、貸付業者がSBAの融資プログラムに参加する際の客観的基準を開発すべきである。

●SBAは、優先的貸付業者のリスク格付けや規制当局への提出書類など、貸付業者の業績に関する情報をもっと公開すべきである。

●監督体制もお粗末で、不正行為の温床にもなっていることから、SBAエクスプレスやコミュニティエクスプレスといった新しい中小企業法第七条（a）項の融資プログラムは廃止すべきである。

ハリントンの起訴後は、ウィーラー女史もすでに時間をかけてBLXの状況を調べていた。ウィーラー女史は、たったひとりのごろつき社員が犯した不正だ、BLXは被害者だ、といったアライドの話を十分に聞いており、「SBAのOIGのだれかと個人的に知り合いなのか」と聞いてきたこともある。わたしはこう答えた。

「なぜそういう質問をされるのかは分かっています。ミシガン州のSBAのOIGとわたしは友人どうしだ、とアライド・キャピタルが言い触らしているからですよね」

ウィーラー女史はうなずいた。アライドがこの作り話を上院のスタッフにまで広めているとは驚いた。わたしは「いいえ」と言い、ミシガン州のＳＢＡのＯＩＧについては名前さえ知らないと答えた。

ブリックマンとわたしは、もし頼まれれば喜んで証言すると申し出た。するとウィーラー女史が、ＢＬＸの証人はだれにすればいいかと聞いてきたので、タンネンホイザーがいいと答えた。だが、タンネンホイザーは無理かもしれないので（この会議はアライドがタンネンホイザーの交代を発表してから一週間後だった）、ＢＬＸ側はデリル・シャスターではどうかと提案しているという。ウィーラー女史はさらにこう言った。

「シャスターからはずいぶん話を聞いていますけどね」

シャスターの名前が挙がったのは、彼はＢＬＸの幹部だが、大統領選に出馬するケリー上院議員への献金をＳＢＡ融資の貸付業者に働き掛け、ＣＥＯ（最高経営責任者）のタンネンホイザーが資金調達委員会のメンバーだと吹聴していたからでもある。

■■■■■■■

二〇〇七年一一月七日、ケリー上院議員は翌週に公聴会を開くことを発表。中小企業向け貸付業者の監督を強化するためである。この発表を聞いて、結局はタンネンホイザーが証言することが分かった。ブリックマンとわたしには、公聴会の記録の一部として書面で証言を提出する機会が与えられたが（もちろん、そうしたが）、直々に出席して証言するよう求められることはなかった。ケリー上院議員の事務所は当社の弁護士に対し、ケリー上院議員は「鬼ごっこにはしない」とSBAの職員に誓い、「調査公聴会」にはしないと約束したと話していた。

公聴会の冒頭、ケリー上院議員は何度もこの約束を口にしながらこう述べた。

「ですから、この公聴会の目的は政治ではないのです。『鬼』退治でもありません。SBAのOIGの助けを借りながら、透明性や説明責任、実効性を持たせるにはどうするか、SBAの貸付パートナーと当委員会では、どうしたらSBAの貸付業者の監督体制を強化できるか、どうしたらSBAの中小企業向け融資プログラムの不正を防止できるか、その答えを出すことでもありません」

「ちょっとあいまいだ、いや、かなりあいまいだ、などと言う人はここにはおりません。われわれにも分かりません。われわれがここにいるのは、分かっているある状況について、監察官が以前から話題にしているある状況について調査するためなのです」

BLXに申し訳なさそうに話していたケリー上院議員、公聴会の間はずっと同社に対してうやうやしい態度を貫いた。不正についても、同社の「ろくでなしと少人数のグループ」が引き起こしたもの、という言い方をした。ケリー上院議員はさらに続けた。

「この公聴会は、ビジネス・ローン・エクスプレスやほかの企業に損害を与えようという意図で開いているのではありません。ただ、きちんとした説明責任の基準がない、と言っているわけでもありません。社員に回答する必要があるからです。でも、それは通常の業務にすぎません し、この公聴会もそれと同じです」

「SBAの事務所からこれほどたくさんの焦げ付き融資が出てきているのに、なぜだれひとり気づかなかったのか、報告しなかったのかを理解する必要があります。また、今日の公聴会は、中小企業向け融資を減らした根拠など、当事者である企業側からも最近発表した内容の経緯を説明する良い機会になります。それに、ちょっと言わせていただければ、同社の発表に伴って融資が減ってしまうことを大変残念に思っているところです」

これを聞いたわたしは、もうあきれるしかなかった。

しかし、同委員会の少数党代表者でもあるオリンピア・スノウ上院議員は、SBAに対してもBLXに対してもさらに強硬な姿勢で臨み、こう言った。

「わたしとしては、今朝は、なぜ政府がBLXに不正融資やお粗末な引き受けを許したのかを徹底的に調査したいと思いますが……。何度も公聴会を開いてきましたし、報告書もずいぶん読みました。委員長のおっしゃるとおりですが、まだ不正融資が数百万ドル、数千万ドルという規模で見つかるという危機に瀕しているのです。BLXだけでも二億ドルを超えていたんですからね」

スノウ上院議員は、SBAの貸付業者の監督体制は「容認できない」と宣言し、ケリー上院議員と一緒になって、ＯＩＧの報告書に無用な編集を加えたとしてＳＢＡを批判した。そして手ぬるい監督体制、存在さえも怪しい監督体制を放置しておくとどうなるかをよく理解しており、こう述べた。

「ＳＢＡが貸付業者の監督体制を大幅に改善できないようなら、増大する損失や手数料によって、貸付業者も借り手もこうした重要な融資プログラムから締め出されることになるのではないでしょうか。損失や手数料が増大すれば、中小企業の資本増強能力が妨げられたり悪影響が及んだりするだけでなく、まさにこうしたプログラムそのものの使命も頓挫してしまいます」

冒頭で上院議員らが発言したあと、最初の証人であるＳＢＡ長官のスティーブ・Ｃ・プレストンが証言し、ＳＢＡの貸付業者の監督体制の効果を上げることの重要性についてざっと述べた。

ＳＢＡでは、徹底的な調査を前にして事前策を示そうと、公聴会の二週間前には貸付業者の監督体制と執行措置を講じるプロセスに新たな規則を作ることを提案していた。

プレストンは、ＯＩＧの報告書が編集されていたという冒頭の指摘については沈黙を守り、自分の証言書に言及した。そこには、ＳＢＡは未編集の報告書のコピーを上院委員会に提出したと書かれていた。証言書には「金融規制当局としてのＳＢＡの義務のインテグリティー」を守るため、一般大衆には知らせる必要がなく、仮に「そのような情報を公開したら、貸付業者から慎重を期する情報、つまり悪い情報を入手するＳＢＡの能力に深刻な影響が及ぶ可能性がある」と書かれていた。ＢＬＸの融資実績や不正の年表、ＯＩＧの勧告、そしてＳＢＡの回答を開示することが、なぜこのような損害の原因になるのかは理解しにくいが、上院議員らはこの苦し紛れの論理を受け入れざるを得なかったのか、「プレストンには編集について質問する者はいなかった」。

だが、スノウ上院議員はプレストンにＢＬＸに関する厳しい質問を浴びせた。

「ＢＬＸについては、なぜ是正措置を取らなかったのですか？　つまり、是正措置とか罰則とか、なぜなかったのか、例えば、なぜＢＬＸの優先的貸付業者の指定を取り消さなかったのかということです。ＯＩＧの報告書にはこう書いてあるからです。ええと……、貸付業者は基本的にＳＢＡの委託貸付権限の要件を無視しても重大な結果を招くことはないと」

残念ながら、この質問はほかのトピックに関する質問表に含まれるかなり長い発言の一部として出てきたものである。プレストンは答弁したが、ＢＬＸに関する質問には答えずに、スノウ上院議員の質問のなかからほかのトピックを選んで先に進めた。

スノウ上院議員はＢＬＸのポートフォリオの高い債務不履行率について詳しく調べ、さらに食い下がったが、プレストンはポートフォリオの質と不正――ＢＬＸの場合には間違いなく組織内部の頭脳明晰な人間のグループによる……――との違いには関心がなく、区別している様子もなかった。

ここでケリー上院議員、ＳＢＡが最初に不正に気づいたときの状況について尋ねた。するとプレストンは答えられず、こう言った。

「上院議員、とくに思い出せません……」

続いてケリー上院議員、再発防止に当たってSBAはどうしたのか、そこでどのような教訓を得たのかと尋ねた。プレストンはまたも、BLXは犠牲者であり、悪人ではないという言い分（アライドの言い分でもある）を持ち出して、こう言った。

「この種の不正が行われますと、わたしども全員が困りますし、こういうことを望んでいる者もだれひとりおりません。最終的に損をするのは貸付機関なのです」

プレストンは、BLXからの支払いには満足しており、BLXからSBAに数百万ドルを返還するという申し出をほぼ受け入れると述べた。これは実際に不正とされているミシガン州の融資七七〇〇万ドル程度を補てんできる額だった。プレストンは、ミシガン州ではSBA融資の不正がなくなったものと信じていたようだが、ほかの地域に問題があるかどうかを突き止めようという考えも計画もなかった。

ケリー上院議員　このたくらみに気づいたとき……、そのときはBLXに対して厳しい懲戒処分を実施するとおっしゃっていましたね。それから、SBAは最終的には各社と内々に交渉していましたが、懲戒処分の詳細は秘密にしていましたよね。厳しい姿勢と内々の交渉との間に……、何があったのですか？

プレストン　そうですね。分かりません。不正が行われた順番については知りません。ですから、それについてはコメントしません。いや、できません。

ケリー上院議員は、プレストンが個人的にＢＬＸの整理に関与していたのかどうかを尋ねた。

プレストン　早くから次にどういう措置を取るべきかという議論には積極的にかかわっていました。わたしの考えは二つありました。ひとつは、絶対に納税者を保護したいということ……、それはそれで終わってしまいましたが。もうひとつの問題は……、バランスの取れた判断に努めるということです。いつこういう問題を調査しているのか、そしてどんな点が問題として潜んでいるのか、どんな点が引き続き問題になるのか、中小企業への資本注入の制限に対し……、それをどう評価するのか。

アライドと同じく、プレストンも「潜んでいる」問題を明らかにしようとしていたのだろうか？

次の証人、ＳＢＡ監察官のエリック・Ｍ・ソーソンは、ＢＬＸにもＳＢＡにも厳しかった。

「これはＳＢＡ史上最大の７（ａ）融資の不正だと思います。ハリントン氏もラゼンビー氏も犯行を認めています。わたしどもの調査の結果、これまでに二七人の個人を起訴しましたが、うち三人が国外に逃亡中です。この事件の捜査はまだ続いていますが、今後も起訴される人間が出てくるでしょう」

ＳＢＡはＢＬＸの繰り返される犯行とコンプライアンス（法令順守）の問題に以前から気づいていたが、結果的には少しも困っていないのだ、とソーソンは述べた。

「ＢＬＸの融資の高い債務不履行率をはじめとするさまざまな問題は、ＳＢＡを過度の金融リスクにさらしていると思います。したがって、焦げ付き融資やＢＬＸの優先的貸付業者の指定停止の可能性については、徹底的に調べる必要があります。この指定があるがために、事実上ＳＢＡの事前審査も受けずに融資を承認できるわけですから」

ソーソンは続けた。

「ところが、ＢＬＸの融資に問題があるにもかかわらず、ＳＢＡは相変わらず優先的貸付業者として貸付権限を更新し続け、しかも、追加的な予防措置を何ひとつ講じることなく保証の買い取り請求に応じ、二〇〇一～〇六年には保証金として二億七二一万ドルも支払っているのです。簡単に言えば、ＳＢＡは貸付業者に実績の問題について報告させることはなく……、融資の質ではなく量に重点を置いていたということです。融資件数の目標は設定しますが、融資の質とか貸付業者の実績などはどうでもいいのです……。ＢＬＸに対して執行措置を取るのを嫌がっていたんでしょうね。だって、融資の額ではＳＢＡの上位一〇位に入る貸付業者なんですから」

残念ながら明らかな事実を述べたソーソン、SBAの「監督規定」に関する批判を次のような控え目な言葉で締めくくった。

「SBAは不正の発見などどうでもいいと思っているんです」

次にケリー上院議員が尋ねた。

「では、なぜBLXの調査を開始したのですか?」

「多くの情報提供者の申し立てによって、実際に二〇〇二年に刑事事件としての捜査が始まっていますが、その申し立てのうち数件は、一般に空売り筋といわれる情報提供者からのものだと思います。SBAではこうした問題を数々調査してまいりましたが、刑事事件として立件できるような具体的なものはありませんでした」

ここで気が滅入るような記憶がよみがえってきた。わたしたちは数々の不正融資を指摘してきたが、SBAはなぜ自分たちの機関が提供した融資の件数も分からないのだろう。問題の融資を突き止めることができなければ、間違いなく「そこにある十分な具体例」を見つけるのも難しい。

ソーソンは証言を続けた。

「不正ではない融資でも、ほかの問題が進行していました。それは二〇〇二年のことですが、融資でトラブルがあったというものです。二〇〇五年にはOIGで融資の詳細を記した経営陣への助言報告書を発行したのですが、七件の融資でSBAの手続き違反とSBAへの重大な虚偽の表明がありました。

ソーソンの証言は全員にショックを与えた。

ソーソン　実は、大変立派なことに、ＢＬＸはそうした融資のうち一件の返済を申し出てきたのですが、何らかの理由でＳＢＡがメールを送りまして、そこには「ＢＬＸには厳しすぎる、そんなことをする必要はない」と書いてあったのです。

ケリー上院議員　またわれわれを打ちのめそうと？

スノウ上院議員　まったくだわ（全員、笑い出す）。

ソーソン　すみません。

ケリー上院議員　それでまたわれわれを打ちのめそうというわけですね。ＳＢＡがメールにそう書いて返信したわけですね、心配するなと？

ソーソン　単なる情報ですけどね――わたし自身もプレストン氏も、当時はＳＢＡにいたわけではありませんから。ただ、確かにわたしが持っている情報です。

そのとき、ケリー上院議員はあたりを歩き回りながら、だれがＯＩＧの報告書を編集すると言い出したのかと尋ねた。ＳＢＡの法務顧問とＢＬＸの弁護士からの要請だった、とソーソンは答えた。「ＢＬＸの弁護士」だって？

「ＢＬＸからの要請は断りましたが、法務顧問の事務所から編集の要請が来たものですから承諾したのです」とソーソン。

「編集はすべて法的に裏付けられるとお考えですか？」とケリー。

「いいえ。でも法律事務所に対して公正な立場で申し上げるなら、わたしは弁護士ではないということです」とソーソン。

スノウ上院議員が続いて質問した。

「なぜＢＬＸの指定を更新し続けたんでしょうね。理解できます？……この報告書を読んでも、本当に複雑ですし、困惑しますよね」

ソーソンは答えた。

「本当に厄介でしたね。これはそのほんの一部ですが、わたしはＳＢＡが自分たちの仕事に影響が及ぶことを心配しているのだと理解しています。たぶんＢＬＸが言ったのでしょう。そうだと思います。商売から締め出されてしまいますからね」

ＢＬＸを締め出してＳＢＡの損失をこれ以上増やさないようにするよりも、悪徳企業にそのまま事業を継続させておくほうが重要だ。ＳＢＡがそう考えていたのは間違いない。

休憩後にはタンネンホイザーが証言したが、もっと早く情報操作をしていたら、とっくに固まっていただろう。ケリー上院議員も、ＳＢＡとアライドを困らせないというタンネンホイザーとの約束に従って行動し、タンネンホイザーのためにしっかりと地ならしをしていた。

「この記事が掲載されてから、委員会ではニュースを慎重に扱い、反対の動きをしているSBAの監督体制について質問しながらも、懲戒処分は完全にSBAに任せていました。わたしとしては、SBAは一般人からのバッシングを回避しているんだと思いますね。ご存じのとおり、われわれはBLXに与えている優先的貸付業者の指定、つまり委託した貸付特権を撤回するとか、SBAの融資を第二次市場で販売する指定を停止するとか、極端なことを言った覚えはありませんからね」

タンネンホイザーがまた証言を始めたが、見るからに神経質になっていた——声がしわがれていた。証言では、BLXは加害者ではなく被害者だと主張。不正を見逃す金銭的なインセンティブなど何もないし、あったとしたら、どれもそういう不正を回避するためのものだとも言う。あるとき、すぐに不正を突き止めなかったとして政府に文句を言ったことがあるという。

「四年ほど前のことですが、農業信用局がこうした融資を数件審査しておりまして。でも、わたしどもには不正だという指摘は一切ございませんでした。明らかに、そういう違法行為は見つけにくいものなんです」

次にタンネンホイザー、不正を発見するのが遅れたとして、今度はOIGを非難した。

「OIGの報告書には……、基本的に欠陥がございます」し、「不正確な部分と矛盾した個所もたくさんございます」

タンネンホイザーが農業信用局の報告書を気に入っていたのは明らかだ。不正を見逃しているし、ＯＩＧの報告書についても、「農業信用局の監査人による最終的な調査結果や結論を排除して不正確な絵を描いているが、これはＢＬＸの優先的貸付業者の指定を更新するというＳＢＡの決定を強く支持するものである……。刑法では貸付業者が農業信用局の監査内容を公表することが禁じられているため、最終的にはこれ以上の詳細を提示することはできない」と主張しているからだ。

後悔の念や懸念を示そうと媚びへつらいながら、タンネンホイザーは抑揚をつけてこう言った。

「元社員の違法行為につきましては、個人的にも悲しいですし、失望しております。もっと早くその行動に気づいていればよかったのですが」

タンネンホイザーは証言を早く先へ進めようとした。

「こんな不正が行われていた当時からすると、ＢＬＸもすっかり様変わりしました」

質問を始めたケリー上院議員は、相変わらずタンネンホイザーに好意的な態度を取っていた。

「タンネンホイザーさん、わたしはあなたの証言を評価しますよ。ＢＬＸもＳＢＡも自分たちのことを、基本的にはこの不正の被害者だと考えていますよね。明らかに、ひとりの元社員がハイリスクな投機をしたという感じをお持ちだったんでしょう」

タンネンホイザーは上院議員から気の利いた言葉をもらうと、さっさと逃げていった。そして、中東のそれなりの借り手にガソリンスタンドとコンビニエンスストア向けの融資を供与するのが専門だとしてハリントンを責め立てた。また、BLXではお粗末な融資実績には気づいており、それがきっかけで「不正や違法行為の兆しが明るみに出るはるか以前に」ハリントンを解雇したのだと。さらに、「しっかりした融資を提供する仕事なのだから」、BLXでも気づかないはずがないし、「BLXに来るのはあまり成績の良くない融資ばかりで、あまり役には立たなかった。プログラムもそうだ」とも述べた。

タンネンホイザーはハリントンとは距離を置こうとしてこう証言した。

「BLXは四社が統合してできた会社でして、トロイ営業所というのは、その四社が統合されたことでわたしどもの営業所になったのですが……。ハリントン氏は、その営業所にとってはまさに雨男でしたね」

だがタンネンホイザーは、ハリントンとトロイ営業所がアライド・キャピタル・エクスプレスとの合併によってアライドからBLXに移り、それを監督しているのがアライドのCOO（最高執行責任者）のスウィニーだという不都合な事実については一切言及しなかった。

ケリー上院議員はタンネンホイザーに最後までへつらいながら質問を締めくくった。

「どうしても確認しておきたいことがあるのですが……、仮にこれが限られた人間、単に一個人の事件だとしたらですよ、その結果として事業全体が縮小していくのを見るのは耐えられないでしょうね」

タンネンホイザーは、BLXがやり方を変えたのであり、これはデトロイトの不正なのだから納税者が損をすることはけっしてない、というアライドの理屈を何度も繰り返した。ほとんどが不正融資だと言われているが、その七七〇〇万ドルのうち、ＢＬＸが返還したのは八〇〇万ドルだけだった。

これではどんな帳簿だろうが損失だ。

続いて、スノウ上院議員が質問に立ったが、やはりタンネンホイザーに対してはケリー上院議員よりも厳しい態度を取り、二〇〇三年六月にはＳＢＡのサクラメントセンターが「ＢＬＸの優先的貸付業者の指定を更新しないよう勧告している」と指摘した。それに応えたタンネンホイザー、戦闘モードに入り、馴染みのあるアライドの戦略を用いながら、批判的な人間は会社のことなど理解していないのだと主張。サクラメントセンターも「優先的貸付業者の指定更新のベンチマークが実際にはどうなっているのか、混乱しているのだろう」と述べた。

スノウ上院議員は話を戻してこう言った。

「更新しないというセンターの勧告は、主としてＢＬＸの好ましくない買い取りと清算の割合をベースにしていますよね。二〇〇三年六月に言及しているほかの問題でも、六五カ所ある出張所のうち三五カ所で更新を支持しないという評価を提出していますし、ＢＬＸの怠慢、業績不振、可測性のプロセス、融資の終了や清算の問題に言及しています」

タンネンホイザーが鋭く反論した。

「損失率は業界平均よりもかなり低いんです。政府にとっては実際にリスクになりますが、わたしどもはその数字を一〇～一四年間も維持しているのです。それでずっとやってきているんです」

やはり、焦げ付き融資の整理を怠り、代わりに何年もの間「清算中」という中途半端な状態に放置しながらポートフォリオばかりを大きくして問題から逃れようとしていたわけだ。BLXにとっては「かなり低い」損失率を管理するのは朝飯前のことだった。一九九六年のSBAの刊行物によると、「発行後間もない融資で損失が発生することは考えられないため」、ポートフォリオの急成長によって誤解を招くような損失率のイメージが生まれてしまうのだという。SBAが実績の測定に損失率を使用しないことに決めたのは、そういう理由からである。

スノウ上院議員は、発生した損失の政府への弁済を約束させて質問を終えた。

「もちろんです。必ず返還いたします」とタンネンホイザーは約束した。

上院議員らがタンネンホイザーの特異な才能を信じていたかどうかは分からないが、わたしは信じていなかった。タンネンホイザーから財政支援など受けたことがない。少なくとも公聴会を開いたということで、ケリー上院議員は信用しよう。下院ではケリー上院議員に相当し、タンネンホイザーの強力な援護者であるニディア・ベラスケスでさえ、そこまではやっていない。

公聴会では、監察官のソーソンとSBA局長のプレストンとの不和が浮き彫りになった。SBAはミシガン州の不正を見落としていたことでバツの悪い思いをしていた。監督体制が精査に付されているというのに、BLXによる不正のリスクをさらに数億ドルも負うわけにはいかなかった。SBAが警戒しているなか、ほかの地域でも不正が発生している可能性があった。したがって、六〇〇億ドルのポートフォリオ全体の監督体制についても疑念を抱かざるを得なかった。公聴会から二日後のこと、ブッシュ政権はソーソンを財務省に異動させてこの紛争を解決した。この異動は隠ぺい工作の悪臭を放っていた。二〇〇八年二月、ブッシュ大統領はソーソンの後任にキャロル・ディリオン・キサルを指名。以前は運輸省に勤務し、その前はアムトラックの会計担当だった人物である。

「一緒に仕事をするのが楽しみです」とプレストン。

■　■　■　■　■　■

BLXに関する上院の公聴会とリンクしている映像を探しているうちに、当社の弁護士のひとりがユーチューブでBLXの不正について語っている男のビデオを見つけた。一〇分以上のビデオだった。ビデオでは、ムハマド・アリフ・ダールという、やつれた感じの男が、BLXの融資の借り手としての経験を語っていた。ダールがビデオで語っていた内容とその後のやりとりによると、ダールがニューヨークに家族と一緒に住んでいたときにBLXにスカウトされ、ノースカロライナ州のモーテルを買わされたらしい。そのモーテル、二〇〇三年の半ばまでは前オーナーが経営していたが、手放してしまった。BLXは担保を差し押さえたが、その物件と中身を管理するセキュリティ要員を雇ったことはなく、結局は略奪に遭ってしまった。ダールは家族の元を離れ、ニューヨークのアパートを担保に一四万七〇〇〇ドルを借り入れると、その資金を物件の改修工事に充てた。

続いてBLXは、ダールに三四万一四四一ドルの通常の優先ローンとSBAの七五万八五五八ドルの劣後ローンを供与し、BLXからその物件を一一〇万ドルで購入させた。さらにBLX、「ナイツ・イン」というブランド名にふさわしいモーテルに改装するため、改装費として追加でさらに三〇万ドルの第三抵当権ローンを供与すると約束。BLXではある不動産査定方法を用いていたが、それは改修工事もブランド再生も完了していることを前提としたものだった。ところが、ダールによると、BLXの査定では「実用的で、いつでも使用可能な不動産」と「閉鎖され、空き家になり、崩壊し、部分的に板を打ちつけ、ところどころ屋根が漏り、ホテル用の備品も多くが盗まれて不足している」自分の不動産とを比較して査定していたのだという。

ダール（ならびにダールが提出した書類）によると、追加で三〇万ドルを融資するという約定書にBLXが違反したため、必要な改修工事を終えることができなかった。映像でも語っていたとおり、ダールはこう記していた。

「この略奪的な金貸しに、おれは何度も何度も訴えた。だが、なしのつぶてだった。全部奪ってやろうと思っているんだ。やつらは世界中を動かせるんだ。おれたちが何と言おうと聞く耳を持たない。おれたちは何もできないんだ」

その結果、その物件は採算が取れる事業が再開できる、つまりナイツ・インにふさわしい好条件に戻ることはなかった。ダールは過去二年間をフロントデスクで時計を見ながら過ごしていたが、今はそのモーテルを失いかけていた。

「改修工事は全部おれの金でやったんだ。ＢＬＸは一銭たりとも出しやしない。借り手の金を使って自分たちの物件の価値をつり上げて……。ＢＬＸの狙いは、おれの債務不履行を巧みに利用してあの不動産を買い戻し、またほかの移民の被害者に売りつけることなんだ」とダール。

ダールはユーチューブでこの経験を語り、捨て鉢になって助けを求めていた。また、ＢＬＸからの借り入れには要注意だと、警告を発していた。

ブリックマンがＳＢＡに電話をし、ダールの窮状について問い合わせてみた。ダールの書類、自分自身のリサーチ結果、そして情報公開法に基づく請求によってＳＢＡから入手した追加情報で武装したブリックマンは、ＳＢＡの弁護士クリスタ・ブルゼン・ゴメスとダールの融資について話をし、ＢＬＸがどのように不動産を査定額よりも高値でダールに売りつけたのか、それまでのＳＢＡ融資を救済するためにいかにダールを利用していたかを説明した。ＳＢＡの規則では、既存のＳＢＡ融資の借り換えのためにＳＢＡ融資を新規で組むことはできない。ゴメスはブリックマンにこう言った。

「もし買い手が清算中の不動産価値の一二〇％を支払いたければ、それは買い手の問題ですよ」

ＢＬＸは査定が低いことを示す結果をダールに渡していなかったのだ、とブリックマンが言うと、ゴメスはこう言った。

「それなら、自分で査定をしてもらえばいいんじゃないですか」

要するに、ＳＢＡとしては、ＢＬＸがＳＢＡを不足担保権者にしたままＳＢＡの第二抵当権ローンを発行しようが、ＢＬＸが不動産に販売価格の価値がないことを示す査定を渡さずにいようが、借り手に支払い能力があろうがなかろうが、どうでもいいようだ。ＳＢＡは借り手ではなく貸付業者を支援しているからである。

■　■　■　■　■　■　■

上院の公聴会のあと、わたしたちの元に思い掛けず嫌なニュースが届いた。エビ獲り漁船向け融資に対する内部告発訴訟のニュースだった。不正請求法とは、「関係人」と呼ばれる内部事情に通じた市民に働き掛け、政府に代わって訴訟を起こしてもらうための法律である。不正については、多くの関係人が直接仕入れた情報を持っている。ただ、それと正反対なのが、新聞で不正に関する記事を読んで便乗しようとする連中だ。自分が自ら体験して得た知識や情報も持たずに、ただ裁判所に駆けつけて提訴しては、回収金の分け前を要求するのである。そこで議会では、「提訴した人物がもともとの情報提供者でない場合には……、刑事訴訟や民事訴訟、行政訴訟における審理での陳述や取引、議会や行政、税務当局の報告書、公聴会、監査や調査、報道メディアでの公開事項に基づき」、このような関係人から持ち込まれた訴訟の裁判権を認めないことで、こうした手口を排除しようとした。

ＢＬＸでは、ブリックマンとグリーンライトはもともとの情報提供者ではなく、エビ獲り漁船業界の問題については新たなニュース記事もあり、ＢＬＸの情報のほかの部分は一般の情報提供者から入手したものだと主張。また、そういう理由から、裁判所にはこの事件を審理する裁判権はないとも言い張っている。

これを受けて、わたしたちは、議会は不正請求法を故意に修正して当社に正確な裁判を提起するよう促したと指摘。この訴訟は公開「情報」ではなく、それまで公開されていなかった不正に関する特定の「陳述や取引」に基づいたものだからだ。提訴したのはわたしたちが最初であり、それ以前に公に申し立てた人間はいなかった。エビ獲り漁船業界に関する一般的なニュース記事では、不正や何らかの取引があったとする申し立てについては論じられていない。わたしたちの訴状にもそうした情報はまったく含まれていない。元社員との非公開のインタビューや、わたしたちが最初に不正に気づいたＢＬＸの延滞融資報告書を含め、わたしたちはさまざまな情報源から慎重に慎重を重ねて不正を特定したわけだが、ほかにそういう人間はいなかった。

ところが、アトランタ地方裁判所判事のジュリー・カーンズは、ＢＬＸ側を支持してわたしたちを驚かせてくれた。カーンズはどの情報が公開されているのかをざっと調べ（提訴した裁判所の記録ではない宣誓証書、沿岸警備隊の摘要、情報公開法に基づく請求に対する回答から使用した情報を含め）、「訴状にある事実に関する情報の大半は、その情報を求める一般大衆ならだれでも入手可能な情報である」と判断。ＢＬＸの内部記録や元社員とのインタビューに関するわたしたちの見解についても、わたしたちが訴状を作成するに当たって非公開の事実のうちどれを使用したのかをはっきりと特定していないと結論づけたのである。

「陳述や取引」は公開されていなかったにもかかわらず、カーンズ判事は、誤って記載された事実（ＢＬＸがＳＢＡの各種要件や規則を順守していること）も本当の事実（ＢＬＸがそのようなことを順守していないこと）も公になっていることから、結局は陳述を公開するのと同じことになる、と判断したわけである。その結果、裁判所にはわたしたちの訴状の利点を評価する権利がないという専門的な根拠に基づき、証拠開示の前にわたしたちの提訴を退けたのだった。

判決文の二ページ目に、カーンズ判事は次のような脚注をつけた。

「ただし、この訴訟の裏にはさらに金銭的な動機がある。ジェームズ・ブリックマンとグリーンライト・キャピタルは、被告であるＢＬＸの約九五％を所有する上場企業アライド・キャピタル株の『ショート』ポジションを保有していることが正式に確認されている。空売り筋は貸主から株式を借り受け、その株式の価格が下落するのを期待して借りた株を売却する。もし株価が下がれば、空売り筋は後にその株を安値で買い戻し、貸主に借りた株を返却して利益を確保できるわけである。したがって、ブリックマンとグリーンライト・キャピタルは、今回の訴訟によってアライド株の価格が下がれば利益を得られる立場にあるのである」

この判決はカーンズ判事の裁定とは何の関係もないが、BLXの弁護士がわたしたちの提訴の動機について的外れで誤った攻撃を仕掛け、カーンズ判事がその攻撃を無条件に受け入れたということだろう。ブリックマンはとくにそれに怒りを覚えていた――もう何年も前からアライド株など空売りしておらず、わたしたちが裁判所に提出した書類でもそう述べている。

さっそく、アライドが勝利を祝うようなプレスリリースを出してきた。わたしたちの動機に関する判事の裁定に言及し、声高に騒いでいた。

「デビッド・アインホーンとその支持者を含むアライド・キャピタル株の空売り屋は、何年も前からアライド・キャピタルとBLXに対し、不正行為だという根拠もないうその主張をしている。これまでのところ、空売り屋の主張を審査しているどの裁判所もその主張を退けている」

もちろん、裁判所が訴訟の利点について検討すらしていないことを認める必要などないことは、アライドでも分かっていた。確かに、裁判所はBLXがエビ獲り漁船向け融資で不正を働いていないという裁定を下したわけではない。単に問題になっていないのだ。カーンズ判事の判決文の残念な皮肉、そしてアライドの勝ち誇ったような態度は、大量の不正は長年の公文書の問題だったという判決だけで、アライドが今回の訴訟に勝ったことを示している。ブリックマンとグリーンライトは、訴えを棄却するという判事の判決を不服として上訴した。

■　■　■　■　■　■

二〇〇七年一二月、ワシントン・ポスト紙が農務省の融資プログラムでビル・ラッセル石油が不正行為を働いたことに関するギルバート・Ｍ・ゴールの記事を掲載。第25章で論じたとおり、ＢＬＸが同社に供与した融資絡みの不正に関する記事だったが、わたしよりも少々詳しく報告していた。記事では、不正を取り締まる政府の監督体制はお粗末だとも指摘していた。

記事の内容はこうである。

ワシントン・ポスト紙の調査から、二〇〇一～〇六年にかけて、農務省がＢＬＸの一三件の融資保証――これはＢＬＸが供与した農務省の全保証付き融資五件のうち一件に相当――を買い取るために三四〇〇万ドルの支払いを余儀なくされていたことが判明した。この一三件には、破産手続き中の企業やすでに破産した企業、徴税令状が山積している企業、または斜陽産業で苦戦している企業への融資も数件含まれていた。

メリーランド州のあるガソリンスタンドの経営者は三〇〇万ドルの保証付き融資を受けたが、数百万ドルのガソリン税の支払いを怠ったとして、間もなく免許をはく奪された。そして二年後には融資でも債務不履行になり、破産法適用を申請。またペンシルベニア州のキノコ農場には、破産手続き中に三四〇万ドルの融資を、その数年後には一七〇万ドルの融資を受けたが、今年再び破産法適用を申請し、現在は消滅している。ペンシルベニア州ハノーバー市にある壁紙メーカーでは損失が増大しており、二〇〇〇年一一月に三〇〇万ドルの保証付き融資を受けた。しかし、二〇〇五年には破産法適用を申請し、廃業した。

いずれの場合も、農務省は借り手の審査をBLXに頼っており、独自のデューディリジェンス（適正評価）をほとんど実施していなかった。BLXがビル・ラッセル石油などの企業に供与した融資が取りざたされている今、農務省の職員はBLXの融資ポートフォリオ全体を監査すべく、内部の監察官に救いを求めている。BLXは数百万ドルの返還を求められる可能性がある。

記事では、十数件の違反があるとして、EPA（環境保護庁）がビル・ラッセル石油に三一万四五五八ドルの罰金を科しているにもかかわらず、そのビル・ラッセル石油がどのように農務省の融資プログラムを通してBLXから三〇〇万ドルを借り入れたのかと指摘している。

記事にはこう書かれている。

農務省アーカンソー州事業計画局長のシャーリー・A・タッカーは、ビル・ラッセル石油がすべての環境保護の要件を満たしていることを証明する際、同局では借り手と貸付業者に頼っていたと述べている。またタッカーは、融資保証が承認されてから数カ月後に地方紙でこの記事を読むまでは、EPAの審査のことも知らなかったそうだ。

「びっくりしました。条件付きの契約では、当局に注意を喚起するのは貸付業者の責任ですから」とタッカーは話している。

融資は一年もしないうちに債務不履行になった。

「融資がこんなに早く駄目になるなんて、理解に苦しみますね」

タッカーはそう言うと、後日、数カ所のガソリンスタンドを自分の目で調べに行った。

「融資の契約がまとまったその日に、まだ電気も通っていないところがいくつかありました。まさか営業などできるわけがありませんね」（© 2007　ワシントン・ポスト紙、許可を得たうえで転載）

記事の締めくくりとして、タッカーのあきれるようなコメントが載っていた。

「そうですね、わたしたちは政府の人間ですが、本当に何の強制力もないんです。刑務所に入れることもできないんですから」

第34章

見る目がない者、不器用者、メビウスの帯、そしてモラルハザード

もしだれかが不正を働いても、株主が損をするわけでもなく、規制当局も無視を決め込んでいるという場合、それは本当に不正と言えるのか？　当局が得意とするのは、損失が出たあとで不正を一掃すること。投資家もすでに資金を失い、破産したあとで、ようやく何をなすべきかを悟るわけだ。エンロンのように破産の規模が大きければ、特別対策委員会を設置して刑事事件としてインサイダーを追跡する。

先日、エンロン事件の検察官のひとりが開いた講演会に出席した。実際にどのように起訴に持ち込んだのか、また経営陣が不正を働いたときや公判時に犯したミスについても詳しく語ってくれた。わたしはエンロンの経営陣だけが服役するのはフェアなのかと聞いてみた。エンロンよりも悪質な経営チームがほかにもたくさんいるのに、「実態がばれていない」から起訴されていないだけなのではないかと。検察官からはきちんとした回答はなかった。

実際、当局も「進行中の」不正を発見した場合、それをどう扱っていいのかが分かっていないようである。エンロン事件の不手際で廃業に追いやられたアーサー・アンダーセンを起訴したときには、多くの無実の社員らに失業という犠牲を払わせた。政府にとっても第二のアーサー・アンダーセンはもう要らない。規制当局でも、真っ先に被害を被るのは株主なのだから、企業の不正によって株主が罰せられてはならない、という考え方である。ＳＥＣ（証券取引委員会）の現委員長クリストファー・コックスもこれを支持している。では、なぜ次にその被害者が罰せられるのだろう。短期的に見れば、この考え方は政治的に好都合かもしれないが、典型的なモラルハザード――自由不正地帯――を引き起こす可能性がある。もし悪徳企業に投資をしている株主を規制当局が罰しなければ、投資家には悪徳企業に誠実な行動を求める動機もなくなるし、そういう企業への投資を回避する必要もなくなってくる。

現実には、企業が発行する証券に投資をする投資家は、リスク資本に投資をするリスクテイカーである。不正もそのリスクのひとつなのだ。不正の動きを封じるベストな方法は、不正に対する刑罰を実際に強制することである。不正を働き、不当な表明をした企業は罰せられるのだと思えば、投資家は開示事項によりいっそう敏感に反応する。しかも自分たちの資金が懸かっているわけだから、資産配分にもよりいっそう慎重になる。そうした株主の反応やその他さまざまな結果が不正行為の抑止力になるのである。実は、疑問に思っていることがある。数少ないアライドの株主は、「アライドがわたしたちの考えるような悪徳企業だとしても、わたしの投資に損害を与えるほどひどい規制は掛からないだろう」というひねくれた持論に基づいて株を保有しているのだろうか、ということだ。現段階では、その考え方は大正解だし、確かに報われている。

被雇用者についても同じモラルハザードが起きる。もし悪徳企業に勤める社員が会社の乏しい倫理観のせいで自分の将来が台無しになると思えば、もっと積極的に不正行為と闘おうとするし、コンファレンスコール（電話会見）でうそをついた経営陣が起訴されれば、うそは減る。サーベンス・オクスレー法（**訳注**　SOX法、いわゆる企業改革法）のような法律が可決、成立すれば、正直な企業は優れた内部統制を構築することができる。ただ、その法律が実施されていなければ、トップダウンの企業不正を阻止することはできず、ただ手をこまねいているだけ、ということになるわけだ。

市場を効果的に機能させるには、参加者もルールに従う必要がある。これは純然たる公正さの問題だが、アライド・キャピタルの件でも見てきたとおり、そう簡単な問題ではない。参加者が道を踏み外せば、重大な結末が待っている。当局はルールを強制しなければならない。単なる見せ掛けではいけない（「おれは働いているふりをし、会社も給与を支払っているふりをしている」という、ソ連の元労働者についてのジョークを思い出す）。

二〇〇八年、ついにスピッツァーがニューヨーク州知事として、業界最大手のＭＢＩＡを含むモノライン保険会社（**訳注**　金融保証業務だけを専門に行う会社のこと。複数の保険を扱う一般の保険会社をマルチラインといい、それに対して金融債務だけを扱うのでモノラインという）に関する議会証言を行った。

「連邦の規制当局がルールを守らせるという職を放棄し、市場にインテグリティーがある場合に、こうした危機が発生します。規制当局が仕事の上にあぐらをかいて居眠りなどしていると、最終的には投資家、納税者、そして政府が被害を被るのです。前回のスキャンダルのときもそうでしたが、われわれはそれを阻止しなければなりません」

アライドとビジネス・ローン・エクスプレス（BLX）に対する規制当局の怠慢についてもまったく同じことが言える。もちろん、スピッツァーも問題の一端を担っていた――二〇〇三年にスピッツァーの事務所に問題を持ち込んだときも、加害者ではなく批判する側の取り調べを行った。

サーベンス・オクスレー法が奏功し、深刻に受け止められていれば、SEC（証券取引委員会）も、起訴もせずにアライドを逃がしてしまうような行為は許さないはずだ。二〇〇二年八月のインベスターデーのとき、サーベンス・オクスレー法によって課題ができたかと尋ねられたウォルトンは、アライドの財務諸表に署名することには何の問題もなかったと答えている。これがポーカーなら、「ポットコミット状態」である。これは自分の残りのチップと比べてポットが大きくなりすぎている状態をいい、もしわずかでも勝つチャンスがあるなら、必要に応じて残りのチップをポットに置かなければならない。

ＳＥＣ委員長コックスのご都合主義的な考え方も、不誠実な企業文化を助長している。悪徳企業は何もアライド・キャピタルだけではない。わたしが最もよく知っている数少ない企業にすぎない。同類の大企業は数十社あるとみている。しゃれたデスクの奥に座るナイスガイなら、違法行為や不正行為で大金を稼げるだけでなく、逮捕されずに済むし、もし逮捕されたとしても刑務所には入らずに済む。ところが、普通の男がうっかりホームデポやオールドネイビーなどの店に入って商品をくすねようものなら、おそらく最悪の結末が待っている。古いことわざにもあるが、「どうせ盗むなら、『大金を盗め』」ということか。

■■■■■■■

二〇〇二年にわたしが行った講演の直後、ウォルトンは投資家を前に、目の見えない男たちとゾウの昔話を紹介した。目の見えない（暗い部屋にいる）男たちがゾウに触ってどんな生物かを説明しなければならない。それぞれが違う部位を触るが、牙だけはだれも触らなかった。その後、全員が感じたことを描写するのだが、それぞれがまったく違うイメージを抱いていることが分かった。つまり、現実はそれぞれの見方によって違ってくるという寓話である。

要するにウォルトン、空売り屋はアライドというゾウのごく一部しか見ていない、ということを言いたかったのだ。ベロシタやスターテックは牙の部分にすぎず、ＢＬＸはしっぽである。

もし賢明な経営チームなら、全体を見れば、おそらくこのゾウは本当は健全な大企業だというのがよく分かるはずだというのである。

現実には、もっぱらごく一部——分配金、主要投資先二社の売却の成功、そして「空売り攻撃」の被害者として以前から被害を被っていること——に投資家の注意を集中させたがっているのはアライドの経営陣のほうではないか。

断片的にだが、アライドについてはかなり報道されている。だが、規制当局やジャーナリスト、そして投資家にその話をするとなると、とにかく重厚長大で、ゾウ全体を描写することが実に面倒なのである。本書ではまさに「その病んだゾウの物語」を語ろうとしているのだが……。

基本的には、最悪の場合、アライド・キャピタルはウォール街の物語そのものである。ほかの株式と比べると、株主に機関投資家がほとんどいない。ウォール街は多額の手数料をもらっているため、このスキームを支える金銭的なインセンティブがかなりあるわけだ。アライドは何度も新株を発行しては、多くの証券会社を儲けさせている。アライドに関する熱のこもった報告書を書いている証券会社のアナリストも、自分が何をしているのかが分かっている。アライド株は、配当狙いの退職者などの個人投資家が買って保有する小口株なのである。

ところが、そのアライドが「保有している」のはメザニン融資と不透明なプライベートエクイティのポジションで構成する、レバレッジの利いたポートフォリオ。つまり、ＳＥＣが一般に「賢明な投資家」に限定し、小口投資家には厳しく売買を制限しているリスキーな投資そのものである。しかし、そんなアライドの株を保有しているのは……、まさに厳しく売買が制限されているその小口投資家なのである。別の視点から見てみると、アライドは規制投資会社であり、直属の監督官庁はSEC。ところが、そのSECが職務遂行能力のなさを露呈している。というか、本当はその仕事をするのを快しとしないことが判明した、というべきかもしれない。規制の内に潜む無法、偽善というメビウスの帯。アライドの長編小説全体が『鏡の国のアリス』なのである。

二〇〇三年のあるとき、わたしはウォーレン・バフェットと昼食を取りながら、空売りについて議論して「現実を把握」するという機会に恵まれた。バフェットも以前に空売りをしたことがあるそうだ。初めて空売りをしたのはAT&T株だったが、一〇代のころにAT&Tに退職金を注ぎ込んでいる高校の教師たちに腹を立てたのがきっかけだとか。しかし、年月を重ねるにつれ、空売りをするタイミングがうまくつかめなくなり、長期投資家として「公的人格」を持ったほうがいいと考えるようになった。わたしは、アライド・キャピタルの話をどう思うかと聞いてみた。すると、アライドのことは知らないが、その手の株を空売りして勝つのは大変だ、と話してくれた。バフェットが考えているように、グリーンライトにとっても、アライドは当社のポートフォリオの一ポジションにすぎない。しかし、企業やその経営陣にとっては、人生のすべてなのだ。だから勝つためにはわたしたちの考えも及ばないような言動に出てくるのだろう。

批評家を攻撃するアライドのキャンペーンはかなり奏功している。ドイツ銀行のアナリストで、投資判断を「売り」にしたマーク・アルパートの報告書は、ＮＹＳＥ（ニューヨーク証券取引所）の調査を受けただけで終わり、良い抑止力になっている。ジョエル・フックはどうやら真意を理解したようだ。フックはまだワコビア証券にいるが、再びアライドの担当になり、二〇〇六年一〇月には投資判断を「アウトパフォーム」にして返り咲いた。以前の懸念については（二〇〇六年一〇月の投資判断は、アライドがＳＥＣの調査を終わらせたあとに出されたもの）、アライドとＢＬＸが債券と株式を無事に売り出したことでホッとしていたようだ――それによってＳＥＣなどの精査を無事に通過し、ＢＬＸも「独立した第三者の評価を受け」、ＳＢＡの全国的な優先的貸付業者になっている。

フックの報告書は、一文だけで投資テーマを記したものだった。

「当社では、アライドは『クラス一番の経営陣』を擁し、長期的には経費を差し引くと十数パーセントの内部収益率を生み出せるものと信じている」

これを書いたのは、以前アライドには不正の文化があるという憶測を巡らせていたのと同一人物である。その後フックはワコビアを退社し、アライドのライバル会社アメリカン・キャピタル・ストラテジーズに移った。わたしはフックと連絡を取り、今回の心変わりについて説明を求め、アライドの経営陣について新発見でもあったのかと聞いてみた。するとフックは発行した報告書を見てくれと言うだけで、コメントするのを拒んだ。

空売り筋であれ、ジャーナリストや規制当局であれ、批判者を中傷すると、アイデアが自由に浮かんでこなくなるし、分析もしにくくなる――確かに、かなり高い代償を払うことになり、自由な発言ができなくなる。もし分析結果をウエブサイトに掲載したり講演をしたりすると、SECの調査を受けることになる。なぜいちいち邪魔をするのだろう？　アライドの成功によって、オーバーストック・ドット・コム、バイオベイル、フェアファクス・ホールディングスといったほかの怪しげな企業が勢いづき、批判者に対してもより積極的に行動を起こすようになってきた。少なくとも個人攻撃で批判者の口封じをしてしまえば、投資家はこうした企業が直面する真の問題を理解しようという気が失せ、規制当局もそうした問題に取り組もうとはしなくなる。

空売りが市場に付加価値を与えることを立証した学術研究も数々ある。わたしの友人のひとりも、空売り筋を「事実上のSEC法執行部」と評しているほどだ。SEC法執行部には独力でその責任を担ってほしいものだ。しかし、その意義は空売りをするメリットよりもはるかに大きい。最も重要なのは、市場との関連で自由に講演したり、アイデアをオープンに議論したりする権利やメリット、とくに批判的な内容に関してそうした権利やメリットを享受することである。アライド株、MBIA（ポジションを建ててから五年後の二〇〇七年にようやく利益が出た空売り銘柄）、そしてオーバーストック・ドット・コムは、市場に大変な害を与えている。その毒入りの戦術のせいで、市場参加者は自由な分析や自由な批判をするのにかなり高い代償を払わされている。市場操作をしているという風評被害から身を守るために支払う弁護士費用もバカにならず、公の議論の妨げになっている。

　もし批判的な考えや発言に対する脅しをあおりたくなければ、こうした悪徳企業には規制で対処する必要があるだろう。さもなければ、われわれは議論を自粛するか、せいぜい裏でこそこそ活動するという危険を冒すことになる。企業に関する批判的なコメントが投資の検討材料になるのなら、経営陣も大手を振ってこの一件に見られるような不実記載などできなくなる。

　二〇〇二年四月三〇日から二〇〇七年一二月三一日までの間に、アライドは税金分配を含めて年五・九％のリターンを上げたが、ベンチマークであるラッセル二〇〇〇インデックスには二・二％ほど、累積では一五％ほど水をあけられている。空売りとしては、期待どおりというわけではないが、大失敗というわけでもない。グリーンライト全体の運用成績は今でも極めて堅調で、同期間には年一七・七％のリターンを上げている。

■ ■ ■ ■ ■ ■ ■

攻撃的で不適切かつ違法なアライドの会計についてＳＥＣに語ったのは六年前のこと。五年前にはＢＬＸの不正行為について複数の政府機関に語った。四年前にはわたしやほかの批判者の通話記録が盗まれたことをＦＢＩ（連邦捜査局）に通告した。三年前にはアライドの経営陣の違法行為の詳細について同社の取締役会に通告し、ワシントンＤＣの連邦検事にはさまざまな違法行為の要点をまとめて詳細に説明した。二年前にはＢＬＸが農務省の融資で広範にわたる不正を働いていることを同省に通告した。そして一年前には、アライドがグリーンライトとわたしの通話記録を不正入手したことを認めた。それ以来、アライドも規制当局もこの件については一切コメントをしていない。実際にアライドが協力しているとしても、調査がどこまで長引くのかは想像もつかない。

現在もアライドは積極型の会計を続けている。政府も融資プログラムでの数億ドルに上る損失の返還を求めていない。アライドの人間もひとりとして起訴されていない。経営チームもその職にとどまっている——しかも数千万ドルを稼いでいる。だが好材料は、こうした状況も変わっていく可能性があるということだ。関係者——投資家、政府機関、アライドの役員や監査役、メディア、そして一部の検察官——にしても、これから状況の改善に踏み切るかもしれない。わたしは楽観主義者なのだ。そう思ってくれればいい。

い。

融資満期日（Loan maturity date） 融資の未払い額をすべて返済しなければならない日。

優先的貸付業者（PLP = Preferred Lending Provider） SBA（中小企業局）の要件を熟知している貸付業者に与えられる指定で、SBAの事前の承認を得ずに、7(a)プログラムなど複数のSBA融資プログラムの融資を組成し、供与することが許可される。

劣後債投資（Subordinated debt investment） 上位債務に劣後する債務証券への投資。

「ロードショー」（"Road show"） 証券に関心を持ってもらうため、既存の投資家や見込み投資家を対象に開催する一連の会議。

ロールアップ（Rollup） 同業種の複数の中小企業を買収して会社を設立すること。

ポートフォリオ貸付会計（Portfolio-Lending Accounting） 融資による収益を融資期間中一定の比率で認識する会計手法。

簿価（Carrying value） 貸借対照表に反映される資産価値または投資価値。

前倒し収益（Front-loaded income） 現金を受領する前に認識する収益。

「満期保有」会計（"Hold-to-maturity" accounting） 満期時の価値をベースに資産を評価する会計手法。これと対照的なのが、現在の価値をベースに資産を評価する「公正価値」会計である。

未実現評価損（Unrealized depreciation） 投資価格の時価に対する超過分。

メザニン投資家（Mezzanine lender） メザニン融資の貸し手である投資家。

メザニン融資（Mezzanine loan） 普通は資産を担保にしない劣後債務。メザニンとは、上位債務には劣後するが株式には優先するという、中間的な位置をいう。一般に満期までは５年以上あり、元本は当該期間の最後に返済される。メザニン融資には、借り手がその企業の株式を購入できるよう、ワラント（エクイティキッカー）が含まれることもある。

融資の引き受け（Underwriting loans） 予想される借り手に融資をするべきか、どのような条件で融資をするべきかを決定する行為で、借り手候補者の返済能力の分析をベースにすることが多

非現金収入（Noncash [PIK] income）　融資について認識される収入だが、現金ではなく追加証券で支払われるもの。

被支配企業（Controlled company）　他社に議決権株式の過半数を保有されている企業。

非対等取引（Non-arm's length）　２つの関連事業者間の取引。

評価減（Write-down）　資産の報告価格の切り下げ。

評価増（Write-up）　資産の報告価格の切り上げ。

非流動私募証券（Private illiquid securities）　SEC（証券取引委員会）に登録されていないために大きな市場もなく、商いが薄い証券。

踏み上げ（Short squeeze）　株価が急騰し、投資家がこれ以上の損失を避けるために買い（ロング）ポジションを建てて自分の売り（ショート）ポジションを決済する（ショートカバーする）ときをいう。こうした決済によって株価はさらに上昇し、それによって、まだ売りポジションを保有している投資家の損失がさらに膨らむ可能性がある。

不良債権（Nonaccrual loan）　普通は借り手に財務上の問題があることから、貸付業者が収益認識を停止している融資。

ペアトレード（Pairs trading）　比較可能な２銘柄のロングとショートを組み合わせて投資をする戦略。

投資家もその経営や業績についての明確なアイデアを持つことができる。

投げ売り（Fire sale） 企業が金銭的にひっ迫した状態で資産を売却すること。

なりすまし（Pretexting） ある人のふりをして、その人が契約している電話会社からその人の通話記録を入手すること。

値洗い（Mark-to-market） 実際の市場価格で計算し、現在の市場価値に評価し直すこと。

値付け（Mark） 価値評価の別の表現。

パー（Par） 投資の額面価額。

売却益会計（Gain-on-sale accounting） 融資による収益の大半をその組成時に認識する会計手法。

「バイサイド」（"Buy side"） 「ウォール街のバイサイド」の省略表現。顧客の資本を投資する投資信託のような会社、年金基金、ヘッジファンド。

配当基準日（Record date） 投資家が配当を受け取る資格を得るために株式を保有していなければならない日。通常は株式配当を受け取る資格がある投資家を確定するのに用いられる。

パリパス（Pari passu） 融資や債券など、２つ以上の投資で、返済の順位に優先劣後がない、すなわち同順位であること。

組成年（Year of origination） 融資が発行される年。

組成料（Origination fees） 融資を受けるために貸付業者またはブローカーに支払う費用。

損失率（Loss rate） ポートフォリオの損失額をポートフォリオにおける割合で表したもの。

第二次市場での融資販売手数料（Secondary market loan sale premiums） 融資の原債権者が融資を投資家に販売して得られる利益。

追加応募権（Oversubscription rights） ほかの権利保有者が権利を行使しなかった株式の株主割当で、権利保有者が追加で株式に応募する機会。

デビッドの誕生日（David's birthday） 11月20日。忘れずにプレゼントを贈ろう。

投資会社（Investment company） 投資信託やBDC（事業開発会社）など、投資をし、投資目的で他社の融資や証券を保有することを主力事業にしている会社。

投資適格債（Investment-grade bonds） 安全だと考えられている債券で、多くは債券格付け会社によって「BBB」、またはそれ以上の格付けを与えられている。

透明性（Transparency） 企業が十分な開示をし、何も隠し立てすることなくその事業を遂行していることをいう。そうすれば、

証券化ファシリティー（Securitization facility） 融資を供与するための短期貸付契約で、その間、融資は証券化プールに入れられる。

新株予約権（Equity warrants） 証券保有者に、ある企業の株式を指定の行使価格で購入する資格を与えること。大半のメザニン投資の場合、行使価格は額面価額である。

スペシャリスト（Specialist） 単一銘柄または複数銘柄の売買を担当する証券取引所の会員。スペシャリストは、その銘柄の最良の売り気配値（アスク）と買い気配値（ビッド）を提示してマーケットメークを行い、担当する銘柄の公正かつ秩序正しい売買を維持しなければならない。

税金分配（Tax distribution） 株主に分配される課税所得。

清算ブローカー（Clearing broker） 投資家と清算（代行）会社との仲介役を務める取引所会員。取引が適切に決済されるようサポートする。

「セルサイド」（"Sell side"） 「ウォール街のセルサイド」の省略表現。投資商品を開発し、投資家、つまり「バイサイド」に販売する投資銀行のような会社。

占有継続債務者（DIPファシリティー＝Debtor-in-possession [DIP] facility） 再建型法的手続きである連邦破産法第11章の手続きに入った企業に対するつなぎ融資で、通常は第一抵当権付き超優先融資。

残余持ち分（Residual interests） 売却益会計によって生まれた資本化資産で、融資の組成時に計上される前倒し収益を反映したもの。

事業開発会社（BDC）（Business development company [BDC]） 開発の初期段階にある中小企業の成長を支援するために設立された会社で、ベンチャーキャピタルファンドとよく似ている。多くのBDCはクローズドエンド型投資信託の形態で、1940年投資会社法に基づく規制投資会社である。

資本増強（Recapitalize） ある企業の資本構成を変更すること。財務的にひっ迫している企業が採用することが多い戦略で、追加資本の注入を伴う場合もある。

取得原価での投資債券計上（Held its debt investment at cost） 当初の価格で融資を評価すること。

純資産価値（NAV = Net asset value） 投資会社の資産からその負債を差し引いた価値。1株当たり――発行済み株式数で割ったNAV ――で評価されることも多い。

上位債務（Senior debt） 債務不履行になった場合に、ほかの債務証券に優先する債券。

証券化（Securitization） 融資を集合体（プール）に入れ、そのプールを証券化するプロセス。証券をいくつもの部分（トランシェ）に切り分けて、リスク性向の異なる投資家に販売されることも多い。

高利回り（High yield） 債券の利率が高い場合をいう。

高利回り債保有者（High-yield bondholder） 利回りは高いが、投資適格債よりもリスクが高い非投資適格債（「ジャンクボンド」「高利回り債」ともいう）を保有している投資家。

焦げ付き融資（Defaulted loan） 適時の返済を怠っているなど、借り手が融資契約の条件に違反している融資。

債権償却（Charge-off） 融資を帳簿から抹消し、損失として認識することをいう。債務者はこれによってその債務が軽減されるわけではなく、貸付業者は取り立てを続行することができる。債権償却後の取り立てを回収という。

最終利回り（Yield to maturity） 満期まで保有した場合に、利率として表示される融資による総収益。

再保険（Reinsurance） 保険会社が掛ける保険。リスクをほかの保険会社に分散してリスクを低減する手段として購入する。

財務制限条項（Financial covenants） 借り手が融資契約の一環として事業活動を行うことに同意する財務制限。

債務返済比率（Debt-service ratio） 必要な債務返済額の純収益に対する比率。

残余資産（Residual assets） 会社または特別目的会社の資産で、上位債権者に弁済したあとにもまだ残っているもの。

企業価値（Enterprise value） ある企業の価値総額。株式に債券、少数株主持ち分、優先株式を足した額から現金と現預金の額を差し引いた時価総額。

均衡価格（Balanced price） 買い方と売り方の双方の要求が一致した価格。

クローズドエンド型投資信託（Closed-end fund） 発行株式数を限定している投資信託。クローズドエンド型投資信託に投資するには、既存の保有者から一般的な市場価格で所有権を購入する必要があるが、その価格は純資産価値よりも高い場合もあれば、安い場合もある。これはSEC（証券取引委員会）が承認する3形態の投資会社のひとつ。ほかにオープンエンド型投資信託とユニット型投資信託がある。

減損した融資（Impaired loans） 全額を回収できない融資。

減損テスト（Impairment test） ある投資が全額を回収できるかどうかを測定するための計算。

現物収入（Payment-in-kind income） 非現金収入（Noncash [PIK] income）を参照。

行使日（Exercise date） 投資家がオプションまたは権利を行使することができる日。

「公正価値」会計（“Fair value” accounting） 資産を公正価値――清算価値ではなく、自発的な当事者間の経常取引で資産が売買される額――で保有することを求める会計。

買い方（Longs）　価値の上昇を見込んで証券のポジションを保有する投資家。

下位債務（Junior debt）　借り手が債務不履行に陥った場合、ほかの債務よりも返済の優先順位が低い債務。

課税所得（Taxable income）　連邦および州から課税される企業の利益の一部。

株式配当（Stock dividends）　現金ではなく、追加の株式で株主に分配すること。

株式分割（Stock split）　企業の株式を複数の株式に細分化すること。例えば、1対2の分割では、100ドルの株式1株が50ドルの株式2株になる。

株主分配（Shareholder distributions）　企業による株主への分配で、通常は現金か株式である。

株主割当（Rights offerings）　決められた期間中に設定した（割引）価格で株式を追加購入する権利を新規の株主に与えることで資金を調達する方法。

空売り（ショート）（Sell short [shorting]）　買い持ち、つまりロングの逆で、証券の価値が下落すれば利益が得られる投資。

監査指針（Audit Guide）　米公認会計士協会が作成したマニュアルで、監査の指針を示したもの。

用語集

SBA融資（保証付き・無保証＝SBA loans [guaranteed and unguaranteed]） 一部にSBA（中小企業局、すなわち連邦政府）の保証を付けて提供される融資。保証付き部分と無保証部分に分けられる。保証付き部分は全額SBAが保証するが、無保証部分にはそのような保証が付かない。

意見書（Opinion letter） ある企業の財務の健全性について意見を表明する監査人の声明文。

ウォルトンの誕生日（Walton's birthday） 知らない。ただ、プレゼントをするなら本書を一部あげるのがいいだろう。

売り気配値（ask）・買い気配値（bid）の狭いスプレッド（Narrow bid-ask spread） 買い方が証券を買いたいと思う最高値と売り方が証券を売りたいと思う最安値との差額が小さいことをいう。

営業利益（経常純投資収益＝Operating income [recurring net investment income]） 投資会社との関連で言えば、これは利息、配当、そして経費控除後の手数料による利益を指す。投資価値の変動による損益は営業利益から除外する。

エクイティ「キッカー」（Equity "kicker"） 融資を伴う取引で企業の所有権を与えること。

延滞率（Delinquency rate） 適時の返済ができていない融資の割合。

訳者あとがき

詐欺師というとどのようなイメージを思い浮かべるだろう。株取引で詐欺を働き、ＦＢＩに追われるヘンリー（ポール・ニューマン）と若き詐欺師ジョニー（ロバート・レッドフォード）を描いた映画『スティング』が有名だが、二人ともとにかくカッコいい。人を魅了する力のあることが一流詐欺師の条件なのか。結婚詐欺が好例だが、詐欺の場合、被害に遭っている当事者に被害者意識がない場合が多い。詐欺だと気づくのは、たいてい大金を貢いでしまったあとである。アライド・キャピタル（日本にも同名企業があるようだが、本書に登場するアライドとは無関係である。念のため）の経営陣もそのたぐいなのか。株主たちも、高額配当をきちんと受け取っているのだから、当然自分たちが被害者だとは思っていない。ウォール街にとってはまさに泣きっ面に蜂状態だが、昨年末にはバーナード・マドフ・ナスダック元会長が同様のねずみ講による巨額詐欺で逮捕された。詐欺師としては完璧だ。ＳＥＣも見抜けなかったようだが、本書ではそうした規制当局や政治、司法の不備や怠慢、無関心ぶりなどが浮き彫りになっている。わが国の状況に照らしてみると、さして変わらない部分もあることが分かり、なぜかニヤリとしてしまうのはわたしだけだろうか。ただ、あらためて財務諸表や氾濫する情報の読み方の難しさを思い知らされる。

本書の著者デビッド・アインホーン氏は、まさしくそんな巨悪に果敢に挑んでいく正義感あふれるアメリカ人だが、二〇〇三年にウォーレン・バフェット氏と昼食を共にする権利を二五万一〇〇ドル（約二五〇〇万円）で落札したことで知られる。また、何と言っても、昨年リーマン・ブラザーズの会計処理を批判し、空売りを仕掛けたことでメディアの注目を集めた。それにしても、長いドキュメントを書いてくれた。話が未完のせいか、読後にはやや物足りなさも残るが――決着がついてから自らの相場観などと共に勝利宣言として執筆してくれてもよかった。そこで後日談を、と思ったが、あと一冊本ができてしまいそうなのでやめておく。ちなみに、二〇〇九年三月一三日付のアライドの株価は、終値で一・〇三ドル、配当は一株当たり二・六〇ドル（利回りは何と二五二・四〇％！）。

この長編の訳出に当たっては、パンローリングの皆様をはじめ、ＦＧＩの阿部達郎氏に大変お世話になった。ここでお礼を申し上げたい。

二〇〇九年四月

塩野未佳

■著者紹介

デビッド・アインホーン（David Einhorn）

ロング・ショート戦略を用いるバリュー志向のヘッジファンド、グリーンライト・キャピタルの社長兼創業者。1996年に運用資産100万ドルで立ち上げたファンドは、その後年25％を上回る純収益を上げ続けている。グリーンライト・キャピタル・リー（ナスダックのティッカーは「ＧＬＲＥ」）の会長も務めており、マイケル・Ｊ・フォックス・パーキンソン病リサーチ財団とヒレル（ユダヤ人の大学生活のための財団）の理事にも名を連ねている。1991年、コーネル大学を首席で卒業し、あらゆる学科で抜群の成績を収めた。文理・教養学部で文学士号を修得。

■訳者紹介

塩野未佳（しおの・みか）

成城大学文芸学部ヨーロッパ文化学科卒業（フランス史専攻）。編集プロダクション、大手翻訳会社勤務の後、クレジットカード会社、証券会社等での社内翻訳業務を経て、現在はフリーランスで英語・フランス語の翻訳業に従事。経済、ビジネスを中心に幅広い分野を手掛けている。訳書に『狂気とバブル』『新賢明なる投資家　上下』『株式インサイダー投資法――流動性理論をマスターして市場に勝つ』『アラビアのバフェット』『大逆張り時代の到来』（パンローリング）など。

2009年4月2日　初版第1刷発行

ウィザードブックシリーズ ⑮②

黒の株券
——ペテン師に占領されるウォール街

著　者　デビッド・アインホーン、ジョエル・グリーンブラット
訳　者　塩野未佳
発行者　後藤康徳
発行所　パンローリング株式会社
〒160-0023　東京都新宿区西新宿 7-9-18-6F
TEL 03-5386-7391　FAX 03-5386-7393
http://www.panrolling.com/
E-mail　info@panrolling.com
編　集　エフ・ジー・アイ（Factory of Gnomic Three Monkeys Investment）合資会社
装　丁　パンローリング装丁室
組　版　パンローリング制作室
印刷·製本　株式会社シナノ

ISBN978-4-7759-7119-2

【参考文献】

ウィザードブックシリーズ143

富者の集中投資 貧者の分散投資

著者：フレデリック・R・コブリック

定価 本体 2,800円+税 ISBN:9784775971109

勝ち組となる会社には4つの要素BASM、「B（Business Model―ビジネスモデル）、A（Assumption―前提）、S（Strategy―戦略）、M（Management―経営力）」があり、これらを見極められるかどうかは優秀な投資家の試金石となる。偉大な会社には再現・反復性があり、成功を何度も繰り返す。特に設立間もない会社にはBASMは欠かせない。大きな可能性を秘めた会社を見つけたら、7つのステップ（知識、忍耐、規律、感情、時間枠、マーケットタイミング、ベンチマーク）を利用してポートフォリオを管理する、とコブリックは続ける。コブリックの洞察力と興味深い逸話からこれらの原則を学ぶことができる。

ウィザードブックシリーズ147

千年投資の公理

著者：パット・ドーシー

定価 本体 2,000 円＋税　ISBN:9784775971147

1000年たっても有効な永遠不滅のバフェット流投資術！　未曽有の金融危機に最適の投資法！100年に一度の経済危機は100年に一度の買いの大チャンス！　売られ過ぎた超優良銘柄を探せ！
浮かれすぎたバブル期とは反対に、恐慌期や経済危機の時期には人心が冷え切っているために優れた企業も売られ過ぎになり、あとから見たときに絶好の買い場になっている場合が多い。バフェット流の経済的な「堀」のある企業の見つけ方を初心者にも分かるように、平易なやり方で紹介する。今年、パンローリングが贈る一押しのウィザードブック！ バブル後の安値更新で緊急出版！

ウィザードブックシリーズ 22

株の天才たち

著者：ニッキー・ロス
定価 本体 1,800 円＋税
ISBN:9784775970546

世界で最も偉大な5人の伝説的ヒーローが伝授する投資成功戦略。投資の世界で最も偉大な伝説的ヒーロー5人が資産の形成・維持に役立つアドバイスと成功戦略を伝授！

ウィザードブックシリーズ 18

グリーンブラット投資法

著者：ジョエル・グリーンブラット
定価 本体 2,800円＋税
ISBN:9784939103414

M&A、企業分割、倒産、リストラは宝の山。今までだれも明かさなかった目からウロコの投資法。個人でできる「イベントドリブン」投資法の決定版!

ウィザードブックシリーズ 105

株デビューする前に知っておくべき「魔法の公式」

著者：ジョエル・グリーンブラット
定価 本体 1,600円＋税　ISBN:9784775970713

デイトレードが下手な人。スイングトレードなんかできない人。働きながら株にもちょっと手を出してみたい人。株を買ったら1年くらい放置主義に徹したい人 に贈る相場必勝法

バリュー株投資の真髄!!

ウィザードブックシリーズ4

バフェットからの手紙

著者：ローレンス・A・カニンガム

オーディオブックも
絶賛発売中!!

定価 本体 1,600円+ 税　ISBN:9784939103216

【世界が理想とする投資家のすべて】
「ラリー・カニンガムは、私たちの哲学を体系化するという素晴らしい仕事を成し遂げてくれました。本書は、これまで私について書かれたすべての本のなかで最も優れています。もし私が読むべき一冊の本を選ぶとしたら、迷うことなく本書を選びます」
――ウォーレン・バフェット

ウィザードブックシリーズ87・88

新賢明なる投資家

著者：ベンジャミン・グレアム
ジェイソン・ツバイク

定価（各）本体 3,800円+ 税　ISBN:(上)9784775970492
(下)9748775970508

【割安株の見つけ方とバリュー投資を成功させる方法】
古典的名著に新たな注解が加わり、グレアムの時代を超えた英知が今日の市場に再びよみがえる！　グレアムがその「バリュー投資」哲学を明らかにした『賢明なる投資家』は、1949年に初版が出版されて以来、株式投資のバイブルとなっている。

ウィザードブックシリーズ 10

賢明なる投資家

著者：ベンジャミン・グレアム
定価（各）本体 3,800円+ 税
ISBN:9784939103292

オーディオブックも
絶賛発売中!!

ウォーレン・バフェットが師と仰ぎ、尊敬したベンジャミン・グレアムが残した「バリュー投資」の最高傑作！　「魅力のない二流企業株」や「割安株」の見つけ方を伝授する。

ウィザードブックシリーズ 116

麗しのバフェット銘柄

著者:メアリー・バフェット、デビッド・クラーク
定価 本体 1,800円+ 税
ISBN:9784775970829

なぜバフェットは世界屈指の大富豪になるまで株で成功したのか？　本書は氏のバリュー投資術「選別的逆張り法」を徹底解剖したバフェット学の「解体新書」である。

ウィザードブックシリーズ 44

証券分析【1934年版】

著者：ベンジャミン・グレアム、デビッド・L・ドッド
定価 本体 9,800 円+ 税
ISBN:9784775970058

グレアムの名声をウォール街で不動かつ不滅なものとした一大傑作。ここで展開されている割安な株式や債券のすぐれた発掘法は、今も多くの投資家たちが実践して結果を残している。

ウィザードブックシリーズ 125

アラビアのバフェット

著者：リズ・カーン
定価 本体 1,890 円 + 税
ISBN:9784775970928

バフェットがリスペクトする米以外で最も成功した投資家、アルワリード本の決定版！　この1冊でアルワリードのすべてがわかる！　3万ドルを230億ドルにした「伸びる企業への投資」の極意

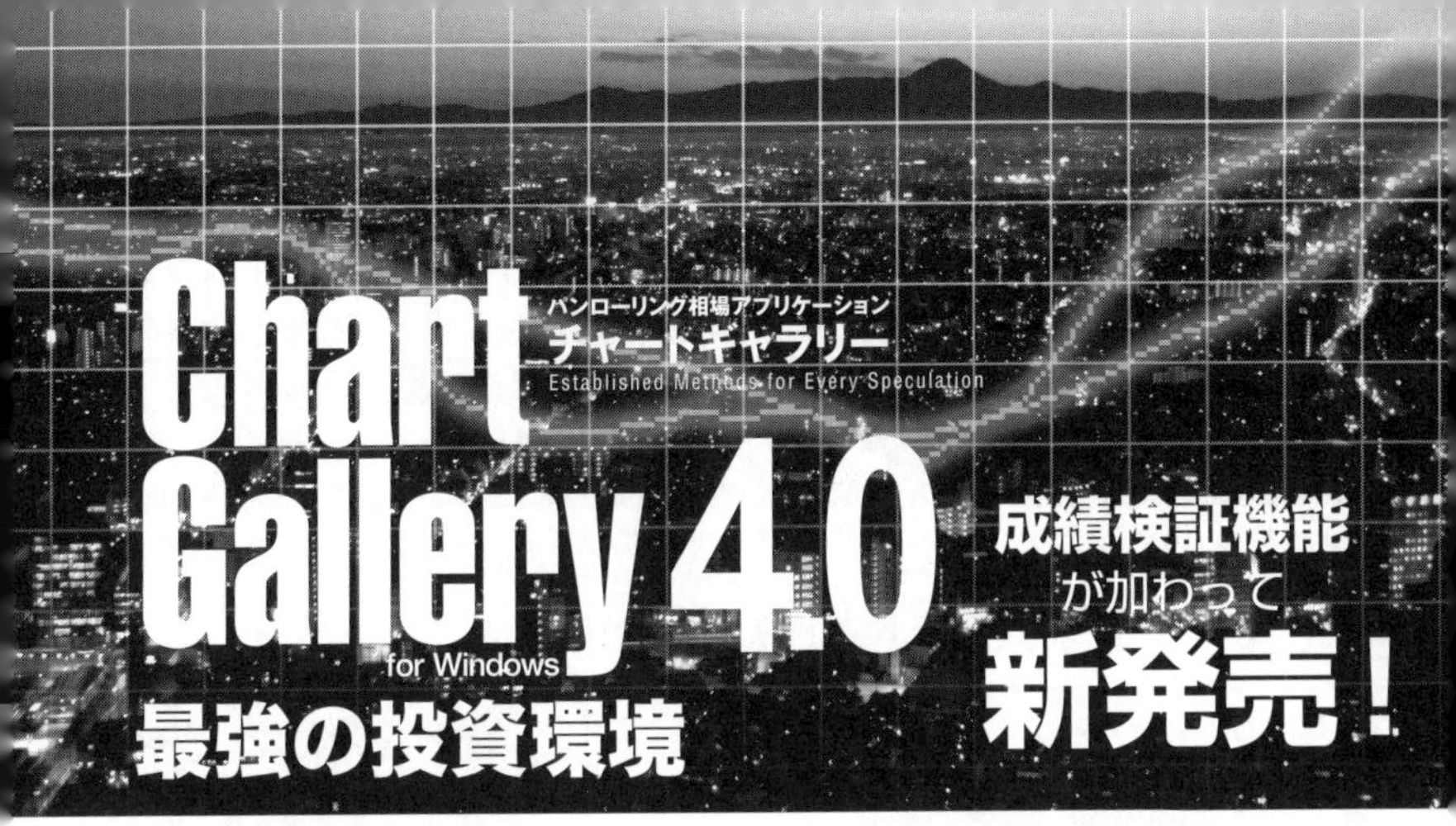

検索条件の成績検証機能 [New] [Expert]

指定した検索条件で売買した場合にどれくらいの利益が上がるか、全銘柄に対して成績を検証します。検索条件をそのまま検証できるので、よい売買法を思い付いたらその場でテスト、機能するものはそのまま毎日検索、というように作業にむだがありません。

表計算ソフトや面倒なプログラミングは不要です。マウスと数字キーだけであなただけの売買システムを作れます。利益額や合計だけでなく、最大引かされ幅や損益曲線なども表示するので、アイデアが長い間安定して使えそうかを見積もれます。

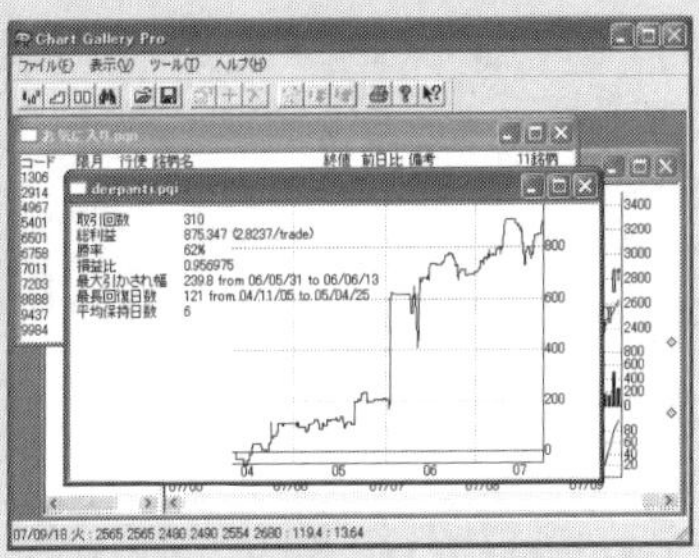

チャートギャラリープロに成績検証機能が加わって、無敵の投資環境がついに誕生!!
投資専門書の出版社として8年、数多くの売買法に触れてきた成果が凝縮されました。
いつ仕掛け、いつ手仕舞うべきかを客観的に評価し、きれいで速いチャート表示があなたのアイデアを形にします。

●価格（税込）

チャートギャラリー 4.0

エキスパート **147,000 円**／ プロ **84,000 円**／スタンダード **29,400 円**

●アップグレード価格（税込）

以前のチャートギャラリーをお持ちのお客様は、ご優待価格で最新版へ切り替えられます。

お持ちの製品がご不明なお客様はご遠慮なくお問い合わせください。

プロ 2、プロ 3、プロ 4 からエキスパート 4 へ	105,000 円
2、3 からエキスパート 4 へ	126,000 円
プロ 2、プロ 3 からプロ 4 へ	42,000 円
2、3 からプロ 4 へ	63,000 円
2、3 からスタンダード 4 へ	10,500 円